Michael Klessmann (Hg.)

HANDBUCH
DER
KRANKENHAUSSEELSORGE

Zweite, überarbeitete und erweiterte Auflage

Vandenhoeck & Ruprecht
in Göttingen

Die Deutsche Bibliothek – CIP-Einheitsaufnahme

Handbuch der Krankenhausseelsorge / Michael
Klessmann (Hg.). – 2., überarb. und erw. Aufl. –
Göttingen : Vandenhoeck und Ruprecht, 2002
ISBN 3-525-62371-2

Umschlagabbildung: *„Baum des Lebens"*
Gobelin (verbrannt).
Medizinische Hochschule Hannover.
Entwurf: Gerhard Hausmann, Hamburg 1977
Ausführung: Christa Drescher, Rosengarten

2., überarbeitete und erweiterte Auflage 2001

© 1996. Vandenhoeck & Ruprecht, Göttingen
http://www.vandenhoeck-ruprecht.de
Satz: Dörlemann Satz, Lemförde
Druck und Bindearbeit: Hubert & Co., Göttingen.

Inhaltsverzeichnis

III. Seelsorge im Krankenhaus als kirchliches Handeln

Vorwort

In den letzten dreißig Jahren haben sich das Erscheinungsbild und das Selbstverständnis der Seelsorge im Krankenhaus tiefgreifend verändert. Einige dafür maßgebende Faktoren sind:

- Das Krankenhaus ist zu einer Großinstitution geworden, die sich in eine Fülle von Unterabteilungen spezialisiert und ausdifferenziert hat. Von der Krankenhausseelsorge wird dementsprechend ein differenziertes Eingehen auf die ganz unterschiedlichen Lebens-, Krankheits- und Behandlungsbedingungen der Patienten erwartet. Das Krankenhaus als Institution und die in ihr Tätigen, die Mitarbeiterschaft, beanspruchen damit notwendigerweise die Aufmerksamkeit der Seelsorge.
- Durch die Tendenz zur Pluralisierung aller Lebensbereiche in unserer Gesellschaft werden Kirche und christliche Lebensdeutung immer mehr zu einem Teilsystem, das seine frühere Monopolstellung religiöser Weltdeutung verloren hat und sich in Konkurrenz zu anderen Systemen behaupten muß. Gerade im säkularen Krankenhaus wird dies besonders deutlich spürbar und verlangt von der Seelsorge entsprechende Konsequenzen.
- In der aus den USA übernommenen Seelsorgebewegung und Pastoralpsychologie wurde eine Rezeption humanwissenschaftlicher Erkenntnisse und psychotherapeutischer Behandlungstechniken für die Seelsorge fruchtbar gemacht; sie haben das theologische Selbstverständnis und das methodische Repertoire auch der Seelsorge im Krankenhaus erheblich verändert.

Angesichts dieser Veränderungen versucht das vorliegende Handbuch eine *Standortbestimmung* gegenwärtiger Seelsorge im Krankenhaus: Zielsetzungen, Konzepte und Arbeitsweisen der Seelsorge in der naturwissenschaftlich-technisch geprägten Institution und ihren Teilbereichen, die Bedeutung der Seelsorge für die Patientinnen und Patienten, für deren Bewältigung von Krankheit und Leiden oder auch Sterben, aber auch ihre Bedeutung für das Personal des Krankenhauses und die Institution insgesamt, sowie Chancen und Grenzen interdisziplinärer Kooperation, sollen umrissen werden.

Dementsprechend bildet die Darstellung der Seelsorge in einzelnen Bereichen des Krankenhauses das Zentrum des Handbuchs: Darin wird deutlich, wie verschieden Seelsorge konzeptionell und methodisch unter den Bedingungen etwa einer Intensivstation, einer Kinderklinik oder einer geriatrischen Klinik arbeitet, und welche Anforderungen die Begegnungen mit Menschen mit so unterschiedlichen Krankheitsbildern wie einer Herz- oder einer Aidserkrankung an die Seelsorger/innen stellen. Altbekannte Elemente aus der Seelsorge-Tradition verbinden sich dabei mit neuen Entwicklungen und Akzenten und machen gerade in dieser Mischung ein Spezifikum der Krankenhausseelsorge aus.

Das Handbuch sollte „handlich" bleiben, sowohl was die Übersichtlichkeit als auch was den Preis angeht. Deswegen war es notwendig, aus der Fülle der möglichen Themen und der Vielzahl der Spezialisierungen im Krankenhaus eine Auswahl zu treffen. Wichtige Spezialgebiete der Seelsorge im Krankenhaus sowie die vordringlichen Themenstellungen wurden herausgegriffen und sind exemplarisch auch für andere Bereiche zu lesen. Dabei zeigen die Beiträge – wie auch nicht anders zu erwarten – daß die einzelnen Autorinnen und Autoren durchaus unterschiedliche theologische und methodische Konzeptionen von Seelsorge vertreten; die allgemeine Pluralisierungstendenz macht natürlich auch nicht vor der Seelsorge halt. Vielleicht kann dieser Sachverhalt den Lesenden als Anregung dienen, in Auseinandersetzung mit den verschiedenen Autorinnen und Autoren ihren eigenen Standpunkt zu suchen und zu entwickeln.

Ich danke allen Autorinnen und Autoren dieses Bandes für ihre Mitarbeit und die Bereitschaft, sich auf die vorgegebenen Rahmenbedingungen einzustellen.

Michael Klessmann   Bielefeld-Bethel, im Februar 1996

I.

EINFÜHRUNG

MICHAEL KLESSMANN

Einleitung:
Seelsorge in der Institution „Krankenhaus"

1. Aufgaben der Krankenhausseelsorge

„Seelsorge im Krankenhaus geschieht im kirchlichen Auftrag in ökumenischer Verantwortung. Sie stellt einen eigenständigen kirchlichen Arbeitszweig mit spezifischen Gegebenheiten und Erfordernissen dar und ist
nicht eine Variante von Gemeindeseelsorge".[1]

Weil Seelsorge im Krankenhaus unter den sehr spezifischen Bedingungen einer hochkomplexen, medizinisch-naturwissenschaftlich ausgerichteten und nach wirtschaftlichen Effizienzkriterien arbeitenden Großinstitution geschieht, ist sie mehr und etwas anderes als der traditionelle
seelsorgliche Besuch einzelner kranker Menschen durch Vertreter/innen
der jeweiligen Kirchengemeinde.

Seelsorge im Krankenhaus richtet sich

- an Menschen, die durch Krankheit oder Unfall in eine Krise geraten
  sind, sowie deren Angehörige und Freunde; dabei ist zu bedenken,
  daß die Einweisung in die Institution Krankenhaus für einen kranken
  Menschen wie für sein Umfeld in der Regel eine erhebliche zusätz-
  liche psychische Belastung darstellt.
- an Menschen, die in der naturwissenschaftlich-technischen Institution direkt und indirekt mit oder für die Patienten arbeiten: Einerseits
  sind in den verschiedenen Mitarbeitergruppen immer wieder Menschen, die auf Grund der physisch und psychisch belastenden Arbeit
  selber Seelsorge brauchen; andererseits kommt eine gelingende interdisziplinäre Zusammenarbeit der Qualität der Seelsorge und der Bedeutung der Seelsorge in der Klinik insgesamt zugute.
- an die Institution selbst, ihre Zielsetzung und Struktur, ihr Betriebsklima, ihre „Patientenorientierung".[2]

---

1 So eine Formulierung der Konferenz für Krankenhausseelsorge in der EKD, Konzeption
  1994.
2 Vgl. Scharffenorth/Müller, Patienten-Orientierung 1991.

Zu den *Aufgabenbereichen* der Seelsorge im Krankenhaus gehören

- seelsorgliche Gespräche mit Patienten/innen
- Begleitung und Beratung von Angehörigen und Mitbetroffenen
- Kooperation mit dem ärztlich-pflegerischen Personal
- Beratung und Seelsorge für das Krankenhauspersonal
- Gottesdienste, Abendmahlsfeiern, Krankensegnungen, Krankensalbungen, Amtshandlungen (Taufen, Beerdigungen)
- Gesprächsgruppen für Patienten, kulturelle Angebote
- Mitwirkung bei ethischen Problemstellungen
- Mitarbeit im Krankenpflegeunterricht bzw. bei der Fortbildung des Pflegepersonals
- Kontakte zur Krankenhausverwaltung einerseits, zu örtlichen Kirchengemeinden und Synoden andererseits
- Gewinnung und Begleitung ehrenamtlicher Mitarbeiter/innen für die Krankenhausseelsorge
- Öffentlichkeitsarbeit, in der u.a. die gesellschaftliche Verdrängung von Krankheit und Sterben und die Notwendigkeit eines ganzheitlichen Umgangs mit menschlichem Leben und ein entsprechend veränderter Kranheits- und Gesundheitsbegriff thematisiert wird.

Die Aufzählung der möglichen Aufgabenbereiche dokumentiert den Wandel von der Krankenseelsorge zur Kranken*haus*seelsorge. Sie macht ebenfalls deutlich, daß Seelsorge im Krankenhaus niemals alle Patienten/innen – flächendeckend – erreichen kann; sie muß exemplarisch arbeiten. Eine Reflexion der jeweiligen Prioritäten wird dadurch unabdingbar.[3]

2. Entwurf eines Leitbildes: Krankenhausseelsorge im „Zwischen"-Raum

Seelsorge in der Institution des Krankenhauses kann kaum, wie andere Berufsgruppen, eine eindeutig umschriebene Berufsrolle und Identität für sich reklamieren. Sie ist prinzipiell in einem „Zwischen"- Raum angesiedelt, und es ist eine wichtige Aufgabe derer, die diese Arbeit tun, die Spannungen und Ambivalenzen, die sich daraus ergeben, auszuhalten und kreativ fruchtbar zu machen statt sie einseitig aufzulösen.

3 In einem Positionspapier zur Krankenhausseelsorge in Bayern heißt es im Blick auf die damit verbundene Aufteilung der Arbeitszeit: „50 % Zeit für Patienten und Angehörige und 50 % Zeit für Personal, Unterricht, Kontakt zu den Organen des Krankenhauses, Gottesdienste und Veranstaltungen, ehrenamtliche Mitarbeiter, Kontakte zu Gemeinden, eigene Fortbildung" (Krankenhausseelsorge 1992).

Das Stichwort vom „Zwischen-Raum" hat die Funktion eines Leit-
bildes,[4] das im folgenden in einigen Facetten näher entfaltet werden soll.

Seelsorge zwischen Kirche und Krankenhaus

a. Das Krankenhaus stellt eine naturwissenschaftlich, medizinisch-technisch orientierte bürokratische Großinstitution dar, ein System, das zur
Erfüllung seiner Aufgaben[5] verschiedene Hierarchien und entsprechende
spezifische Berufsrollen braucht. In diesem System von Rollen und Funktionen kommt Krankenhausseelsorge nicht vor. Seelsorger/innen finden
nicht bestimmte formal umschriebene Aufgaben vor, sie müssen sie sich in
der Regel auf informellem Weg suchen – oder sie werden abgeschoben auf
religiöse Spezialaufgaben oder Sterbebegleitung.

In dieser Sachlage spiegelt sich, daß Initiator von Krankenhausseelsorge, Anstellungsträger und Arbeitgeber in den allermeisten Fällen die
Kirche ist, nicht das Krankenhaus. Vertreter des Krankenhauses sind gegenüber der Seelsorge nicht weisungsberechtigt. Dienstaufsicht und Fach-
aufsicht (letztere gibt es leider viel zu wenig!) für die Seelsorge wird
von außerhalb wahrgenommen, häufig von Personen, die das Arbeitsfeld
Krankenhaus kaum kennen. Dieses Struktur eröffnet Seelsorgern/innen
große Freiheiten – Chance und Schwierigkeit zugleich.

b. Das System Krankenhaus arbeitet nach Prinzipien der Zweckrationalität und Wirtschaftlichkeit; die politischen Rahmenbedingungen (Gesundheitsstrukturgesetz und seine Folgegesetze) verstärken diese Tendenz
immer mehr. Eine solche Ausrichtung erfordert es, den „subjektiven Faktor" in den Hintergrund zu drängen, d.h. den kommunikativen Bedürfnissen der Patienten, ihren Wünschen nach gefühlsmäßiger Zuwendung
durch das Personal, nach Zeit für Gesprächen etc. weniger Gewicht bei-
zumessen.

Das Subsystem Krankenhausseelsorge arbeitet dagegen gezielt *mit* dem
subjektiven Faktor: Kommunikative Bedürfnisse und emotionale Zuwendung stehen im Vordergrund. Es geht um *Begleitung* (absichtslos da
sein, mitaushalten, annehmen, stützen, entlasten), *Begegnung* (als Person,
als Gegenüber erkennbar werden, aufdecken, Konflikte bearbeiten) und
Deutungsangebote (Hilfen zum Verstehen und/oder Bewältigen der gegenwärtigen Lebenssituation mit Hilfe von Symbolen und Ritualen aus der
christlichen Tradition).

---

4 „Leitbilder sind definiert als steuernde Bilder eines Systems." Lindner, Kirche, 1994, 117.
5 Rohde, Soziologie 1974, 172ff spricht von den Zwecken des Krankenhauses: Pflege,
  Isolierung, Diagnose und Therapie. Vgl. auch den Beitrag von Siegrist in diesem Band.

Der Konflikt, der aus diesen unterschiedlichen Zugangsweisen entsteht, wird noch deutlicher, wenn man die berufliche Sozialisation vergleicht:

Kirchliche Mitarbeiter/innen sind durch ihre Ausbildung historisch, hermeneutisch sozialisiert; sie lernen zu *verstehen* (Dilthey), den Sinnzusammenhang von Phänomenen zu reflektieren, die emotionale oder Beziehungs-Ebene wahrzunehmen und zu berücksichtigen, während das medizinisch-pflegerische Personal lernt zu *erklären*, d.h. Phänomene zu objektivieren, Ursache-Wirkungszusammenhänge zu erheben und an der Beseitigung oder Veränderung von Krankheitserscheinungen zu arbeiten. Auf Grund dieser unterschiedlichen beruflichen Sozialisation erleben sich Seelsorger/innen im Krankenhaus als fremd und störend; und es bedarf immer neuer Anstrengungen, um in interdisziplinärer Kooperation eine gemeinsame Sprache und Perspektive zu finden.

c. Auch in der eigenen Kirche werden Krankenhausseelsorger/innen leicht zu Fremden: In der Säkularität des Krankenhauses bekommen sie ein anderes Bild von Kirche; durch die ständige Begegnung mit Krankheit und Sterben wird ihre Theologie erfahrungs- und lebensnäher – im traditionellen kirchlich-parochialen Rahmen fühlen sich viele kaum noch beheimatet. Sie haben häufig den Eindruck, daß ihr „Sonderpfarramt" als Bedrohung und nicht als Bereicherung für die Kirche insgesamt erlebt wird.

Seelsorge zwischen gesicherter Rechtsstellung und
struktureller Bedeutungslosigkeit

Das Grundgesetz der Bundesrepublik Deutschland (Art. 140 in Verbindung mit Art. 141 der Weimarer Reichsverfassung) garantiert die Seelsorge im Krankenhaus[6]; gleichzeitig werden durch die positive und negative Religionsfreiheit (Art. 4 und 19 III) die Patienten vor religiösen Übergriffen oder Zwangsmaßnamen geschützt.

Die tatsächliche Bedeutung der Krankenhausseelsorge entspricht dieser gesicherten Rechtsstellung kaum; im Gegenteil, man muß wohl eher von einer strukturellen Bedeutungslosigkeit der Seelsorge im Krankenhaus sprechen:[7] Seelsorge ist kein Bestandteil in den Zielvorstellungen der medizinisch-technischen Institution Krankenhaus; ihre mögliche Bedeutung für die Begleitung und Betreuung kranker Menschen ist – mit Aus-

---

6 Vgl. dazu ausführlicher Gestrich, Krankenbett, 1987, 152ff sowie Jüngel, Grundlagen, 1970.
7 Vgl. Klessmann, Seelsorge 1990.

nahme einiger konfessioneller Häuser – nicht im Blick des Krankenhausträgers.

Die damit benannte Spannung zwischen gesicherter Rechtsstellung und struktureller Bedeutungslosigkeit müssen die Seelsorger/innen in der Regel individuell austragen. Kirchliche Anstellungsträger (Landeskirchen/Diözesen oder Kirchenkreise/Dekanate) gehen von der gesicherten Rechtsstellung aus und halten es deswegen vielfach nicht für notwendig, zu Absprachen mit dem Krankenhaus über die Arbeit der Seelsorge zu kommen. Arbeitsplatz- und Aufgabenbeschreibungen werden erst in den letzten Jahren von den Landeskonventen für Krankenhausseelsorge formuliert und eingefordert, Fragen nach Zielsetzungen der Seelsorge in Kooperation und Abgrenzung zu den anderen Diensten im Krankenhaus, mögliche Schwerpunktbildungen etc. bleiben weitgehend den Vorlieben und Fähigkeiten der jeweiligen Stelleninhaber/innen überlassen. Verläßlichkeit und Kontinuität der Seelsorge im Krankenhaus leiden unter dieser Sachlage.

Seelsorge zwischen Patienten/innen und Mitarbeiterschaft

Die traditionelle Aufgabe der Seelsorge im Krankenhaus besteht in der Begleitung einzelner Patienten: Für sie da zu sein, ihnen Begleitung und Trost anzubieten, ihnen bei der Verarbeitung der Krankheit behilflich zu sein, auch durch religiöse Deutungsangebote, war und ist Schwerpunkt jeder Seelsorge. Wie das unter den Bedingungen der hochdifferenzierten Institution Krankenhaus in der Gegenwart im einzelnen aussehen kann, zeigen exemplarisch die Beiträge im Teil II dieses Handbuchs.

Die seelsorgerliche Begleitung von Patienten im Krankenhaus unterscheidet sich jedoch durch den institutionellen Kontext, durch dessen spezifische Gegebenheiten und Herausforderungen wesentlich von der Begleitung kranker Menschen in deren „zu Hause".

Das Krankenhaus als „totale Institution"[8] funktionalisiert kranke Menschen: Patienten müssen einen Teil ihrer Persönlichkeitsrechte aufgeben, eine weitgehende Aufhebung ihres Privat- und Intimbereichs hinnehmen, Momente struktureller Gewalt (durch die hierarchische Struktur des Krankenhauses, durch Informationsdefizite, durch medizinische Technik, Forschung, die wirtschaftlichen Rahmenbedingungen und natürlich die Krankheit selbst) erleiden.[9] „Die Spielregeln im Krankenhaus (sind) nicht auf die Person des Patienten und seine Bedürfnisse, sondern auf die

---

8 Goffmann, Asyle 1973, 13ff.
9 Vgl. Dörner, Thesen 1986; Goffman, Asyle, 1973; Klessmann, Aggression 1994.

Organisation und auf die Reibungslosigkeit von Arbeitsabläufen zuge-
schnitten."[10]
Der Seelsorge kommt hier u.a. die Aufgabe zu,
– sich zu Fürsprechern und Anwälten der Patienten/innen zu machen,
  die im System besonders vernachlässigt (z.B. schlecht informiert)
  und an den Rand geschoben werden;
– die Dimension der „Gefühlsarbeit" in Zusammenarbeit mit pflegerischem und ärztlichem Dienst immer wieder einzubringen;
– die Funktionalisierungstendenzen des Krankenhauses zu hinterfragen und Anstöße zu einem zweckfreieren Umgang zu vermitteln.[11]

Wenn daraus jedoch eine generelle Frontstellung *gegen* die moderne
Medizin und die, die sie vertreten, wird, ist letztendlich niemandem
geholfen. Seelsorger/innen brauchen – auf je verschiedene Weise – auch
guten Kontakt zu den unterschiedlichen Mitarbeitergruppen des Krankenhauses:

Zusammenarbeit mit *Schwestern und Pflegern* ist unerläßlich: Der Zugang zu Patienten hängt in hohem Maß von der Akzeptanz des Seel-
sorgers/der Seelsorgerin durch das Pflegepersonal ab; der Austausch rele-
vanter Informationen über Patienten ist für die Seelsorge wichtig und
gleichzeitig eine Möglichkeit, die eigene Arbeit transparent zu machen.
Darüber hinaus sind Schwestern und Pfleger diejenigen, die am ehesten
selber ein offenes Ohr für die mit ihrer Arbeit verbundene physische und
psychische Dauerbelastung und die sich daraus ergebenden Probleme
brauchen.

Das Gespräch mit *Stationsärzten/innen* kann ebenfalls der Qualität der
Seelsorge zugutekommen. Auf dieser Ebene Kooperation zu etablieren,
ist jedoch häufig wegen der Arbeitsüberlastung und einer rein somatisch-
medizinischen Perspektive der Ärzte schwierig. Wenn sie entsteht, kann
seelsorgerliche Begleitung ein Bestandteil der gesamten Behandlung werden, können verstärkt ethische Gesichtspunkte in die Diskussion über
konkrete Patientenschicksale eingebracht werden etc.

Die Kontakte zu den verschiedenen *Leitungsebenen*, d.h. zu Chefärz-
ten, zur Pflegedienstleitung wie zur Verwaltungsleitung, sind für die Stellung der Seelsorge in einer Klinik von besonderer Bedeutung: Ob Seelsorge geduldet oder aktiv gefördert wird, ob sie in Ethikkommissionen oder
hausinterner Fortbildung beteiligt ist, hängt in hohem Maß von den Kontakten auf dieser Ebene ab.

---

10 Th. Kohlmann, Patient, 1986, 392.
11 Allerdings ist hier die Einsicht wichtig, daß SeelsorgerInnen nicht die einzigen sind, de-
    nen an der Menschlichkeit im Krankenhaus liegt! Diesbezüglich hört man gelegentlich
    Selbsteinschätzungen von Seelsorgern, die eher wie eine Abwehr der tatsächlich erlebten
    Ohnmacht anmuten.

Der Wandel von der Krankenseelsorge zur Krankenhausseelsorge meint auch diese Aspekte:
- Seelsorge mit Patienten im Krankenhaus gelingt insgesamt besser, wenn sie von einer guten Kooperation mit pflegerischem und ärztlichem Dienst getragen ist;
- die Mitarbeiterschaft des Krankenhaus ist selber eine wichtige Zielgruppe für seelsorgerliche Begeitung;
- es kann für die Institution Krankenhaus von Bedeutung sein, wenn eine nicht ins System integrierte Berufsrolle auf systemfremde, aber gerade darum notwendige Aspekte hinweist.

Seelsorge zwischen Verkündigung und Beziehung

Die Kommunikation des Evangeliums von der Liebe Gottes ist Ausgangs- und Zielpunkt jeder Seelsorge, auch der im Krankenhaus. *Wie* das Evangelium jedoch zum Ausdruck kommt und Gestalt gewinnt, wird nach wie vor höchst unterschiedlich bestimmt.

In einem verkündigenden Modell hat Seelsorge einen geistlich-missionarischen Auftrag; sie hat, gerade in der Krise der Krankheit, die Botschaft von der Liebe Gottes, von der Annahme des Sünders durch Jesus Christus, auszurichten – sei es direkt, „auf den Kopf zu" (Thurneysen), sei es in „gesprächsgerechter" Form (Tacke).

Dieser Auftrag steht in Spannung zu der Erkenntnis, daß die Art und Weise der Vermittlung der Botschaft mit ihrem Inhalt übereinstimmen muß, entsprechend dem Kommunikationsaxiom von P. Watzlawick, wonach die Beziehung letztlich über den Inhalt bestimmt.[12] Daraus ist der Wunsch erwachsen, Patienten zu begleiten, für sie dazusein, mit ihnen auszuhalten, um schon durch die Art der Zuwendung, auf nonverbale Weise, etwas von der Annahme durch Gott spürbar und erfahrbar werden zu lassen. Tillichs Feststellung, daß die Theologie von der Psychoanalyse wieder lernen müsse, „was Gnade und was Vergebung als die Annahme derer, die im Grunde unannehmbar sind, eigentlich bedeuten"[13], ist die theologische Untermauerung der psychologischen Einsicht.

Dieses beziehungszentrierte Modell von Seelsorge schließt ein, auf „geistliche Mittel"(Bibelverse, Gebete, Segen etc.) zur eigenen pastoralen

---

12 Watzlawick/Beavin/Jackson, Kommunikation 1972, 53ff.
13 Tillich, Bedeutung, 1970, 314. Tillich fährt fort: „Das Wort Gnade, das völlig sinnlos geworden war, hat einen neuen Sinn erhalten durch die Art, wie der Psychotherapeut mit seinem Patienten umgeht. Er sagt nicht: ‚Sie können angenommen werden', sondern er nimmt ihn einfach an. Und das ist die Art, wie – in der Sprache des religiösen Symbols – Gott mit uns verfährt. In derselben Weise sollte sich auch jeder Geistliche und jeder Christ seines Nächsten annehmen.".

Legitimation zu verzichten und sie nur da einzusetzen, wo sie aus der Situation heraus erwachsen und dem Patienten zur Lebensbewältigung hilfreich sein können. Durch diesen Verzicht verliert Seelsorge, von außen gesehen, ihre klar erkennbaren Konturen, sie wird verwechselbar.

In jüngerer Zeit entwickelt sich, in Auseinandersetzung mit religiösen Strömungen der Gegenwart, eine Seelsorge, die sich als Begleitung und Anregung für spirituelle Erfahrungen versteht.[14] In der Krise der Krankheit werden auf neue Weise Symbole und Rituale aus der christlichen Tradition, aber auch solche aus anderen Religionen mit ihrer lebenserschließenden Kraft wichtig: Das Meditieren von Symbolen eröffnet Menschen die Möglichkeit, ihr Leben als Teil eines umfassenderen Zusammenhangs, als verdankt *und* begrenzt zu begreifen und aus dieser Einsicht Kraft zur Orientierung und Bewältigung ihrer Krankheit zu schöpfen. Dem liegt oft ein verändertes Gottesbild zugrunde: Gott wird häufig nicht mehr als personal-transzendent erfahren und gedacht, sondern als Grund und Quelle, als Geheimnis des Lebens, mit dem in Kontakt, in Zwiesprache zu kommen, tröstlich und stützend sein kann.

Seelsorge zwischen Alltagsgespräch und Psychotherapie

Ein seelsorgerlicher Besuch im Krankenhaus beginnt häufig wie ein alltägliches Gespräch eines Patienten mit Freunden oder Bekannten. Es knüpft an das an, was im Vordergrund steht: das gegenwärtige Befinden des Patienten, das Erleben der Krankheit und des Krankenhauses, die Prognose, das Ergehen der Familie usw. – und all das relativ locker und unverbindlich. Manchmal bleibt das Gespräch auf dieser Ebene: Der Patient will nicht tiefer gehen, es hat sich kein spontaner Kontakt zum Seelsorger eingestellt, die Mitpatienten im Zimmer halten das Gespräch an der Oberfläche.

Manchmal gibt es jedoch einen deutlichen Einschnitt hin zu einer tieferen Ebene – die spätere Analyse des Gesprächsprotokolls läßt das oft klar erkennen: Es kommt ein unausgesprochener Kontrakt zustande („wollen Sie sich nicht setzen?"); die Patientin wechselt von sich aus das Thema („mich beschäftigt immer wieder der Gedanke …"); die Seelsorgerin geht von sich aus einen Schritt weiter („ich sehe, daß Sie traurig werden, während Sie das sagen …").

Aus dem Alltagsgespräch ist plötzlich eine dichte Gesprächssituation geworden, die quasi therapeutische Züge bekommt: Es geht um ein Lebensthema, um etwas, das den Betroffenen tief angeht – und nun ist

---

14 Vgl. Themenheft „Spiritualität" 1994. Vgl. auch die Beiträge von I. und H. Chr. Piper und H.Duesberg in diesem Band.

vom Seelsorger/von der Seelsorgerin die Kompetenz gefordert, daß er/sie diesen Einschnitt wahrnimmt, das Thema und seine emotionale Bedeutung aufgreift, dabei hilft, es weiter zu führen und seine verschiedenen Facetten auszuloten. Seelsorge wird an solchen Stellen zur „Psychotherapie im kirchlichen Kontext"[15], Hilfe zur Rekonstruktion von Lebensgeschichte, im Horizont der Geschichte Gottes mit den Menschen.[16]

Seelsorgerliche Gespräche im Krankenhaus wechseln immer wieder zwischen diesen Polen, schon allein deswegen, weil sie selten in einem von außen ungestörten Raum stattfinden; darin liegt ihre besondere Schwierigkeit und ihre Chance.

Seelsorge zwischen Professionalität und Betroffenheit

Professionalität bezeichnet bestimmte berufliche Verhaltensstandards, die einem Rolleninhaber qua Rolle zugeschrieben werden, auf die er/sie sich in Konfliktfällen berufen kann. Eine wesentliche Funktion solcher Standards besteht darin, daß sie Verhaltenssicherheit anbieten und davon entlasten, die Rolle jederzeit mit subjektiver Motivation auszufüllen.

Die notwendige Professionalität der Seelsorge im Krankenhaus hat verschiedene Facetten: Als Vertretung der Kirche, als Repräsentanten der Religion „verwalten" Seelsorger/innen das Geheimnis des Lebens; sie sind Symbolfiguren einer Tiefendimension des Lebens, die vor allem in schwerer Krankheit für viele Menschen aktuell wird. Im Gottesdienst, in der Feier des Abendmahls oder der Krankensalbung, wenn am Krankenbett gebetet oder der Segen erteilt wird, kommt die priesterliche Dimension sinnenfällig zum Ausdruck.

Seelsorger/innen lassen sich jedoch nicht gerne auf diese religiös-priesterliche Funktion im engen Sinn festlegen. Sie verstehen sich umfassender als Gesprächspartner/innen für Glaubens- *und* Lebensfragen, die (durch Seelsorgeausbildung oder therapeutische Zusatzausbildung) dafür auch eine entsprechende Sachkompetenz erworben haben. Eine solche Kompetenz eröffnet die Möglichkeit, vom Krankenhaus in neuer Weise ernst genommen und nicht nur als religiöses Ornament betrachtet zu werden.

Die wünschenswerte und notwendige Professionalität der Seelsorge im Krankenhaus gerät jedoch in Konflikt mit dem unter Seelsorgern/innen hoch geschätzten Postulat der Betroffenheit. Begriffe wie „sich einlassen", „sich anrühren lassen", „sich einbringen" etc. sind Ausdruck des Wun-

---

15 Vgl. Stollberg, Auftrag, 1972, 33ff.
16 Grözinger, Seelsorge 1986.

sches, sich von der „affektiven Neutralität"[17], wie sie ärztliches und pflege-
risches Personal mehr oder weniger praktizieren müssen, zu distanzieren
und zu unmittelbaren, direkten, emotionalen Begegnungen zu finden, in
denen auch der Seelsorger/die Seelsorgerin selbst als individuelle, unverwechselbare Persönlichkeit erkennbar wird. Nicht zuletzt die Seelsorgebewegung hat die Bedeutung der direkten Begegnung betont und darin
Gedanken aus dem Personalismus Bubers und der Gestalttherapie von
F. Perls aufgenommen.

Direkte Begegnung heißt, sich zu öffnen, sich anrühren zu lassen, sich
verletzlich zu machen – wer das Tag für Tag tun muß, muß sich um seiner
selbst willen wiederum schützen und abgrenzen; das Angebot einer professionellen Berufsrolle ist, so gesehen, dann doch wieder hilfreich und
notwendig. Und auch um des Gesprächspartners willen muß die wünschenswerte subjektive Betroffenheit in dem Sinn professionell gehand-
habt werden, daß der Rolleninhaber weiß, was er tut; daß er/sie wahrnimmt, was gerade in der Beziehung geschieht (z.B. die Wahrnehmung
von Übertragung und Gegenübertragung, von Widerständen etc.[18]), und
damit angemessen umgehen kann. Dann bilden die Pole „Betroffenheit"
und „Professionalität" keinen Gegensatz, sondern ein fruchtbares Spannungsfeld.

Seelsorge zwischen Macht und Ohnmacht

Die Motivation zum Pfarramt bzw. zur Seelsorge speist sich zu einem erheblichen Teil aus dem Wunsch, Menschen helfen zu wollen. R. Riess hat
in einer Untersuchung bei Theologie-Studierenden ein stark ausgeprägtes
„prosoziales Verhalten" festgestellt.[19] Diese mit dem christlichen Glauben
und seiner Betonung der Nächstenliebe in Zusammenhang stehende Berufsmotivation ist für viele immer wieder eine Kraftquelle.

Es gilt jedoch zu erkennen, daß die Helferrolle eine Machtposition darstellt: Ihr Urbild ist der barmherzige Samariter, der sich als der Starke zu
dem unter die Räuber Gefallenen herabbeugt.

Die Helferrolle erfährt in der Seelsorge im Krankenhaus eine doppelte
Infragestellung: Zum einen sind hier die Erfahrungen von Hilflosigkeit
und Ohnmacht besonders ausgeprägt. In sehr vielen Situationen gibt es
nichts zu helfen im Sinn von verändern; vielmehr ist es häufig eine der
wichtigsten Aufgaben, fremde – und eigene – Hilflosigkeit auszuhalten
und paradoxerweise gerade darin hilfreich zu sein. Seelsorge kommt ohne

---

17 Rohde, Soziologie 1974, 257ff.
18 Dazu ausführlicher Scharfenberg, Seelsorge, 1972, 65ff.
19 Riess, Pfarrer 1986.

Instrumentarium[20], ihre Grundfunktion besteht im Dasein, im Mitgehen, im Begleiten, im Wahrnehmen und Annehmen – angesichts der „Ideologie des Machens", wie sie im Krankenhaus vorherrscht, eine große Chance und zugleich eine schwere Aufgabe, nicht zuletzt, weil ihre Auswirkungen so wenig nach außen hin vorzeigbar sind.

Zum anderen lernt jede/r, der länger in der Seelsorge tätig ist, die Ambivalenz des Helfen-Wollens kennen: Helfen zu wollen ist ja durchaus nicht immer auf das Wohl des anderen gerichtet, sondern dient oft genug dazu, sich selbst zu entlasten, andere nach den eigenen Vorstellungen zu manipulieren, Hilflosigkeit nicht wahrnehmen zu müssen, ein schlechtes Gewissen zu beruhigen oder Anerkennung zu bekommen.[21] Diese Erkenntnis verunsichert zunächst die bisherige Berufsmotivation; sie kann aber auch den ersten Schritt zu einer heilsamen Einsicht in die eigene Bedürftigkeit und Begrenztheit darstellen.

Wo Seelsorger/innen doch Macht/Einfluß haben, beruht sie in der Regel auf einer Art von „Beziehungsmacht", d. h. der Fähigkeit, über gelingende Arbeitsbeziehungen in der seelsorglichen Berufsrolle respektiert und gehört zu werden. Diese Macht kann dazu genutzt werden, für die jeweils Schwächeren in der Klinik einzutreten und auf Arbeitsstrukturen, die der Kommunikation und Menschlichkeit im Krankenhaus nicht förderlich sind, hinzuweisen.

Seelsorge zwischen Krankheit und Gesundheit, Leben und Tod

a. Der *persönliche Aspekt* dieser Polarität besteht darin, daß Krankenhausseelsorger/innen durch die dauernde Begegnung mit der Grenze von Gesundheit und Krankheit, von Leben und Tod in eine erhebliche innere Anspannung geraten können. Die ständige Konfrontation mit Grenzsituationen rührt bewußt und unbewußt immer neu an eigene Ängste vor dem Krankwerden, dem Sterben, dem Tod, erinnert an die Verletzlichkeit und Brüchigkeit des eigenen Lebens. Beinahe gewaltsam werden Krankenhausseelsorger/innen auf diese wunde Stelle gestoßen – während ihnen die Abwehrmechanismen der Ärzte und des Pflegepersonals – emotionale Distanz, Objektivierung – vom eigenen Anspruch her nicht zur Verfügung stehen.

---

20 Vgl. Mayer-Scheu, Seelsorge 1977, 57: „Er (sc. der Seelsorger) ist zunächst ein Mitarbeiter ohne sichtbares Instrumentarium und steht mitunter recht wehr- und hilflos vor dem Patienten, an (!) dem er ja zunächst einmal nichts zu messen, zu fühlen, zu injizieren, zu reiben, zu stechen, zu reißen, zu füttern, zu klopfen, kurzum nichts zu hantieren hat.".
21 Vgl. dazu Stollberg, Helfen, 1979 und Schmidbauer, Helfer, 1977.

Neben diese aus dem unmittelbaren Erleben erwachsende Anspannung tritt eine theologisch begründete: Die Absurdität und Sinnlosigkeit vieler Krankheits- und Sterbefälle und die von vielen Patienten in den unterschiedlichsten Formen geäußerte Theodizeefrage („Wie kann Gott das zulassen?") stellt die Seelsorger/innen immer wieder in die Spannung zwischen der geglaubten und behaupteten Liebe Gottes einerseits und der häufigen Erfahrung seiner Abwesenheit oder seines Zorns andererseits. Manchmal bleibt nur die „Solidarität der Trostlosen", von der H. Luther sagt: „Tröstlich ist dagegen die Befreiung, nicht länger lügen zu müssen ... In Klage und Verzweiflung liegt mehr ehrliche Hoffnung als in der Beteuerung von Sinn und Lebensgewißheit ... Nur wer anklagt, hofft."[22] Gleichzeitig versetzt diese Trost-losigkeit in die äußerste Spannung, weil hier das Gottesbild vom „Vater im Himmel", vom „guten Hirten" o. ä. zerbricht.

Welche Ressourcen haben die in der Krankenhausseelsorge Tätigen, um diese Spannungen aushalten zu können? Wie steht es um den eigenen Glauben, um eigene Spiritualität als Kraftquellen? Wieviel Unterstützung und Entlastung durch Partnerschaft, Freunde/Freundinnen und außerberufliche Kompensationsmöglichkeiten kann jemand in Anspruch nehmen? Welche Möglichkeiten einer professionellen Entlastung und Bearbeitung durch Fortbildung und Supervision stehen jemandem zur Verfügung?[23]

b. Der *strukturelle Aspekt* jener Polarität besteht darin, daß Medizin und Religion die Phänomene von Gesundheit und Krankheit, Leben und Tod unterschiedlich deuten und dementsprechend unterschiedlich damit umgehen.[24]

Naturwissenschaftlich orientierte Medizin arbeitet nach dem Kausalprinzip: Vorgänge werden auf Distanz gebracht, objektiviert und in ihrer Komplexität auf die wichtigsten Faktoren reduziert, um sie analysieren und den Ursache-Wirkungszusammenhang erkennen zu können. Auf diese Weise werden Person und Krankheit tendentiell getrennt: Die geschädigte Funktion eines Organs, eines Organfeldes steht im Vordergrund, die individuellen Lebensumstände der betroffenen Person, ihre Biographie spielen für die exakte medizinische Diagnose und Behandlung kaum eine Rolle. Ziel aller medizinisch-pflegerischen Bemühungen ist die Wiederherstellung der Funktionstüchtigkeit der geschädigten Organe. Krankheit soll beseitigt oder zumindest gelindert, Sterben und Tod ver-

---

22 Zitiert bei Stollberg, Seelsorge nach Henning Luther 1992, 367. Vgl. auch H. Luther, Leben, 1991.
23 Vgl. auch die Beiträge von Miethner und Gestrich in diesem Band.
24 Vgl. zum folgenden Klessmann, Suche 1995.

hindert bw. so weit wie möglich hinausgeschoben werden. Jede nicht geheilte Krankheit, jedes Sterben ist für die Institution eine Niederlage, die es mit fast allen Mitteln zu verhindern gilt. Kämpfen, aktiv sein, etwas unternehmen *gegen* ... sind die Maximen im Krankenhaus.

Das Krankenhaus ist damit aber nur der sichtbare Exponent einer Gesundheitsideologie in unserer Gesellschaft, in der Gesundheit immer mehr den paradoxen Charakter eines Anspruchs, einer eigenen Leistung und eines Heilsgutes bekommt.[25]

Religiöse Weltsicht dagegen versteht und deutet Krankheit als Bestandteil eines größeren Zusammenhangs (z.B. der Geschöpflichkeit des Menschen), dessen möglicher Sinn nicht gleich auf der Hand liegt, den es vielmehr im Gespräch zu erschließen gilt. Schmerzen, Leiden und Sterben sind aus dieser Perspektive Teil des Lebens, sie sagen dem Menschen etwas über die Endlichkeit und Brüchigkeit des Lebens und was es bedeutet, Mensch zu sein; und sie müssen bewältigt, d.h. einerseits bekämpft und andererseits angenommen werden.

Krankheit wie Gesundheit sind, so gesehen, etwas Vorletztes. Gesundheit ist nicht alles, wie es in der Redeweise „Hauptsache gesund" anklingt, sondern, wie K. Barth es formuliert hat, sie ist „Kraft zum Menschsein". Krankheit kann diese Kraft rauben und in un-menschliches Leiden und Sinnlosigkeit stürzen – sie kann aber auch im Gegenteil eine wichtige Erfahrung auf dem Weg zum Menschsein darstellen, so wie es A. Gide formuliert hat: „Ich glaube, daß die Krankheiten Schlüssel sind, die uns gewisse Tore öffnen können ..."[26]

Indem Seelsorge mit dieser religiösen Weltsicht im Krankenhaus tätig ist, gerät sie in Konflikte zu dezidiert medizinisch-naturwissenschaftlichen Ansichten, etwa wenn es um Fragen geht, ob man einen sehr alten Mann noch operieren soll, ob man einen im Koma liegenden jungen Menschen für eine Transplantation vorsehen soll, oder wie ein Pflegeteam mit einem „schwierigen Patienten" umgehen kann. Diese Konflikte sind unvermeidlich und sogar notwendig; wer sich hier zu schnell schweigend anpaßt, verschenkt einen wichtigen Teil der seelsorgerlichen Aufgabe: Nämlich eine andere Sicht vom Menschen, von Krankheit und Gesundheit in der Institution „Krankenhaus" immer wieder ins Gespräch zu bringen – eine Sicht, die Ergänzung und Korrektur des kausal-medizinischen Modells darstellt und die um der zu behandelnden Menschen, um der viel beschworenen Patientenorientierung willen unverzichtbar ist.

---

25 Vgl. Beck-Gernsheim, Gesundheit 1994.
26 Zitiert bei Nüchtern, Lebenskrise 1989, 66f. Vgl. auch den Beitrag von Eibach in diesem Band.

3. *Konsequenzen für die Seelsorge im Krankenhaus*

Mit dem Stichwort „Zwischen-Raum" ist ein Leitbild für die Krankenhausseelsorge skizziert, dessen Konsequenzen noch kurz angedeutet werden sollen:
1. Aus dem Leitbild wird deutlich, daß es sich bei der Krankenhausseelsorge um eine Tätigkeit mit besonderen Schwierigkeiten, aber auch
mit besonderen Chancen handelt. Um sich von dieser offenen beruflichen
Situation nicht nur verunsichern zu lassen, ist es nötig, an Konzepten
orientierte *Prioritäten* zu setzen und die Arbeit danach zu strukturieren.
Dazu bedarf es wiederum gezielter Fort- und Weiterbildung und beglei-
tender Supervision, vor allem da, wo Krankenhausseelsorger/innen in
einem Haus alleine tätig sind, also nicht einmal kollegialen Austausch in
Anspruch nehmen können.
2. Krankenhausseelsorge braucht *spezifische Kompetenzen*, die deutlich
über die Fähigkeit zum seelsorgerlichen Zweiergespräch hinausgehen.
Dazu gehören u.a.:
  – die Fähigkeit, viele kurzfristige Kontakte aufzubauen und zu ge-
    stalten;
  – die Fähigkeit, langfristige Kontakte (etwa bei chronisch kranken
    Menschen) aufzubauen, zu gestalten und wieder zu beenden, also
    auch bewußt mit Abschieden umzugehen;
  – die Fähigkeit, sich in einer fremden Institution zu bewegen, ihre
    grundlegenden Strukturmerkmale zu kennen und sie im Blick auf die
    eigene Arbeit nutzen zu können;
  – die Fähigkeit, mit anderen, naturwissenschaftlich ausgerichteten Be-
    rufsgruppen zusammenzuarbeiten und Ebenen eines interdisziplinä-
    ren Dialogs zu finden;
  – die Fähigkeit, die Sache der Krankenhausseelsorge gegenüber den
    Leitungsorganen des Krankenhauses und in der Öffentlichkeit zu
    vertreten;
  – die Fähigkeit, einen theologisch-ethisch reflektierten Begriff von
    Krankheit und Gesundheit in verschiedenen Zusammenhängen im
    Krankenhausalltag einzubringen und sich an ethischen Entscheidun-
    gen zu beteiligen.
Diese speziellen Kompetenzen werden in der Regel kaum mit Seelsorge
in Zusammenhang gebracht; es ist notwendig, sie als konstitutive Be-
standteile von Krankenhausseelsorge zu vertreten und auch entsprechende Fortbildungsangebote dafür zu initiieren.
3. Das Leitbild deutet an, daß Krankenhausseelsorge eine *grenzgängerische Funktion* für die Kirche insgesamt wahrnimmt. Der gesellschaftlich
große und wichtige Bereich des Gesundheitswesens wird in der Krankenhausseelsorge exemplarisch in den Blick genommen und bearbeitet.

Der Stellenwert, den die Kirche der Krankenhausseelsorge beimißt, reflektiert also immer auch die Bedeutung, die Kirche dem Sektor Gesundheit/Krankheit überhaupt gibt. Und umgekehrt gehört es zu den Aufgaben der Krankenhausseelsorge, ihre Erfahrungen aus dem Umgang mit Krankheit und Sterben, mit Grenzsituationen des Lebens überhaupt immer wieder in der Kirche und in der Öffentlichkeit zum Thema zu machen.

JOHANNES SIEGRIST

Seelsorge im Krankenhaus –
aus der Sicht der Krankenhaussoziologie

1. Einführung

Bis in die Mitte des 19. Jahrhunderts hinein war das Krankenhaus, von den wenigen Ausnahmen fortschrittlicher Militärhospitäler und Universitätskliniken abgesehen, ein Ort des Leidens, des Sterbens, ein Ort barmherzigen Handelns und notdürftiger Versorgung zumeist armer Bevölkerungsschichten. Sein weitreichender Strukturwandel in den darauf folgenden Jahrzehnten war eng mit dem medizinischen Fortschritt verbunden, der zunächst eine dreifache Änderung mit sich brachte: Er reduzierte die Sterblichkeit, er ermöglichte mehr Heilungen, und er erreichte, daß die Therapie vieler Krankheiten in kürzerer Zeit erfolgte. Somit wandelte sich das Krankenhaus von einer therapieschwachen, mit langwierigen Aufenthalten verbundenen Anstalt in ein Heilungszentrum, dem man sich auf absehbare Zeit und mit steigenden Überlebenschancen anvertrauen konnte. Die von dem Medizinhistoriker Jetter herausgearbeitete architekturgeschichtliche Tatsache, daß jetzt an jener Stelle des Krankenhauses, wo die Spitalkapelle stand, der Operationssaal eingerichtet wird, erhält programmatische Bedeutung: Die passive Ergebenheit in ein unabwendbares Schicksal wird durch einen aktiv eingreifenden „Kampf" gegen Krankheit verdrängt, an dessen Spitze der Chirurg mit seinen spektakulären Eingriffen steht (Jetter 1967). Das Krankenhaus hatte nunmehr das Odium des Armenasyls verloren: Es öffnete sich den besitzenden Schichten als Behandlungsort für akute Krankheiten. Der medizinische Fortschritt rechtfertigte die Begründung kalkulierbarer Geschäftsbeziehungen: Der wohlhabende Patient bezahlte dem Krankenhaus für dessen medizinische Leistungen Geld. Im Krankenhaus selbst entstanden somit zwei Patientenklassen: auf der einen Seite selbstzahlende Bürger, die in einem wesentlich privaten, vertragsähnlichen Verhältnis zum Krankenhaus standen, auf der anderen Seite die alte „Klientel", nämlich arme, auf Unterstützung angewiesene Bevölkerungsgruppen, denen die stellvertretend für die Öffentlichkeit übernommene caritative Zielsetzung des Krankenhauses zugute kam. Das Krankenhaus wurde auf diese Weise zwei Ansprüchen gerecht: der traditionellen Aufgabe christlicher Fürsorge und der ärztlichen Forderung nach angemessener Honorierung medizinischer Leistungen und nach einer dem damaligen Wissen entsprechenden Arbeits- und Ausbildungsstätte.

Dieser Entwicklungstrend hat sich im 20. Jahrhundert mit einer beinahe atemberaubenden Dynamik fortgesetzt, so daß Krankenhäuser nicht nur zu einem Prototyp arbeitsteiliger, bürokratisch organisierter, durch zweckrationales Handeln bestimmter gesellschaftlicher Institutionen der Moderne geworden sind, sondern auch einen wachstumsintensiven, volkswirtschaftlich bedeutsamen Dienstleistungskomplex darstellen. Eine Einschätzung der Chancen und Grenzen seelsorgerlichen Handelns im modernen Krankenhaus muß sich daher an diesen strukturellen Bedingungen orientieren.

2. Institution Krankenhaus und Beziehungen zwischen Personal und Patienten aus soziologischer Sicht

Das Krankenhaus als bürokratische Organisation

Seine vielfältigen Aufgaben der Versorgung und Betreuung von Patienten, der Diagnostik und Therapie von Krankheiten, der Aus- und Weiterbildung, der Forschung und Verwaltung konnte das Krankenhaus nicht lösen, ohne sich die Form einer bürokratischen Organisation zu geben. Dies bedeutet zunächst, daß ein festgefügtes System der Über- und Unterordnung und des regelgeleiteten Handelns entwickelt wurde. Es bildeten sich drei Systeme der Hierarchie heraus: die ärztliche, die pflegerische und die administrative Hierarchie. Jeder dieser Hierarchien stehen arbeitsteilig festgelegte Befehlsgewalten und Kontrollrechte zur Durchsetzung und Überwachung definierter Handlungsprogramme zu. Diese Handlungsprogramme erfordern ihrerseits neben der vertikalen, d.h. von oben nach unten laufenden Arbeitsteilung, eine horizontale oder funktionelle Arbeitsteilung. Es sind dies die wichtigen Funktionskreise innerhalb der Klinik, so beispielsweise Diagnostik, zentrale Therapie (Operationstrakt), Stationen, Versorgung, Technik. Dementsprechend haben sich im Krankenhaus spezifische Berufsrollen ausgebildet. Unter einer Rolle verstehen wir einen Satz typischer Pflichten und Rechte, die mit einer bestimmten beruflichen Position verbunden sind. Es kann sowohl innerhalb wie auch zwischen Berufsrollen zu sogenannten Rollenkonflikten kommen, d.h. zu gleichzeitig gestellten Erwartungen, die sich gegenseitig ausschließen.

Ein weiteres Merkmal bürokratischer Organisationen ist die abstrakte Regelhaftigkeit ihrer Handlungsweisen. Ihre Tragweite wird besonders dort sichtbar, wo Patienten von ihnen direkt oder indirekt betroffen sind.

Einflußchancen von Patienten im Krankenhaus sind strukturell begrenzt. Aufgrund ihres eingeschränkten Gesundheitszustandes werden Kranke umfangreichen Reglementierungen, „Vereinnahmungen" unterworfen und in ihrem Handlungsspielraum eingeschränkt. Zwei allgemeine Aufgaben der Institution Krankenhaus sind für diese Einschränkungen – und damit für die Definition der Patientenrolle – verantwortlich. Erstens haben Krankenhäuser die Aufgabe, diagnostische und therapeutische Programme nach Maßgabe der individuellen Problemstellungen ihrer Patienten zu realisieren. Diese Aufgabe erfordert eine arbeitsteilig durchorganisierte Betriebsstruktur, in welcher sowohl Routineabläufe wie auch Notfallsituationen bewältigt werden können.

Aus diesen Organisationszwängen und Handlungsimperativen resultieren typische Zumutungen an den Krankenhauspatienten, so vor allem:
- ständige Erreichbarkeit, d. h. begrenzte Rückzugschancen;
- Störbarkeit zu jeder Tages- und Nachtzeit;
- Wartezeiten;
- kurzfristige Umdispositionen (z. B. Verlegungen, Entlassungen);
- Unterbrechung begonnener diagnostischer oder therapeutischer Maßnahmen;
- fehlende Wahlmöglichkeit des betreuenden Personals;
- Personalwechsel nach Dienstplänen;
- begrenzte Einflußnahme auf Handlungsprogramme selbst unter untypischen, außergewöhnlichen Umständen.

Die zweite Aufgabe des Krankenhauses ergibt sich aus seinem Pflege- und Versorgungsanspruch: Patienten sind, in unterschiedlichem Ausmaß, an der eigenständigen Befriedigung ihrer lebensnotwendigen Bedürfnisse gehindert. Die Delegation dieser Bedürfnisbefriedigung an das Pflegepersonal erfolgt um den Preis einer Fügsamkeit in die vorgegebene Anstaltsordnung. Zu den Merkmalen systematischen Anstaltshandeln gehören:
- Definition eines kollektiven, verbindlichen Tagesablaufes;
- Standardisierung von Verfahrensweisen (Routinebildung);
- Typisierung von Personen (Patientenkategorien);
- relative Unpersönlichkeit von Beziehungsformen;
- fehlende Intimität.

Beide Aufgaben der Institution Krankenhaus – Primat medizinischer Handlungsprogramme und Sicherstellung persönlicher Versorgungsbedürfnisse – tragen in sich verstärkender Weise zur Verfestigung der Abhängigkeit der Patienten von der Organisation, zur Ungleichheit zwischen Personal und Patient und zur Randständigkeit des formalen Patientenstatus in der Organisation bei.

Soziologie der Arzt-Patient-Beziehung

Besonders folgenreich ist die genannte Ungleichheit zwischen Personal und Patient in der Arzt-Patient-Beziehung. Aus soziologischer Sicht ist die Arzt-Patient-Interaktion aus folgenden Gründen eine strukturell asymmetrische soziale Beziehung:

- Unterschiedliche Wissensverteilung führt dazu, daß der Arzt in der Regel Experte, der Patient in der Regel Laie ist. Die daraus resultierenden Informations- und Handlungsmöglichkeiten geben dem Arzt Expertenmacht.
- Unterschiedliche soziale Rollen bedingen, daß der Arzt gesellschaftliche Definitionsmacht hat (Diagnosestellung, Krankschreibung, Recht zur Behandlung etc.), während der Patient als Hilfesuchender die Verpflichtung zur Inanspruchnahme des Arztes und zur Befolgung ärztlicher Anordnungen besitzt (Krankenrolle).
- Funktional-spezifische Kompetenz und Imperative des instrumentellen Handelns (Technik) geben dem Arzt in der konkreten Interaktionssituation Steuerungsmacht (Definition von Beginn [Wartezeiten], Verlauf und Ende des Kontakts; Recht auf Initiativen, Unterbrechungen etc.). Steuerungsmacht schließt auch das Aussprechen von Sanktionen (Sanktionsmacht) sowie das Gewähren oder Vorenthalten besonderer Vergünstigungen (z.B. zeitlicher Aufwand pro Patient) mit ein.

Experten-, Definitions- und Steuerungsmacht konstituieren eine prinzipiell ungleichrangige (asymmetrische) Beziehung. Der Begriff „Macht" wird hier im soziologischen Sinne gebraucht; er bezeichnet die erhöhte Chance des Arztes, einerseits Quellen der Unsicherheit des Gegenübers zu kontrollieren, andererseits knappe, erstrebte Güter (ärztliche Dienstleistungen) unterschiedlich zu gewähren.

Zu den einschneidendsten Begrenzungen des Patienten und zugleich zu den wichtigsten Mitteln der Steuerungsmacht des Arztes gehört die ungleiche Informationsverteilung. Dies gilt in ganz besonderem Maße im Krankenhaus, wo Erkrankungen in der Regel schwerer und Abhängigkeiten des Patienten größer sind. Diese lassen sich als „blockierte Mobilität" und „fehlende Kontrolle über wichtige Ressourcen" charakterisieren: Bettlägerige Patienten sind von weiten Bereichen sozialen Handelns und sozialer Expressivität ausgeschlossen. Damit sind sie vor allem auf eine psychische Bewältigung ihrer Probleme verwiesen. Um so wichtiger wird für sie der Umgang mit dem hauptsächlich verbleibenden Interaktionsmittel, der Sprache.

Umfangreiche medizinsoziologische Untersuchungen haben gezeigt, daß die überwiegende Mehrheit der Krankenhauspatienten hohe, thematisch bestimmte und subjektiv begründete Informationsbedürfnisse ins Krankenhaus mitbringt. Dabei darf der Arzt nicht davon ausgehen, daß Patienten, die von sich aus keine Fragen stellen, nichts wissen wollen. Es gibt offensichtlich latente Informationsbedürfnisse, deren Artikulation aus soziokulturellen, psychologischen oder organisatorischen Gründen schwerfällt.

Gemessen am jeweils vorhandenen ärztlichen Wissen einerseits und an den ausgeprägten Informationsbedürfnissen über die eigene Erkrankung andererseits erfahren Patienten die ungleiche Wissensverteilung in Form von Aufklärungsdefiziten. Nach verschiedenen wissenschaftlichen Untersuchungen kann gefolgert werden, daß nur knapp die Hälfte unausgewählter Kollektive von Krankenhauspatienten ein gutes Wissen über die Diagnose ihrer Krankheit hat und nur ein gutes Drittel über die Therapiemaßnahmen gut Bescheid weiß. Je schwerer die Krankheit, je ungünstiger die Prognose, desto größer ist das Aufklärungsdefizit (Raspe 1983; Siegrist 1995).

Patienten mit geringeren Möglichkeiten, ihre durch die Krankheit entstandene kritische Situation anhand von Information zu bearbeiten, dadurch eine Selbstregulation ihrer Emotionen vorzunehmen und ihre Zukunft gegebenenfalls neu zu strukturieren, weisen eine signifikant schlechtere Befindlichkeit und ein höheres Maß an Angst auf. Informationsdefizite gehen auch einher mit höheren physiologischen Streßreaktionen.

Vermutlich ist kein Aspekt ärztlichen Handelns bisher so intensiv analysiert worden wie die Sprachhandlungen von Ärzten während klinischer Visiten. Heute wissen wir, daß die tägliche Arztvisite pro Patient durchschnittlich 3–4 Minuten dauert, daß die meisten Gesprächsinitiativen vom Arzt ausgehen und daß der Patient im Durchschnitt pro Visite lediglich 1–2 Fragen stellt. Über seine Krankheit bringt der Patient während der Visite überwiegend als Dritter etwas in Erfahrung: Mehr als die Hälfte aller Sätze, die Informationen über seine Krankheit enthalten, werden zwischen Arzt und Pflegepersonal ausgetauscht, sind also nur „implizit" an den Patienten gerichtet.

Diese fragmentierte Kommunikation ergibt sich in erster Linie daraus, daß die Visite eine strukturell überladene Arbeitsaufgabe darstellt, da in ihr im Prinzip körperliche Untersuchung, Inspektion, Kontrolle des Therapieplanes, Einleitung und Überwachung diagnostischer Maßnahmen, Organisationsabsprachen und Informationsaustausch mit dem Pflegepersonal sowie Gespräch mit dem Patienten zu integrieren sind. Es ist nachvollziehbar, daß unter dem gegebenen Zeitdruck am ehesten beim Gespräch mit dem Patienten gespart wird. Es ist auch zu erwarten, daß angesichts der Vielfalt und Komplexität ärztlicher Aufgaben und angesichts des dominierenden Einflusses eines naturwissenschaftlich-instrumentellen Krankheitsverständnisses Strategien der kommunikativen Entlastung verfolgt werden, deren Folgen vor allem die Patienten zu spüren bekommen. Strategien der kommunikativen Entlastung, des Ausweichens der Ärzte vor emotional belastenden Fragen sind insbesondere in kritischen Gesprächsphasen während der Visiten, bei schwer oder infaust erkrankten Patienten zu erwarten. Entsprechend ihrem herkömmlichen Rollenverständnis müssen Ärzte in solchen Situationen versuchen, eigene Affekte zu neutralisieren und die Unsicherheit zu verbergen, zugleich kritische Informationen zurückzuhalten, ohne jedoch dadurch mit ihrer Expertenrolle in Konflikt zu geraten. Hierzu setzen sie oft, bewußt oder unbewußt, ausweichende Kommunikationsstrategien ein, so z.B. einen Themen- oder Adressatenwechsel, eine Verschiebung der Antwort vom Inhalts- auf den Beziehungsaspekt der Kommunikation oder die Mitteilung sog. funktionaler Unsicherheit: In diesen Fällen ist der Arzt zwar über den Krankheitsbefund im Bilde, gibt dem Patienten gegenüber jedoch vor, die schlüssigen Informationen noch nicht zu besitzen (Siegrist, 1995).

Wie können Ärzte mehr Zeit, Interesse und Energie für die Nöte und Sorgen der Krankenhauspatienten aufbringen, wie können ihnen besser auf den Patienten zentrierte Gespräche gelingen? Diese Fragen sind hierzulande nicht nur theoretisch, sondern bereits praktisch beantwortet worden, und zwar durch die wegweisenden Neuerungen eines Modellvorhabens, das in den 70er Jahren große Aufmerksamkeit gefunden hat, das sog. Ulmer Stationsmodell (Köhle et al., 1986). Auf einer psychosomatischen Modellstation der Internistischen Abteilung einer Universitätsklinik wurde die Arbeitsorganisation so umstrukturiert, daß wesentlich mehr Zeit für die tägliche Visite zur Verfügung stand und die Visite selbst in eine Vor- und Nachbesprechung außerhalb des Krankenzimmers sowie ein Gespräch mit dem Kranken aufgegliedert wurde, das ausschließlich ein jeweils voraus bestimmter Arzt führte. Zwischen Ärzten und übrigen Berufgruppen auf Station entwickelte sich eine intensive Kooperation, die auch auf andere Tätigkeiten ausstrahlte. Die Modell-Ärzte befanden sich selbst in psychotherapeutischer Zusatzausbildung. Dem Modell lagen dennoch nicht nur arbeitsorganisatorische und Kommunikationssoziologische Neuerungen zugrunde, im Zentrum stand vielmehr eine psychosomatische Theorie von Krankheit und Kranksein, die andere Akzente setzte als die ausschließlich naturwissenschaftliche Organmedizin.

Auf der Handlungsebene erreichte die Modellstation in kurzer Zeit:
– eine Ausweitung der Visitendauer von durchschnittlich vier auf durchschnittlich zehn Minuten pro Patient;

- eine eher weitgehende Zentrierung des ärztlichen Gesprächs auf den Patienten;
- ein Zurückdrängen der impliziten Informierung des Patienten, d. h. eine weitgehend initiative, direkte Weitergabe krankheitsbezogener Informationen an den Patienten;
- eine Reduktion ausweichender Kommunikationsstrategien angesichts kritischer Fragen insbesondere schwerkranker Patienten.

Dieser Modellversuch zeigt auf eindrucksvolle Weise, wie eng die Beziehungen zwischen einem vorherrschenden Krankheitsverständnis der Ärzteschaft und den Interaktionsbeziehungen zu Patienten sind. Sie verweisen auf die Notwendigkeit, sprachlich vermittelte Interaktionsleistungen und Zuwendungen zum Patienten angesichts zunehmender Technisierung und Arbeitsteiligkeit des Organisationshandelns im Krankenhaus besser zu schulen, stärker zu gewichten und systematisch zu fördern.

Kritische Situationen

Im Unterschied zur ‚Normalstation' des Krankenhausbetriebes ist die Intensivstation durch besondere psychische Belastungen bei Patienten und beim Personal gekennzeichnet. Diese Belastungen ergeben sich aus der Konfrontation mit lebensbedrohlichen Zuständen, mit teilweise unvorhersehbaren Komplikationen, schließlich mit Sterben und Tod. Ferner herrscht immer wieder therapeutischer Entscheidungsdruck in Krisensituationen, stellen sich ethische Entscheidungskonflikte und Angst vor Fehlern ein. Die Kommunikation mit Patienten ist häufig behindert, im Vordergrund steht die andauernde Kontrolle und aktive Überwachung vitaler Funktionen. Deprimierende Erfahrungen menschlichen Leidens, maschinelle Manipulationen, welche die Menschenwürde antasten, und letztlich die begrenzten therapeutischen Erfolgschancen steigern die psychischen Belastungen beim Krankenhauspersonal. In dieser Situation ergibt sich besonders häufig ein sog. Burn-Out-Syndrom („Ausgebranntsein" durch langes, intensives berufliches Engagement).

Die Nähe zum Tod charakterisiert jedoch nicht allein das Erfahrungsspektrum von Intensivstationen, sondern dasjenige des Krankenhausbetriebes ingesamt: In unserer Gesellschaft beenden zwischen 50 und 60 % aller Menschen ihr Leben im Krankenhaus. Durchschnittlich ist damit zu rechnen, daß jeder 23. Patient, der in ein Krankenhaus aufgenommen wird, dort sterben wird. Sterben und Tod sind damit zu ‚typischen' Erfahrungen des Krankenhausalltags geworden. Aber so häufig und typisch sie auch sein mögen – in diesem Fall verlieren die Erfahrungen nichts von ihrer Bedrohlichkeit, Herausforderung und Belastung für die beruflich von ihnen Betroffenen.

Sterben im Krankenhaus spielt sich nach Möglichkeit in räumlicher Isolierung ab, in eigens hergerichteten Einzelzimmern, in Randbezirken der Station, wie Badezimmern, Abstellplätzen, gelegentlich sogar in Stationsarztzimmern. Räumliche Isolation des Sterbenden bedeutet auch soziale Einengung, kommunikative Isolierung und Ausschluß. Dies ist besonders schwerwiegend, da offenbar bei der Angst vor dem Sterben die „Furcht vor dem Ausgeschlossenwerden aus der Gruppe der Mitmenschen gegenüber allen anderen Elementen – wie der Furcht vor Schmerzen, körperlicher Beeinträchtigung oder dem nicht-mehr-sein bei weitem überwiegt. Ausgeschlossen sein wird fast immer als Zusammenbruch des Selbstwerterlebens, als Verlust der Achtung vor sich selbst erfahren und ist dann schwerer zu ertragen als jedes andere Schicksal" (Uexküll 1973, 19).

Der Soziologe David Sudnow hat in einer teilnehmenden Beobachtung die Praktiken des Ausschlusses und der Distanzierung gegenüber Sterbenden, aber auch die sozialen Definitionsprozesse des Todes, wie sie sich beispielsweise in unterschiedlich intensiven Reanimationsbemühungen manifestieren, in zwei amerikanischen Hospitälern untersucht (Sudnow 1973). Was Sudnows Ausführungen besonders brisant macht, ist die Tatsache, daß er vergleichende Untersuchungen in einem Kreiskrankenhaus für überwiegend arme Bevölkerungsschichten sowie in einem privaten Krankenhaus angestellt hat, wobei sich empörende Unterschiede in den Bemühungen um Reanimation, insbesondere auch bei der Pflege der terminalen Patienten ergaben.

Kritische Situationen wie ärztliche und pflegerische Arbeiten auf Intensivstationen (Herschbach 1991), Krebsstationen (Ullrich 1987), bei Gesprächen mit unheilbar Kranken (Köhle et al. 1986) und bei der Betreuung Sterbender (Gläser und Strauss 1974, Koch und Schmeling 1982) erfordern ein besonderes Maß an psychischer Kraft und Ausgeglichenheit. Sie verlangen außergewöhnliches persönliches Engagement über die funktional-spezifische Kompetenz des Arztes bzw. Pflegepersonals hinaus, ein Engagement, dessen Ziele ein Symmetrie und offene Bewußtheit anstrebendes kommunikatives Handeln und eine von Empathie getragene „Gefühlsarbeit" bilden.

Die Bedeutung der Teamarbeit

Das bereits kurz erwähnte Ulmer Modellprojekt hat überzeugend dargelegt, daß gute Teamatmosphäre und Bereitschaft zur konsequenten Teamarbeit wichtige Voraussetzungen einer konsequent patientenzentrierten therapeutischen Arbeit bilden. Teamarbeit setzt auch eine Umgestaltung der Arbeitsorganisation, mehr Autonomie im Tätigkeitsspektrum nachgeordneter Berufe und mehr Partizipation voraus.

Im therapeutischen Team stellt sich die Aufgabe, hierarchisch bestimmte Funktions- und Machtzuteilungen zu lockern und im Dienste des Patienten enger zusammenzuarbeiten. Wie gut diese Postulate gegenwärtig in der stationären Krankenversorgung erfüllt sind, hat eine umfangreiche vergleichende arbeitssoziologische Studie an sieben psychosomatisch orientierten Krankenhausstationen im Vergleich zu acht traditionell-internistischen Stationen in verschiedenen deutschen Krankenhäusern untersucht (Kohlmann et al. 1986). In ihr konnte gezeigt werden, daß das Pflegepersonal auf psychosomatischen Stationen in signifikant stärkerem Maße in ärztlich-medizinische Entscheidungsprozesse (Partizipation) einbezogen wurde als auf traditionell-internistischen Stationen. Signifikant verbessert war auch das Ausmaß der Informiertheit über Patienten bei Schwestern, Pflegern und Pflegehelfern auf psychosomatischen Stationen. Je höher das Ausmaß an Partizipation und patientenbezogener Information, desto höher ist auch die Arbeitszufriedenheit, desto weniger sind „berufliche Resignation" und „Leiden unter arbeitsspezifischen Belastungen" ausgeprägt.

Die Reorganisation ärztlicher und pflegerischer Arbeit auf psychosomatisch-internistischen Krankenstationen läßt sich somit auf den Ebenen Partizipation, Informiertheit und Arbeitsteilung nachweisen. Es gehen positive Effekte von diesen Gegebenheiten auf die subjektive Arbeitszufriedenheit, das Ausmaß wahrgenommener Belastungen und die Begrenzung beruflich-resignativer Einstellungen aus. Diese positiven Effekte bestimmen ein Klima guten sozio-emotionalen Rückhalts, das notwendig erscheint, um die besonderen Anstrengungen therapeutischen Handelns in Krisensituationen erträglich zu gestalten. Es ist somit möglich und notwendig, durch gezielte Maßnahmen der Organisations- und Personalentwicklung den technisierten und bürokratisch strukturierten Krankenhausbetrieb in stärkerem Maße auf die Patientenbedürfnisse hin zu zentrieren.

3. Chancen und Grenzen der Seelsorge im Krankenhaus

Auf dem Hintergrund der skizzierten Organisations- und Handlungszwänge und der immanenten Dynamik einer technisch-somatologisch ausgerichteten Medizin erscheinen die Chancen seelsorgerlicher Tätigkeit im Krankenhaus von vornherein sehr begrenzt zu sein. Dies trifft sicherlich zu, denkt man an den vergleichsweise geringen Stellenwert der Krankenhausseelsorge im normativen Gefüge schulmedizinischer Orientierungen und der sich daraus ergebenden Handlungsprioritäten, aber auch an die geringen personellen Ressourcen und zeitlichen Dispositionen, die ihr zur Verfügung stehen. Andererseits wurde aufgezeigt, daß die Kommunikative Dimension der Krankenhausarbeit von allen Betroffenen als defizitär erlebt wird und daß es ernstzunehmende erfolgversprechende Entwicklungen einer Integration von instrumentellem und kommunikativem Handeln in zentralen Bereichen der Krankenhausarbeit gibt. Nichts wäre ungünstiger als eine Arbeitsteilung dergestalt, daß einerseits professionelle medizinische Experten und ihre Helfer ihr instrumentelles Handeln perfektionieren und andererseits „Kommunikationsberufe" zur Kompensation entstandener Defizite eingesetzt werden.

Die psychosomatisch ausgerichtete, an einem bio-psycho-sozialen Verständnis von Gesundheit und Krankheit, von Kranksein und Genesung orientierte Medizin beugt einer solchen Dichotonisierung vor, indem sie das Zusammenwirken von technischer Arbeit und interaktiver Zuwendung zu ihrem leitenden Handlungsprinzip erklärt (Uexküll 1986). Wenn die Zeichen der Zeit nicht trügen, schwächt sich der Primat somatologisch-technischer Orientierungen in der klinischen Schulmedizin aus zumindest zwei Gründen allmählich ab:

Erstens zeigt sich, daß verschiedene wichtige, weil heute vorherrschende chronisch-degenerative Erkrankungen, die zu stationären Einweisungen führen, mit den herkömmlichen Denk- und Handlungsansätzen allein nicht erfolgreich behandelt werden können. Die wissenschaftliche Evidenz nachgewiesener Zusammenhänge zwischen psychosozialen Risikolagen (ebenso Schutzfaktoren) und Entstehung sowie Verlauf von Krankheiten läßt sich in einigen Bereichen nicht mehr von der Hand weisen, so beispielsweise bei Herz-Kreislauf-Krankheiten (Siegrist 1996), möglicherweise bei bestimmten Krebserkrankungen (Spiegel 1989). Hier ist gezeigt worden, daß theoretisch begründete verhaltensmedizinische bzw. interaktionszentrierte Interventionskonzepte den Krankheitsverlauf günstig beeinflussen können. Auch weist die zunehmende Anerkennung der Zielgröße „Lebensqualität" im ärztlichen Handeln auf die Begrenzungen eines traditionell-reduktionistischen Krankheitsverständnisses hin.

Zweitens stößt die somatologisch-technologische Medizin an die Grenzen ihrer Akzeptanz. Immer mehr Patienten suchen zumindest die Schulmedizin ergänzende Heilberufe und Einrichtungen auf. Erwartungsenttäuschungen und divergierende Behandlungswünsche bei Betroffenen erzeugen einen zwar diffus wirkenden, dennoch realen Druck auf den traditionell gewachsenen Medizinbetrieb, der unter anderem auch durch neue soziale Bewegungen wie Selbsthilfegruppen oder Patientenrechtsinitiativen gestärkt wird.

In dieser Situation eröffnen sich der Krankenhausseelsorge drei wichtige Chancen verbesserter Wirksamkeit, auf die abschließend aufmerksam gemacht werden soll:

Erstens ist die Seelsorge in einem Klima des Wertewandels im Krankenhaus, zumindest der Einschränkung des absoluten Geltungsanspruchs einer somatologischen Medizin, aufgerufen, die von ihr vertretenen Werte und Orientierungen mit Nachdruck und Überzeugungskraft darzustellen. Es muß möglich sein, Fragen nach dem Sinn von Leiden und Belastungen, nach dem Sinn menschlichen Daseins und den es tragenden Werten in die „Arbeit" des Patienten bei Bewältigung und Umgang mit Kranksein und Sterben hineinzutragen. Es kann oft hilfreich sein, in einer tiefgreifenden menschlichen Krisensituation, wie schwere Krankheit und bevorstehendes Lebensende sie darstellen, auf eine gegenüber dem Alltagsleben prinzipiell andersgeartete Erfahrungsqualität – die Erfahrungsqualität des Glaubens – glaubwürdig hinzuweisen. Selbstverständlich dürfen solche Angebote weder missionarisch noch von trivialer Routine geprägt vorgetragen werden, sondern erfordern Sensibilität, Empathie und Toleranz auf seiten des Seelsorgers.

Zweitens kann und soll Seelsorge im Krankenhaus bewußt dazu beitragen, den sozio-emotionalen Rückhalt des Patienten zu stärken. Mit diesem Begriff wird eine spezifische, allgemein als positiv oder belohnend erfahrene Qualität von sozialem Austausch bezeichnet, die sich durch die folgenden Merkmale auszeichnet:

– emotionaler Rückhalt (Wertschätzung, Zuneigung, Vertrauen, Interesse, Zuwendung)
– Rückhalt durch Anerkennung (Bestätigung, positive Rückmeldung)
– Rückhalt durch Information (Rat, Vorschläge, Handlungsanweisungen, geteiltes Wissen)
– instrumentaler Rückhalt (Hilfe durch zeitliche Präsenz, Mitarbeit etc.).

Angemessenen sozio-emotionalen Rückhalt in authentischer Weise zu vermitteln, ist eine schwierige, besonderes Engagement erfordernde Aufgabe. Sie besser meistern zu können, bildet daher ein wichtiges Ziel der beruflichen Sozialisation und Ausbildung von Krankenhausseelsorgern.

Drittens kann und soll die Krankenhausseelsorge nach Wegen suchen, die Stellung des Patienten im Krankenhaus zu stärken, der Patientenzentrierung in der Institution mehr Gewicht zu verleihen. Es ist gezeigt worden, wie aus organisationssoziologischen Gründen die Tendenz zu einer Marginalisierung des Patientenstatus zu erklären ist und wie unter der Dominanz instrumentellen Handelns die kommunikative Dimension der Krankenhausarbeit tendenziell verkümmert. Chancen, diesen Entwicklungen gezielt entgegenzuwirken, ergeben sich für die seelsorgerliche Arbeit zum einen im Bereich des Beschwerdewesens, des Weiterleitens der vom Patienten geäußerten Nöte, Wünsche, der vorgetragenen Kritik an Verantwortliche. Sicherlich wirft dies Fragen der Zuständigkeit und des Rollenkonfliktes auf, jedoch zeigt sich erfahrungsgemäß, daß Kritik im Krankenhaus gegenüber den in der Klinik arbeitenden Berufsgruppen nur selten geäußert wird (zum Beispiel aus Angst vor möglicher Benachteiligung) und daß auch der „Ombudsmann" bei Belangen, die für Patienten tieferreichend und bedeutungsschwer sind, nicht immer als der richtige Ansprechpartner erscheint. In diesem schwierigen Feld gilt es, Positionen zu beziehen und Wirkungschancen zu eruieren, welche zur Stärkung der Glaubwürdigkeit seelsorgerlicher Mission beitragen können.

Schließlich kann die Krankenhausseelsorge die Patientenzentrierung ihrer Tätigkeit auch durch Mitwirken bei der Diskussion ethischer Konflikte und Entscheidungen am Krankenbett unter Beweis stellen. Sie verfügt über Gesichtspunkte und Argumente, die den professionellen Entscheidungsträgern oft nicht gegenwärtig sind, und sie vermag die Perspektive der Betroffenen unter Umständen nachdrücklicher und überzeugender zu Worte zu bringen, als dies Patienten selbst möglich ist.

Schwierig ist die Frage zu beantworten, ob die seelsorgerliche Tätigkeit im Krankenhaus zu einer echten Teamarbeit werden kann und werden soll, oder ob sie ihre besondere Stärke in der Eigenständigkeit und Unabhängigkeit ihres Auftrages besitzt. Vor- und Nachteile einer stärkeren Verortung der Krankenhausseelsorge bedürfen sorgfältiger Erwägungen und kontrollierter Modell-Erfahrungen.

Zusammenfassend kann festgehalten werden, daß von einer konsequent verstandenen Krankenhausseelsorge in Zukunft trotz der aufgezeigten Grenzen und Widerstände wichtige Impulse und Hilfestellungen ausgehen können.

MICHAEL KLESSMANN

Von der Krankenseelsorge
zur Kranken*haus*seelsorge –
historische Streiflichter[1]

I

Sorge um kranke Menschen gehört seit den Anfängen zu den besonderen Aufgaben der christlichen Gemeinde. Sie beruft sich dabei einerseits auf die ausdrückliche Weisung Jesu, sich um die Kranken zu kümmern (Mt 25); andererseits folgt sie dem Vorbild Jesu, der in seinem Verhalten gegenüber den Kranken deren Ausgrenzung überwand (z.b. Mk 1, 40–45) und in der Begegnung mit ihnen Sünde und Krankheit als Zeichen des Unheils beseitigte.[2] Jüdische Traditionen – der Priester übt stellvertretend die Macht Jahwes über Krankheit und Heilung aus[3] – und der cura-Gedanke der griechischen Therapeutik[4] spielen dabei ebenfalls eine Rolle.

Eine Krankenseelsorge im heutigen Sinn gab es damals natürlich nicht. Erziehung, Therapie, Seelsorge, Pflege und Verkündigung sind nicht klar voneinander abgegrenzte Tätigkeiten, sondern bilden eine komplexe und ganzheitliche Form der Zuwendung zum kranken Menschen.[5]

Diese Zuwendung hat allerdings eine Neubewertung des Phänomens der Krankheit zur Voraussetzung. In der von Hippokrates bestimmten griechischen Medizin gibt man den Unheilbaren, den hoffnungslosen Fall auf; und die Sorge des Betreuenden richtet sich sowieso nur auf den Freund und Vertrauten, nicht auf jeden kranken Menschen.[6] Der christlichen Fürsorge dagegen geht es um den kranken Menschen überhaupt als Nächsten und Geschöpf Gottes; ja, als Abbild des Menschwerdens und Leidens Christi genießt er/sie besondere Achtung und Aufmerk-

---

1 Überarbeitete Fassung meines Artikels zum Stichwort „Krankenseelsorge", TRE XIX, 669ff.
2 Vgl. Mayer-Scheu, Behandeln, 138ff.
3 Wolff, Anthropologie, 211ff.
4 Vgl. Schipperges, Entwicklung, 41: Im Corpus Hippocraticum werden Ärzte als Menschen bezeichnet, die sich „aus fremden Leiden eigene Sorgen" bereiten.
5 Vgl. Th. Bonhoeffer, Ursprung, 11.
6 Vgl. Entralgo, Heilkunde, 100ff.

samkeit. Auf Grund dieser Neubewertung gehört es zu den vornehm-
sten Aufgaben des Bischofs und der Ältesten, die Kranken und Armen
(beide Gruppen werden oft in einem Atemzug genannt und auch nicht
exakt unterschieden) zu besuchen, über ihnen zu beten, sie im Namen des Herrn mit Öl zu salben und ihnen die Sünden zu vergeben.
(Jak 5,14f)

Gebet, Salbung mit geweihtem Öl, Beichte und Sündenvergebung,
wahrscheinlich verbunden mit dem Abendmahl, erscheinen hier als
die konstitutiven Elemente der Krankenseelsorge. Sie setzen ein Verständnis von Krankheit voraus als ganzheitlichem Zusammenhang von
körperlichem Gebrechen und seelisch-geistiger Schwächung. Und es
wird deutlich, daß Krankenseelsorge schon sehr früh nicht mehr Aufgabe aller Christen, sondern vornehmlich der dazu bestimmten Ämter
war.

In der nachapostolischen Briefliteratur werden die Ältesten immer wieder ermahnt, die Kranken nicht zu vernachlässigen (z.B. Polyk. 6,1); erste
Verhaltensregeln tauchen auf, weil Bischöfe und Älteste nicht alle Krankenbesuche selbst durchführen können.[7]

Während der großen Seuchen, die im 2. und 3. Jahrhundert im römi-
schen Reich wüten, zeigt sich besonders deutlich, in welchem Maß Krankenpflege und -seelsorge als Ausdruck der Nachfolge Jesu verstanden
werden. So schreibt Dionysius von Alexandrien: „Furchtlos besuchten sie
(sc. die Christen) die Kranken, bedienten sie liebreich, pflegten sie um
Christi willen und schieden freudigst zugleich mit ihnen aus dem Leben …
Diese Art des Todes aber scheint als Frucht großer Frömmigkeit und
starken Glaubens dem Märtyrertode in keiner Weise nachzustehen … Bei
den Heiden aber fand das gerade Gegenteil statt. Sie stießen diejenigen,
welche krank zu werden begannen, von sich, flohen vor den Teuersten
hinweg …"[8] Trotz der apologetischen Absicht solcher Schilderungen sind
zwei Tendenzen zu erkennen: Krankheit gilt als Prüfung für den Glauben
und die Geduld des Kranken; und der Pflegende darf für seinen aufopfern-
den Dienst himmlischen Lohn erhoffen.

Gelegentlich sind Bischöfe zugleich Ärzte; sie übernehmen damit die
im Anschluß an Mk 2,17 entstandene Tradition des Christus Medicus.[9]
Während in Griechenland zur Zeit des Hippokrates (460–377 v.Chr.)
priesterliche und ärztliche Funktionen weitgehend getrennt sind, geht
im Christentum die ärztliche Hilfe wieder verstärkt in die Hände von
Geistlichen über.[10] Damit findet auch die griechische Heilkunde Ein-

---

7 Vgl. Hardeland, Geschichte, 22.
8 Eusebius, h.e. 7, 22, 7–10. Zitiert und übersetzt bei Harnack, Medicinisches, 62f.
9 Zum Christus medicus-Motiv vgl. Honecker, Christus, 27ff.
10 Vgl. Pompey, Bedeutung, 14ff.

gang ins Christentum. Analogien zwischen Seelsorge und Medizin werden hervorgehoben: So wie Krankheit als Ausdruck der Sünde gilt, wird Sünde wiederum als Krankheit bezeichnet. Gebet und Buße sind geistliche Arzneien, das seelsorgerliche Vorgehen wird dem ärztlichen verglichen.

Im 4. Jahrhundert kommt es mit dem Übergang zur Staatskirche zur Errichtung von Hospitälern. Diese ersten Xenodochien nehmen alle Hilfbedürftigen auf, Fremde, Arme, Witwen, Waisen und Kranke. Erst ganz allmählich werden sie nach Zielgruppen differenziert, also auch reine Krankenhäuser gebaut. Sie werden entweder von der Kirche selbst errichtet oder auch von privaten Stiftern.[11] Dem jeweiligen Bischof steht die Aufsicht über das Krankenhaus zu. Pflegepersonen sind z.T. die sog. Parabolanen, die dem niederen Klerus angehören, z.T. Privatpersonen, die ein entsagungsvolles, opferwilliges Leben führen wollen.

In besonderem Maß widmet sich das entstehende Mönchtum der Kranken- und Armenpflege; einem Kloster ist häufig ein Xenodochium zugeordnet. Unter dem Einfluß des Mönchtums läßt sich eine zunehmende Verknüpfung von Krankenseelsorge mit Kirchenzucht beobachten:

Die Benediktinerregel macht die Fürsorge für die kranken Mitglieder der Klostergemeinschaft zur besonderen Pflicht (Reg. Ben. 36), weil der Dienst an den Kranken Dienst an Christus selber ist. In der karolingischen Reform wird die Benediktinerregel erneuert, aktualisiert und verschärft: Kenntnisse der griechischen Heilkunde werden in den Klöstern zurückgedrängt, abergläubisch-magische Praktiken breiten sich aus, der geistlichen Zucht kommt immer stärkere Bedeutung zu.[12] In einem Kommentar zur Benediktinerregel aus dem 9. Jahrhundert heißt es, der Abt habe dafür zu sorgen, „daß die Kranken ihre Sünden beichten, die Sakramente empfangen, regelmäßig die Messe hören, daß sie besucht, getröstet und ermahnt werden."[13]

Die Reihenfolge dieser Vorschrift und die Strenge ihrer Durchführung erklärt sich aus der zugrundeliegenden Sicht von Krankheit vor allem im Mönchtum: Krankheit als Folge und Ausdruck der Sünde gilt als heilsames Zuchtmittel, man soll sie eher suchen als bekämpfen. Krankenpflege und -seelsorge haben deswegen vornehmlich einen religiös-moralischen Charakter. Selbst der Arzt ist verpflichtet, den Patienten zunächst zur Beichte zu veranlassen und dann erst die körperliche Behandlung aufzunehmen: Irdische Arznei kann besser wirken, wenn der Mensch geistlich

---

11 Vgl. Uhlhorn, Liebesthätigkeit I, 316ff.
12 Vgl. Diepgen, Einfluß.
13 Zitiert bei Hardeland, Geschichte, 190.

rein ist.[14] Bis in die Architektur des Spitals hinein läßt sich dieser Grundgedanke verfolgen.[15]

Solange das Hospital Teil des Klosters ist, ist Seelsorge ein selbstverständlicher Bestandteil der Krankenpflege. Im 12. und 13. Jahrhundert bildet sich jedoch ein neuer Spital-Typus: In den aufblühenden Städten gibt es mehr Arme und Kranke, für die das Gemeinwesen die Verantwortung übernehmen muß. Gleichzeitig entsteht durch den Kreuzzugsgedanken und die Armutsbewegung eine neue Hochschätzung von Armen und Kranken als *domini nostri pauperes* (die Armen unseres Herrn). Eine päpstliche Urkunde bezeichnet Krankenpflege als „pauperum Christi servitium"[16] („Dienst an den Armen Christi"). Eine Fülle von Spitalorden entsteht, in denen sich kämpferischer Kreuzfahrergeist mit aufopfernder Nächstenliebe und monastischer Lebensführung verbinden.

Aber auch außerhalb von Spitälern gilt Krankenseelsorge als besondere christliche Pflicht; das zeigen z.B. die Legenden von Elisabeth von Thüringen oder Hedwig von Schlesien.[17]

Die grundlegenden Anschauungen über den Zusammenhang von Krankheit und Sünde und den Vorrang der Seele vor dem Leib bleiben auch in dieser Zeit bestehen: Die Seele wird durch die Krankheit des Leibes geprüft und geläutert; Krankheit – auch die, deren Ursachen in der allgemein menschlichen Leidensanfälligkeit zu suchen sind – ist geistliche Arznei, die den Kranken zur Vollendung führt (vgl. 2. Kor 12,9). Insofern bleibt es selbstverständlich, daß jede Krankenpflege und -seelsorge mit Beichte und Abendmahl beginnt und die Kranken in die geistliche Zucht des klösterlich organisierten Hauses eingebunden sind. Den Pflegenden erwächst aus ihrer Fürsorge himmlischer Verdienst; ihre Tätigkeit ist eine Form der Kontemplation des Leidens Christi, durch das sie ebenfalls zur Vollendung gelangen können.[18]

---

14 Vgl. Diepgen, Einfluß, 18.

15 Vgl. Schipperges, Kranken 1993, 179: „Die Betten in den Sälen waren ausgerichtet auf einen Altarraum, so daß alle Kranken von ihrem Bett aus am Gottesdienst teilnehmen konnten.".

16 Probst, Hospitalwesen, 265f.

17 Diese Legenden finden sich bei Melchers, Heiligen, 750ff und 688ff.

18 „Dabei steigert sich der Lohn nach Maßgabe der ertragenen Entbehrungen. Diese Brüder und Schwestern, die in den Spitälern tätig sind, die ‚Diener Christi, ... werden, je niedriger sie im Hause des Herrn sind, auf eine um so höhere Stufe im Reiche Gottes steigen.' Die Krankenpflege wird ein ‚heiliges und köstliches Martyrium vor Gottes Angesicht', mit dem keine Buße verglichen werden kann: ... ,es wird ihnen für den Gestank (sc. der Kranken) ein lieblicher Duft werden.'" Probst, Hospitalwesen 1982, 268.

Größere Hospitäler haben in der Regel bereits eine eigene Kirche mit einem Priester, der, von der Lokalparochie freigestellt, nur für das Hospital da ist.[19]

Dieses System der Krankenseelsorge, das an den strengen Vollzug der Beichte und damit an die Schlüsselgewalt des Priesters gebunden ist, bleibt bis ins 16 Jahrhundert relativ unverändert bestehen.

II

Bei Luther bekommt die Seelsorge an Kranken wesentlich stärker den Charakter des Beistandes und der Tröstung. In seinen Briefen und Predigten zeigt Luther, wie er durch die Ausrichtung auf Christus Zuspruch und Ermahnung zur Annahme der Krankheit zu vermitteln sucht. Die Beichte verliert ihre Strenge, sie wird ein fröhliches Geschehen, zu dem man nicht mehr den Priester, sondern nur einen anderen Christen braucht. Laßt uns „einer dem andern beichten, raten, helfen und bitten, was nur immer anliegt heimlich, es sei Sünde oder Pein, und gar nicht zweiffeln an solch lichter, heller Zusage Gottes ...“[20] Auch Ratschläge, die Bibel zu lesen, zu beten, Geduld zu haben, Einsamkeit zu meiden und anregende Unterhaltung (Musik!) zu suchen, um der Sünde der Traurigkeit zu wehren, gibt Luther.

Aber schon bei ihm selbst ist dieser Ansatz nicht konsequent durchgehalten. Und angesichts der desolaten Lage vieler Gemeinden nimmt die Tendenz wieder zu, Beichte mit Glaubensverhör und Kirchenzuchtmaßnahmen zu verknüpfen. Vor allem für die refomierten Kirchen der Schweiz ist die Vermischung von Krankenseelsorge und Kirchenzucht charakteristisch.

In den Kirchen der Reformation behält jedoch die Seelsorge an Kranken, Gefangenen und Armen insgesamt ein großes Gewicht; viele Kirchenordnungen befassen sich mit dem Thema und geben konkrete Verhaltenshinweise für die Ausübung der Krankenseelsorge. In den großen Städten werden Pfarrer nur für den Krankenbesuch angestellt.

---

19 „Das Spital verfügt nach Möglichkeit, wie das reich dotierte Nürnberger Heilig-Geist-Spital, über einen eigenen *Ewigpriester*, dem *die Seelsorge über die Spitalinsassen und -angehörigen und die Verwaltung der Sakramente übertragen werden*. Ihm stehen in Nürnberg noch fünf weitere *Priester auf Zeit* zur Seite, so daß insgesamt *zur Mehrung des Gottesdienstes in der Spitalkapelle und zum Trost der dort zusammenkommenden Armen Christi 6 Priester und 12 Kleriker oder arme Scholaren Unterhalt, Nahrung und Verbleib im Spital und in seiner Kapelle haben sollen.*“ Seiler, Medizin 1994, 119 nach der Gründungsurkunde des Hl. Geist-Spitals von 1339.

20 Von der Beicht, WA 8, 184, 21–24.

Während sich im Zeitalter der Orthodoxie die Verklammerung von Beichte und Seelsorge zu lösen beginnt, bekommt die „Seelenkur bei Kranken" im Pietismus wieder große Bedeutung: Krankheit erscheint als günstige Gelegenheit, in der sich jemand dem Wort Gottes öffnen und zur Bekehrung bereit sein mag. Dem Seelsorger erwächst daraus die große Verantwortung, keinen Kranken unbekehrt und ohne Gewissenrührung sterben zu lassen. Das Ziel des seelsorgerlichen Besuchs ist es, „daß der Kranke die von Gott zugeschickten Schmerzen mit Geduld ertrage, ... an Gott sich völlig ergebe, die Welt freudig verlasse, ... dem Bilde Christi im Leiden immer ähnlicher werde ... und also getreu sey biss in den Tod ..."[21]

Gleichzeitig gibt es im Pietismus auch gegensätzliche Tendenzen: Zum ersten Mal wird Krankenseelsorge zum freien Gespräch, in dem die Nöte des einzelnen Raum haben. Vor allem Zinzendorf versteht Seelsorge als Ausdruck freilassender, teilnehmender Liebe. Diese neuen Aspekte von Individualität und Freiheit als leitende Prinzipien für die Seelsorge erhalten durch die Aufklärung bis hin zu Schleiermacher zunehmendes Gewicht.

Ganz andere Ziele für die Krankenseelsorge entwickelt die Theologie im Gefolge des Rationalismus: Der Pastor grenzt sich in seiner Funktion vom Priester ab, definiert sich eher als Freund und guter Mensch: „... wir kommen gleich anderen guten Freunden, um durch Zuspruch, durch freundschaftliche Unterredung und durch christlichen Trost den Kranken aufzuheitern, ihn auf einige Augenblicke seine Schmerzen vergessen zu lassen und ... das namenlose Elend lebenswidriger Lasterhaftigkeit, den überschwenglichen Lohn der Tugend anschaulich und so für die Anwesenden den ganzen Auftritt lehrreich zu machen."[22] Krankheit wird zum rein innerweltlichen Geschehen, das mit Sünde nichts zu tun hat. Die Begleitung Sterbender wird eher gemieden; moralische Besserung, Tröstung, auch leiblich-medizinische Hilfe sind Aufgaben des Seelsorgers, dem Menschenkenntnis und psychologisches Wissen empfohlen wird.

Die Krankenseelsorge der Inneren Mission ist deutlich von pietistischen Elementen geprägt: Für Wichern, Löhe, Fliedner, Blumhardt und Bodelschwingh ist Seelsorge eine unverzichtbare Dimension jeder Diakonie. Die Erneuerung der weiblichen Diakonie als Integration von Pflege und Seelsorge bekommt von hier den entscheidenden Impuls.

Die Krankenseelsorge in der ersten Hälfte des 20. Jahrhunderts steht, im Gefolge der Dialektischen Theologie, weitgehend unter dem Primat der Verkündigung: Individuelle oder konfessionelle Akzentuierungen ein-

---

21 Marperger, Anleitung 1717, 212f.
22 Boysen, Beiträge 1797, 189f.

zelner Autoren treten gegenüber dieser Gesamtorientierung in den Hintergrund.[23] Dem Zuspruch des Evangeliums von der Sündenvergebung haben sich alle äußeren Gesichtspunkte unterzuordnen, er bestimmt auch methodisch den Gesprächsverlauf: „Es muß zum Zuspruch kommen. Das Gebet darf nicht vergessen werden."[24]

Diese strikte Ausrichtung der Seelsorge auf die Verkündigung einerseits sowie die rapiden Fortschritte der naturwissenschaftlichen Medizin, verbunden mit zunehmenden Spezialisierungen und Differenzierungen in der Institution des Krankenhauses in diesem Jahrhundert andererseits führen in den fünfziger und sechziger Jahren zu einer weitgehenden Beziehungs- und Funktionslosigkeit der Seelsorge im Krankenhaus.

III

Ende der sechziger Jahre dieses Jahrhunderts setzt dann mit überraschendem Tempo eine „Neuordnung der Seelsorge" (Doebert) ein: Ausgelöst durch eine „therapeutische Seelsorge", wie sie in den USA im Zusammenhang mit einer entsprechenden Seelsorgeausbildung (Clinical Pastoral Education) praktiziert wurde[25], und die ungefähr gleichzeitige Rezeption psychoanalytischer Erkenntnisse für die Seelsorge,[26] entsteht eine „Seelsorgebewegung", die auch die Krankenseelsorge nachhaltig verändert. Im Blick auf die Krankenseelsorge entstehen vor allem zwei Forderungen:

– Da die Zielsetzung der Seelsorge im Krankenhaus nicht länger in der unvermittelten Weitergabe des Evangeliums gesehen wird, sondern in der Begleitung von Menschen in der Krise ihrer Krankheit aus dem christlichen Glauben heraus, sollen diejenigen, die diese seelsorgerliche Tätigkeit ausüben, eine spezielle Qualifizierung erhalten: Eine geschulte Selbst- und Fremdwahrnehmung, Grundkenntnisse in helfender Gesprächsführung, Berücksichtigung nonverbaler Kommunikationsaspekte, Kenntnisse in Methoden der Krisenintervention, beziehungsgerechter Umgang mit Symbolen und Ritualen aus der christlichen Tradition, Berücksichtigung der speziellen institutionel-

---

23 Vgl. Asmussen, Seelsorge 1934 und Thurneysen, Lehre 1948.
24 Trillhaas, Dienst, 191. Vgl. Fichtner, Kompendium 1957, 96: „… um erst nach Erledigung mancher äußerlicher Fragen zum Seelsorgerlichen vorzustoßen.".
25 Eine erste umfassende deutschsprachige Darstellung der amerikanischen Seelsorge bei Stollberg, Seelsorge 1969; zur Seelsorgeausbildung Piper, Seelsorge-Ausbildung 1972 und Becher, Seelsorgeausbildung 1976.
26 Dazu Scharfenberg, Seelsorge 1972; Thilo, Seelsorge 1971.

len Bedingungen gelten als notwendige Voraussetzungen für eine professionelle Seelsorge im Krankenhaus.

– Es reicht nicht mehr aus, nach dem Modell der Gemeindeseelsorge einzelne Kranke im Krankenhaus zu besuchen. Kooperation mit den medizinisch-pflegerischen Diensten im Krankenhaus ist um einer qualifizierten Seelsorge willen unverzichtbar; gleichzeitig brauchen die im Krankenhaus Tätigen angesichts ihrer physisch und psychisch belastenden Arbeit möglicherweise selber seelsorgerliche Begleitung; und schließlich sollte die Seelsorge die Institution Krankenhaus als ganze mit im Blick haben, ihr „Betriebsklima", ihre interne Kommunkationsfähigkeit und ihre Patientenorientierung.

Aus einer solchen veränderten Zielsetzung, die sich abgekürzt mit dem Wandel von einer Krankenseelsorge zur Krankenhausseelsorge bezeichnen läßt, erwachsen entsprechend veränderte Anforderungen an die Seelsorger/innen.

Im Bereich der evangelischen Kirche wurde 1961 eine *Konferenz für evangelische Krankenhausseelsorge* gegründet, ein Zusammenschluß der landeskirchlichen Arbeitsgemeinschaften bzw. Konvente für Krankenhausseelsorge. In der katholischen Kirche gibt es keine entsprechende bundesweite Konferenz; Arbeitsgemeinschaften für Krankenhausseelsorge sind hier auf Diözesanebene organisiert.

Die 1987 umbenannte *Konferenz für Krankenhausseelsorge in der EKD* verstand sich zu Anfang als „Vorhut einer neuen Seelsorgebewegung in der evangelischen Kirche"[27] und drängte die Kirchenleitungen, die Krankenhausseelsorge durch eine gezielte Personalpolitik und durch veränderte und vertiefte Angebote der beruflichen Qualifizierung auf neue Weise ernst zu nehmen. Aus der Kooperation zwischen der Konferenz und der EKD entstand 1972 in den von Bodelschwinghschen Anstalten Bethel ein von der EKD gefördertes *Seelsorginstitut an der Kirchlichen Hochschule Bethel*, das unter der Leitung von Prof. Dr. D. Stollberg, orientiert an dem Amerikanischen Modell der Clinical Pastoral Education (CPE), Kurse in Klinischer Seelsorgeausbildung (KSA) durchführte. Seither sind in den großen Landeskirchen Seelsorgeseminare entstanden, die entsprechende Qualifizierungen auch für Krankenhausseelsorge anbieten.

In der katholischen Kirche ist diese Entwicklung deutlich langsamer verlaufen; inzwischen gibt es jedoch in einigen Diözesen ebenfalls entsprechende Fortbildungsmöglichkeiten.

---

27 Vgl. zum folgenden ausführlicher Schau, Konferenz 1990.

Es ist gegenwärtig die Regel, daß als Voraussetzung für die Besetzung einer Krankenhauspfarrstelle eine 12wöchige Klinische Seelsorge Ausbildung oder eine vergleichbare Ausbildung gefordert werden.[28] Gleichwohl bestehen zwischen den Landeskonventen der Konferenz für Krankenhausseelsorge in der EKD und den jeweiligen Landeskirchen z. T. erhebliche Differenzen: Die Konvente erarbeiten Anforderungsprofile, d. h. Arbeits- und Zielbeschreibungen, Fortbildungs- und Supervisionsrichtlinien etc. für die Seelsorge im Krankenhaus; diese werden von den Landeskirchen jedoch nur zögernd als verbindlich anerkannt. Vor allem im Blick auf einen möglichen Bettenschlüssel herrscht weitgehend Willkür: Einige Landeskirchen versuchen, 400 Betten pro Seelsorgestelle zu realisieren (bei einer durchschnittlichen Verweildauer von 10 Tagen sind das 14 000 Patienten im Jahr!!); selbst dieser Standard wird jedoch an vielen Orten nicht erreicht und mit der Reduzierung der Krankenhauspfarrstellen als Richtgröße auch wieder aufgegeben.

Die Krankenhausseelsorge steht damit z. Zt. an einem Scheideweg: Sie hat einerseits von ihrem Selbstverständnis und den Möglichkeiten zu einer Qualifizierung und Professionalisierung ihrer Arbeit her einen Standard erreicht, mit dessen Hilfe sie zu einem ernst zu nehmenden Arbeitszweig im Krankenhaus geworden ist bzw. werden kann. Andererseits gefährden die Maßnahmen zur Stellenreduzierung, speziell von Funktionspfarrstellen, eben diesen Standard und zwingen die Krankenhausseelsorge auf überwunden geglaubte Positionen zurück.[29]

---

28 Vgl. den Beitrag von R. Gestrich in diesem Band.
29 Der bayrische Konvent für Krankenhausseelsorge hat in einem Positionspapier einen EKD-weiten Vergleich der Krankenhausseelsorgestellen erhoben. Danach variiert der Anteil der Krankenhausseelsorgestellen an der Gesamtzahl der Pfarrstellen zwischen 2 % und 9 % in den verschiedenen Landeskirchen! (Krankenhausseelsorge 1992).

II.

EXEMPLARISCHE ARBEITSFELDER DER SEELSORGE IM KRANKENHAUS

PETER FRÖR

Seelsorge
auf der Intensivstation

Erfahrungen

Mitten in der Gruppenarbeit klingelt das Telefon. Herr A. aus H. ist am Apparat.
Seine Tochter (21) ist seit gestern bei uns auf der Intensivstation. Ursache:
Plötzliches und bisher ungeklärtes Lungenversagen. Es ist nicht sicher, ob sie
diese Krise überleben wird. Herr A. bittet mich, doch möglichst gleich zu ihr zu
gehen und ihr die Krankensalbung zu spenden, „wenn das bei den Evangelischen
möglich ist." Es wäre ihm eine Beruhigung. Er selbst sei katholisch, und der
Glaube sei jetzt sein einziger Halt. Seine Tochter sei evangelisch, aber „es wäre
schön, wenn das mit der Krankensalbung zu machen wäre". – Wir haben unmittelbar danach, der katholische Kollege und ich, gemeinsam eine Krankensalbung gehalten.

Ich besuche heute zum ersten Mal Herrn W. Nach einem Autounfall hat er einen
Lungenschock. Er ist mit dem Hubschrauber von B. hergeflogen worden. Er liegt
mit bloßem Oberkörper in seinem Bett. Durch die Nase führt der Beatmungsschlauch. Aber die Funktion der Lunge übernimmt z.Z. die ECLA, eine Ma-
schine, die für den Gasaustausch im Blut außerhalb des Körpers sorgt – eine hoch-
gradig gefährliche und aufwendige Behandlung, aber für Herrn W. die einzige
Möglichkeit zu überleben. Herr W. ist sediert, d.h. er steht unter einer Art Dau-
ernarkose. Er hat die Augen geschlossen und regt sich nicht.

Ich habe unserem Mitarbeiter, Herrn M., versprochen, daß ich ihn noch am Tag
seiner Operation besuchen werde. Es wird ein gefährlicher Eingriff werden. Der
Chirurg wird durch seinen Mund hindurch den Halswirbel versteifen, um damit eine drohende Querschnittslähmung zu verhindern. Ich finde Herrn M. am
Abend auf einer der Intensivstationen. Er ist gerade von der Narkose aufgewacht.
Er ist noch sehr schläfrig, aber er erkennt mich und hält fest meine Hand. Er bittet
mich, gleich seine Frau anzurufen, daß alles gut gegangen ist.

„Kommen Sie dringend auf die herzchirurgische Intensiv!" Die Mutter einer
Patientin, die im Koma liegt und sterben wird, ist untröstlich und läßt sich nicht
beruhigen. Ich treffe die Mutter auf dem Flur an, laut weinend, vor aller Augen.
Allmählich erfahre ich die Geschichte: Die Tochter hat vor einer Woche ein
Kind entbunden, dem es gut geht. Trotz eines Herzfehlers und der Warnungen der
Ärzte hatte sie auf Drängen ihres Freundes in eine zweite Schwangerschaft einge-
willigt. Bei der verfrühten Kaiserschnittentbindung waren schon große Schwierig-

keiten aufgetreten, dann war akutes Herzversagen dazugekommen. Jetzt kommen die Ärzte heraus und wollen der Mutter schonend beibringen, daß keine Hoffnung mehr besteht. Die Hirntoddiagnostik ist eingeleitet. In den nächsten Stunden muß sich die Mutter von ihrer Tochter verabschieden, die in ihrem Bett liegt, als würde sie friedlich schlafen.

Intensivmedizin und Intensivstation

In der Intensivmedizin werden alle der modernen Medizin zur Verfügung stehenden therapeutischen Möglichkeiten systematisch eingesetzt, um gestörte oder ausgefallene vitale Organfunktionen zeitweise zu ersetzen. Intensivmedizin dient dem Überleben von solchen Situationen. Dadurch soll Zeit für die Diagnose und kausale Behandlung des Grundleidens gewonnen werden, mit dem Ziel, dem Patienten zur Heilung oder Linderung zu verhelfen oder ihm Sterbebegleitung geben zu können.

Es versteht sich von selbst, daß eine solche optimale Behandlung von lebensbedrohlichen Störungen zwangsläufig nur auf speziell dafür ausgerüsteten Behandlungseinheiten erfolgen kann, in denen hochqualifiziertes Personal, optimale räumliche Verhältnisse und die modernsten Überwachungs- und Therapiegeräte zur Verfügung stehen. Sie werden Intensivstation oder Wachstation genannt.

Das Konzept einer solchen medizinischen Einrichtung wurde erstmals 1930 von Kirschner bei der Planung einer Wachstation zur Überwachung und Pflege frischoperierter Patienten formuliert.[1] Durchgesetzt hat sich die Einrichtung von Intensivstationen in den Krankenhäusern seit den 50er Jahren. Voraussetzung war die Möglichkeit, über längere Zeiträume Patienten künstlich zu beatmen und sie dabei in Narkose zu halten. Damit haben sich auch völlig neue Perspektiven der Behandlung von Krankheiten aufgetan.

Es sind die elementaren Lebensfunktionen, um die es auf der Intensivstation geht:
- Atmung
- Herz-, Kreislauffunktion
- Regulation des Wasser-, Elektrolyt- und Säure-Basen-Haushalts
- Stoffwechsel- und Temperaturregulation.

Im wesentlichen sind es vier Patientengruppen, die auf der Intensivstation versorgt werden:
  a) *Patienten mit Atemwegserkrankungen* (aufgrund verschiedener Ursachen);

---

1 Benzer, Intensivmedizin, 1ff.

b) *Patienten nach Organversagen,* sei es durch Unfall oder Krankheit;

c) *Patienten nach einer großen Operation,* die ohne anschließende Intensivüberwachung nicht möglich oder zu gefährlich wäre. Dies ist die größte Patientengruppe. Wenn keine Komplikationen auftreten, kann der Patient/die Patientin die Station nach einigen Stunden oder wenigen Tagen verlassen.

d) *Patienten nach Organtransplantationen:* Letzteres geschieht neuerdings immer häufiger. Im Gefolge der Transplantationsmedizin sind auch Menschen auf der Intensivstation, die dort vor einer Organentnahme versorgt werden, bis ein oder mehrere Organe nach der Feststellung des Hirntods entnommen werden können.

Alle Patienten/Patientinnen auf einer Intensivstation wären ohne die Möglichkeiten der Intensivmedizin nicht mehr am Leben, oder sie hätten keine reelle Überlebenschance. Charakteristisch für die Intensivbehandlung ist die kritische Lebenssituation eines Kranken, sein „grenzbereichisches Leben" in der Todesnähe. Die Intensivstation ist der geeignete Ort, um hier medizinische Hilfe anzubieten.

„Intensivstation" kann dennoch ganz Unterschiedliches bedeuten:

- *die Wachstation der chirurgischen Klinik,* vor allem für Patienten nach großen Eingriffen oder bei Komplikationen;
- *Die Neugeborenen-Intensivstation,* vor allem für frühgeborene Kinder ab inzwischen 350 g Gewicht („Neonatologie");
- *eine Intensivstation der inneren Kliniken,* der herzchirurgischen und die der neurochirurgischen Klinik;
- *die Intensivstation der Anästhesisten,* in der es in erster Linie um die Überwachung der Lungenfunktion geht;
- *die Station für die Knochenmarktransplantationen,* eigentlich eine Sterilstation ohne Beatmungsgeräte, aber doch unter den Bedingungen der Intensivstation arbeitend.

Die Intensivmedizin ist immer noch in einer stürmischen Entwicklung begriffen. Jede Klinik wird ihre eigene Einteilung je nach Erfordernis und Notwendigkeit haben. Gemeinsam ist all diesen Stationen, daß sie in kritischen Situationen Menschen und Apparate zur Verfügung zu haben

- zur *Überwachung der Organfunktionen;*
- zur *Unterstützung der defizitären Organfunktionen* (z.B. des Herzens oder der Lunge);
- zur zeitlich begrenzten stellvertretenden *Übernahme von Organfunktionen,* jeweils mit dem daraus folgenden erheblichen medizinischen und pflegerischen Aufwand.

Insofern kann man sagen, daß die Intensivstation ein Herzstück jedes Krankenhauses darstellt, nämlich den Übergang vom Operationssaal zur Normalstation.

Was ich vorfinde

Ein langer Flur, hektische Betriebsamkeit, rechts und links die Türen zu den Boxen der Kranken. Wenn alle Betten belegt sind, werde ich hier zehn Menschen antreffen. Einige kenne ich seit Wochen, andere werde ich zum ersten Mal sehen. Zu manchen werde ich auch nicht gehen können, weil sie gerade gewaschen werden oder ein Eingriff an ihnen vorgenommen wird. Ich muß zuerst meine Hände desinfizieren und einen Kittel überstreifen, wie alle, die hier hinein wollen. Ich steuere den „Stützpunkt" an, wo ich die Stationsleiterin anzutreffen hoffe. Sie hat meistens ein wenig Zeit und wird mir sagen, was ich wissen muß von der neuesten Entwicklung, bevor ich mich auf den Weg an die Krankenbetten mache.

Wer als Seelsorger/in auf die Intensivstation kommt, findet eine ihm zunächst fremde und bedrohliche Welt vor. Der absolute Vorrang des Körperlichen ist hier das Gesetz des Handelns. Die Apparate müssen angeschlossen, bedient, überwacht werden; Atmung, Kreislauffunktion, Nahrungszufuhr, Ausscheidung, Lagerung, Schmerzfreiheit haben Vorrang vor allem anderen. Wer hier behandelt wird, ist fast nie allein. Ständig ist jemand in der Nähe und an der Arbeit. Die großen Glastüren stehen offen, die Geräusche von außen dringen ungehindert herein. Tag und Nacht brennt das Licht. Die Gesetze der Intimität sind weitgehend aufgehoben. Auf die menschlichen Bedürfnisse, die sonst so wichtig sind, wird in vielerlei Hinsicht offensichtlich keine Rücksicht genommen, wenn auch alles möglichst schonend und fürsorglich geschieht. Das Behandlungsteam sieht in erster Linie darauf, die Organfunktionen stabil zu halten, bzw. daran zu arbeiten, daß eine Verbesserung erreicht werden kann. Zwischen all den Monitoren, Schläuchen und Geräten sind kleine Zeichen eines anderen Lebens zu entdecken: ein Familienbild an der Wand, ein Gemälde von Kinderhand, eine Stoffpuppe, die am Fenster lehnt.

Die Konzentration von schwerstkranken Patienten auf einer eigenen Behandlungseinheit löst notgedrungen Gefühle aus, die zuerst belastend und beklemmend sind: Angst, Panik, Fremdheit, Unsicherheit, ein Gefühl von Unterlegenheit und Verwirrung. Das gilt zuerst für die Betroffenen selbst, gilt aber auch für alle, die von außen hierherkommen: Angehörige, Besucher, auch die Seelsorger/innen. Es ist gut, sich diese Gefühle zunächst einfach einzugestehen und mit ihnen zu rechnen.

Erste Schritte

Es gibt drei Quellen, wie ich zur Orientierung finden und mich kundig machen kann:

1) Das Gespräch mit den Mitarbeitern, Pflegenden und Ärzten: Hier erfahre ich etwas über den Kranken, seine Vorgeschichte, über die aktuelle Krankheitssituation, über die Ziele und Gefahren der Behandlung.

2) Die Apparate: Ich kann, mit ein wenig Sachkenntnis, aus ihrem Einsatz bzw. deren Fehlen Hinweise bekommen über die aktuelle Lebenssituation des Patienten. So verlieren die Geräte mit der Zeit ihre Tendenz, das Hauptgewicht meiner Aufmerksamkeit zu beanspruchen, und schärfen meinen Blick für die Situation.

3) Die eigene Wahrnehmung, wenn ich zu einem Kranken in die „Box" trete, mich ihm nähere, ihn ansehe, mit ihm Kontakt aufnehme: Ich achte auf alles, was er mir „mitteilt", auch ohne Worte. Ich tue das in einer aufmerksamen, gesammelten Haltung. Ich höre nach innen auf das, was ich spüre.

Sind Angehörige erreichbar, ist das Gespräch mit ihnen eine weitere Quelle, um ein Bild von der Situation zu bekommen. (s. u.)

Aufgabe der Seelsorge

Die Kompetenz der Seelsorge liegt auf einer anderen Ebene als alles, was sonst auf der Intensivstation im Vordergrund zu stehen scheint. Es geht ihr wie auch sonst um die Person des Kranken, um Kommunikation, um Beziehung, um Stärkung im Glauben. Patienten auf der Intensivstation sind wie alle Menschen darauf angewiesen, daß sie als Person wahrgenommen, angesprochen und begleitet werden. Sie sind ja in jedem Fall in einer kritischen Lebenssituation. Die Kommunikationsfähigkeit ist weitgehend eingeschränkt. Sie leben in einem „außerordentlicher Bewußtseinszustand"[2], der von Verwirrung bis zur Bewußtlosigkeit und zum Koma reichen kann. Gerade so haben sie ein Recht darauf, in ihren Bezügen zu ihrer Krankheit, zu sich selbst, zu den Menschen, die ihnen wichtig sind, und in ihrer Beziehung zu Gott gesehen und ernstgenommen zu werden.

Aufgabe der Seelsorge ist es, die eigene kommunikative Kraft dem Patienten so zur Verfügung zu stellen, daß sie ihm auf seinem Weg, in seinem Prozeß weiterhilft. Diese Aufgabe beginnt mit dem Erfassen der Situation des Kranken, und, soweit möglich, seiner seelischen Befindlichkeit, und

---

2 A. Mindell, Schlüssel, 1989.

sie setzt sich fort mit einem behutsamen Begleiten seines Weges. Leitend ist dabei die durchgehende *Würdigung* der schweren Arbeit, die der Patient jetzt leistet, um in dieser Situation seinen Weg zu finden. Seelsorge orientiert sich daran, Unterstützung anzubieten und Kraftquellen freizulegen und ins Spiel zu bringen, die das Vorankommen jetzt fördern und erleichtern.

Die Kranken sind in einer Situation, die sich der Einfühlung durch Gesunde ganz und gar entzieht. Ich kann nicht wissen, was es bedeutet, tage-, vielleicht sogar wochenlang ohne Bewußtsein gehalten zu werden. Ich kann nicht wissen, was in einem Menschen vorgeht, der bereits seine dritte Lebertransplantation hinter sich hat und absehen kann, daß er nicht mehr zu Kräften kommen wird. Wie geht es einem Neugeborenen, das dem Leben außerhalb des Mutterschoßes in keiner Weise gewachsen ist, und das seine ersten Lebenswochen im Brutkasten, umgeben von Apparaten und Überwachungsgeräten in einer sterilen Umgebung erlebt?

Manche Patienten und Patientinnen haben davon erzählt, wie es für sie war in der Nähe des Todes. Die meisten haben berichtet, daß es für sie ein schwieriger, aber nicht unmöglicher Weg war. Sie haben erzählt, daß sie wie in einem Traum waren, dabei aber jeweils deutlich unterscheiden konnten zwischen denen, die jetzt „gute Geister" für sie waren, und solchen, die sie behindert oder geängstigt haben auf ihrem Weg. Der Weg aus diesem Leben hinaus wird weniger schlimm empfunden, als der Weg wieder zurück aus dem Koma, aus dem Gelöstsein, aus dem Loslassen, der Weg zurück in diese Welt. Er ist es, der oft als das eigentlich Schreckliche geschildert wird. Er beginnt mit dem Wachwerden und der Entdeckung, was alles nicht möglich ist. Seelsorge auf der Intensivstation ist dann Hilfe auf diesem Weg zurück, um im Leben auf dieser Welt sich wieder zurechtzufinden.

Die Grundregeln, an denen ich mich orientiere, sind dabei keine anderen als diejenigen in anderen seelsorgerlichen Bezügen. Die Situation erfordert von mir jedoch, daß ich mich in meinem Agieren unabhängig machen kann von der unmittelbaren Rückmeldung durch Sprache und Gesten, wie sie in der Kommunikation mit Gesunden möglich ist. Sie verlangt Sicherheit im Wissen darum, was jetzt dem Kranken guttut und auf jeden Fall richtig ist. Es ist wichtig, daß ich von mir aus ein Angebot mache, d.h. aus der Haltung des Wartenden, Hörenden und Reagierenden heraustrete und selbst zu handeln in der Lage bin. Mein Handlungsfeld ist, daß ich ins Spiel bringe, was ich wahrnehme.

Eingeschränkte Kommunikation – Wenn jemand nicht (mehr) sprechen kann

Ausgangssituation auf der Intensivstation ist sehr häufig, daß der Patient/die Patientin nicht sprechen kann. Sei es, daß er/sie beatmet wird und noch sediert ist, d.h. unter Narkosemitteln steht, sei es, daß er/sie wach daliegt, mit offenen Augen, aber der Beatmungsschlauch ihn/sie am Sprechen hindert. Auch einen Menschen, der nicht sprechen kann, kann ich besuchen. Die Elemente eines Besuches gelten unabhängig von der Reaktionsfähigkeit des Besuchten. Die häufigste Weise der Seelsorge auf der Intensivstation ist der Besuch. Was geschieht?

Ich komme herein.

Ich begrüße („Grüß Gott, Frau K., darf ich ein wenig zu Ihnen kommen?").

Ich stelle mich vor („Schon wieder ein neues Gesicht für Sie" – „Ich heiße NN und bin Pfarrer hier auf dieser Station. Da wollte ich auch zu Ihnen kommen und Sie besuchen").

Ich biete an, ein wenig zu verweilen („Ist es Ihnen recht, daß ich ein wenig bei Ihnen bleibe?").

Ich sage vielleicht, was ich sehe („Ich sehe, daß Sie jetzt hier auf dieser Station sind, wo alles getan wird für Sie." – „Ist es richtig, daß Sie eine große Operation bekommen haben?" – „Ich sehe, daß Sie immer noch Hilfe beim Atmen brauchen." – „Jetzt habe ich gesehen, wie Sie nicken. Da freue ich mich, daß Sie mich verstanden haben." – „Ich sehe, wie Sie sich mühen, mit dem Mund die Worte zu formen").

Ich sage vielleicht, was ich höre („Die Schwestern haben Ihnen ein Radio aufgestellt, ich höre auch die Musik").

Ich sage etwas davon, was ich spüre („Jetzt spüre ich ganz deutlich, wie Sie meinen Händedruck erwidern").

Ich sage, was ich fühle („Das freut mich jetzt richtig, wie fest Sie da zudrücken." – „Es ist alles noch sehr mühsam und geht sehr langsam").

Ich sage, was ich tue, wie ich mich bewege („Ich gehe vielleicht einmal auf die andere Seite vom Bett, da können Sie mich besser sehen." – „Ich mache Ihnen jetzt ein Kreuzzeichen auf die Stirn, damit Sie spüren, daß einer für Sie da ist, der stärker ist als wir alle").

Endlich fasse ich zusammen, was ich wahrgenommen habe (z.B.: „Es hat Sie jetzt Kraft gekostet, daß ich da war. Aber ich habe auch gesehen, daß Sie sich gefreut haben. Ich habe mich auch gefreut, so bei Ihnen zu sein").

Ich treffe Verabredungen, sage, wie es weitergeht („Ich bin dann morgen wieder hier. Da komme ich dann wieder kurz bei Ihnen vorbei").

Ich sage gute Wünsche oder spreche ein Gebet oder einen Segen.

Dann verabschiede ich mich.

In derselben Weise kann ich verfahren, indem ich das Sehen, Hören, Spüren, Fühlen und Bewegen des Patienten aufnehme. Das alles soll mit der entsprechenden positiven Wertschätzung und Verstärkung geschehen („Ah, jetzt sehe ich, wie Sie die Augen aufmachen. Ja, ruhig weiter. Schauen Sie mich ruhig an!"). Es ist selbstverständlich, daß ich soviel wie möglich die Lebensäußerungen des Patienten einbeziehe und darauf eingehe. Es ist aber ebenso wichtig, daß ich bei meinem Besuch unabhängig von dem agiere, was der Patient selbst beitragen kann.

Ein Beispiel aus einem Seelsorgekurs

Die Seelsorgerin besucht zum ersten Mal einen etwa 40jährigen Patienten auf der Station für Knochenmarktransplantation. Zur Zeit des Besuches geht es ihm sehr schlecht. Einen Tag später sollte P. zur Beatmung auf die Intensivstation verlegt werden. Im Vorraum zieht die Seelsorgerin den Kopfschutz, den Mundschutz, die Handschuhe und einen sterilen Kittel an. Die anwesende Schwester sagt: „Sie können ruhig reinkommen. Ich bleibe nur kurz." Als S. hereinkommt, hat P. die Augen geschlossen und atmet sehr schwer.

S1: (mit lauter Stimme) Grüß Gott, Herr P.
P2: (Er macht die Augen ganz schwer auf und wieder zu.)
S3: Herr P., ich bin Frau Z. und bin Seelsorgerin auf dieser Station.
P4: (Er macht die Augen wieder auf.)
S5: Herr P., ich komme, um Sie zu besuchen.

Warum geht S nicht darauf ein, daß P. zum zweiten Mal bereits die Augen geöffnet hat?

P6: (Er atmet laut und schwer. Er bewegt seine Augen nicht mehr.)

S7: (merkt selbst, daß sie durch sein Atmen etwas schwer atmet)

D.h. S. läßt sich, was häufig geschieht, von dem Defizit von P. anstecken, identifiziert sich unbewußt damit. Sie setzt sich aber darüber hinweg und sagt:

Herr P., ich bleibe noch ein bißchen bei Ihnen. Sie sind nicht allein.

S. spricht auf der auditiven, auf der Verstandesebene. Das hilft ihr, sich zu äußern. Sie drückt nicht aus, was sie fühlt.

P8: (Er reagiert nicht auf ihre Worte. Er schwitzt viel. Es geht ihm gar nicht gut.)

S9: (Sie würde gerne ihm die Hand halten, aber sie weiß, daß sie dies nicht tun darf. Sie merkt, wie begrenzt die Situation ist und wie sie hilflos ist.)

In der Analyse dieser Stelle wird später deutlich, daß S. den „Berührungskanal" zur Verfügung hat, um Nähe zu zeigen, daß dies sich aber unter den Bedingungen der Sterilität verbietet. Hingegen läßt sie den „Augenkanal", das, was sie sieht, aus dem Spiel, nutzt es nicht. Kein Wunder, daß sie sich hilflos fühlt, obwohl nicht sie, sondern P. in höchstem Maß hilflos ist.

Herr P., ich bin hier bei Ihnen. (Nimmt sich einen Stuhl und sitzt bei ihm. Sie schaut ihn an und betet innerlich für ihn.)

Wieder ist S zunächst auf der Verstandesebene. Sie versäumt es auch, P. zu sagen, daß sie sich jetzt einen Stuhl nehmen und zu ihm setzen wird. Dann wird es ruhig. S. beginnt, P. anzuschauen. Sie erfaßt intuitiv, was sie jetzt tun kann.

P10: (versucht mit viel Mühe die Finger in den Mund zu stecken. Mit Mühe bringt er etwas Festes aus dem Mund heraus, was ihn gestört hat. Es kostet ihn viel Kraft. Sein Arm bleibt stehen in die Richtung, wo S. sitzt. Die Hand ist etwas schmutzig jetzt.)

S11: Herr P., ein Moment bitte, ich hole ein Taschentuch aus Ihrem Tisch. (Vorsichtig macht sie seine Hand sauber. Er öffnet etwas die Augen). Jetzt haben Sie die Hand sauber.

Ist das Letzte wichtig? Wohl für S, nicht für P. Warum sagt S wiederum nicht, was sie tut und was sie sieht (vgl. Klammer!)?

P12: (atmet weiter schwer.)

S13: (sitzt wieder auf dem Stuhl. Nach einer Weile sagt sie zu ihm:)

Herr P., Sie sind nicht allein. Ich bin hier. (S hat manchmal das Gefühl, daß P. nicht immer so schwer atmet. Sie bleibt noch eine Zeit bei ihm. Dann verabschiedet sie sich von ihm:)

Herr P., ich werde jetzt gehen. Ich komme wieder zu Ihnen. Ich denke an Sie, Herr P. Auf Wiedersehen.

Erst in der Besprechung in der Gruppe kann S sehen und aussprechen, daß es überhaupt nicht schön war, was sie da gesehen hat. Sie hat davon auch nichts in der Auswertung geschrieben, sondern dort die Frage gestellt, was sie von ihrer Seite hätte tun können, damit P etwas mitmacht, um gesund zu werden. Dieser hohe Anspruch jedoch hätte S und P weit überfordert.

Die Analyse bringt schließlich zutage, daß S. auf dem auditiven Kanal gut geübt ist, jedoch auf dem visuellen Kanal kaum kommuniziert hat. Dabei hatte doch P kaum eine andere Möglichkeit gehabt, als sich mit den Augen zu äußern. Wir sind dem Gespräch dann noch einmal nachgegangen und haben versucht zu sehen, was geschehen könnte, wenn der visuelle Kanal einbezogen wird. Wir sind dabei noch einmal auf die dichte Stelle gestoßen, an der S anfing zu beten, als sie P angeschaut hat.[3]

Ist ein Gespräch möglich, und sei es auch nur eingeschränkt, werde ich alles tun, diese Möglichkeit zu nutzen. Ich achte dabei darauf, daß eine Beziehung entsteht und daß das Gespräch den Kranken nicht überfordert. Ich gebe häufig zu verstehen, was ich verstanden habe. Ich unterlasse, was anstrengt und Kraft kostet. Ich unterstreiche, was stärkt und unterstützt.

---

3 Zum Begriff „Kanal" vgl. Mindell, Schlüssel.

Die Dimension des Glaubens

Gerade an der Grenze des Lebens gewinnen die Bezüge des Glaubens und die ihnen entsprechenden geistlichen Mittel ihre besondere Bedeutung. Oft entfalten sie erst in dieser Situation ihr wirkliches Gewicht und ihre Tiefe. Sie erweisen ihre Stärke darin, daß sie aus dem Glauben heraus in die Situation des Kranken hinein wirken, unabhängig von dessen Kommunikations- und Aufnahmefähigkeit. Ich spreche vom Gebet, vom Zuspruch, vom Segen, auch vom Abendmahl und von der Krankensalbung. Je nach Situation ist das eine oder andere davon möglich und nötig und darf nicht vorenthalten werden.

Für den Seelsorger/die Seelsorgerin heißt dies, sich immer wieder neu in der sichtbaren Praxis des Glaubens und ihrer ausdrücklichen Gestalt zu üben. Gute Hilfen für die Praxis bieten die gängigen Agendenentwürfe für die Seelsorge an Kranken an. Wichtiger ist der Lernprozeß, dem Wort, das von Gott spricht, in einer Ohnmachtssituation zu trauen. Es gehört Mut dazu, hörbar oder still zu beten, während rundherum geschäftiges Treiben herrscht. Manchmal aber geht der Professor mit seinen Studenten still vorbei, wenn er sieht, daß ein Seelsorger bei dem Kranken steht und mit ihm betet und ihn segnet. So wird dann deutlich, daß dies jetzt das Allerwichtigste ist, was hier zu geschehen hat.

Wo Verständigung über die Kraft des Glaubens gelingt und Glauben lebendig Gestalt gewinnt, kommt Seelsorge auf der Intensivstation zu ihrem Ziel. Sie ist dann Zeugnis für Gottes Macht und Gottes Sache, um die es auch und gerade hier letztlich geht, wo um das Leben von Menschen gerungen wird. Sie steht dann dafür, daß ein Größerer der Herr ist über seine Menschen und über das Leben und den Tod. Sie ist dann Hilfe für einen Menschen aus der Kraftquelle heraus, die jetzt allein über Leben und Tod entscheidet.

Hilfreich ist es, wenn die Mittel des Glaubens aus einer gewachsenen Beziehung heraus ihre Kraft entfalten. Sie lassen sich nicht abstrakt anwenden und sollen auch nicht aus Unsicherheit heraus nur rituell gebraucht werden. Sonst würde leicht das Gegenteil dessen erreicht, was sie meinen.

Wann darf ein Mensch sterben?

Intensivstationen sind auch Orte, an denen Menschen sterben. Dem äußeren Anschein nach eignet sich dieser Ort jedoch kaum für ein würdevolles Sterben. Für viele Menschen ist die Vorstellung, auf einer Intensivstation zu sterben, schrecklich. Es besteht aber manches Mal keine andere Möglichkeit. Die Bedingungen der Intensivbehandlung verhindern nicht nur das Sterben; sie sind in manchen Fällen auch geboten, um das Sterben zu erleichtern.

Selbstverständlich ist der Kampf um das Überleben und das Verhindern des Sterbens das Ziel der Intensivmedizin, solange eine Aussicht auf Leben besteht. Diesem Ziel widmen sich alle, die am Patientenbett arbeiten. Deshalb ist es wichtig, daß im „Hintergrund" Ärzte Verantwortung tragen, die in diesen Kampf nicht unbedingt eingebunden sind, sondern nach Lage der Dinge entscheiden können, ob es sinnvoll ist, daß eine Behandlung fortgeführt oder eingestellt wird. Sie sind zuständig für die „ethische Kontrolle", mit der die Mitarbeiter vor Ort überfordert wären. Im Hintergrund diese Verantwortung zu haben, ist eine belastende und verantwortliche Aufgabe.

Zu den Kehrseiten der Intensivmedizin gehört es, daß ihre Möglichkeiten auch mißbraucht werden können. Dann entwickelt Intensivmedizin eine Eigengesetzlichkeit, die sich nach dem richtet, was machbar und möglich ist, und nicht mehr danach, was dem Wohl des Patienten dient. Die Lebensverlängerung um jeden Preis darf aber nirgends das Ziel der Behandlung sein. Neuerdings haben die Gerichte bestätigt, daß der mutmaßliche Patientenwille wesentlich in die Entscheidung einbezogen werden muß, wenn es darum geht, ob eine Behandlung fortgesetzt wird.

Noch schwieriger sind Verläufe, bei denen der gegenwärtige unerträgliche Zustand eines Patienten eine Folge der vorangegangenen medizinischen Eingriffe ist, ohne daß es jetzt einen Weg zurück, aber eben auch keine hoffnungsvolle Perspektive einer Besserung gibt. In Ausnahmefällen kann das zu monatelangen Aufenthalten führen, eine fast unerträgliche Belastung für alle Beteiligten. Oft setzt erst ein gnädiger Tod einem solchen Martyrium ein Ende.

Häufig kommt es zum Besuch des Seelsorgers auf der Intensivstation aufgrund des Rufs der Angehörigen oder der Mitarbeiter in solchen Grenzsituationen, mit der Erwartung von Entlastung und geistlicher Hilfe. „Können Sie kommen? Der Zustand ist ernst!" Oft wird daraus Seelsorge hin zum Sterben. Es gehört zu den tiefsten Erfahrungen von Seelsorge im Krankenhaus, wenn mitten in der Umgebung einer Intensivstation ein menschliches und würdiges Umgehen mit der Situation, auch mit dem Sterben, möglich ist. Dazu gehört das Eingeständnis der eigenen Grenzen, der Respekt vor dem Sterben und die nötige Hilfe dabei. Seelsorge beim Sterben auf der Intensivstation heißt zum einen, zusammen mit den Mitarbeitenden dafür Sorge zu tragen, daß menschliches Sterben auch hier möglich gemacht wird und sein darf. Zum anderen ist sie Sterbebeistand, der menschliche Zuwendung und die Mittel des Glaubens einbezieht. Einmal habe ich auf Wunsch der Angehörigen am Bett eines im Sterben liegenden Mannes das Abendmahl gehalten. Ein mir unbekannter Mitarbeiter stand mit dabei und hat mit kommuniziert. Nachher hat sich herausgestellt, daß es der verantwortliche Oberarzt auf dieser Station war.

Präsenz

Aus all dem ergibt sich, daß regelmäßige und häufige Anwesenheit des Seelsorgers/der Seelsorgerin die Basis für eine sinnvolle Mitarbeit ist. Der Grad der Präsenz soll dabei in einem angemessenen Verhältnis zur Schwere der Krankheiten bestehen, weil anderenfalls die Relevanz von Seelsorge auf einer solchen Station nicht mehr wahrgenommen wird. Das bedeutet konkret nach Möglichkeit tägliche Präsenz, denn die Situationen können von Augenblick zu Augenblick wechseln. Dafür können häufig die einzelnen Besuche kürzer sein als auf einer Normalstation. Darüber hinaus steht und fällt eine sinnvolle Seelsorge auf der Intensivstation mit dem Kontakt zu denen, die dort arbeiten.

Das Behandlungsteam

Alle, die zum Behandlungsteam einer Intensivstation gehören, bewegen sich täglich im menschlichen Grenzbereich. In der Regel arbeitet hier hochqualifiziertes Personal. Der Wunsch, ärztlich und pflegerisch zu helfen, steht in Spannung zu den rapide weiter wachsenden technischen Möglichkeiten mit ihren Anforderungen und Notwendigkeiten. Unterschiede im Alter, im Ausbildungsgrad, in der Erfahrung und in der Einschätzung einer kritischen Situation können immer wieder leicht zu Spannungen und Konflikten führen, und das in einer Situation, in der einer auf den anderen angewiesen ist. Ohne hoch entwickelte Teamfähigkeit und ohne die Möglichkeiten der Konfliktregelung, der Entlastung, auch durch Gruppen- und Einzelsupervision, kann ein Team auf einer Intensivstation nicht auskommen.

Wenn ein Seelsorger/eine Seelsorgerin vor den Prozessen im Team die Augen nicht verschließt, wird er/sie immer wieder selber einbezogen werden und kann durch seine Präsenz, durch ein Gespräch oder als Ansprechpartner in einem Konflikt entlastend wirken. Umgekehrt fördert die Akzeptanz des Seelsorgers im Team seine Möglichkeiten auch am Patientenbett, wenn er bekannt ist und verläßlich in seinem Handeln erlebt wird.

Die Angehörigen

Es gehört zu den wesentlichen Aufgaben auf der Intensivstation, mit den Angehörigen Kontakt aufzunehmen und sie mit einzubeziehen. Die Angehörigen sind durch die Situation ihres Patienten in höchster Weise aufgewühlt und in Sorge, dazu verunsichert durch das, was sie hier sehen und nicht verstehen. Ärzte und Pflegende werden auf ihre Weise das Beste tun, um mit den Angehörigen zu sprechen und sie in das Geschehen mit einzubeziehen. Das schafft Vertrauen, welches unbedingt notwendig ist. Manches Mal verhalten sich Angehörige schwierig und wenig hilfreich, sind selber ein Problem. Hier wie dort kann der Seelsorger/die Seelsorgerin wichtig werden als jemand, der da ist und sich auskennt, der Ruhe vermittelt und menschliche Normalität, der den Streß mildert und seine Unterstützung anbietet. Und nicht zuletzt: der sich mit ihnen den hier aufbrechenden Fragen nach Gott angesichts der eigenen Ohnmacht an der Grenze des Lebens, auch angesichts des Sterbens zu stellen bereit ist, und der darin handlungsfähig bleibt.

Seelsorge – Hilfe zum Leben

In größeren Krankenhäusern gehören die Intensivstationen zu den Kernbereichen seelsorglichen Einsatzes. Hier bündeln sich alle Probleme, denen Seelsorge sich auch sonst zu stellen hat. Seelsorgerliche Hilfe wird in dem Maß als sinnvoll und unentbehrlich und damit als relevant und überzeugend erlebt werden, in dem sie sich als elementare Hilfe zum Leben zu profilieren versteht. Sie korrigiert dann vielleicht ein gängiges Seelsorgeverständnis, das sich am Gespräch, am Einfühlen, Trösten und Stützen orientieren mag. Sie wagt sich dann vor in eine Welt, die zunächst fremd aussieht, in der es aber doch wesentlich um das Leben geht. Sie läßt sich dann darauf ein, an ihrem Beitrag gemessen zu werden, den sie für das Leben und Überleben eines Menschen bedeutet. Wenn Seelsorge hier ihre unverwechselbare Weise entwickelt, für das Leben in all seinen Äußerungen offen zu sein, einschließlich seines Endes, wird sie zum Zeugen dessen, der das Leben der Menschen will, im Leben und Sterben und darüber hinaus.

Insofern teilt Seelsorge das Ziel der Intensivbehandlung. Wichtig ist aber, daß sie dabei ihren eigenen Standort hat, der nicht in den vorgegebenen Behandlungszielen aufgeht. Sie zieht ihre Berechtigung aus dem Auftrag Jesu, Kranke zu heilen, Tote aufzuwecken, Aussätzige reinzumachen und Dämonen auszutreiben (Mt 10,8). Sie orientiert sich immer neu an dem altchristlichen Tauflied, das Paulus im Epheserbrief zitiert: „Wache auf, der du schläfst, stehe auf von den Toten, so wird dich Christus erleuchten" (Eph 5,14).

ULRIKE JOHANNS

Seelsorge
mit Herzinfarkt-PatientInnen

Der Blick der Medizin

„Frau Pfarrerin, zu den Herzinfarkt-Patienten können Sie aber nicht gehen, die bekommen Angst, das ist zu gefährlich", sagte mir eine Schwester der Intensivstation, als in dem Krankenhaus, in dem ich damals arbeitete, eine kardiologische Abteilung eingerichtet worden war.

Von KollegInnen wußte ich, daß ihnen der Zugang zu psychosomatischen Abteilungen verwehrt worden war, weil die psychoanalytisch ausgerichteten TherapeutInnen eine Störung ihres Therapiekonzeptes durch die SeelsorgerIn befürchteten. Von dieser Schwester wurde mir nun sogar gesagt, daß meine Seelsorge den/die PatientIn gefährde. Ich war sehr irritiert. Die Schwester schätzte mich bisher als eine Seelsorgerin, die Kranken ermöglichte, ihre Ängste und ihre Trauer auszusprechen. Jetzt schien sie das zu beunruhigen. Weshalb?

„Die PatientInnen dürfen sich nicht aufregen", sagte sie mir zur Erklärung und fügte hinzu: „Der Herzinfarkt ist lebensbedrohlich, wir haben gerade alles unter Kontrolle, bringen Sie uns das jetzt nicht durcheinander." Ich wendete ein: „Was heißt denn durcheinander bringen? Brauchen denn nicht gerade Herzkranke in ihrer Angst die Seelsorgerin?" „Aber die HerzinfarktpatientInnen zeigen Ihnen ihre Angst nicht, Sie werden gar nicht merken, was in ihnen vorgeht. Aber hier", sie zeigte auf den Monitor über den die Kranken elektrokardiographisch überwacht werden, „hier sehen wir, wie es wirklich in ihrem Herzen aussieht, wie es verrückt spielt." Ich spürte die Sorge und auch die Angst der Schwester um die PatientInnen und auch, daß auf Station alles außer Kontrolle geraten könnte, wenn das Herz eines/einer PatientIn „verrückt spielte". Ich blickte etwas hilflos auf den Monitor, verfolgte die zackige Kurve und dachte, jetzt blicke ich also gerade in das Herz eines Menschen, dessen Gesicht ich nicht einmal kenne, von dessen Leben ich überhaupt nichts weiß, aber wie es in seinem Herzen aussieht, soll hier sichtbar sein.

„Was passiert denn genau bei einem Herzinfarkt?" fragte ich den Stationsarzt, der dazu kam. Er erklärte mir: „Bei einem Herzinfarkt kommt es durch einen Koronarverschluß oder einer Koronarstenose zur Nekrose eines Teiles der Herzmuskulatur. Der akute Koronarverschluß erfolgt in der Regel durch eine Koronarthrombose auf dem Boden arteriosklerotischer Wandveränderungen." Diese Erklärung stand nun wie der Monitor zwischen mir und den Kranken. „Verengungen sind das Problem", fuhr der Arzt fort, „die Kranzgefäße sind durch Ablagerungen zu eng geworden. Das Herz muß sich unheimlich anstrengen, das Blut durch diese engen Gefäße zu pumpen. Die Herzwand wird immer dicker. Und irgendwann schafft es das nicht mehr. Was den Infarkt dann letztendlich auslöst, kann eine Aufregung sein, eine Anstrengung, wir wissen es nicht so genau. Wenn das geschieht, müssen wir sofort handeln. Wir sind hier die ‚schnelle Eingreiftruppe'", sagte er lachend, und ich hatte den Eindruck, hier sollte keine andere und kein anderer „eingreifen".

Bedrohte meine Seelsorge die Kranken oder die Medizin?

Diese Gespräche liegen nun schon mehr als zehn Jahre zurück. Die Kardiologie und Herzchirurgie haben sich seitdem rasant weiterentwickelt. Der „große" Herzkatheter, die Koronarangiographie, für die damals die PatientInnen mindestens drei Tage stationär aufgenommen wurden, wird heute ambulant an einem Tag gemacht (die sogenannte „Schnellkoro"). Ballon-Dilatationen, bei denen die verengten Gefäße geweitet werden, sind an der Tagesordnung. Lassen sich die Verengungen der Gefäße nicht (mehr) weiten, wird operiert. Siebenundsechzig Herz-Zentren gibt es in Deutschland, und die „Spitzenreiter" operieren 2000 PatientInnen pro Jahr.

Auch das Klima auf der Intensivstation hat sich verändert. Durch die immer kürzer werdende Verweildauer wird der persönliche Kontakt zu den PatientInnen geringer. Hatte der Arzt vor zehn Jahren mehr im Scherz von der ‚schnellen Eingreiftruppe' gesprochen, so entspricht dieses Bild heute der Realität. Auf der Intensivstation gilt die Devise: im Zweifelsfall handeln. Reanimationen werden fast automatisch eingeleitet, PatientInnen haben es schwer, gegen diesen Apparat zu sterben. Eine Schwester berichtete mir, wie sehr sich unter dieser Anspannung das Arbeitsklima abgekühlt habe. „Wir arbeiten ständig in Hab-Acht-Stellung. Und die PatientInnen kennen wir kaum noch."

Es entsteht der Eindruck, als habe die Medizin das Herz im Griff. Der Blick ins Herz – die Katheteruntersuchung/Koronarangiographie – früher ultima ratio der Diagnostik, ist heute Routine. Die Zahl der Weitungen – Dilatationen – ist sprunghaft angestiegen. Es wird immer schneller und immer häufiger am offenen Herzen operiert. Dies ist auch durch den Konkurrenzdruck der Herzzentren untereinander bedingt. (Die Abrechnung der Operationen erfolgt nach Sonderentgelten mit den Kostenträgern, und jede Operation, die ein Herzzentrum an ein anderes verliert, schlägt zu Buche.) Dabei muß zur Kenntnis genommen werden, daß die Verengungen der Herzkranzgefäße nur kurzfristig geöffnet werden, nach einiger (relativ kurzer) Zeit verschließen sich die Gefäße wieder[1], und alles beginnt wieder von vorne: Katheteruntersuchung, Dilatation oder Operation …

1 D. Ornish, Revolution, 80ff.

Trotzdem sind die PatientInnen beruhigt, daß die Medizin ihnen so viel anbietet. Viele glauben daran, daß eine Bypass-Operation ihnen ein neues Leben schenkt. Die Medizin und die öffentliche Meinung lassen die Kranken in diesem Glauben. Eine Bypass-Operation wird in der Öffentlichkeit wie ein kleiner Routineeingriff dargestellt und in seiner Schwere heruntergespielt. „Eineinhalb Wochen nach seiner Bypass-Operation am Herzen hat der FDP Vorsitzende Wolfgang Gerhardt (51) am Sonntag die Mainzer Universitätsklinik verlassen", lautet eine Pressemitteilung im Juli 1995. Die Ärzte sind zufrieden, der Patient ist scheinbar in guter Verfassung, dann kann ja alles weitergehen wie bisher.

Die Krankenschwester hatte mir damals gesagt: „... die Herzinfarktpatienten zeigen ihre Angst nicht." Wie gehen die MedizinerInnen mit ihrer Angst um? Beruhigen sie sich mit ihren vermeintlichen Erfolgen, so wie sie die PatientInnen mit dem Angebot an immer invasiveren Eingriffen beruhigen wollen?

„Bei uns gibt es keine Toten", sagt der Herzchirurg eines bedeutenden Herzzentrums auf die Frage nach den Risiken einer Herzoperation.

Die Menschen, die an den Folgen einer Operation sterben, nachdem sie den OP-Bereich verlassen haben, werden in der Statistik als erfolgreiche Operation geführt. Durch diesen statistischen „Kunstgriff" wird verschleiert, wie klein und gefährdet die medizinischen Erfolge sind. Die Toten erschüttern den Erfolgsmythos, deshalb müssen sie schweigen und totgeschwiegen werden.

Der Blick der Psychosomatik

Das System der Medizin zu hinterfragen, ist schwer. PsychosomatikerInnen versuchen dies seit Jahrzehnten ohne großen Erfolg. Sie widersprechen den Medizinern, die die Ursachen des Herzinfarktes ausschließlich bei den sogenannten Risikofaktoren (erhöhter Blutdruck, erhöhter Cholesterinspiegel, Zuckerkrankheit, Bewegungsmangel, Rauchen) suchen und die psychischen Hintergründe außer Acht lassen.[2] PsychosomatikerInnen finden dagegen Ursachen für den Herzinfarkt in der Persönlichkeitsstruktur der PatientInnen.[3]

Der psychosomatische Ansatz muß der Medizin gegenüber seine Effizienz beweisen[4], was sehr schwer ist, da sich Herzinfarkt-PatientInnen Psychotherapien gegenüber abwehrend verhalten. Sie sind „schwer er-

---

2 J. Siegrist, Lebensverändernde Ereignisse, 35.
3 Vgl. u.a. M. Friedman/R. Roseman, Der A-Typ, Hamburg, 1975; A. Bloch/A. Bersier, Psychologie; F. Siepmann, Gesprächspsychotherapie, 145–157.
4 M. Halhuber, Herzinfarkt-Patient, 16.

ziehbar".[5] D. Ohlmeier führt das darauf zurück, daß beide – PatientInnen und MedizinerInnen – nicht den psychischen Hintergrund der Verengung sehen wollen: „Der Herzinfarkt wird quasi rationalisiert als ein vollständig und lediglich körperliches Ereignis." ... „Der Herzinfarkt wird als eine ‚antipsychologische' Krankheit betrachtet. Psychisch wird besonders von diesen Patienten negativ bewertet. Der Herzinfarkt wird als eine organische Krankheit par exellence, die damit auch sozial eher positiv zu bewerten wäre, eingestuft und empfunden ... Das ist nicht nur der Fall bei Patienten, sondern auch bei Medizinern."[6]

H. E. Richter stellt eine Verbindung her zwischen der Persönlichkeitsstruktur der Herzinfarkt-PatientInnen und den Strukturen der Medizin. „Sie (die Medizin) orientiert sich immer noch an einem Gesundheits- und Krankheitsverhalten, das weitgehend den fatalen Merkmalen des Infarktprofils folgt. Die Medizin fördert, ohne es bewußt zu wollen, genau die Verhaltensweisen, die in psychosomatischem Sinne besonders bedenklich sind."[7] Richter beschreibt ein Gesundheits- und Krankheitsverhalten, das heute unter den Seehofer-Gesetzen (Gesundheitsreform-Gesetz) besonders gefordert und gefördert wird. Diejenigen, die mit zusammengebissenen Zähnen weiterarbeiten, nicht zimperlich sind und nicht gleich zum Arzt gehen oder sich gar krank melden, werden unter den neuen Gesundheitsrichtlinien belohnt. „Dieser Typ, der so fabelhaft wie keiner in der Konkurrenzgesellschaft funktioniert, ... ist wahrscheinlich der kränkeste überhaupt. Denn kein anderer – abgesehen von den Drogenabhängigen – betreibt den Ruin des eigenen Körpers mit der gleichen fatalen Zielstrebigkeit wie er."[8] Er sieht in dem Herzinfarkt-Patienten einen „Gejagten", der seine Ängste, Schmerzen und Sehnsüchte nicht leben kann.

Der Blick der Seelsorge

Für mich als Seelsorgerin stellt sich die Frage: wie bleibe ich verbunden mit der Angst der Kranken, die sie in den „Ruin treibt". Von der Gesellschaft wird die Angst der Kranken ausgenutzt und funktionalisiert. In der Medizin werden die Ursachen übersehen und die Folgen für behandelbar erklärt. In dieser Situation möchte ich zart und entschieden für die Kranken bleiben und verbunden mit ihrer Angst. Eine Angst, die verstellt ist, die die PatientInnen nicht äußern, ja, die sie nicht einmal wahrhaben wol-

---

5 M. Halhuber, Herzinfarkt-Patient, 20.
6 D. Ohlmeier, Gruppenpsychotherapie, 177.
7 H. E. Richter, Lernziel, 48.
8 H. E. Richter, Lernziel, 47.

len. Ich spüre ihre Angst, aber was in ihnen vorgeht, kann ich oft nur ahnen. Die Kranken wünschen meinen Besuch, aber sie halten mich auf eine eigentümliche Weise auf Distanz. Ich empfinde eine Spannung: „Bitte bleib', aber komm' mir nicht zu nah." Van der Geest beschreibt dieses Phänomen und warnt: „einfühlende Seelsorge kann hier lebensgefährlich sein."[9] Mit Herzinfarkt-PatientInnen gibt es nur einen behutsamen und vorsichtigen Weg, dem ich auch gefolgt bin. Wie bedroht der/die Kranke durch das eigene Verhalten ist, wurde mir durch die psychosomatische Literatur bewußt. Dagegen haben mir die Einordnung der Kranken in die Raster der sogenannten „Koronar- oder Infarktpersönlichkeit"[10] den Weg zu den einzelnen eher verstellt. Geholfen, die PatientInnen besser zu verstehen und das Ausmaß ihrer Angst zu begreifen, hat mir der Roman eines Herzpatienten.

Die Herzwand

„Herzwand. Mein Roman" ist der Titel eines Buches von Peter Härtling. Der Schriftsteller kann ausdrücken, was die meisten Kranken verbergen müssen. Am Anfang seines persönlichen Lebensromans steht seine Herzkatheteruntersuchung. Auf dem Monitor verfolgt er, wie der Katheter in sein Herz eindringt. Er beschreibt, wie er zum selben Zeitpunkt alle Schichten und Geschichten seines Lebens wiedererkennt. „Weshalb es gerade mit dem Jungen beginnt, ... kann ich mir nur erklären, indem ich, ergriffen von einer anderen Angst, das Sterben meiner Mutter wiederhole."[11]

Der Blick des Patienten, Peter Härtlings, auf den Monitor führt mich zu den Schichten und Geschichten seines Lebens, anders als der reduzierte Blick der Medizin auf den Monitor, der mich von dem Leben des Kranken wegführt. Peter Härtling beschreibt, wie sein Herz sich zusammenzog und stellt eine Verbindung her zwischen seiner Herzkranzverengung und seinem Leben. Das Zusammenziehen seines Herzens ist verbunden mit Erschütterungen seines Lebens.

Zwei Ereignisse bedrohten sein Leben existentiell. Er war zwölf Jahre alt, als seine Mutter sich umbrachte. Sie verzweifelte am Krieg, an der Flucht und an der Heimatlosigkeit. Er und seine Schwester blieben als Waisen zurück. Sein Vater war im Krieg gefallen. Jahre später zerbrach seine erste Liebesbeziehung und wieder blieb er in einer furchtbaren Einsamkeit zurück.

---

9   H. van der Geest, Beispiele, 41
10 vgl.: D. Ornish, Revolution, 126; G. Condrau/M. Gassmann, Herz, 83–101; K. Singer, Kränkung, 227.
11 P. Härtling, Herzwand, 9.

Unmittelbar vor der Herzkatheteruntersuchung spürte er seine Herzwand. Eine Wand, die er um sein Herz errichtet hat, die ihn vor seiner Angst und vor seinem Gefühl der Einsamkeit schützt. Die Wand schützt ihn, doch auf tragische Weise trennt sie ihn von seinem Leben, von seinen erschütternden Empfindungen, als seine Mutter sich das Leben nahm und seine Geliebte ihn verließ.

„Bisher habe ich davon nicht erzählen können. Der Eingriff sei nicht schlimm gewesen, habe ich abgewiegelt, ich hätte mich grundlos gefürchtet. … Der, der ich gewesen bin – nein: die, die ich gewesen bin, ein Kind, ein Junge, ein Mann, drängen sich nach vorn, und Geschichten, die ich vergessen wollte, die ich umerzählt hatte, damit ich sie vergessen konnte, liegen nun bloß."[12]

Einst lebensbedrohliche Ereignisse rücken plötzlich nah angesichts der erneuten Gefahr. Von einem Herzkranken dürfen sie kaum an- oder ausgesprochen werden. Das Signal nach innen und außen: „Nicht schlimm gewesen …" – hilft zum Weiterleben.

Die Angst vor der Lebensbedrohung kann so groß werden, daß Kranke eine immer höher und dicker werdende Wand um ihr erschrockenes, verzagtes und gebrochenes Herz errichten müssen, um sich sicher zu fühlen.

Furchtlosigkeit wird zur Überlebensstrategie, um den Kontakt mit der Furcht und der Bedrohung zu vermeiden. Dabei verfestigt sich die Wand, hinter der alles verborgen und verschlossen bleibt. Was hinter der Wand liegt, ist unaussprechlich. („… bisher habe ich davon nicht erzählen können."). Der Patient und Schriftsteller, Peter Härtling, wagt den Blick auf die Wand und hinter die Wand. Ein schwerer und gefährlicher Weg für einen Mann, der vom Herzinfarkt bedroht ist.

Da ist immer die Angst, wenn die bedrohlichen Erschütterungen des Lebens das Herz erreichen, dann bricht es endgültig. Die Herzwand soll schützen. Doch in ihrer wachsenden Undurchdringlichkeit gerät sie selber zur Todesbedrohung.

Der Infarkt durchreißt mit Gewalt die mühsam aufgerichtete Wand. Der Riß der Herzwand, der Herzinfarkt, legt das verletzte und gebrochene Herz bloß. Kranke sprechen nach einem Herzinfarkt von einem „fürchterlichen Schmerz", einem „herzzerreißenden Schmerz". Sie seien von Todesangst überflutet gewesen.

Seelsorge vor der Herzwand

Als Seelsorgerin lasse ich mich von der Angst und der Lebensbedrohung der Herzkranken leiten – und von ihrem Sicherheitsbedürfnis, das mich das Ausmaß ihrer Bedrohung spüren läßt und mich auf Abstand hält.

12 P. Härtling, Herzwand, 9.

Kranke haben mich auf ihre eigene Weise auf diese Wand als ihren Schutz und ihre Bedrohung hingewiesen. Eine Wand, die in den Gesprächen unbestreitbar da war. Eine Wand, die – vielfach – verschlossen blieb, an die ich nicht rühren durfte. Sätze, mit denen auch Peter Härtling zunächst andere von der Wand fernhielt, höre ich oft von InfarktpatientInnen: „Alles halb so schlimm, mir geht es schon wieder gut."

Wichtig für die Seelsorge ist es, das Sicherheitsbedürfnis der PatientInnen und auch das eigene zu bejahen und zu verstärken in der Hoffnung, daß sich die PatientInnen unter diesen Bedingungen behutsam an die Erschütterungen und Bedrohungen des Lebens heranzutasten wagen, die hinter der Herzwand eingeschlossen sind.

Der Weg des Gespräches führt immer vor die Wand. Wir müssen die Herzwand vor Augen haben und dürfen niemals gegen sie arbeiten. Die Wand begleitet den/die Kranke/n und mich, die Seelsorgerin.

Es ist eine Zumutung für die Kranken und die SeelsorgerIn, die Zartheit gegenüber dieser Wand aufrechtzuerhalten, weil sie uns abweist, und wir dürfen vielleicht nie hinter sie blicken.

Eine Teilnehmerin eines KSA-Kurses dokumentiert in einem Gesprächsprotokoll eine liebevolle und zarte Auseinandersetzung mit der Herzwand.

Patientin: „Ich habe mein Gottvertrauen, das hilft mir."
Seelsorgerin: „Ich sehe, daß Ihnen das Vertrauen hilft, das finde ich schön."
Patientin: (erzählt von einer anderen schweren Krankheit. Die Genesung war wie ein Wunder, keiner hatte mehr damit gerechnet) „Meine Schwägerin hat die ganze Nacht für mich gebetet."
Seelsorgerin: „Das hat Ihnen bestimmt Kraft gegeben, daß Sie wußten, daß andere an Sie denken und für Sie beten."
Patientin: „Ja, Gott kann da auch helfen, wo alle Menschenkunst am Ende ist. Seit dieser Zeit habe ich noch stärkeres Gottvertrauen, darin lasse ich mich nicht irre machen, daran halte ich mich fest."
(Im weiteren Gespräch kommt Frau H. noch auf den Tod ihres Mannes zu sprechen, darauf, daß sie den Schmerz über diesen Verlust, der ihr vor allem in den einsamen Nächten zu schaffen macht, durch ihr Gottvertrauen bewältigen konnte. Sie betont auch noch einmal, wie treu die Leute aus ihrem Heimatort zu ihr gehalten haben, damals und auch jetzt wieder, und daß vor allem die Familie ihres Mannes sich nach seinem Tode liebevoll um sie gekümmert hat.)

Was die Patientin über die erschütternden Momente in ihrem Leben berichtet, gibt die Seelsorgerin nicht in wörtlicher Rede wieder. Als seien diese Erlebnisse nebensächlich, werden sie in Klammern gesetzt. Dies ist ein Weg, den die Patientin und die Seelsorgerin zusammen gehen können. Die Seelsorgerin läßt sich leiten von dem Sicherheitsbedürfnis der Patientin, sie verstärkt es damit sogar. Die Seelsorgerin hebt die Erschütterungen nicht eigens hervor, sondern sie bleiben in Klammern geschützt. Erschütterungen einer Frau, die einen Herzinfarkt erlitten hat, müssen Klammerbemerkungen bleiben! Die Bedrohung muß sofort, nachdem sie ausgesprochen wurde, wieder zurückgenommen werden, sie muß hinter der Sicherheitswand verschwinden dürfen.

Ich lasse es als Seelsorgerin, die sich Herzinfarkt-Kranken zuwendet, geschehen, daß auch Gott in die Herzwand eingeschlossen wird.

Die Patientin konnte der Seelsorgerin von dieser „sicheren" Position aus andeuten, woran ihr Herz zerbrochen ist und was sie umtreibt. Sie konnte die Wand ein Stück öffnen und die Seelsorgerin in ihr verängstigtes Herz blicken lassen. Das ist eigentlich schon viel zu viel für eine Herzinfarkt-Patientin. Die Patientin betont selbst in diesem von Vorsicht getragenen Gespräch: „… darin lasse ich mich nicht irre machen." Selbst in dieser Sicherheit kann die Patientin nicht darauf verzichten, die Seelsorgerin auf Abstand zu halten.

Den Weg, aus einer abgesicherten Position heraus auf die Belastungen und Erschütterungen des Lebens zu schauen, vermögen nach meinen Erfahrungen die meisten Herzinfarkt-PatientInnen heute immer seltener zu gehen. Mir fällt auf, daß für immer mehr PatientInnen (vorwiegend für Männer) es geradezu „normal" scheint, im Alter zwischen sechzig und siebzig einen Infarkt zu bekommen. Nach den Hintergründen muß nicht mehr gefragt werden.

„Es war an der Zeit – jetzt gehöre ich auch dazu", sagte mir ein Patient, „nun bin ich in meinem Verein der fünfte ‚Herzkasper'!" Als Seelsorgerin bleibt mir nur die Ahnung, wie erschütternd und belastend das Leben eines Herzkranken sein muß. Oft kommt es mir so vor, als ob ich stellvertretend für den/die PatientIn traurig und ängstlich werde, ohne ihm/ihr diese Gefühle zeigen zu dürfen. Für den/die PatientIn ist es zu bedrohlich, diese Gefühle zu leben.

Einen Patienten traf ich in seinem Zimmer an, als er gerade ein geschäftliches Gespräch am Telefon beendete. Aufgedreht empfing er mich: „Das Leben geht weiter, Frau Pfarrerin, die Geschäfte müssen laufen." Dieser Geschäftsmann kam zum fünften Mal wegen einer Dilatation in die Klinik. „Wenn die Pumpe wieder streikt, muß der Ballon wieder her. Die haben das hier im Griff."

Eigentlich wirft mich der Patient mit seinen letzten Worten hinaus. Meine Sorge und meine Zuwendung scheinen nicht gefragt. Jetzt müßte oder könnte ich eigentlich gehen. Wenn ich aber meine Erfahrung mit Herzinfarkt-PatientInnen ernst nehme, dann muß ich genau in diesem Augenblick und nach diesen Äußerungen des Kranken bei ihm bleiben. Dieser kranke Mann braucht mich jetzt. Er braucht die Bestätigung von der Seelsorgerin, daß er sie nicht braucht, sondern die Medizin alles für ihn zur

Verfügung hat. Ich stabilisiere seine Sicherheitsstruktur, die die Anliegen meiner Seelsorge ad absurdum führt. Ich weiß um seine Angst und seine Bedrohung, und ich thematisiere ausschließlich Sicherheit. Dabei habe ich die zaghafte Hoffnung und die Sehnsucht, daß meine Zuwendung dem Patienten ermöglicht, an seine Erschütterungen heranzukommen und mit sich ein wenig zarter und behutsamer zu werden. Aber eigentlich weiß ich, daß dies eine zu hohe Erwartung an den Kranken ist. Er wird sie nicht erfüllen können.

Ich kann zwar verstehen, daß SeelsorgerInnen, die die Not der PatientInnen spüren, Wege suchen, um ihnen zu ermöglichen, darüber zu sprechen, sich zu öffnen, aber dabei wird unterschätzt, wie massiv und lebensnotwendig die Herzwand ist. Einen solchen Ansatz finde ich bei Angela Rinn-Maurer, sie stellt einerseits dar, wie problematisch „einfühlende Seelsorge" für Herzinfarkt-PatientInnen ist, verläßt aber m.E. diesen Ansatz wieder, indem sie den Versuch einer „Öffnung und Weitung" unternimmt. „Seelsorge wird die Schwierigkeiten der Patienten im Umgang mit Gefühlen respektieren müssen und nach alternativen Wegen suchen, die einen für die Patienten angstfreien und zugleich heilvollen Kontakt ermöglichen."[13] Das Ziel ihrer Seelsorge ist: „Öffnende und weitende Kommunikation".[14] Meine Erfahrungen mit Herzinfarkt-PatientInnen widersprechen diesem Ansatz. Der Weg zu den Kranken führt selten weiter als bis zur Herzwand. Das ist ein Weg, der sehr schwer zu gehen ist und auf dem der/die SeelsorgerIn oft sehr alleine ist. „Die tiefere Problematik eines Herzinfarktpatienten ist für den Seelsorger nur selten zugänglich. Das kann ihn entmutigen und traurig machen."[15] Herzinfarkt-PatientInnen lassen die Zuwendung und Sorge der SeelsorgerInnen und auch der TherapeutInnen unbeantwortet.

Jeder und jede SeelsorgerIn/TherapeutIn reagiert entsprechend der eigenen Lebensgeschichte unterschiedlich auf diese verletzende „Abweisung": Traurig, entmutigt oder auch wütend. Da kann es zu abwertenden Einordnungen kommen. Ein Kollege sagte mir wütend und zugleich traurig: „Denen ist doch nicht mehr zu helfen." In der wissenschaftlichen Analyse eines Psychosomatikers werden die Kranken als „emotionale Analphabeten"[16] „beschimpft". Letztendlich retten der Seelsorger und der Therapeut auf diese Weise ihre eigenen Gefühle, die in der Begegnung mit Herzinfarkt-PatientInnen verloren zu gehen drohen, weil sie unterdrückt werden müssen. Für mich selbst ist es ein Alarmzeichen, wenn ich nicht traurig oder wütend werde. Zwar bleibe ich – den PatientInnen angemes-

---

13 A. Rinn-Maurer, Seelsorge, 101.
14 A.a.O., 117.
15 H. van der Geest, Beispiele, 45.
16 F. Siepmann, Gesprächspsychotherapie, 151.

sen – zart und zugewandt, aber meine eigene Bedürftigkeit, meine Verletzlichkeit gehen verloren. Damit steht meine Seelsorge auf dem Spiel. Meine
eigenen Wunden und meine Verwundbarkeit sind die Berührungspunkte
mit den Kranken. Wenn ich den Zugang dazu verliere, verliere ich mich
und die Kranken.

Alle, die wir mit HerzinfarktpatientInnen arbeiten, die vor der Herz-
wand ausharren müssen, brauchen Balintgruppen- oder Supervisions-
gruppen, in denen wir unsere Gefühle leben können, damit wir die Kran-
ken nicht mit unseren Gefühlen bedrohen oder sie im Stich lassen. Für die
Seelsorge mit und für das therapeutische Team bedeutet das, in diesen
Gruppen nach Möglichkeiten zu suchen, die Härte und Kälte, die in der
Arbeit mit Herzinfarkt-PatientInnen entstehen kann, in Trauer und Wut,
Zartheit und Schmerz zu verwandeln.

Als Frage bleibt für mich jedoch, ob ich mit diesem Seelsorgekonzept
ein medizinisches System stabilisiere, das längst jede Zartheit für die Kranken verloren hat.

HARALD STILLER

Seelsorge
mit KrebspatientInnen

„Verschaff mir Recht, o Gott,
und führe meine Sache gegen ein treuloses Volk!
Rette mich vor bösen und tückischen Menschen!
Denn du bist mein starker Gott.
Warum hast du mich verstoßen?
Warum muß ich trauernd umhergehen,
von meinem Feind bedrängt?
Sende dein Licht und deine Wahrheit,
damit sie mich leiten;
sie sollen mich führen zu deinem heiligen Berg
und zu deiner Wohnung."   Psalm 43,1–3.

Achtung! Hochspannung! Lebensgefahr!

Ich schreibe diesen Artikel in ehrfürchtiger Erinnerung und mit Hilfe all
der KrebspatientInnen, denen ich in der Klinik begegnet bin. Beginnen
möchte ich mit einer „Klinikerfahrung", die ich in einer Zeit machte, in der
ich noch gar nichts von Klinikseelsorge wußte. Als Abiturient und Student
arbeitete ich ehrenamtlich als Rettungssanitäter. Fast täglich mußten wir
PatientInnen zur Bestrahlung in die nahegelegene onkologische Klinik
fahren. Ich war mit einer Patientin unterwegs im Lift zum Bestrahlungs-
keller als plötzlich folgender Satz fiel: „So weit ist es schon mit uns, zwei
Stockwerke in die Tiefe." Es war ein Schweigen und eine Spannung im
Raum. Ahnend, daß hier vom Leben und vom Tod die Rede ist, wagte ich
es nicht, etwas zu sagen.
    Die Patientin kündete an, was sich zwei Stockwerke tiefer abspielte:
eine eigenartige Spannung und Atmosphäre vor den vielen einzelnen
Kabinen. Menschen jeden Alters, gezeichnet durch ihre Krankheit, farb-
lich markierte Bestrahlungsfelder im Gesicht, Hüte und Wollmützen,
die durch Haarausfall entstandene Glatzen verdeckten. All das wirkte ge-
heimnisvoll und bedrohlich zugleich. Es fand statt in einer besonderen
Umgebung, im Untergeschoß, die meisten Türen versehen mit Schildern,
meist gelbe Schilder, Warnschilder mit der Aufschrift: „Vorsicht Radio-

aktiv", „Betreten verboten". Es machte den Eindruck einer Wartehalle, voller Menschen, die sprachen, lasen, schwiegen, warteten. Man wußte nicht, worauf sie warteten. Es lag immer eine eigenartige Spannung in der Luft; ich wollte diesen Raum schnell wieder verlassen. Da war Angst und Bedrohung, Hoffnung und Verzweiflung zu spüren, eine Art Hochspannung zwischen Leben und Tod.

KrebspatientInnen erleben und leben eine Spannung zwischen Leben und Tod

Diagnose Krebs. Die Ärzte, die Hohenpriester der Medizin haben ihr Urteil gesprochen. Oft hört es sich an wie ein Todesurteil. Einmal Krebspatient, immer Krebspatient. Krebs als Zerreißprobe. Warum Krebs? Warum ich? Dieses „Urteil" provoziert eine Angst, eine Todesangst, die manchmal vielleicht tödlicher ist als der Krebs selbst.

Diese Angst kann lähmen, aber auch Nahrung sein für das eigene Lebensplädoyer.

Die Medizin, die gerade als eine Art „Richter" dieses „Urteil" gesprochen hat, bietet sich im selben Moment an als Anwalt oder Retter des Lebens. Aber nicht selten übernehmen PatientInnen die Verteidigung, die Anwaltschaft für ihr eigenes Leben selbst.

Eine Krankenschwester, die jahrelang in einer onkologischen Fachklinik arbeitete, machte die Erfahrung, daß nur wenige PatientInnen sich mit dem „Urteil" Krebs abfanden, die meisten setzten ihr Lebensplädoyer dagegen, indem sie sagten: *„Ich überlebe ihn".* In der Bedrohung des eigenen Lebens, in der Aussicht auf ein reduziertes Leben kann der Krebspatient noch einmal seine Kraft schöpfen, seine Ressourcen entdecken. Die Todesbedrohung ist auch eine Chance.

Eine Patientin, die in einer onkologischen Fachklinik lag und deren Prognose sehr schlecht war, sagte eines Tages: *„Ich will nach B."* Sie will in ihr Heimatkrankenhaus. Dort hat sie jahrelang als Pflegekraft gearbeitet. Diese Frau sucht einen vertrauten Ort, eine Kraftquelle, wo sie mit ihrer Krankheit leben kann. Voller Bedenken und Angst, ob die Patientin die Verlegung mit dem Hubschrauber in ihr Heimatkrankenhaus überleben wird, stimmten die Ärzte zu. Ein halbes Jahr später stand diese Frau im Stationszimmer der onkologischen Klinik und fragte: „Kennen Sie mich noch?" Keiner auf Station hatte damit noch gerechnet.

Seelsorgliche Begleitung wird immer auch in diesem Spannungsfeld von Todesbedrohung und Lebensmöglichkeit stattfinden.

Dies zeigt sich auch in der Frage nach der Wahrheit und Wahrhaftigkeit am Krankenbett[1]. Wir alle kennen die „Verträge" zwischen Angehörigen und medizinischem Personal, den PatientInnen nichts oder nur einen Teil der Wahrheit zu sagen. Es wird viel mehr über als mit dem/der PatientIn gesprochen. Die Unwahrheit auch und gerade in Form der „frommen Lüge" macht den/die PatientIn passiv, nimmt die Möglichkeit, den aktiven Teil des Lebens zu unterstützen und zu gestalten. *„Wenn Sie mir damals die Wahrheit gesagt hätten, hätte ich mein Leben anders gestaltet. Ich mache ihnen keinen Vorwurf, daß sie mich nicht gesund machen können, aber diese Lüge kann ich Ihnen nicht verzeihen"*, so eine Patientin, nachdem sie erst drei Jahre nach Ausbruch über das Ausmaß ihrer Erkrankung aufgeklärt wurde. PatientInnen werden entmündigt, der Möglichkeit beraubt, ihr Leben ohne Lüge in voller Verantwortung zu gestalten.

Die eigenen Möglichkeiten, Gefühle zu suchen, zu verlieren, zu finden und auszudrücken und damit etwas über sich und seine Lebensgeschichte sagen und erfahren zu können, werden teilweise nicht als relevante Wahrnehmung geachtet und der/die PatientIn wird darin „als in medizinischen und Lebensfragen nicht kompetent" abgeschmettert. Andererseits werden PatientInnen nicht selten in arroganter und mißachtender Weise aufgeklärt und mit der Wahrheit konfrontiert. Auf die Frage einer Patientin, wie lange sie denn noch zu leben hätte, meinte der behandelnde Arzt, eine Langspielplatte bräuchte sie sich nicht mehr zu kaufen.

Gefühle, die KrebspatientInnen von verschiedensten Seiten entgegengebracht werden, sind spannungsreiche Wechselbäder von „medizinisch interessanter Fall, der gerade in eine Studie paßt" bis „austherapiert" (ich kann mich noch mit Schrecken erinnern, wie auf einer onkologischen Station, die ich betreute, der Stationsarzt von seinem Chef angepfiffen wurde, weil es ihm nicht möglich war, den Patienten noch zwei Tage länger am Leben zu erhalten, ein wesentlicher Faktor in der Studie würde jetzt fehlen), von Unsicherheit bis Mitleid, von Neugierde bis Distanz, von abstoßend bis fremdartig.

Der Rahmen für all diese Prozesse ist eine Gesellschaft und ihr Kind Gesundheitswesen, die immer ehrfurchtsvoller die Götter Kostenersparnis und Rentabilität anbeten. Die Medizin ist immer stärker abhängig von einem Gesundheitssystem, das von gesellschaftlich herrschenden Tendenzen bestimmt wird und daher heute noch mehr Rentabilität und Kosten/ Nutzen Ersparnis fordert. Die Medizin fragt nach Fallpauschalen, nach Zeitspannen, danach, ob sich der/die PatientIn für eine Studie eignet, der Aufwand sich rentiert, was sinnvoll oder nicht sinnvoll ist. Todkranke

---

1 Vgl. P. Pulheim, Wahrnehmung, 78–81.

Menschen und die Toten selbst repräsentieren aber das Scheitern und die Not unserer Gesellschaft; sie konfrontieren eine moderne Medizin mit ihren Grenzen, entlassen sie nicht aus der Spannung, helfen zu können und hilflos zu sein. Wird diese Hilflosigkeit negiert, müssen auch die Toten totgeschwiegen werden. In onkologischen Fachkliniken gibt es Verträge mit ortsansässigen Bestattungsunternehmern, die Toten nur nachts abzuholen.

Auch die Krankheit selbst mit ihren möglichen Auswirkungen und Konsequenzen wird verharmlost und nicht gesehen. Beispielsweise haben mir Frauen erzählt, sie erleben ihre Brustamputation nicht nur als einschneidenden Eingriff und Angriff auf den Körper, sie fühlen sich auch oft entstellt, in ihrem Frau-Sein bewertet, abgewertet und mißachtet. Sie fürchten und müssen es oft erfahren, daß sie der „Norm ihres Partners" oder einer Gesellschaft nicht mehr entsprechen. Einerseits gibt es Bewunderung für ein berühmtes amerikanisches Fotomodell, das sich nach ihrer Brustamputation in der Presse zeigt, andererseits stoßen die Frauen auf Ablehnung und Ausgrenzung.

Audre Lorde, eine amerikanische Schriftstellerin, die 1992 an Krebs verstarb, schreibt in ihrem Krebstagebuch: „Am Tag, nachdem mir die Fäden gezogen waren und ich so wütend auf die Schwester gewesen war, die mir gesagt hatte, ich schade der Praxismoral, weil ich keine Prothese trug, schrieb ich in mein Tagebuch: ..., ich sehne mich jetzt ungeduldig danach, mehr zu leben, die Süße jedes Augenblicks und jedes Wunders zu kosten, das mich durch meine Tage begleitet, und daran teilzuhaben. Und nun fühle ich wieder die freigiebige Süße der Frauen, die für mich offengeblieben sind, als ich diese Offenheit brauchte wie Regen, und die erreichbar waren."[2]

Ich kann das als Mann ja gar nicht verstehen.

KrebspatientInnen fragen nach dem Leben und erhalten Rezepte

In diesen spannungsvollen Erfahrungen suchen PatientInnen – in Abhängigkeit – ihr eigenes Leben. Sie suchen es zunächst innerhalb der Kriterien und Maßstäbe dieser Medizin und treffen darin ihre Entscheidungen.

Ich erinnere eine Patientin, bei der man in Amerika einen metastasierenden Tumor im Endstadium diagnostizierte. Die Ärzte sagten ihr, sie solle sich den verbleibenden Rest ihres Lebens noch schön gestalten. (In Nordamerika besteht Aufklärungspflicht bei allen PatientInnen.) Diese Patientin kam kurz danach in eine onkologische Klinik in Deutschland. Auf die

---

2 Audre Lorde, Krebstagebuch, 56f.

Aussage des Chefarztes, man könne vielleicht doch noch etwas tun, das Leben verlängern, willigte sie in eine Behandlung ein. Die Chemotherapie erfolgte unter intensivmedizinischen Bedingungen; die Frau starb wenige Tage später, sediert und intubiert, ihrer letzten Möglichkeiten, ihr Leben und Sterben zu greifen und zu gestalten, beraubt. – Ein Mediziner sagt: „Jegliche Therapie ist sinnlos". Ein paar Flugstunden entfernt sagt ein anderer Mediziner: „Wir können vielleicht noch etwas tun". Wie in einem Warenhaus stellt die Medizin zunächst ihre Statistiken, ihre Erfolge, ihre Erfahrungen, ihre Wahrnehmung, ihre Vorstellung von Leben, Lebensqualität und Lebensverlängerung oder Abbruch des Lebens als Maßstab zur Verfügung und bietet all das als Orientierungs- und Entscheidungshilfe zum Kauf an.

Fast katechismusartig, in ihrer Effizienz hierarchisch gegliedert, werden mögliche Krebstherapien als Rezepte angeboten. „Die meisten Heilungen erfolgen mit dem Skalpell, gefolgt und in Kombination von Bestrahlung, Chemotherapie, Hormontherapie und Immuntherapie."[3] Die Schulmedizin spricht von gut oder bösartig. Sie besiegt den Krebs, killt Zellen, zerstrahlt, operiert radikal, bombardiert mit einer Hochdosis Chemotherapie[4], die Alternativmedizin wirkt stimulierend, aufbauend, entgiftend, regulierend, stabilisierend, ganzheitlich[5]. In ihren Krebsdiäten und den Versuchen, den Krebs auszuhungern,[6] ist diese Alternativmedizin auch nicht weniger kämpferisch und aggressiv als die Schulmedizin selbst. Ferner wird der/die KrebspatientIn heute mit Fragen der Psychoonkologie oder Psychoneuroimmologie (PNI) konfrontiert. Es ist der Versuch, in einer ganzheitlichen Krebsbehandlung Verbindungswege zwischen Leib, Seele und sozialem Umfeld herzustellen.

Der Ursprung dieser Sichtweise liegt bereits in der Antike. Noch bis heute müssen Hippokrates und Galenus Pate stehen für die „Krebsentstehung durch Melancholie". Nach der industriellen Revolution führte man den Streßbegriff als Krebsursache ein. Später waren depressive Zustände für eine Krebserkrankung verantwortlich.[7] So entstanden die „Krebspersönlichkeiten", Persönlichkeitsbilder, wie sie R. Schwarz, Leiter der Psychosozialen Nachsorge am Uniklinikum Heidelberg, beschreibt. „Der unheilbare Karzinomkranke hat eine bestimmte Sicht auf sich selbst, auf seine Welt, auf die Dinge und Geschehnisse der Welt."[8]

---

3 H. Kappauf/W. M. Gallmeier, Diagnose, 137–187.
4 H. Kappauf/W. M. Gallmeier, Diagnose, 274.
5 A.a.O., 274f.
6 A.a.O., 275f.
7 R. Schwarz., Krebspersönlichkeit, 2f.
8 A.a.O., 5.

Der Patient wird in die Verwandtschaft des Melancholischen gerückt, er hat eine Stille, die über seiner ganzen körperlichen Erscheinung liegt. Bei krebskranken Frauen, so beobachtete Charlotte Naumann (in den fünfziger Jahren), sei eine Tendenz zum Bagatellisieren, sie seien freundlich und wenig klagsam, unterließen aggressive Äußerungen und opfern sich statt dessen auf.[9]

Den einzelnen Formen der Krebserkrankung wurden bestimmte emotionale und seelische Zustände zugeschrieben; beispielsweise Verleugnung und Verdrängung, eingeengte soziale Beziehungen und gehemmte Sexualität bei Bronchialkarzinomen, gestörte Mutterbeziehung, vehemente Verlusterlebnisse usw. bei Mammakarzinomen.[10] Schließlich ist man selbst an seiner Krankheit schuld, weil man nicht die richtige Einstellung zum Leben hatte und somit die Möglichkeit vertan hat, die Krankheit, den Krebs zu besiegen. Die feministische Theologin Christine Schaumberger sieht darin ein „Sündenbockdenken"[11]; die Suche nach krankmachenden Faktoren endet in einer Schuldzuweisung. Der/Die PatientIn wird Täter und Opfer zugleich. Er ist schuld an seiner Krankheit, wird dessen Opfer, und er kann, so der neue Mythos einer Alternativmedizin, sich selbst heilen, wenn es ihm gelingt, seine Selbstheilungskräfte zu aktivieren. Sollte das aus irgendwelchen Gründen nicht möglich sein, ist er wohl selber wieder schuld. Verantwortlich für ein solches Denken ist die Tatsache, daß die Gesundheitsbewegung heute zu einem Hort diffuser Sehnsüchte und zu einem Zuhause spiritueller Bedürftigkeit geworden ist.[12]

Krankheit, Schmerz und Leid menschlichen Lebens, das Leben in seiner Brüchigkeit, werden geleugnet mit der Idee einer Ganzheit, die körperliche Selbstheilung möglich erscheinen läßt. Die alternative Gesundheitsbewegung ist reich an Erklärungen, der Krankheit wird keine äußere Existenz mehr zugewiesen, folglich konzentriert sie sich auf die Lebensbedingungen des einzelnen Menschen. Das Ganze endet in einer Psychologisierung und Moralisierung, die Krankheit wird zur Schuld.[13]

Ich denke, es kann unumstritten stehen bleiben, daß auch bei KrebspatientInnen innere und äußere Elemente eine Rolle spielen und zusammenwirken. Dafür sprechen auch die „Erfolge", die der amerikanische Arzt Carl Simonton durch die mit seiner Frau Stephanie Matthews entwickelte Methode vorweisen kann. Er arbeitet ausdrücklich mit PatientInnen, die von der Schulmedizin als „hoffnungslose Fälle" aufgegeben wurden. Er

9 A.a.O., 5.
10 A.a.O., 5f.
11 Ch. Schaumberger/L. Schottroff, Schuld, 194.
12 R. Coward, Natur, 20ff.
13 A.a.O., 30.

versucht, die psychologischen Ursachen für die Schwäche des Immunsystems zu finden, konfrontiert die PatientInnen mit der Todesbedrohung, um eine mögliche Neuentscheidung für das Leben zu bewirken.[14] Jedoch darf dies nie zu einer Theorie werden, die den einzelnen Menschen in seiner Vielfältigkeit, Widersprüchlichkeit und somit Einzigartigkeit festlegt und bewertet.

Sehr treffend beschreibt Karin Spaink in ihrem Buch „Krankheit als Schuld? Die Fallen der Psychosomatik"[15] das Dilemma einer ganzheitlichen Betrachtungsweise von Krankheit in psychosozialen Kontexten. Sie gebraucht das Bild vom Wetteramt und sagt: „Seine Wettervorhersagen haben nur eingeschränkte Gültigkeit, und sei es nur aufgrund der komplexen Vorgänge, die das Wetter bestimmen. Kleine Veränderungen können große Folgen haben, und es ist schwer, wenn nicht gar unmöglich, sämtliche Faktoren zu berücksichtigen und richtig einzuschätzen. Das Wetteramt weiß das. Wir Laien jedoch verwechseln Erwartung mit Sicherheit und ärgern uns, wenn es regnet. Die Wetterfrösche hatten uns doch Sonne versprochen! Das ist kein Argument, das Wetteramt oder die Wetterforschung abzuschaffen. Aber es ist ein Argument, um immer wieder zu betonen, daß Statistiken wenig über individuelle Risiken aussagen und daß es um den Gefrierpunkt sowohl frieren kann als auch tauen. Auch wenn manche von uns sich mehr Klarheit wünschten."[16]

Seelsorge um den „Gefrierpunkt" als Frage nach der Beziehung

Wer sich auf Begleitung und Seelsorge von KrebspatientInnen einläßt, wird zunächst diese Unsicherheit zwischen „Tauen und Gefrieren" in einer Häufigkeit erleben, wie sie bei kaum einem anderen Krankheitsbild zu finden ist. Mit der Diagnosestellung beginnend, ist es eine immerwährende Ambivalenz von Hoffen und Bangen, von Freude und Enttäuschung, von Besserung und Rückfall, von schmerzvoll und schmerzfrei, von Sicherheit und Unsicherheit, von „Leben auf Sparflamme und Leben in vollen Zügen", von objektiver Wahrheit der Diagnose und Deutung durch die Medizin und aller im kleineren und größeren Umfeld betroffenen therapeutischen Dienste bis hin zu den Angehörigen.

Es bedeutet auch eine große Anforderung an die Beziehungen zwischen PatientIn und SeelsorgerIn. Kann ich selber diese Spannungen und Ambivalenzen aushalten, nicht zu wissen, was mich beim nächsten Besuch erwartet? Seelsorge kann bedeuten: heute die Hoffnung eines Patienten zu

---

14 Vgl. A. A. Schützenberger, Lebenswillen, 13–55.
15 K. Spaink, Krankheit.
16 A.a.O., 81.

teilen und ihm morgen die Brechschale halten, weil er sich und seine Chemotherapie nur noch „auskotzen" kann.

Die Frage der Beziehungen ist eine sehr entscheidende Frage überhaupt. Die oft tragischen und langen Krankheitsverläufe verändern, belasten oder stärken Beziehungen. Zunächst fragt der/die PatientIn nach seiner Beziehung zu sich selbst. Der/die PatientIn erlebt seine Erkrankung als Kränkung, als Feind. Männer sehen sich plötzlich ihrer Schwäche, ihrem Kräfteverlust, ihrem Potenzverlust gegenüber; Frauen leiden oft darunter, nicht mehr so für ihre Familie da sein zu können[17]. Sie erleben sich als Frauen nicht mehr vollwertig und deshalb minderwertig. Wie viele Männer lassen ihre Frauen in diesen Krisensituationen allein, geben ihnen das Gefühl, eine „unvollkommene" Frau zu sein und reduzieren damit die Beziehung auf eine rein körperliche Ebene. Eine Patientin erzählte mir, als sie nach einer Totaloperation die Klinik verließ, standen ihre Koffer vor der Wohnungstür. Ihr Mann meinte, er könne nur mit einer „vollständigen Frau" leben. Ihr Mann arbeitete als Arzt in der Klinik, in der die Frau operiert worden war.

„Seit ich so sehr krank bin, passe ich mit meinen Freunden in eine Telefonzelle". Dieser Satz eines Krebspatienten zeigt, wie Freunde und Angehörige, Gesunde und Kranke sich durch die Krankheit auch entfremden können.

Dies ist Ausgangspunkt dafür, daß bei den oft langen Krankheitsverläufen mit vielen Behandlungseinheiten und vielen Krankenhausaufenthalten die Beziehungen der PatientInnen untereinander, zwischen PatientInnen und therapeutischen Diensten, zwischen PatientInnen und SeelsorgerInnen wachsen und an Bedeutung gewinnen. Die „Krankenhaus- oder PatientInnenfamilie" als Ersatz für die verlorengegangenen Beziehungen? Gerade Pflegepersonal ist oft von den Schicksalen ihrer Patientinnen sehr betroffen. Hier können andere Beziehungen entstehen als z.B. bei der Arbeit auf einer Intensivstation. Seelsorge muß von daher gerade auf onkologischen Stationen dort präsent sein, wo Abschiede aus diesen Beziehungen erlebt und erlitten werden, nicht nur im Hinblick auf PatientIn und Familie, sondern auch im Blick auf PatientIn und Personal.

Auf der onkologischen Station besuchte ich einen Kollegen. Täglich bekam er Besuch von Ordensschwestern und seinen „Mitbrüdern im Amt", und doch war er sehr allein. Je schlechter aber sein Gesundheitszustand wurde, um so mehr bekam er auch Angst vor dem Sterben.

---

17 Vgl. Ch. Schaumberger/L. Schottroff, Schuld, 194.

Diese Angst mit seinen Besuchern, den Kollegen, zu teilen, fiel ihm schwer. Als Mann der Kirche in gehobener Position ist es wahrscheinlich unmöglich, den „Glaubensbrüdern und Schwestern" von der eigenen Angst, den Zweifeln zu erzählen. Eine Krankenschwester, die ihn täglich pflegte, sagte mir: *„Als ich gestern Herrn N. den Rücken wusch, sagte er mir, wieviel Angst er vor dem Sterben habe und wie schwer es ihm falle, darüber zu reden."*
Auch mir, seinem Klinikseelsorger, konnte er es nicht erzählen.

Seelsorge um den „Gefrierpunkt" oder: Wunder gibt es immer wieder

Es war ein gewöhnlicher Nachmittag in der Klinik; wie üblich besuchte ich die Intensivstation. Dort herrschte im Stationszimmer eine aufgebrachte Betroffenheit. Eine junge Kollegin aus dem Team offenbarte das Ergebnis ihrer Vorsorgeuntersuchung. Gebärmutterkrebs Stadium IV. Vier Wochen zuvor hatte sie einen Arbeitsvertrag unterschrieben in einer Klinik, die sich auf Alternativ- und Misteltherapie im Bereich Onkologie spezialisiert hatte. Das ganze medizinische Team vom Chirurg über den Anästhesisten bis zum Zivi erstellten sofort einen Therapieplan und drängten die Kollegin zu einem sofortigen Handeln, was in ihren Augen Einwilligung zu einer Operation bedeutete.
Auf erstes Unverständnis stieß die Reaktion der Kollegin. „Ich laß mich nicht operieren, ich arbeite hier und weiß, wie die PatientInnen vom OP zurückkommen und welche Chance sie haben". Nach einigen Tagen Bedenkzeit traf sie einen Entschluß, den alle für verrückt hielten. Sie reduzierte ihre neue Arbeitsstelle und erfüllte sich einen Lebenstraum. Ein Häuschen mit Balkon und Garten. *„Das Häuschen wollte ich schon immer haben".*
„Wie kann man in so einer Situation sich noch verschulden?" Diese Frage kursierte unterschwellig auf der Station.
Die Kollegin unterzog sich einer Misteltherapie und erzählte mir öfter davon, wie schön es in ihrem Garten sei und wieviel Spaß sie damit habe. Später hörte ich davon, daß sie ein gesundes Kind geboren hat und mit ihm noch immer in ihrem Häuschen lebt.

Seelsorge um den Gefrierpunkt oder: „Hoffentlich nicht die Station O."

„Hoffentlich nicht die Station O."
Diesen Satz „betete" ich oft leise, wenn abends oder nachts mein Piepser ausgelöst wurde. Ich schaute auf das Display des Piepsers; an der angezeigten Nummer konnte ich die Station erkennen.

Meistens war es aber die Station O. Und ich wußte, was mich erwartet. Es wird wieder einer meiner PatientInnen sterben. PatientInnen, mit denen ich oft vor wenigen Stunden noch gekämpft und gehofft hatte. Je länger ich auf dieser Station arbeitete, um so mehr Kraft kostete es mich, dort hinzugehen.

Gerade wenn wir als Team auf der Station mit einem/r PatientIn kämpften und bangten, vielleicht weil wir auch einen „Erfolg" brauchten, gab es meist einen Rückschlag; alles war wieder aussichtslos und umsonst.

Und es starben so viele auf dieser Station.

Zu dieser Station gehört auch Frau N., die mit akuter Leukämie eingeliefert wurde. Sie war im 6. Monat schwanger. Während einer Routineuntersuchung wurde die akute Leukämie festgestellt. In diesem Fall rieten die Ärzte von jeglicher chemotherapeutischer Behandlung ab, weil die Gefahr für das Kind zu groß sei. Außerdem stellten die Ärzte fest, sie hätte aufgrund des Krankheitsbildes nur noch 10 Tage zu leben.

„*Ich will das Kind*" forderte Frau N. und bestand auf einer chemotherapeutischen Behandlung. „*Ich glaube, daß mein Kind sich schützen kann.*" Diese Forderung sorgte für große Aufregung im Team, Pro und Contra. Schließlich wurde mit der Behandlung begonnen. Frau N. entschied sich für das Kind- und so, wie es viele PatientInnen bezeichnen, für den Weg in die Hölle. Schmerzen, Zerstörung der Mundschleimhäute durch die Chemotherapie, Übelkeit, Erbrechen, Angst, Isolation, weil die Gefahr einer Infektion besteht. Drei Monate später, Frau N. war bereits entlassen, brachte sie ein gesundes Baby zur Welt. Nach der Geburt wurde die Behandlung fortgesetzt. Frau D. starb ungefähr ein Jahr nach der Geburt ihres Kindes.

Seelsorge um den „Gefrierpunkt" oder: Was lohnt sich angesichts des Todes?

In solchen Situationen fragte ich mich oft, ob es wirklich ein Wunder war und ob der Preis nicht zu hoch sei. Manchmal war ich sogar ängstlich und mißtrauisch gegenüber diesen „Wundern"; ich hatte Angst, aus einer noch größeren Höhe zu fallen; es war anstrengend und machte auch einsam. Die Spannung, einerseits ein „Wunder" zu erkämpfen, zu erbangen, zu erhoffen und andererseits mit einem Patienten müde zu werden, mit ihm die Aussichtslosigkeit und Resignation zu spüren, war oft wie eine unerträgliche Zerreißprobe. Ich spüre noch den Widerstand und die Angst, zu sagen „Ich bin müde, ich kann nicht mehr." Aber es wäre gerade hier, wo oft bis zum letzten gekämpft wird, ein so heilsamer Satz für PatientInnen und Personal. Ein Satz, den ich manchen PatientInnen schuldig geblieben bin.

Frau N. lag sehr müde und erschöpft in ihrem Bett, schaute auf die Infusion und sagte: *„Jeder Tag, an dem meine Tochter noch eine eigene Mutter hat, hat sich gelohnt."*
Was lohnt sich angesichts des Todes?
Frau N. und die junge Krankenschwester gehen verschiedene Wege innerhalb und außerhalb einer medizinischen Therapie.

Sie machen deutlich: Es lohnt sich gerade jetzt und gerade deshalb zu leben. Es ist nicht allein die medizinische Frage, welche Therapie hätte wie lange Erfolg. Es ist nicht eine ökonomische Frage, was rentiert oder lohnt sich noch, sondern es ist die Frage nach dem eigenen Leben. Die Antwort auf diese Frage verlangt eine Entscheidung; dabei ist es zunächst nicht bedeutend, ob die Entscheidung für oder gegen eine medizinische Therapie ausfällt, wichtig scheint mir zu sein, daß der/die PatientIn zu sich findet und sein/ihr Leben greift. Das bedeutet, in den vielen Spannungen und Ambivalenzen dieser Krankheit „Krebs" mit allen möglichen und unmöglichen Behandlungsmethoden sich selbst wahrzunehmen, sich selbst zu suchen, die eigenen Bedürfnisse zu entdecken, die eigenen Maßstäbe zu finden, an sich selber zu glauben, sich und sein eigenes Leben ernstzunehmen, seine eigene Würde zu retten.

Seelsorge um den „Gefrierpunkt" als Frage der Wahrnehmung

„Habe mir eine Übung ausgedacht, wie um meine toten Sinne zu beleben."[18]
Die sterbenskranke Maxie Wander will angesichts der Schwere ihrer Krebserkrankung und des bevorstehenden Todes möglichst viel wahrnehmen. Sie will sich selbst wahrnehmen, Neues und Verlorenes wiederentdecken, sie will Realitäten benennen und Visionen aussprechen. Sie will nicht mehr Objekt einer Medizin oder Therapie sein. Sie will sich selbst auf die Spur machen, ihr Leben, ihre Kraftquellen in der Todesbedrohung zu greifen. Diese Spur kommt nicht von außen. Das Leben läßt sich ergreifen im Rückgriff auf die eigene Lebensgeschichte, im Erinnern und Erzählen von Schmerzhaftem und Schönen.

„Ich will das Häuschen". „Ich will das Kind".
So suchen diese beiden Frauen ihr Leben. Es klingt wie ein Hilferuf, eine Forderung an das Leben, an Gott. Es ist ein Gebet im Angesicht des Todes. An der Todesseite des Lebens angekommen, haben diese beiden

---

18 M. Wander, Leben, 126.

Patientinnen sich für dieses Gebet entschieden. Diese Entscheidungen haben auch etwas Aggressives und Rücksichtsloses. Rücksichtslosigkeit bedeutet in diesem Zusammenhang das eigene Leben suchen, bewahren und retten. Dieses Leben ist immer in Gefahr und droht verloren zu gehen. Dabei denke ich nicht so sehr an den physischen Tod als vielmehr daran, was oft von einem Menschen und seiner Lebensgeschichte, nur weil er krank geworden ist, noch bleibt.

Eine Kollegin, evangelische Klinikpfarrerin, erzählte mir von einem Krebspatienten, der Chef eines großen Handwerksbetriebes war. Der Chefarzt klagte bei der Kollegin darüber, daß der Patient immer so „bossig" sei. Er würde sich in der Klinik wie der Chef aufspielen. Den Hinweis meiner Kollegin, daß der Patient immer Chef war und daß er das nun auch und gerade in seiner Krankheit bleiben müsse und man ihm das jetzt nicht wegnehmen dürfe, stieß auf Unverständnis des Mediziners. Die Spannungen zwischen den „beiden Chefs" blieben.

Dieser „Chefpatient", der inzwischen verstorben ist, hat eine wichtige Botschaft. Es geht darum, der Chef seines eigenen Lebens zu bleiben „sein eigenes Leben, seine eigene Identität zu bewahren und, falls verlorengegangen, zu suchen und wiederzufinden. Einen/e PatientIn dabei zu begleiten, ist oft ein einsamer und ungeschützter Weg. Es ist ein Weg gegen gesellschaftliche, medizinische und krankenhaushierarchische Strukturen.

Dabei denke ich jetzt auch an W. Er war ein 16 jähriger Leukämiepatient. Zwei Tage vor seinem Tod sagte ihm der Chefarzt bei der Visite, sein Krebs sei jetzt zum Stillstand gekommen. W., der wenigstens jetzt im Sterben, im Angesicht seines Todes ernst genommen werden wollte, schrie mit letzter Kraft den Chefarzt an: *„Sie sind ein Lügner."* Überheblich verlegen antwortete der Chefarzt: *„Sie sind ein ungezogener Junge".*

„W. du warst kein ungezogener Junge; du hast mit letzter Kraft die Würde deines Lebens und Sterbens, die man dir Stück um Stück wegnehmen wollte, gerettet. W. du bist wie viele PatientInnen auf der Station O. einen anstrengenden und mühsamen Weg gegangen. Du warst am Ende sehr müde."

Wenn ich sehr müde war, dachte ich oft: „Sie sterben doch alle".

Bei einzelnen PatientInnen war manchmal auch ein Satz in mir, den ich heute noch sehr schwer akzeptieren kann: „Hoffentlich sterben sie auch."

Seelsorge um den Gefrierpunkt oder:
„Gott sei Dank gibt es ein Wohnzimmer"

Ich saß einer Frau gegenüber, die vom Krebs ihrer Kraft und somit fast all ihrer Lebensmöglichkeiten beraubt war. Sie war gekennzeichnet von der anstrengenden und aufwendigen Therapie und von den Schmerzen, die ihr noch geblieben sind und die sich in ihrem Gesicht widerspiegelten. Sie schaute aus dem Fenster ihres Krankenzimmers nach draußen, Tränen liefen dabei über ihre Wangen.

S1 „Sie schauen doch nicht diesen Baum auf der Bergheimerstraße an? Sie schauen doch woanders hin?"

P1 „Ja, ich schaue in das Wohnzimmer meiner Mutter. Dort war es immer so schön".

S2 „Wollen Sie mir davon erzählen?"

P2 „Ja; einmal im Monat habe ich meiner Mutter immer die Wohnung geputzt; an diesem Tag kochte sie für uns beide das Mittagessen. Wir aßen gemeinsam und tranken Kaffee, dann fuhr ich nach Hause. Das war immer so schön."

Ihr schmerzverzerrtes Gesicht entkrampfte sich, ja sie lächelte fast, ich hatte das Gefühl: In diesem Moment sind die körperlichen Schmerzen weg. Wir blieben beide einige Zeit in diesem Wohnzimmer, bis die Patientin sagte:

P3 „Ach ja, das war einmal, das geht nun alles nicht mehr."

WINFRIED BOLAY

„Ich bin gespannt, wie der Himmel aussieht"
Seelsorge mit Sterbenden

In meiner Arbeit in einem Geriatrischen Zentrum begegne ich Menschen, die ein langes Leben hinter sich haben und deren Lebenszeit begrenzt ist. Viele habe ich auf ihrer letzten Wegstrecke begleitet. Sie haben mir erzählt, was es bedeutet, dem Tod zu begegnen. Viele von ihnen haben mir ihre Lebensgeschichte anvertraut, und ich habe dabei gespürt, wie sehr sie nochmals auf der Suche sind nach ihrer Identität, nach dem, was ihr eigenes unverwechselbares Leben ausmacht. Alle sind ihr Sterben auf eine ganz eigene Art angegangen, und darin habe ich etwas wiedergefunden von ihrem Leben. Dabei suchten sie nach Menschen, die sie darin begleiten können; oft ist es gelungen, manchesmal auch nicht. Von den Menschen, denen ich dabei begegnet bin, habe ich etwas von dem Geheimnis des Lebens und des Sterbens erfahren. Sie sind bei mir, wenn ich heute zu Sterbenden gehe. Sie sind mir gute Begleiterinnen und Begleiter, die mich immer auch davor bewahren, zu meinen, ich wüßte, was es um das Geheimnis des Lebens und des Sterbens ist. Sie helfen mir wahrzunehmen, wie einmalig und unverwechselbar das Sterben ist, wie vertraut und immer wieder fremd.

1. „Ich nehme mein Geheimnis mit ins Grab"

Das sagte eine alte Frau zu mir, nachdem sie mir viel aus ihrem Leben erzählt hatte und mir mitteilte, daß es jetzt nicht mehr lange dauern würde, das Leben. Ich empfand, wie wichtig ihr das war, dieses Geheimnis, und wie sie es hüten würde vor unerlaubten Zugriffen. Gleichzeitig spürte ich bei ihr das Suchen nach dem, was das Leben für sie war, bei all dem, was auch nicht war, was enttäuscht hat und doch einmal mit so viel Liebe angefangen hat. Sie selbst suchte immer wieder das Rätsel des Lebens zu entschlüsseln. Manchesmal schaute sie mich an, lange, wie wenn ihr Blick schon in eine andere Welt ginge und buchstabierte, wie der Bau zusammengefügt sei. „Ein Achsenbau ist es doch, nicht wahr, ich sehe es genau. Aber wie das alles zusammenhält? Aber ich weiß es genau." Sie verteidigte dieses Bild gegen alle Versuche ihrer Angehörigen, die ihr das ausreden wollten. Sie war auf der Suche danach, wie alles zusammenhält, zusammengehört, und bekam dabei eine Ahnung für ihr Leben, aber es blieb ein Geheimnis, undurchschaubar für alle, die eine Realität festschrieben, die für sie längst so nicht mehr galt, weil sie eine andere Wirklichkeit spürte, die anderen Gesetzen folgt. Ich bemerkte bei den Angehörigen eine Scheu, in diese Welt mitzugehen; sie war fremd, andersartig, beängstigend. Die Ärztin beruhigte sie: „Bei den Medikamenten, die sie bekommt, kann leicht eine Bewußtseinstrübung einsetzen." Damit aber war das Geheimnis der Frau in Gefahr. Nicht mehr zurechnungsfähig, hieß das ja, man muß nicht mehr so ernstnehmen, was sie sagt. Als ich sie anschaute, und sie sich scheu in der Runde umsah, sagte sie mir. „Heute noch nicht, Herr Pfarrer, aber ich werde es ihnen noch erzählen, es ist noch zu früh".

Seelsorge an Sterbenden – ich glaube, es geht darum, Menschen zu helfen, daß ihr Geheimnis nicht zerstört, nicht weggenommen wird von einer Medizin, die sich auf ihre Fakten stützt, die diagnostisch Festlegungen trifft, therapeutisch oft an Grenzen stößt, aber weiterbehandelt bis zuletzt. Oder, daß ihr Geheimnis einer Theologie anheim fällt, die es in theologische Wahrheiten verwandeln möchte. Medizin und Theologie können so das Geheimnis dieses Lebens zerstören.

2. Dem Tod ins Auge schauen, um ihn zu vergessen

„Ich wußte gar nicht, daß es so einfach ist mit dem Sterben, ich kann ihm ganz gut in die Augen schauen", sagte mir jene alte Frau, gleichzeitig fügte sie dazu, „aber es wird noch kommen, das andere, das spüre ich auch."

Wie geht das eigentlich, den Tod kommen zu lassen, was bedeutet es für die Sterbenden, aber auch für alle, die den Weg begleiten?

Wie es gehen kann, macht das Hochgebet der katholischen Kirche deutlich: Darin wird der Toten gedacht, und so werden die Lebenden und Toten zu einer Gemeinschaft. Diese bleibt in dem Glauben vereint, der davon redet, daß beide zusammengehören, Lebende und Tote. Seelsorge an Sterbenden geht von dieser Gemeinschaft aus. Ich könnte mir die Begleitung Sterbender nicht vorstellen, ohne die Erfahrungen der Menschen, die ich begleitet habe und die mich gelehrt haben, was im Sterben wichtig ist: Frau M., die mir beibrachte, wie ohne viele Worte viel über das Sterben gesagt werden kann. Herr S., der mich überraschte mit dem Satz: „In drei Tagen werde ich sterben", und der mir dabei so klar machte, wie deutlich sich der Tod ankündigt. Herr B., der uns sagte: „Laßt mich nicht allein", und der am Ende des Lebens seiner Bedürftigkeit Raum geben konnte. Sie, und all die anderen, die ich begleitet habe, sind mir wichtig geworden; und nur mit ihnen ist es mir immer wieder möglich, den Weg zu den Sterbenden zu gehen. Ich habe erfahren, wie Menschen einen Weg suchen, sich dem Unabänderlichen des Sterbenmüssens anzunähern. Dabei begeben sich Menschen in eine Suchbewegung, innere Bilder tauchen auf, die im Lebensvollzug ihren Ausdruck erhalten. So sprach ich mit Frau S.: Sie erzählte mir, der Arzt habe sie aufgeklärt, und sie wisse, wie es um sie stehe. Als ich sie einige Zeit später wieder besuchte, sagte sie mir: „Herr Pfarrer, wenn wir nächstes Jahr in Urlaub fahren, dann gehe ich wieder in die Berge." Sie schwärmte von ihrem Lieblingsberg, auf den sie so oft gestiegen war und mit dem sie viele gute Erinnerungen verknüpfte. Ein Reisebild benutzte die Frau, und sie redete eigentlich davon, mit welchen Bildern sie sterben kann. Noch einmal auf den Berg steigen, noch einmal diese Aussicht, die gute Luft, die Sonne, den Blick in die Weite. So geht es vielleicht, so kann man dem Tod ins Gesicht schauen, sich auf die Reise begeben, ins Unbekannte, Fremde. So werden Reisebilder zu Himmelsbildern.

3. „Ob wir Weihnachten noch einmal zu Hause feiern?"

Ich sehe sie noch heute vor mir, die schmale Frau mit den ausdrucksstarken Augen und dem Mund, der Entschlossenheit kannte, aber auch Zähne zusammenbeißen und weitermachen. Kein einfaches Leben. Der Mann kriegsverletzt, oft in psychiatrischer Behandlung. Die Tochter behindert, der Sohn weit weg. Die Last der Verantwortung hatte sie immer, und loswerden konnte und wollte sie diese selbst jetzt nicht, obwohl sie sehr schwach war. Weihnachten, ja da traf sich die ganze Familie zuhause, da hatte sie wieder alle beieinander und konnte sehen, wie es ihnen ging. Das tat ihr gut und gab ihr Sicherheit. „Ob wir Weihnachten noch einmal zuhause feiern?" Dahinter steckte auch das Wissen, daß es wohl nicht mehr gehen wird, die Krankheit schon zu weit fortgeschritten war. Aber sie fühlte sich nach wie vor verantwortlich für die Familie, und der Gedanke beschäftigte sie, wie es ohne sie gehen wird. Schnell wurde ihr von der Familie gesagt: „Du brauchst dir keine Sorgen mehr zu machen, das geht schon", aber dabei wurde übersehen, daß mit der Verantwortung der Mutter die Liebe zur Familie verbunden war. Es hat sie viel gekostet, diese Liebe über Jahre hinweg zu bewahren. Die Verantwortung loslassen, heißt auch die Liebe verlieren, weil sie ihre Liebe sehr stark über diese Verantwortlichkeit gelebt hat. In diesem kurzen Satz: „Ob wir Weihnachten nochmals zu Hause feiern", sagte sie sehr viel von ihrem Leben. Ja, darin wird nicht nur ein Ausschnitt ihres Lebens, sondern das ganze Leben sichtbar, ihr Kampf für die Familie, ihre Sorgen, Hoffnungen, Wünsche, Sehnsüchte. Seelsorger/innen und Angehörige sind in der Gefahr, solche Sätze nur vordergründig wahrzunehmen, weil sie entlasten wollen. Sie merken dabei nicht, daß sie der Mutter die Liebe zur Familie wegnehmen und damit auch das, wofür sie ihr Leben lang lebte.

Sie hat mit ihren Kindern Weihnachten gefeiert, in der Klinik. Den Tag noch einmal gemeinsam begehen zu können, gab ihr die Kraft, die Liebe zu bewahren und die Verantwortung loszulassen. Es hat mich sehr berührt, wie die Familie diesen Tag feierte und wie an Weihnachten das Leben im Sterben erlebt werden konnte.

4. „Soll ich mich noch einmal operieren lassen oder nicht, Herr Doktor?"

Diese mit Bangigkeit geäußerte Frage stellte eine Patientin beim Arztbesuch. Krebs hatte die Frau, schon seit zwei Jahren. Dadurch waren die Knochen angegriffen. Folge: Bruch des Oberschenkels. Alle wußten, daß die Lebenszeit sehr begrenzt war, auch der Orthopäde, der ihr antwortete: „Die Operation ist kein Problem – Routinesache". Sein Blick richtete sich nur auf die Operation, nicht aber auf das Leben dieser Frau, für die eine solche Operation eine große körperliche Belastung darstellte und die ihr verbliebene Lebenskraft wegnehmen würde. Wie werden Menschen wahrgenommen, mit welchem Blick und mit welchem Interesse nähern wir uns ihnen? Der eingeengte Blick auf die zu operierende Stelle bewahrt den Arzt davor, das nahende Ende der Frau wahrzunehmen. Man kann etwas tun, handeln, therapieren. So muß sich der Arzt nicht auf die Fragen der Frau einlassen, auf die Unsicherheit, das Abwägen, die Bangigkeit, die Begrenztheit. Er rettet die Medizin, den Glauben an die Therapien und verliert die Frau in ihrer Bedrohtheit und der Suche, wie sie ihr Leben noch gestalten kann. Von daher stellt sich die Frage zu Recht: Ist die Angst vor der Medizin berechtigt? Ein Arzt schreibt dazu: „Ja, ich glaube wohl, diese Ängste sind berechtigt. Viel zu oft ist es einfacher, weiterzubeatmen als über das Beenden nachzudenken, und zu oft werden noch Therapieversuche begonnen, wo ein Gespräch über das Aufhören sinnvoller wäre. Und immer noch ist die Schmerztherapie häufig untauglich und viel zu oft werden die Patienten schon vor dem Sterben von den Ärzten verlassen."[1] Natürlich ist dies nicht allein Schuld der Medizin, ihre Handlungsweise muß im größeren Rahmen der gesellschaftlichen Situation gesehen werden. In einer Gesellschaft, in der die Machbarkeit aller Dinge immer noch als leuchtende Verheißung am Himmel steht, ist wenig Platz für Ohnmacht, Hilflosigkeit und Begrenztheit. Ein altes Arztgelöbnis wäre hier sicher hilfreicher: „Die Aufgabe des Arztes ist es, manchmal zu heilen,

---

1 D. Niethammer, in: W. Jens / H. Küng, Menschenwürdig sterben, 138.

häufig zu lindern und immer zu trösten."[2] Dies ließe einen anderen Blick auf die PatientInnen zu. Schwieriger wird es heute auch dadurch, daß die Belegung stimmen und die nötige Anzahl Operationen durchgeführt werden muß, um den Bestand zu sichern, und dies unter möglichst kostengünstigen Bedingungen. Die Reform des Gesundheitswesens hilft hier sicherlich nicht mit, einen offeneren Blick für die Bedürfnisse sterbender PatientInnen zu bekommen. Zum Glück fand die o.g. Patientin einen anderen Arzt, der mit ihr ihre Situation noch einmal durchgesprochen hat, ihr die Möglichkeiten und Risiken beider Entscheidungen schilderte. Ich selbst habe mit ihr immer wieder die Entscheidung hin und her bewegt, bis sie zu ihrer eigenen Entscheidung gefunden hat: „Ich lasse mich nicht mehr operieren. Die Kraft, die ich jetzt noch habe und die mir kostbar ist, lasse ich mir durch eine Operation nicht nehmen." Und sie sagte eigentlich: Ich brauche jetzt meine ganze mir verbliebene Kraft, um noch zu tun, was zu tun bleibt, und damit meinte sie den Abschied von ihrer Familie. Sie hat sich dabei die Kompetenz der Entscheidung über ihr Leben bewahrt. Sich diese zu erhalten, ist gerade in einer Institution wie der des Krankenhauses eher schwer. In einem hierarchisch gegliederten Unternehmen haben es PatientInnen nicht leicht, sich die eigene Entscheidung für das Wie des Lebens und Sterbens zu erhalten. Seelsorge an Sterbenden bedeutet dabei, sich solidarisch an die Seite der Menschen zu stellen. D.h. gegen eine fragmentierte Sichtweise der Medizin den Menschen mit seinem ganzen Leben in den Blick zu nehmen und mit ihm darin seinen Weg zu suchen. Hätte diese Frau nicht Leute gehabt, die mit ihr nach ihrem ganz eigenen Weg fragten, hätte die Operation ihr die eigenen Möglichkeiten weggenommen. Vielleicht hätte die Frau dazu beigetragen, daß am Ende des Jahres die Operationsstatistik stimmt. Sie selbst aber wäre dabei verloren gegangen.

5. „Laßt mich nicht mehr allein"

Diesen Satz sagte mir ein Mann zwei Tage vor seinem Tod. Es war ein langer und mühsamer Weg, den er gegangen war. Das Leben hatte ihm nichts erspart. Mit 18 Jahren noch in den Krieg. Fallschirmspringer, beim Einsatz verletzt, hat er die ganze Tragödie des Krieges erlebt. Hart ist er geworden, und sein Prinzip war: Augen zu und durch. Das Leben hat ihn jung verletzt, und sein Leben war davon geprägt. Am Ende blieb ihm nichts mehr, d.h. einen Schatz hat er sich ins Krankenhaus gerettet: zwei Fotoalben mit Bildern aus seinem Leben. Wir haben sie immer wieder

---

2 Ebd., 139.

angeschaut, geweint, gelacht, gekämpft, Verzweiflung erlebt und Einsamkeit. Ich spürte, wie stark sein Leben ihn gefordert hat. Bitten konnte er nicht, dann lieber ein Bruch und weiter. So verlor er auch seine Familie, die Frau, die er geliebt hat, und die Kinder. Niemand kam mehr. Zwei Tage vor seinem Tod, den er nahen spürte und vor dem er auch Angst hatte, bat er darum, ihn nicht mehr allein zu lassen. Schwestern, Pfleger, der Seelsorger wechselten sich ab, und so wurde sein Wunsch erfüllt. Am Ende seines Lebens hat er noch etwas erreicht, was das ganze Leben über schwierig, ja unmöglich war. Es tut gut zu erleben, daß ein Mensch am Ende seines Lebens etwas entdeckt, was dem Leben noch eine andere Qualität verleiht. Und doch muß man, glaube ich, sehr vorsichtig sein, hier irgendetwas machen zu wollen. Seit Sterbende wieder mehr Beachtung finden, rücken sie zunehmend auch in das Interesse verschiedenster therapeutischer Richtungen. Begrüßenswert, aber auch gefährlich, weil ich das Gefühl habe, daß nun auch das Sterben kultiviert, ganz bestimmten Normen und Maßstäben unterworfen wird. Dabei wird festgelegt, wie ein gelungenes Sterben aussieht und wie nicht. Man versucht, das Sterben zu verstehen und zu deuten. So schreibt Schneidman: „Um im voraus zu sagen, wie ein Mensch sich verhalten wird, wenn er stirbt, schauen wir nicht auf die Plateaus oder die Höhepunkte seines Lebens, sondern wir suchen, so wie ein berühmter Krebsarzt es kürzlich ausgedrückt hat, ‚in den Wellentälern des Lebens‘. Sterben ist belastend, also ist es sinnvoll, auf frühere Perioden des Lebens zu schauen, die vergleichbar, parallel oder psychologisch ähnlich erscheinen. Es gibt gewisse tiefliegende Konsistenzen bei allen menschlichen Wesen. Ein Mensch lebt charakteristischerweise so, wie er in der Vergangenheit gelebt hat; und Sterben ist Leben."[3] Das klingt sehr einleuchtend, aber hier wird ein Mensch auch wieder sehr stark festgelegt auf seine Vergangenheit, der Blick ist so nicht mehr frei wahrzunehmen, was sich auch verändert, denn der Vorgang des Sterbens ist eigentlich mit nichts zu vergleichen und die größte Herausforderung des Lebens. Beim Lesen mancher Bücher, die aus dem Bereich der Hospizbewegung kommen oder von Menschen geschrieben werden, die sehr oft mit Sterbenden zu tun haben, fällt mir auf, daß das Ziel des Sterbens sehr oft das friedlich versöhnte Abschließen des Lebens ist.[4] Auf diese Weise tragen wir Wunschvorstellungen an die Sterbenden heran. Sterbende spüren dabei sehr genau, wie sie sich verhalten müssen, damit die Menschen bei ihnen bleiben. Sie geben auf, was für sie in der Zeit des Abschiednehmens adäquat wäre, um nicht einsam zu werden. Dies ist eine Frage an die Seelsorger/innen. Was lassen

---

3 Schneidman, in Spiegel-Rösing/Petzold, Begleitung, 245.
4 Vgl. Stoddard, Hospizbewegung, S. 105f; Tausch, Sterben; Kübler-Ross, Tod.

sie durch die Art ihrer Begegnung zu, oder was vermeiden sie? In der Auswertung von Gesprächen, die mit schwerkranken und sterbenden Menschen geführt wurden, habe ich immer wieder beobachtet, wie besänftigend, beschwichtigend, sehr verständnisvoll die unterschwellige Aggressivität der PatientInnen beruhigt wurde. Damit ist man auch konform mit der „Philosophie" des Krankenhauses, in dem möglichst alles ruhig, reibungslos und sachlich ablaufen soll. Aggressivität und Depression stören und werden entsprechend behandelt. Auch das Sterben soll möglichst so funktionieren und den Ablauf nicht stören. In diesem Ablauf aber verliert der Sterbende die Möglichkeit, seinem Leben im Sterben Ausdruck zu verleihen. Seelsorge, die in den Strukturen dieser Einrichtungen PatientInnen zur Seite steht, unterbricht nicht selten und gibt Anlaß zu Auseinandersetzung. Letztlich aber wird gerade darin das Evangelium deutlich, das nicht den störungslosen Ablauf garantiert, sondern stört und darin das Leben des Sterbenden bewahrt.

6. „Noch 3 Tage, dann habe ich es geschafft"

Das sagte mir ein Mann, den ich auf den Hinweis einer Schwester besucht habe. Die Schwester war ganz aufgeregt, als sie mich auf den Patienten hinwies, denn sie konnte nicht verstehen, wie man das so ruhig kurz vor dem Tod sagen konnte. Als ich ihn ansprach, sah er mich mit klarem Blick an und sagte: „Wissen Sie, Herr Pfarrer, mein Leben war nicht einfach, und was ich getan habe, war nicht immer richtig, aber ich habe versucht, in der jeweiligen Lebenssituation gut zu entscheiden. Ja, und nun geht es zu Ende, ich kann gehen. Noch drei Tage wird es dauern, dann habe ich es geschafft." Bei ihm habe ich verstanden, was Vergebung und Rechtfertigung bedeuten, obwohl er sich keiner Kirche zugehörig fühlte. Der Tod hatte für ihn den Schrecken verloren, und es tat ihm gut, das mit jemand teilen zu können.

Das Sterben zu thematisieren, ist für viele PatientInnen schwer, da sie Angst haben, daß die Angehörigen sie dann meiden. So bleibt dieser Gedanke oft lange ungesagt, obwohl das Bewußtsein des nahenden Todes vorhanden ist. Mit diesem Wissen alleine zu bleiben, ist für PatientInnen oft sehr schwer. Immer wieder versuchen sie, Menschen zu gewinnen, die mitgehen. Ist es mit den Angehörigen schwer, so versuchen sie es oft beim Pflegepersonal, bei den Therapeutinnen oder den Seelsorger/innen. Nicht selten „testen" sie Personen, die mit ihnen in Kontakt sind, in der Hoffnung, daß sich jemand findet, dem sie sich anvertrauen können und der mit ihnen geht in die Ungewißheit des Sterbens hinein. Dabei kann das Reden über das Sterben sehr verschlüsselt sein, weil die Angst besteht, bei zu konfrontierendem Vorgehen zu erschrecken. Immer ist es auch die

Frage an die Seelorgerin oder den Seelsorger zu prüfen, wie weit ein eigenes Mitgehen möglich ist. Manchesmal ist eine Schwester die bessere Seelsorgerin, oder eine Putzfrau, die jeden Morgen kommt und mit der man oft sehr unkompliziert reden kann. Leider werden auch diese Dienste immer mehr eingezwängt in ein sehr enges Zeitkonzept, das ihnen kaum mehr die Möglichkeit läßt, mit Kranken zu reden.

7. „Haben Sie meiner Mutter schon Bescheid gesagt, Herr Pfarrer?"

Als eine alte Frau mich das zum ersten Mal gefragt hat, war ich etwas verwirrt. 85 Jahre alt war sie, dann müßte die Mutter ja über 100 Jahre alt sein. Erst später habe ich begriffen, was die Frau meinte. Viele alte Menschen, die ich begleitet habe, bringen das Thema immer wieder auf die Mutter. Sie ist eine Schlüsselfigur des Lebens. Sie hat das Kind auf die Welt gebracht, ihm die Schritte ins Leben hinein ermöglicht, es umsorgt und behütet. Die Erinnerung an die Mutter als Halt in einer Situation des Lebens, in der aller Halt haltlos wird, nicht das Ersparte mehr nützt und auch nicht das Haus, in dem man so lange gewohnt hat, wird zum Bild des Trostes. In diesem Bild finden Menschen, was in ihnen lebt und in der Zeit des Abschieds wichtig wird. Die Antwort auf die Frage nach der Mutter ist oft recht knapp: „Wissen Sie, sie soll auf mich warten." Die Zeit des Sterbens bringt andere Kategorien von Zeit und Raum mit sich. Ein Stück Ewigkeit wird in der Zeit sichtbar. Menschen finden in den Bildern, die in ihrem Inneren aufsteigen, einen Zugang zu ihrem Sterben. Aber die Bilder sind für Menschen, die sie begleiten, oft schwer verständlich und werden deshalb abgetan. Sterbende bleiben allein damit. Die Sprache Sterbender umgreift oft Realitäten, die uns nicht so einfach zugänglich sind. Sich auf diese Sprache einzulassen, sie wieder zu lernen, eröffnet Möglichkeiten der Begleitung, ist Hilfe bei der Suche, einen Weg aus dem Leben zu finden. Ich begegnete einer Patientin, ihre Enkelin war bei ihr zu Besuch. „Ach", sagte die Patientin: „Weißt du, bald muß ich umziehen, und ich weiß gar nicht so richtig, was ich mitnehmen soll und ob ich das alles schaffe." Die Enkelin war verwirrt und sagte: „Umziehen, wie kommst du darauf?" Die Großmutter beharrte aber darauf und ließ sich nicht abbringen. Bald, sagte sie, ist es so weit. Zwei Tage später war die Großmutter tot. Ihre Bitte, doch beim Umzug behilflich zu sein, wurde nicht verstanden. Hätte die Enkelin bemerkt, was mit der Großmutter geschieht, hätte sie einfach fragen können, was sie jetzt braucht beim Umzug. Vielleicht hätte sie von der Großmutter erfahren, was man mitnehmen muß auf die große Reise, oder hätte ihre Unsicherheit teilen können, wie schwer es ist, das zu finden, was man braucht, wenn es auf die letzte Wegstrecke geht. Die Enkelin aber hat nicht bemerkt, daß sie eigentlich von ihrem nahen Ende redet, es allerdings im Augenblick nur in diesem Bild sagen kann, das sich in ihrem Inneren abbildet. Sterbende haben eine reiche Bilderwelt zur Verfügung, von der sie erzählen, die aber oft nicht verstanden wird. Es wird dann gesagt: „das sind die Medikamente, die die Leute verwirren", oder: „die sind jetzt nicht mehr ganz bei sich"; mittlerweile sind sie mehr bei sich und ihrem Erleben als vielleicht jemals sonst. Die Sprache Sterbender verstehen lernen, ihr Raum geben, sie zum Recht kommen lassen, sie zu verteidigen gegen die rational sachliche, oftmals verschleiernde Sprache der Medizin oder Theologie, ist Aufgabe der Begleiterinnen und Begleiter. Sterbende können schnell stumm gemacht werden, wenn sie niemanden finden, der für sie einsteht, sie achtet als Menschen, die uns viel lehren können von einer Realität, die sich unserer Wahrnehmung der Wirklichkeit entzieht.

8. „Herr Pfarrer, meine Tochter hat mich geschlagen"

Ganz entsetzt teilte mir das eine alte Frau mit, die ihre sterbenskranke Tochter besucht hatte. Einen Tag vorher hatte ich sie angetroffen, als sie am Bett ihrer Tochter stand, die ganz abgemagert war und kaum mehr schlucken konnte. Sie war dabei, ihr die Schnabeltasse in den Mund zu stopfen mit der Bemerkung: „Trink, dann wirst du wieder gesund." Die Tochter sah sie mit weit aufgerissenen Augen an, war aber unfähig, sich zu wehren. Mit Mühe gelang es mir, die Mutter davon abzubringen. Als ich ihr sagte, es sei wohl sehr schlimm für sie, daß ihre Tochter bald sterben wird, schluchzte sie. Dann konnte sie für einen Moment die Hand ihrer Tochter halten, ehe sie wieder begann, die Tochter mit der Schnabeltasse zu traktieren. Als ich sie wieder davon abbrachte, verabschiedete sie sich mit den Worten: „Ach, jetzt sind Sie ja da, dann kann ich gehen." Ich spürte, wie ich in dem Moment den beiden ihre Auseinandersetzung weggenommen hatte, den Kampf, den sie wahrscheinlich schon lange miteinander gekämpft haben. Ich konnte nur noch sagen: „Aber kommen Sie morgen wieder", was sie dann auch versprach. Und am andern Tag passierte es dann. Die Tochter hat der Mutter eine Ohrfeige gegeben. Es war die verzweifelte Tat einer Sterbenden, die ihrer Mutter zeigte: So geht es nicht. So kannst du den Konflikt, den wir miteinander haben, nicht bearbeiten. Es kostete ihre ganze Kraft, und sie verletzte sich selbst noch einmal dabei, ihrer Mutter das klar zu machen. So ist sie dann auch gestorben. Keine Versöhnung mehr, aber Klarheit. Das war für sie wichtig, um gehen zu können. Die Mutter mußte anerkennen, daß der Konflikt nicht mehr zu lösen war.

Bewegt hat mich die Frage, wie zurückhaltend Seelsorger/innen sein müssen, damit sie die Angehörigen nicht noch in weitere Distanz zum

Sterbenden bringen. Diese Begegnung zeigte mir, daß Seelsorger/innen manchesmal auch auf etwas verzichten müssen, damit der Kontakt zu den Angehörigen nicht unterbrochen wird. Menschen leben in Familiensystemen, in denen neben manch geglückten Erfahrungen auch viele Verwicklungen vorkommen. Seelsorger/innen haben oft einen viel leichteren Zugang, da sie all die Verwicklungen nicht mittragen müssen. Sie erleben den tyrannischen Mann vielleicht als liebenswürdigen, stillen Großvater, zu dem eine andere Nähe möglich ist als für diejenigen, die ein Leben lang unter dieser tyrannischen Art gelitten haben. Seelsorger/innen stehen so manchesmal in der Gefahr, sich in Familiensysteme hineinzudrücken und damit eine adäquate Abschiedssituaton für die Familie zu stören. Wir haben es in der Seelsorge ja nicht nur mit dem Einzelnen, in diesem Fall mit dem Sterbenden zu tun, sondern mit einem ganzen Familiensystem. Interventionen können darin sehr hilfreich sein, aber auch Entscheidendes verhindern.

9. „Ich bin gespannt, wie der Himmel aussieht"

Sie saß im Rollstuhl und sah oft zum Fenster hinaus. Sie schaute in die Weite und dabei suchte sie den Himmel. So sagte sie mir bei einem Besuch, in dem ich sie beim Blick aus dem Fenster antraf: „Ich bin gespannt, wie der Himmel aussieht." In der Aussage steckte für sie auch die Frage: Wie darf man denn im Himmel ankommen? Muß da wirklich alles bereinigt sein, alles geklärt, alles versöhnt und vergeben? Sie erzählte aus ihrem Leben. Sie war allein geblieben, es war nicht immer einfach, aber sie hat sich durchgekämpft, manches Schwere ist allerdings geblieben, und sie wußte, das wird sie auch ins Grab mitnehmen, das bleibt, die Wunden, die das Leben ihr geschlagen hat, und auch manches, was sie selbst als nicht richtig bezeichnete.

Ja, wie darf man im Himmel ankommen? „Gott wird abwischen alle Tränen." Der Satz wurde ihr zur Hilfe. Man darf mit seinen Tränen ankommen, mit all dem, was schwer und unversöhnt geblieben ist. Es muß nicht vorher alles erledigt sein. Das nahm ihr den Druck weg, sie war erleichtert. Mir hat die Patientin zu einer wichtigen Einsicht des Glaubens verholfen. Eine Einsicht gegen manche Theorie, die davon redet, daß man alles Unerledigte erledigen muß. Ganz gewiß ist es hilfreich, das zu erledigen, was erledigt werden kann, aber es wird noch genügend geben, was unerledigt bleibt und bleiben darf. Damit dürfen wir zu Gott kommen, im Himmel darf geweint werden, aber Gott wird uns die Tränen abwischen.

UTA SCHÄFER-BREITSCHUH

Seelsorge
in der Frauenklinik

Die Frauenklinik und die Bedeutung der Einstellung zum Körper der Frau

Wenn von *Gynäkologie* innerhalb eines Allgemeinkrankenhauses die Rede ist, so wird damit zweierlei bezeichnet: eine anscheinend genau eingegrenzte Einheit innerhalb des Krankenhauses, ein Krankenhaus im Krankenhaus also, zum andern ein Kooperationsgebilde, das sich in seiner Organisationsstruktur, den vorkommenden Krankheitsbildern und Therapien mit anderen Fachrichtungen vielfältig überschneidet.

Die Besonderheit der Frauenklinik besteht zunächst einmal darin, daß sich hier medizinische Behandlung ausschließlich an Frauen richtet, genauer noch, daß die Frau vorwiegend in ihrer Geschlechtsspezifität im Blick ist. Weibliche Sexualität, weibliche Geschlechtsorgane, ihre Fähigkeit zur Generativität sind Gegenstand und Ziel des Bemühens. Daß in die Frauenheilkunde mehr als in andere Disziplinen meist unausgesprochene Vorstellungen, Normen und Ideale vom gelingenden oder verfehlten Frauenleben Eingang finden, bleibt mehr als nur eine Vermutung.[1]

Die genannten Implikationen spielen nicht nur bei der Anamnese, bei der Annahme über die Entstehung einer Störung und der Behandlung eine Rolle, sondern sind besonders im Bereich der Schwangerschaft, Geburtshilfe und auf dem Gebiet der Fertilitätsbehandlung von Bedeutung. Die Frau bringt in die Frauenklinik nicht nur ihren Körper mit, den sie durch Geburt, aufgrund genetischer Determination und persönlicher Entwicklung zu diesem Zeitpunkt hat, sondern auch einen, den sie soziogenetisch und durch Zuschreibung von außen erworben hat. So gesehen bildet der Körper bei den sog. Frauenkrankheiten immer auch die „Erfahrungslandschaft" von Frauenleben und impliziert darum mehr als nur das Funktionieren oder Versagen eines Organs.

---

1 Die Annahme, daß Therapie, die sich an Frauen richtet, in besonderer Weise nicht nur dem medizinischen Fortschritt, sondern auch einem historisch und soziokulturell jeweils idealen Frauenbild verpflichtet ist, belegen anschaulich die Untersuchungen von B. Duden, die das Verhältnis eines Eisenacher Arztes zu seinen Patientinnen um 1730 zum Gegenstand haben. B. Duden, Geschichte, bes. 46ff.

Auch scheint die Art und Weise, wie Frauen sich selbst zu ihrem Körper verhalten, wie sie in ihm leben, über Störungen klagen, Schmerzen
empfinden und bewältigen, geschlechtsspezifischem Verhalten zu unter-
liegen, das in der Frauenklinik deutlicher als auf anderen Stationen des
Krankenhauses thematisiert wird.

Die in der Frauenklinik Beschäftigten sind historisch wie aktuell nicht
unwesentlich an der Herstellung und Aktualisierung des vorherrschenden
Frauenbildes beteiligt.[2]

Mehr als in anderen klinischen Bereichen kommt in der Gynäkologie
die Patientin nicht nur als Kranke in den Blick, sondern wird als Frau auch
in ihren normalen, also nicht als krank anzusehenden Lebensvollzügen
Behandlungen unterzogen.

So ist der Bereich von Empfängnis, Schwangerschaft, Geburt, unerfüll-
tem Kinderwunsch, auch möglicher pränataler Diagnostik mit ihren Konsequenzen Anliegen medizinischer Behandlung. Hier hat insofern eine erhebliche Ausweitung des Krankheitsbegriffes stattgefunden, als bestimmte
als optimal anzusehende Abläufe normativ zugrunde gelegt werden, und
Abweichungen mehr oder weniger schnell der Behandlung und Korrektur
zugeführt werden. Daß damit ausgesprochen oder – häufiger – unausgesprochen eine von außen gesetzte Erlebnisqualität bei den Frauen eingefordert wird, über deren Realitätsgehalt im einzelnen zu sprechen wäre,
bleibt in der Gynäkologie als medizinisch-naturwissenschaftlicher Diszi-
plin weitgehend ausgeklammert. Allenfalls werden diese Fragen an den
Bereich der Ethik in der Medizin delegiert mit der Konsequenz, daß den
Frauen im Rahmen gängiger Behandlungskonzepte nicht selten ein nur
geringer Spielraum für die eigene Autonomie und Selbstverantwortung
bei ihrer Behandlung zugestanden wird. Hinzu kommt, daß manche
Frauen diesen Raum nicht sinnvoll zu nutzen in der Lage sind, da sie auch
im Krankenhaus sich der angebotenen Hierarchie unterwerfen. Ferner
setzt sich ein Phänomen fort, das Frauen aus ihrer Entwicklung und Sozialisation bekannt sein dürfte: Das ambivalente Verhältnis zum eigenen
Körper. Mädchen lernen spätestens mit der Pubertät, ihren Körper intensiv wahrzunehmen.

Zyklische Veränderungen wie Menstruation, Empfängnis bzw. deren
Verhütung, Schwangerschaft, Geburt, Stillzeit und Wechseljahre begrün-

---

2 Da im ärztlichen Bereich in der Frauenklinik noch immer überwiegend Männer tätig sind,
  wohingegen Pflegepersonal und Hebammen fast ausschließlich weiblich sind, spiegelt die
  Klinik und damit die Behandlung mehr oder weniger das gesellschaftlich-patriarchal orga-
  nisierte Modell mit der entsprechenden Machtstruktur wider. Dies bleibt sicher nicht ohne
  Auswirkung auf die Autonomie der Frau im Zuge der Behandlung. Leicht wird sie zum
  Objekt ärztlicher Heilkunst, was im Falle des Scheiterns erhebliche Schuldzuweisungen
  zur Folge hat, die oft in den seelsorgerlichen Gesprächen eine Rolle spielen.

den bei Frauen eine unausweichliche Zurkenntnisnahme der eigenen Körperlichkeit, die ihr Selbstbewußtsein prägt.

Und doch widerspricht dem nicht, daß die Bewertung des eigenen Körpers in hohem Maße andern überlassen wird, in der Jugend und dem Erwachsenenalter oft Männern. Der Blick in den Spiegel beinhaltet meist auch den Vergleich mit den gängigen Idealen von Schlankheit, Schönheit etc. und orientiert sich oft genug an den Wünschen des Partners. Die Fragen nach der eigenen Attraktivität, dem eigenen Erscheinungsbild leisten oft genug selbstschädigender Distanz zum eigenen Körper Vorschub und mögen auch für die eine oder andere Funktionsstörung verantwortlich sein. Diese Orientierung von weiblichem Körperbewußtsein an der Beziehung verhindert häufig eine angemessene Selbstverantwortlichkeit und bleibt nicht ohne Folgen für Lebensentscheidungen wie Schwangerschaft, deren Abbruch, künstliche Insemination, Sterilisation oder hormonelle Eingriffe in den einzelnen Phasen körperlicher Veränderung.

Gleichzeitig dienen alle genannten Vorgänge der Abgrenzung von dem Männlichen. So war Klinikentbindung noch bis vor wenigen Jahren ausschließliche Domäne der Frauen, Hebammen eingeschlossen, und unterlag mehr oder weniger der Aufsicht des Arztes. Werdende Väter hatten keinen Zugang, auch konnten sie ihr neugeborenes Kind allenfalls hinter einer Glasscheibe des Säuglingszimmers ansehen. Hygiene diente als Begründung zur Aufrechterhaltung eines tabuisierten Zustandes.

Dessenungeachtet ist und bleibt die Frauenklinik innerhalb des Krankenhauses in ihrer Organisationsstruktur und in ihren Handlungsabläufen eine medizinische Abteilung unter anderen, insbesondere in den Unterabteilungen der kurativen Medizin, die sich also der Frauenkrankheiten im eigentlichen Sinne annimmt. Hier, aber auch in der Perinatal- und neuerdings auch der Reproduktionstechnologie, hat sie vielfältige Berührungspunkte mit anderen medizinischen Bereichen.

Für die Pflege wie für die Seelsorge ergibt sich daraus, daß sie es in der Gynäkologie mit deutlich einzugrenzenden Krankheitsbildern und mit den Konflikten um Familienplanung und Geburt zu tun hat. So ist sie einerseits mit der Begleitung von Krebskranken, Sterbenden, deren Angehörigen gefordert, andererseits mit Beratung und Begleitung in speziell weibliches Leben prägenden Zusammenhängen, wie sie die Fähigkeit zum Gebären aufwirft.

Wie in anderen Bereichen des Krankenhauses erscheinen auch in der Frauenklinik die Bewältigung und das Erleben von Krankheit weitgehend voneinander getrennt. Während die Bewältigung der somatischen Symptome überwiegend der naturwissenschaftlich orientierten Medizin obliegt, beteiligen sich an der Begleitung der psychischen Verarbeitung neben dem Pflegepersonal andere psychosoziale Dienste. Hier findet auch die Seelsorge ihren Ort. Beide Aspekte, Erleben und Bewältigung von Krankheit, schlagen sich in passiv und aktiv gesteuerten Prozessen nieder, von denen die medizinische Behandlung mit einer gewissen Berechtigung das Schwergewicht für sich beanspruchen kann. Wie Schwarz und Sontag auf unterschiedliche Weise deutlich machen, ergibt sich gerade aus der Trennung dessen, was im Erleben der Patientin zusammenkommt und sie zum Subjekt ihrer Behandlung werden lassen könnte, die Notwendigkeit einer therapeutisch-seelsorgerlichen Begleitung.[3]

Wie bereits erwähnt, stellen die geburtshilflichen Abteilungen der Frauenklinik mit ihren Grenzgebieten Reproduktionsmedizin und Humangenetik einen spezifischen Teil der Frauenklinik dar. Hier hat in jüngster Zeit eine deutliche Ausweitung des Krankheitsbegriffes stattgefunden. Galt es bislang als ein persönlich zu bewältigendes Schicksal, wenn eine Partnerschaft trotz bestehenden Kinderwunsches kinderlos blieb, so bekommt der unerfüllte Kinderwunsch mit den fortgeschrittenen Möglichkeiten auf dem Gebiet der Reproduktionsmedizin Krankheitswert und kann so einer entsprechenden Behandlung zugeführt werden. Weniger einschneidend, aber in vergleichbarer Weise greifen medizinische Möglichkeiten in andere Lebensphasen von Frauen ein. So sind mittlerweile Frauen von der beginnenden Pubertät bis zur Menopause fast durchgängig damit konfrontiert, von der medizinischen Norm abweichende Störungen mittels entsprechender Hormonbehandlungen regulieren lassen zu können. Dies enthebt sie teilweise deren psychischer Bearbeitung, teilweise werden die so entstehenden Probleme aber auch einer möglichen Bearbeitung entzogen.[4]

Je weniger deutlich in der Geburtshilfe die Grenze zwischen gesund und krank zu ziehen ist, desto mehr verschwimmen medizinische Anliegen mit gesellschaftspolitischen Entwicklungen. So war z.B. die Hausgeburt mit Unterstützung einer Hebamme noch im 19. Jh. Privileg der Mittelschicht, wohingegen Bedienstete und besonders ledige Mütter ein

---

3 Vgl. Schwarz, Alltagswirklichkeit; Sontag, Krankheit. Dazu auch M. Klessmann, in: WzM 7, 1993, 396. Der Autor betont, daß die Seelsorge das ihre dazu beigetragen hat, die Trennung zwischen der tröstend-seelsorgerlichen Beziehung und der Bearbeitung sozialpolitisch-ethischer Fragen aufrecht zu erhalten.
4 So besteht m.E. nicht zu Unrecht der Verdacht, daß in der sog. Kinderwunschsprechstunde weder psychischen Ursachen von Unfruchtbarkeit noch anderen Bewältigungshilfen außer der Medizintechnologie Beachtung geschenkt wird. Eigene Nachfragen bei einer Beratungsstelle haben ergeben, daß mit der möglichen Aussicht auf Erfüllbarkeit des Kinderwunsches mittels reproduktionstechnischer Maßnahmen wenig Bedarf nach Klärung des Wunsches nach einem Kind zu bestehen scheint.

Entbindungshaus aufzusuchen hatten.[5] Mit der Zeit gehörte es mehr und mehr zum aufgeklärten Bewußtsein und Zeichen der Selbstverantwortung in der Schwangerschaft, die angebotenen Vorsorgeuntersuchungen wahrzunehmen und sich zur Entbindung in eine Klinik zu begeben. Der Geburtsvorgang gerät unter die Aufsicht des behandelnden Arztes und wird der weiblichen Autonomie entzogen. Mit der Stärkung der neuen Frauenbewegung und ihren gesundheitspolitischen Forderungen gewinnen die Frauen allerdings wieder einen Teil ihrer Selbstbestimmung zurück. Ein neues Verständnis für leib-seelische Zusammenhänge, Erkenntnisse aus anderen Humanwissenschaften wie Psychologie, Pädagogik und auch die Säuglingsforschung leisten hier ihren Beitrag. So sind Rooming-in und die Anwesenheit des werdenden Vaters im Kreißsaal inzwischen weithin selbstverständlich.

Nicht unerwähnt sollen auch die sich für die Gynäkologie ergebenden Konsequenzen aus der Neufassung des § 218 StGB bleiben. Zwar sind Beratung und Entscheidungsprozesse zum Zeitpunkt der Einweisung der Frau bereits abgeschlossen, doch bleiben die mit einem Schwangerschaftsabbruch verbundenen Fragen von Schuld und Ohnmacht weiterhin während und nach der Behandlung wirksam.

Daß im genannten Bereich auch weltanschauliche, religiöse und andere Bindungen eine große Rolle spielen, braucht nicht eigens betont zu werden, fällt aber besonders für die Seelsorge ins Gewicht.[6]

Legt man das im Vorhergehenden über die Frauenklinik Gesagte zugrunde, so ergeben sich für die Seelsorge in diesem Arbeitsfeld zwei wesentliche Gesichtspunkte, die im folgenden an Einzelfallbeispielen verdeutlicht werden sollen.

Zu einer geschlechtsspezifischen Seelsorge

H.-Ch. Pipers Frage: „Auf welches Menschenbild hin üben wir Seelsorge?"[7] müßte für die Frauenklinik spezifiziert werden und folglich lauten: Auf welches Frauenbild hin üben wir Seelsorge? Freilich darf diese

---

5 Hierzu I. Weber-Kellermann, Frauenleben, 108f.
6 Angemerkt sei an dieser Stelle, daß schon seit altersher die Lehrbücher der Geburtshilfe über die deskriptive Beschreibung hinaus die eschatologische Rolle der Frau als Garantin von Fruchtbarkeit und latente Spur aller Heilsgeschichte ansprechen. So Thomas von Brabant (1204–1280) in einer geschlossenen Frauenheilkunde und Geburtshilfe, ferner ein Hebammenbuch aus dem frühen Mittelalter, aber auch theologische Schriften wie der Proverbia-Kommentar von Albertus Magnus. Dazu H. Schipperges, Kranken, 96.
7 H. Ch. Piper, Menschenbild, 386.

Fragestellung nicht als Einschränkung verstanden werden, sondern betont noch einmal, daß es die Seelsorge in der Gynäkologie mit allen Begleiterscheinungen von Krankheit, aber auch von Lebenskrisen von Frauen zu tun hat, deren Wahrnehmungseinstellung immer eine weibliche ist. So werden weibliche Beziehungsproblematik, die Fragen weiblicher Sexualität in der seelsorgerlichen Beziehung häufig thematisiert. Damit berührt sie in aller Regel einen hochsensiblen Bereich des Erlebens, der im normalen Alltag weitgehend verborgen oder gar tabuisiert wird. Bedeutet es an und für sich schon eine Verunsicherung, nach dem Menschenbild in der Seelsorge zu fragen, so erhöht sich diese Verunsicherung, wo Seelsorge es mit Phantasien und Ängsten im geschlechtlichen Leben von Menschen zu tun bekommt, setzt dies doch eine eigene sichere Geschlechtsidentität der Seelsorgerin oder des Seelsorgers voraus.

„Wären Sie ein Mann, so hätte ich Sie hinausgeworfen", mit diesen Worten beginnt die seelsorgerliche Beziehung zu einer Patientin, der wegen eines Mammakarzinoms eine Brust hatte amputiert werden müssen. Im Verlauf des Gesprächs mit der schwer krebskranken Patientin erzählt die Frau von ihren Ängsten, die sich einerseits auf ihre medizinische Prognose richten, mindestens ebenso stark aber auch ihre körperlich-seelische Verletzung als Frau betreffen. Die Krankheit kränkt sie in ihrer weiblichen Identität. Nicht allein der plötzliche Einbruch in die körperliche Unversehrtheit will beklagt und betrauert werden, sondern ihre schon vorher sich in der Krise befindende Beziehung, sowie die durch das Erwachsenwerden zweier Kinder brüchig gewordene Identität als Mutter sind ins Wanken geraten. Sie fürchtet, daß ihr Mann nun keine Lust mehr ihr gegenüber empfinden könne, da sie mit dem Wegfall der identitätsstiftenden Aufgaben in der Familie als Frau für ihn gänzlich unattraktiv geworden sei.

Aus diesem Fallbeispiel geht hervor, daß die seelsorgerliche Begleitung nicht anders als geschlechtsspezifisch gestaltet werden kann und dies in doppelter Hinsicht: Zum einen muß sie geschlechtsspezifisch sein in Hinsicht auf die Frau als Patientin und ihr so ermöglichen, die mit der Krankheit zu diesem Zeitpunkt aufgebrochenen Gefühle von Angst und Aggression angemessen artikulieren zu können. Zum andern im Hinblick auf den Seelsorger oder die Seelsorgerin, die sich auf den weiblichen Lebensentwurf, die jetzige Enttäuschung als geschlechtlicher Mensch einlassen können muß. Seelsorge ist hier gehalten, dem typisch Weiblichen dieser Krankheit nicht auszuweichen.

So berichtet die Patientin im weiteren Verlauf, wie schwer es ihr gefallen sei, ihren Kindern eine gute Mutter zu sein, wie sie unbemerkt und ihrem Mann gegenüber unausgesprochen in „heimliche Depression" gefallen sei, nachdem sie endgültig ihren Beruf aufgegeben habe. Letzteres glaubte sie, Mann und Kindern schuldig zu sein.

Es wäre eine Engführung der seelsorgerlichen Beziehung, wollte sie die Krankheitsproblematik auf das allgemein Menschliche reduzieren im Sinne der Erfahrung von Verlustangst und Identitätskrise im Zusammenhang von Krankheit. Aus der Not der Patientin spricht auch ihre spezifisch weibliche Einstellung zu ihrem Körper, dessen Funktion und ihrer zu erfüllenden Rolle in Familie und Partnerschaft.

Ist eine Frau mit der Seelsorge betraut, so wird es ihr in der Identifikation mit der Patientin schnell gelingen, eine Beziehung herzustellen, auch wird sie es leicht haben, das (noch) Ungesagte und die damit verbundenen Gefühle von Aggression und Scham mitzuhören, und so auf schwesterlicher Ebene Tiefe und Dichte des Dialogs herzustellen, der vom Vertrauen auf Verständnis geprägt ist. Handelt es sich um einen Seelsorger, so wird das Gespräch, wenn es denn zustande kommt, sich eher auf der Ebene der Begegnung im Sinne teilweiser Gegnerschaft abspielen. Im günstigen Fall können die Übertragungen und andere Abwehrmechanismen der Patientin in bezug auf den Mann in der Seelsorger-Patientin-Beziehung angeschaut und bearbeitet werden. In beiden Fällen ist es jedoch notwendig, daß Seelsorger bzw. Seelsorgerin sich der Probleme der eigenen Geschlechtsidentität bewußt sind und deren Stellenwert für den seelsorgerlichen Prozeß einzuschätzen wissen. Eine gelungene Durcharbeitung der eigenen Sexualität und des eigenen Bindungsverhaltens kann allein auf Seiten der Seelsorgerin die Distanz und auf Seiten des Seelsorgers die Nähe schaffen, die einen seelsorgerlich-therapeutischen Prozeß für die Patientin heilsam erscheinen läßt. Bleiben beide, Seelsorger und Seelsorgerin, dem eigenen Abwehrschema verbunden, so droht ihre Seelsorge in Trauer und schlimmstenfalls in Resignation stecken zu bleiben.

*Seelsorge in der Frauenklinik kann nicht losgelöst
vom gesellschaftspolitischen Kontext geschehen*

Wird die Seelsorgerin zu einer Patientin gerufen, die vor einem Schwangerschaftsabbruch steht, so wird sie in der gewünschten Begleitung nicht von der eigenen Rolle als Frau unter den gegenwärtigen gesellschaftspolitischen Bedingungen absehen können. Ihre eigenen emanzipatorischen Bestrebungen oder aber ihre Überzeugungen von der Rechtmäßigkeit der sozialen Ordnung werden ausgesprochen oder unbewußt in die Begegnung mit der Patientin Eingang finden. Ebenso, wenn es sich um einen Mann als Seelsorger handelt. Sein Frauenbild, seine gesellschaftliche Authentizität prägen auch seine seelsorgerliche Haltung und Identifikationsmöglichkeiten mit der Klientin.

Eine junge Frau, 17 Jahre alt, läßt über die Schwester einen Pfarrer rufen. Die junge Frau war gekommen, um sich anderntags einem Schwangerschaftsabbruch nach sozialer Indikation zu unterziehen. Gute Gründe hatten sie zu dieser Entscheidung geführt: Die Frau war selbst als Kind bei Pflegeeltern untergebracht, die sie im Alter von neun Jahren wieder ins Heim brachten, da sie sich den Auseinandersetzungen zwischen Pflegetochter und leiblicher Tochter nicht gewachsen fühlten. Auch zum Zeitpunkt des bevorstehenden Schwangerschaftsabbruchs lebte die junge Frau in einem therapeutisch betreuten Kinderheim. Zum erstenmal seit vielen Jahren hatte sie den Eindruck, sich einigermaßen wohl zu fühlen und die alltäglichen Forderungen erfüllen zu können. Die Feststellung der Schwangerschaft wirkte in verschiedener Hinsicht wie ein Schock auf sie. Sie war trotz und wegen unzureichender Verhütungsmaßnahmen schwanger geworden. Der Freund hatte sich sofort nach der Nachricht vom positiven Testergebnis von ihr abgewandt. Er war selbst erst 18 Jahre alt. Hätte die Frau trotz aller widrigen Umstände sich für ein Austragen des Kindes entschieden, so hätte sie das Heim verlassen müssen und damit die sie stabilisierende Umgebung. Alle Erzieherinnen, Therapeutinnen sowie die Beraterin der indikationsstellenden Beratungsstelle hatten den Abbruch befürwortet. Obwohl so die Entscheidung für den Eingriff feststand, hatte die Patientin bislang wenig Gelegenheit gehabt, über die andere Seite zu sprechen, die sie als zunehmend bedrängend empfand. Schon als kleines Mädchen hatte sie sich geschworen, nie ein eigenes oder ihr anvertrautes Kind im Stich zu lassen. Mutterschaft war für sie mit hohen Idealen und entsprechend strengen Über-Ich-Forderungen besetzt, obwohl ihre derzeitige Lebensrealität ihr ganz andere Entscheidungen abverlangte. Von schweren Versündigungsphantasien gequält, hatte sie in dem Pfarrer eine Instanz gesucht, von der sie annehmen konnte, daß hier ihre Schuld aufgehoben sei im doppelten Wortsinn. Strafe, Schuld und Vergebung, losgelöst von den sozialpsychologisch fundierten Entscheidungen, für dieses arbeitsteilige Vorgehen schien ihr der Kirchenvertreter geeignet, weil die Kirche in der öffentlichen Diskussion immer diese Position zu vertreten schien.

Will die Seelsorge in diesem Fall nicht nur kurzfristige Entlastung schaffen, sondern längerfristig befreiend wirksam werden, so kann sie sich nicht auf eine Seite der mit Emotionalität und Härte geführten Auseinandersetzung um den § 218 festlegen lassen. Seelsorge, die den ganzen Menschen im Blick hat, muß in die Beziehung die gesellschaftlichen Prozesse integrativ einfließen lassen, um so die Ambivalenz der Patientin, aber auch ihre eigene wahrzunehmen und auszuhalten. Nur so wird sie die Entscheidung der Frau nicht nur halbherzig, sondern in allem Respekt vor ihrem Leid würdigen können. Diese Haltung setzt jedoch voraus, daß der Seelsorger bzw. die Seelsorgerin in der Welt lebt und nicht aus eigener Angst heraus eine höhere moralische Position beziehen muß. Will sie den Frauen in der Trauer um die so oder so verworfene Lebensmöglichkeit beistehen, so muß sie die getroffene Entscheidung als menschenmöglich akzeptieren und nicht als unmenschlich brandmarken. Es ist Aufgabe der Seelsorge, zusammen zu sehen, was äußerlich getrennt und innerpsychisch als Zerreißprobe für das Selbst erlebt wird, und dem ganzen Menschen die Vergebung zusprechen.

Vergleichbar gilt dieses für das seelsorgerliche Gespräch mit Frauen, die sich einer Fertilitätsbehandlung unterziehen. Da sie der Seelsorgerin oder dem Seelsorger aller Wahrscheinlichkeit nach nur begegnen, wenn es zu behandlungsbedürftigen Nebenwirkungen gekommen ist, werden im Gespräch oft noch einmal die Gründe verteidigt, die zu der Behandlung geführt haben. Biographisches steht hier neben internalisierten gesellschaftlichen Forderungen. Welches sind die Frauen- und Mutterbilder, die eine Gesellschaft den Frauen zur Verfügung stellt, mit welchen Sanktionen fühlen sich Frauen bedroht, wenn ihr Lebensentwurf sich den offen oder verdeckt erhobenen Forderungen verweigert?

Dies alles sind Fragen, mit denen sich der Seelsorger und die Seelsorgerin auseinandergesetzt haben sollen, wollen sie offen bleiben für die Entscheidung und gegebenenfalls auch kontroverse Haltung der Klientinnen.

So bewegt sich Seelsorge in der Frauenklinik im Spannungsfeld weiblichen Erlebens und einer trotz aller feministisch-emanzipatorischen Bemühungen patriarchal organisierten Medizin, Kirche und Gesellschaft. Hier angemessene theologische und religiöse Sinn- und Deutungsmuster anzubieten, bleibt ihre ständige Herausforderung.

BARBARA KITTELBERGER

Seelsorge
mit AIDS-Kranken

1. Die Krankheit AIDS

a) Medizinische Grundinformationen

Unter AIDS (Acquired Immuno Deficiency Syndrome) versteht man eine spezifische erworbene Abwehrschwäche des menschlichen Immunsystems. Sie wird durch das HI-Virus (entdeckt 1983) hervorgerufen, welches das menschliche Immunsystem, die T-4-Helferzellen, in seiner Funktion stört bzw. außer Kraft setzt. Dies wiederum macht den menschlichen Organismus anfällig für alle Arten von opportunistischen Infektionen wie z. B.:

Pneumocystis-Carinii-Pneumonie (PCP); Toxoplasmose; Candidiasis (Soor); Zytomegalie-Infektion; Atypische Mykobakteriose; Tuberkulose; HIV-Enzephalopathie/Dementia-Komplex; HIV-Wasting-Syndrom; Kaposi-Sarkom; Non-Hodgkin-Lymphome; primäre ZNS-Lymphome.

Bei AIDS handelt es sich somit um eine Sammelbezeichnung für verschiedene Krankheitsbilder und artspezifische Krankheiten, deren gemeinsame Ursache die erworbene Abwehrschwäche ist.

Das HIV ist in sehr unterschiedlicher Konzentration in allen Körperflüssigkeiten vorhanden, in sehr hoher Konzentration in Sperma und Blut (in geringerer Konzentration im Scheidensekret, in geringer Konzentration in Speichel, Tränenflüssigkeit). Zu einer Infektion mit dem HIV kommt es nur dann, wenn HIV-haltige Körperflüssigkeit in die Blutbahn eines anderen Menschen gelangt.

Das höchste Infektionsrisiko besteht deshalb überall dort, wo Sperma oder Blut durch Austausch von Körperflüssigkeiten in den Blutkreislauf eines anderen gelangen kann. Deshalb sind die zwei Hauptübertragungswege:
  – Übertragung des HIV durch Blut-Blut-Kontakte (Mitbenutzung infizierten Spritzenbestecks; intensiver Kontakt mit infiziertem Blut; Transfusionen HIV-infizierten Blutes; unbehandelte HIV-verseuchte Blutpräparate).

– Übertragung durch risikoträchtigen Sexualverkehr (insbesondere ungeschützter Analverkehr; ungeschützter Vaginalverkehr; möglicherweise auch ungeschützte penis-orale Übertragung und ungeschützte vaginal-orale Übertragung).

Bei der Übertragung des HIV von der Mutter auf das Kind kann es neben der Infektion im Mutterleib auch zur Infektion während des Geburtsvorganges kommen, oder aber zur Infektion durch die Muttermilch. Insgesamt aber beträgt die Übertragungswahrscheinlichkeit des HIV von einer Mutter auf das Kind in Europa nur 15–25 %. In Afrika und Asien sind die Übertragungsraten weit höher anzusetzen.

Umfangreiche Untersuchungen belegen, daß soziale Kontakte mit Infizierten zu keiner Übertragung führen.

Therapiemöglichkeiten
Bisher gibt es keine Therapiemöglichkeit, die das HIV vernichten kann. Die Antiretroviralen Therapien versuchen auf verschiedene Arten, die Vermehrung des HIV zu stoppen oder zu verlangsamen. So geht es in der Therapie vor allem darum, die jeweils auftretenden Infektionen möglichst wirksam zu bekämpfen.

Die Dauer vom Zeitpunkt der Infektion bis zum Ausbruch der Krankheit ist individuell sehr verschieden und kann mehr als 10 Jahre betragen.

Das Vollbild AIDS manifestiert sich durch das Auftreten einer sog. Opportunistischen Infektion. Die Lebenserwartung mit Vollbild AIDS beträgt durchschnittlich 2–3 Jahre, kann aber sowohl deutlich überschritten als auch unterschritten werden.

b) Seelsorgerliche Grundinformationen

AIDS ist eine *chronische* Erkrankung, die noch immer – über kürzere oder längere Zeit – *zum Tode führt*. Beides zusammen wird den Umgang mit der Krankheit und den davon Betroffenen prägen.

AIDS ist nicht nur eine Infektionskrankheit, sondern AIDS hat unsere *Ängste* infiziert. AIDS zwingt dazu, über den gesellschaftlichen und persönlichen Umgang mit *Homo(Sexualität), Tod, Sucht und Prostitution* nachzudenken und eigene Ängste und Gefühle bis hin zur Abwehr hinsichtlich Homosexualität, Tod, Sucht und Prostitution anzuerkennen und zu verstehen. Die Rede von „Risikogruppen" ist ein Indiz für Aus- und Abgrenzung. Die medizinische und individuelle Ohnmacht angesichts der Erkrankung und letztendlich des Todes prägt den Umgang mit den Betroffenen und ihrem Umfeld. Sie zeigt zugleich deutlich die Grenzen des Allmachtsdenkens und des Machbarkeitswahns.

AIDS als chronische und unberechenbare Krankheit bietet ein sich immer wieder veränderndes Krankheitsbild, in dessen Folge die Betroffenen das „Auf und Ab" erleben. Zuweilen bestimmen Krankheit, Therapien und häufige Arztbesuche das Leben. Verstärkt wird dies durch äußere Umstände: z.B. Angst vor dem Verlust von Sicherheiten (Arbeit oder Wohnung); Angst vor finanziellen Belastungen bis hin zur Berentung oder Sozialhilfe; Angst vor dem sich verändernden Aussehen, dem Verlust von Freunden, der verminderten Leistungsfähigkeit. Hinzu kommt die unselige Unterscheidung in „schuldig und unschuldig" Infizierte und Kranke. Diese Fragen und Ängste spielen in Beratung und Seelsorge eine große Rolle und stellen die wesentliche Frage in den Schatten: *Wie kann der Betroffene und die Betroffene mit AIDS leben?*

c) Theologische Aspekte im Umgang mit HIV und AIDS

AIDS ist *keine Strafe Gottes.* Die immer wieder vorgenommene, unheilvolle Verknüpfung einer sexuellen Orientierung oder sexueller Freizügigkeit mit der daraus resultierenden Folge HIV ist kurzschlüssig und unchristlich. Eine Krankheit ist gerade nicht die Folge eines bestimmten Tuns (vgl. Joh 9,1–4), das man von außen bewerten und beurteilen kann. Die Fragen nach dem *Umgang mit Sexualität, Sucht und Schuld* sind vielmehr nur dialogisch und diskursiv, vor allem aber mit den jeweils beteiligten Personen anzugehen und zu beantworten. Als ethische Maxime gilt das Gebot der Nächstenliebe (Mk 12,30).

Schuld kann dort bekannt werden, wo Raum für Vergebung geschaffen wird. Dabei ist auf seiten der Seelsorgerin und des Seelsorgers zuerst und immer wieder neu zu klären, ob sich eigene Grenzen mit der geforderten Akzeptanz vereinbaren lassen oder inwieweit diese zu verschieben sind.

Folgende Fragen sind deshalb relevant:

Kann der einzelne und die einzelne die eigene Nicht-Akzeptanz akzeptieren und ins Gespräch bringen? Kann die Seelsorgerin und der Seelsorger eigene Schuld und eigene Unzulänglichkeit akzeptieren und das Fremde als Fremdes gelten lassen?

Das Wissen um die *Begrenzung des oftmals jungen Lebens* durch den Tod ermöglicht zuweilen, das Leben im Hier und Jetzt zu bewältigen. Die Suche nach einem gelingenden und abgeschlossenen Ganzen, die Versöhnung mit sich und den Mitmenschen steht immer wieder im Mittelpunkt der Suche nach dem inneren Kern. So kann das Leben zu einem guten Ende geführt werden, in dem der und die einzelne sich in ihrer Bezogenheit auf Gott und ihre Mitmenschen verstehen (M. Buber: Ich–Du Geschaffenheit des Lebens). Mit AIDS stellt sich die Frage nach dem *Sinn des Leidens.* Überdeutlich wird das Werden und Vergehen sichtbar. Dieser Herausforderung kann sich der einzelne stellen, oder sie verweigern (vgl. Hiob und seinen Diskurs mit den Freunden). Das Leben gerade auch in seiner Beschädigung und Fragmentierung bleibt ein Ganzes. Auch der immungeschwächte sterbensnahe Mensch lebt noch ganz. Auf Gesundheit hat man keinen Anspruch, sondern sie bleibt ein Geschenk.

2. Vom Leben mit AIDS

Je nachdem, aus welchem Umfeld die einzelne und der einzelne kommen, welche Verletzungen und Kränkungen sie und ihn geprägt haben, welche Lebensmuster sich bisher als tragfähig erwiesen haben, kann Seelsorge und Beratung manche Anknüpfungspunkte nutzen und Begegnung und Auseinandersetzung (an)bieten, um mit AIDS leben zu lernen. Dabei kann es um Aggressionen oder Trauer gehen, um das (Be-)Klagen von Lebensträumen, um die Wut auf das Virus und das Sterben zur Unzeit; aber es kann auch um Lebenslust und die Suche nach dem eigenen Sinn und der eigenen Mitte gehen. Folgende Fragen verdeutlichen dies: Wieviel Kraft zum Kämpfen bleibt? Wofür lohnt es sich noch zu leben? Welche Lebensentwürfe erweisen sich als tragfähig und was hat Bestand?

Die Kontaktaufnahme zur Seelsorge hat ihre Wurzeln in der Sehnsucht nach Heimat und nach Zugehörigkeit zu einer heilenden und heilschaffenden Gemeinschaft, die noch immer mit Kirche verbunden wird.

Um zu verstehen, was es für die einzelne und den einzelnen bedeutet, mit AIDS zu leben, ist es wichtig, die *unterschiedlichen Bezugsrahmen* von Betroffenen und deren Familien und Freunden kennenzulernen und wahrzunehmen.

Offen lebende Schwule, sofern sie in einen Freundeskreis oder in ihre Familie eingebunden sind, brauchen in der Seelsorge eine Gesprächspartnerin und einen Gesprächspartner, die annehmen und manche alte Verletzungen und Kränkungen auszuhalten bereit sind; eine Person, die hilft, manche neuen Gedanken auszusprechen, sich selbst, gewissermaßen als Probelauf, auszuprobieren. Manches läßt sich mit einem Fremden eben leichter besprechen als mit einem emotional nahestehenden Menschen. Wo dies geschieht, kann sich ein Vertrauensverhältnis entwickeln, das auch vor Themen wie Tod und Beerdigung nicht Halt macht.

Schwule, denen Offenheit bezüglich ihres Lebensstils und der HIV-Infektion *nicht möglich ist*, wünschen sich zum einen die Rückversicherung ihres Versteckspiels und eine Bestätigung von eigenen Lebenszwängen, andererseits erlebt man gerade bei ihnen die Suche nach einem Platz der Offenheit und rückhaltlosen Annahme. Zuweilen werden Seelsorgerinnen und Seelsorger zu wichtigen und zentralen Vertrauenspersonen.

Für *Frauen* steht bei der HIV-Infektion, gerade wenn sie Kinder haben, die Frage nach deren Wohl im Vordergrund. Wer wird für die Kinder sorgen? Wie kann frau den Kindern den Abschied erleichtern? Ab wann muß und soll frau eine Pflegefamilie zur Mit-Betreuung der Kinder einschalten? Wie wird der eigene Mann damit fertig? Was wird mit einem ebenfalls HIV-positiven Kind passieren, wenn die Mutter vor dem Kind verstirbt? Allzuoft verstellen diese dringlichen Probleme den Frauen den Weg hin zu eigenen Bedürfnissen und der eigenen Auseinandersetzung mit dem Tod. Zumal Frauen im Gegensatz zu Männern es weniger gewohnt sind, angemessen für sich selbst zu sorgen.

Die Frage nach der Identität als Frau und Mutter wird für manche Frauen im Kinderwunsch deutlich. Das Risiko einer Schwangerschaft verbunden mit der Frage nach dem Risiko, ein HIV-positives Kind zur Welt zu bringen (derzeit beträgt das Risiko 15–25 %), sind wichtige Aspekte und Themen in der Begleitung. Es geht dabei um Fragen wie: welches Leben (i. e. das der Mutter oder das des Kindes) hat Vorrang?

Frauen, die sich über Sexualkontakte infiziert haben, sind oftmals voller Scham darüber, daß sie in ihrem Sexualleben „erwischt" wurden; oder voller Ärger, wenn sie meinen, vom Partner „gelinkt" worden zu sein.

Familien mit HIV-infizierten Kindern erleben oft im Alltag (von Kindergarten und Schule) ihre Unsicherheit, ob, und wenn ja, wie offen sie die HIV-Infektion ansprechen wollen oder sollen.

DrogengebraucherInnen erleben die HIV-Infektion als Folge ihres Drogengebrauchs und wollen an diesem vielleicht gar nichts ändern oder haben zu oft schon erlebt, wie wenig Erfolg sie damit haben (abgebrochene Entzüge). Oftmals hat für sie und ihre Umwelt eine Substitution (Polamidon oder Methadon) eine stabilisierende Wirkung. Ihre Haltung läßt sich vereinfacht so umschreiben:

Sie erwarten von anderen Toleranz und Verständnis für ihren Konsum und werden als fordernd und besitzergreifend erlebt. Sie suchen Nähe, können aber manchmal nur Distanz ertragen. Sie schützen ihren verletzten Kern mit allen Mitteln. Sie kämpfen um Kontrolle bis zum Schluß und sind hart im Nehmen und zäh bis fast zum bitteren Ende.

Abgrenzung gelingt allen beteiligten Disziplinen nur schwer. Klare Abmachungen und die Einhaltung derselben über die Bedingungen des Krankenhausaufenthaltes (z. B. das Verbot von Drogen oder das Dealen im Krankenhaus) werden zuweilen nicht konsequent genug eingehalten.

Heterosexuelle Männer erleben die HIV-Infektion zuweilen als Kränkung ihrer Männlichkeit, vor allem wenn sie sich über Kontakte zu Prostituierten angesteckt haben. Diese Kränkung wird manchmal durch übermäßige Aggression gegenüber den Frauen im Krankenhausteam ausagiert, oder führt zum völligen Rückzug ohne jedes Selbstwertgefühl. Ein Augenmerk ist dabei auf die Beziehung zur Lebenspartnerin zu richten, denn nicht selten agiert ein Betroffener im Krankenhaus nicht wesentlich anders als im häuslichen Umfeld, nämlich rücksichtslos bis hin zur Gewalt oder Verweigerung von medizinischer Hilfe für die ebenfalls HIV-positive Frau. Für manche Partnerin bricht eine Welt zusammen, wenn sie ihre scheinbar heile Welt nun als unheil und voller Sprünge annehmen muß. Dabei spielt eine ländliche Umgebung eine erschwerende Rolle.

Angehörige von Menschen, die von HIV und AIDS betroffen sind, erleben sich zuweilen eher an den Rand gedrängt und in ihren Problemen nicht verstanden und ernstgenommen. So stellen sich *Eltern*, insbesondere Mütter, deren homosexuell lebende Kinder an AIDS erkranken, die Frage, warum ihr Sohn homosexuell ist und was sie falsch gemacht haben? Oder Eltern von drogenabhängigen Infizierten bleiben auch in der Zuwendung und Fürsorge für ihre Kinder weiterhin in der Co-Abhängigkeit und schwanken zwischen völliger Ablehnung ihrer Kinder und deren Überversorgung. Konkurrenz zwischen den Eltern, Angehörigen und dem Lebenspartner oder der Lebenspartnerin erschweren allen Beteiligten das Miteinander. *Der Lebenspartner und die Lebenspartnerin*, ohne juristische Anrechte, sind auf den guten Willen der Familie angewiesen. Frühzeitige Abfassung von Testamenten, das Erteilen von Vollmachten und Patientenverfügungen auch über den Tod hinaus erleichtern allen Teilen das Abschiednehmen.

3. AIDS-Seelsorge und die eigene Belastbarkeit

a) Seelsorge an der Grenze von Endlichkeit und Ohnmacht

AIDS-Seelsorge arbeitet an den Grenzen zwischen Leben und Tod. Es ist die Grenze, die auch HIV-Infizierte und Kranke erleben und die es *mitauszuhalten* gilt.

Diese Grenze wird dort hautnah erlebt und durchlitten, wo es keine neuen Therapien mehr gibt; wo das Eingeständnis des Patienten kommt, der seine eigenen Grenzen nun erreicht hat und nicht länger widerstehen kann, der keine Lust und Kraft mehr hat zu kämpfen, sich aufzulehnen oder noch einmal alles zu investieren. Es ist der *Schrecken des Todes*, den jeder anders verarbeitet. Bis dahin, daß sich jemand ganz bewußt das Leben nimmt und seinem Leiden ein selbstbestimmtes Ende setzt.

Besonders das „Wasting-Syndrom" zeigt immer wieder die Macht der Krankheit AIDS, die alle Hoffnungen nimmt, und nicht nur den Körper, sondern auch den Verstand und die Seele zerfrißt. Sterben und endloses Leiden verdeutlichen den Kontrollverlust. Demgegenüber steht der Tod als Erlösung, wenn alles erledigt, durchlitten und durchkämpft ist. Es gilt beide Seiten auszuhalten: die des menschlichen Lebens in unmenschlicher Pose und die des versöhnten und zugelassenen Todes.

Eine andere Grenze wird dort sichtbar, wo die *Verständigung* zwischen denen, die als Lebende zurückbleiben, Angehörige, Freunde, MitarbeiterInnen im Pflegebereich und in der medizinischen Versorgung und denen, die sterben, so erschwert ist, daß einander Verstehen und Begleiten unmöglich scheinen. Die Sprache der Sterbenden erfordert grenzgängerische Seelsorge und grenzgängerische Menschen.

Das offene Ansprechen der oftmals ungeklärten Beziehungen zur Ursprungsfamilie gehört genauso zur Sterbebegleitung wie die gemeinsame Verständigung über Vollmachten und Verfügungen für den Lebenspartner oder die Lebenspartnerin (bis hin zur Gestaltung der Trauerfeiern). Es gilt den Lebenden und den Sterbenden Mut zu machen, einander offen zu begegnen. Seelsorge kann den Lebenden den Schutz der Begleitung bieten und den Sterbenden die Nähe und die Hoffnung auf ein Leben jenseits der Grenze Tod.

Zugleich wird die *Grenze von Machbarkeit und Ohnmacht* durch AIDS deutlich. Sie thematisiert sich zum Beispiel dort, wo Fragen nach Sterbehilfe, Suizid oder Lebensverlängerung gestellt werden.

Wann kann es verantwortlich sein, die Behandlung einzustellen? Wie ist das den Betroffenen und den Freunden und Angehörigen zu vermitteln?

Seelsorgerinnen und Seelsorger stehen immer wieder an den Grenzen der Begleitung, wenn Patienten mit der *Bitte um Hilfe beim Suizid* an sie herantreten. Ist es dann noch möglich, einem Menschen in seiner eigenen Entscheidung beizustehen? Die Würde des einzelnen Menschen im letzten Lebensabschnitt gilt es zu wahren, wobei Lebenspartner und -partnerinnen sowie enge Freunde die gleichen Rechte haben wie die Ursprungsfamilie.

Seelsorge findet sich somit zuweilen zwischen den „Fronten" vor. Sie muß Fürsprecherin mehrerer Seiten sein können.

Zum Beispiel sehen Schwestern und Pfleger einen Patienten täglich länger und intensiver als das medizinische Personal; die Beziehungen sind viel verflochtener und vom menschlichen Mitleiden, von Sympathie und Antipathie geprägt. Zumal Patienten mehr und anderes erzählen. Dies kann zu unterschiedlichen Wahrnehmungen über einen Patienten führen und somit auch zu „Fronten", wobei es beiden Seiten um die gleiche Sache geht und beide Seiten aufgrund unterschiedlicher Aspekte sich engagieren.

Was erwarten Betroffene und medizinisches Personal von der Seelsorge?
Betroffene selbst erwarten von Kirche kaum etwas, aber von Gott, Transzendenz oder einer höheren Macht viel. Immer wieder sind Grenzüber-

schreitungen zu leisten, weg vom eigenen Verstehen hin zum Hören und Wahrnehmen dessen, was ist.

Das medizinische Personal (siehe dazu 3b) erwartet Begleitung und Verständnis für die spezifischen Probleme, aber auch Entlastung.

Seelsorgerinnen und Seelsorger bewegen sich an den Grenzen des kirchlichen Verständnisses für Betroffene selbst. Was erwartet eine Kirchengemeinde schon von einem HIV-Infizierten? Wo wäre sie bereit, etwas zu hören und zu lernen, mitzuhoffen und zu fragen? Zuweilen scheint es, daß man nichts mehr voneinander erwartet, nicht einmal mehr ein Schuldbekenntnis.

AIDS-Seelsorge wagt den Schritt über den trennenden Graben der Verwundungen, Verletzungen und des Nicht-Verstehens und setzt sich so selbst der eigenen Grenze der Toleranz aus. Auch AIDS-Seelsorgerinnen und -Seelsorger setzen sich Grenzen aus, z. B. in der Frage nach dem Tod und der eigenen Glaubwürdigkeit. Sie lassen neue Erfahrungen und Entgrenzungen bei sich selbst zu.

b) Vom interdisziplinären Miteinander

Wie bei kaum einem anderen Krankheitsbild ist die Zusammenarbeit mit medizinischen, sozialen und psychologischen Berufsfeldern notwendig, um dem einzelnen gerecht zu werden. Seelsorge steht somit auf dem Prüfstand, wird angefordert und be(ob)achtet.

Nicht selten wird Seelsorge dort eingefordert und angefordert, wo Grenzen sichtbar werden, zu überschreiten sind oder keine Auswege mehr gangbar scheinen. Seelsorge wird als Entlastung schaffend erlebt. Interdisziplinäres Arbeiten setzt jedoch ein bestimmtes Selbstverständnis und Selbstbewußtsein der Seelsorgerinnen und Seelsorger voraus. Es bedarf des Interesses für Themen und Fragestellungen der anderen Disziplinen. Ferner ist die Seelsorge im interdisziplinären Dialog gefordert, eine ihr zugewiesene Aufgabe zu übernehmen und diese anderen zu vermitteln. Sie wird dadurch klarer und faßbarer in ihrem Aufgabenbereich, zugleich aber auch angreifbarer und angriffiger.

Seelsorge hat sich somit aus der Arkandisziplin und dem Orchideendasein im Krankenhaus (und in der Gesellschaft) zu verabschieden und weiß sich eingebunden in das helfende und heilende Team.

c) Vom Umgang mit Riten

AIDS-Seelsorge bedient sich in der Begegnung und Begleitung von Betroffenen, Angehörigen und dem Betreuungspersonal auch der Rituale ihrer Tradition. Ich denke hierbei an Segnung und Salbung; an manche Zusammenkunft im Zimmer bei einem gerade Verstorbenen, wo wir mit Blumen und einer Kerze, einem Gebet oder einem Wort miteinander Abschied genommen haben. Dies sei auch zur Entlastung der Seelsorgerinnen und Seelsorger gesagt, die bei Zuhilfenahme von Ritualen eben gerade nicht flüchten. Auch wir brauchen Rituale, weil der Tod alle Grenzen sprengt.

Das Bedürfnis nach Gestaltung des letzten Lebensabschnittes und ritueller Begleitung auf unheimlichem Weg ist tief verwurzelt und unabhängig von der abgebrochenen Beziehung zur Institution Kirche. Seelsorge ist gefordert, in Beerdigungen und Gedenkfeiern *(memorials)* die Würde und Einzigartigkeit der verstorbenen Menschen nochmals deutlich werden zu lassen und den Trauernden Hilfe zu bieten, um den Weg zurück ins Leben zu finden. Segnung und Sterbebegleitung helfen, den Abschied zu gestalten und ihn unverwechselbar und persönlich zu machen.

Lebens- und Sterbebegleitung greifen wie Zahnräder ineinander. Leben ist und bleibt Leben bis zum allerletzten Atemzug, und Sterben ist ein Teil des Lebens, das nicht vom Leben abgetrennt werden kann. Sterben ist die letzte Phase des Lebens, analog dem Geborenwerden. Dies alles wäre leichter anzunehmen, wenn nicht der Tod zur Unzeit käme, mitten im Leben, und die Zeitabläufe durcheinanderbrächte. Lebensbegleitung und Sterbebegleitung bedeuten somit vor allem im Umgang mit Menschen, die von HIV und AIDS betroffen sind:

– beistehen und aushalten; vor allem nicht vor dem anderen oder sich selbst davonlaufen;
– Ermutigung geben, selbst loszulassen und den anderen freigeben;
– den anderen ernst nehmen und gerade nicht bemitleiden oder zum hilflosen Wesen machen.

Es kommt auf das Hier und Heute an. Angesichts des Todes ist nicht mehr alles gleich gültig, sonst wäre es gleichgültig.

Es hat alles einen (oft nicht leicht zu ergründenden) Sinn. „Mach dir keine Sorgen, Kleines", oder „mach dir keine Sorgen um meinen Weg, geh du weiter deinen Weg", sind Vermächtnisse von Patienten und zeigen etwas von der Tiefe der Beziehung und der Reife zum Sterben des einzelnen. So wird das bekannte Unbekannte vertrauter und der Tod verliert teilweise seine Schrecken.

d) Von der Pflicht, sich einzumischen und für Betroffene Partei zu ergreifen

Seelsorge vollzieht sich unter gesellschaftlichen Rahmenbedingungen, die sowohl die Haltung gegenüber der Krankheit, als auch den Betroffenen gegenüber beeinflussen. Der Umgang mit Themen wie Tod, Ohnmacht und (Homo-)Sexualität in unserer Gesellschaft, oben bereits thematisiert, beeinflußt noch immer unseren Umgang mit der Krankheit AIDS. Auch wenn nicht mehr so deutlich ausgesprochen, wird nach wie vor zwischen den „schuldigen" und den „unschuldigen" Kranken unterschieden.

Das Thema *Drogen und AIDS* ist ein weiteres Beispiel dafür, wie wenig individuelle Versorgung dem gesellschaftlichen Umgang mit Drogensucht (vielerorts Kriminalisierung anstelle von niederschwelligen Angeboten) Paroli bieten kann.

Auch der Skandal um die mit AIDS verseuchten Blutprodukte kann eben nicht nur mit Einzelfallbetreuung angegangen werden. Ein offenes Wort zum skandalösen Vorgehen der Pharmaindustrie und die Frage nach dem Wert des menschlichen Lebens im Vergleich zum Profit ist hier vonnöten.

Seelsorge muß den Rahmen der individuellen Einzelfall-Betreuung verlassen und die Stimme für die Betroffenen erheben. Das geschieht z.B. durch eine offene Solidarisierung mit und Unterstützung von AIDS-Hilfen. Den Selbsthilfegruppen ist dabei ebensoviel Gewicht zu geben, wie den verfaßten und angesehenen Wohlfahrtsverbänden. Einer ist nicht gegen den anderen auszuspielen. Kirchenpolitisches Handeln zeigt sich dort, wo vermehrt „Sonderstellen" für die Betreuung von HIV-Infizierten und deren Freunde und Angehörige geschaffen werden. Ebenso ist kirchliche Öffentlichkeitsarbeit hinsichtlich der Themen, die mit AIDS zusammenhängen, gefragt.

Seelsorge an und medizinische Versorgung von HIV-Patienten werden somit zwangsläufig anstößig und parteiisch.

e) Vom Umgang mit den eigenen Allmachtsphantasien und „Versuchungen"

AIDS-Seelsorge braucht die kompetente Selbstwahrnehmung der eigenen Bedürfnisse von Seelsorgerinnen und Seelsorgern. Dies ist notwendig, um in der seelsorgerlichen Beziehung sich nicht allein von diesen Bedürfnissen leiten zu lassen. Im folgenden seien einige „Versuchlichkeiten" aufgezählt:

- AIDS führt in Versuchung, zu retten und das Leiden aufzulösen.
- AIDS führt in Versuchung, die Schuldzuweisungen und das gesellschaftliche Ausgrenzen der anderen, der eigenen Kirche „gutzumachen" und dafür die Verantwortung zu übernehmen. Dann fühlt sich der Seelsorger und die Seelsorgerin ganz allein verantwortlich und in der Pflicht der Entschuldung.
- AIDS führt in Versuchung, das eigene Maß für Gesundheit und Krankheit zu verlieren und Patienten zu begleiten, ohne auf die eigenen Kräfte zu achten. Die eigene Balance zwischen Nähe und Distanz darf nicht aufgegeben werden und in der Begleitung muß das Gegenüber ein Gegenüber bleiben.

- AIDS-Seelsorge führt in die Versuchung, der eigenen Exotik und den Extremsituationen immer wieder „nachzujagen", denn vieles ist bei dieser Krankheit anders, extrem und exotisch.
- AIDS-Seelsorge führt gerade im Umgang mit Drogenabhängigen in Versuchung, aus einem Verhalten der Co-Abhängigkeit heraus zu (re)agieren.

Das Leben an der Grenze mit dem Wissen um den Tod beinhaltet immer wieder die Herausforderung, die eigene Endlichkeit und Begrenztheit anzuerkennen.

Schließlich heißt AIDS-Seelsorge auch, Lernender und Lernende zu sein und sich die Erfahrung anderer Menschen zuzumuten.

„Und das Leben bleibt lebenswert", so formulierte es Markus Commercon. Und auf die Frage, was ihn am Leben halte, antwortete er:

„Mich hält das am Leben, was mich am Sterben hindert: das Leben! Mit all seinen Facetten, mit all seinen Höhen und Tiefen, mit all seinen Erfolgen und Mißerfolgen, mit all seinem Applaus und seiner Kritik. Es ist das Leben, das das Leben lebenswert macht" (Commercon, Mut, 335).

Thomas Feld

Seelsorge
mit psychiatrischen Patienten

1. Seelsorge als Begegnung

Seelsorge mit psychiatrischen Patienten befindet sich in einem Spannungsfeld zwischen einem um die Jahrhundertwende entstandenen, aber nach wie vor prägenden System von Anstaltspsychiatrie und verschiedenen Reformansätzen, die die Begegnung zwischen Seelsorger und psychiatrischem Patienten ebenso bestimmen wie das fein gesponnene Netz von Urteilen und Vorurteilen, von nachbarschaftlichem, kollegialem und familiärem Umgang, dem sich ein als psychiatrischer Patient identifizierter Mensch gegenübersieht. Martti Siirala sieht dieses System von einer tiefgreifenden Spaltung durchzogen: „Hier der Kranke, in eine der Gemeinschaft entrückte Wahnwelt ver-rückt, dort die menschliche Umgebung dem Anspruch von seinem Verrücktsein her entrückt und in konstatierender Betrachtungsweise, in vorgefaßter Behandlungsart festgefahren."[1] Ziel des therapeutischen Umgangs müßte es sein, diese Spaltung zu überwinden. Den Prozeß solchen Umgangs möchte ich, einen Terminus der anthropologischen Psychiatrie aufnehmend, als Begegnung beschreiben.

Begegnung als Konkretion der anthropologischen Möglichkeit des „Mitseins" (Heidegger) ist „gelebte Beziehung zu einem selbständigen Gegenüber, das seinerseits begegnen oder auch sich der Begegnung verschließen kann. Ihr Prinzip ist die Gegenseitigkeit, das Einander, das Sich-zueinander-verhalten ..."[2]. Begegnung ist nur möglich in einem Prozeß, der beide Seiten nicht unverändert läßt. Was der Seelsorger und jeder andere Mitarbeiter in der Psychiatrie in die Begegnung einbringt, ist eine geschulte Begegnungsfähigkeit, eine erhöhte Sensibilität für sich und den anderen. Er fungiert als „Ersatzspieler" (Dörner), mit dessen Hilfe die skizzierte Spaltung zumindest ansatzweise überwunden werden kann.

1 Martti Siirala, Schizophrenie, 49.
2 Walter v. Baeyer, Begegnung, 369.

Überwindung der Spaltung in der Begegnung ließe sich so als Ziel psychiatrischen Umgangs beschreiben. Das Anliegen der Seelsorge unterscheidet sich an dieser Stelle nicht von dem jeder anderen Berufsgruppe in der Psychiatrie. Verschieden sind die Wege, Möglichkeiten, Bereiche und Themen, die jede Gruppe bevorzugt in die Begegnung einzubringen vermag.

Begegnung als grundlegende menschliche Möglichkeit kann schließlich in spezifischer Weise gestört sein. Begegnungsfähigkeit erscheint unter dieser Perspektive „als Modell oder Maßstab einer sinnvollen Grundform des Menschseins, mit dem verglichen die krankhaften Verhaltens- und Erlebnisweisen als Sinneinbuße, Entstellung, verfehlter Daseinsentwurf erscheinen."[3] Die Modifikationen der Begegnungsfähigkeit bei den psychischen Erkrankungen sowie die spezifischen Begegnungsmöglichkeiten der Seelsorge sollen im folgenden dargestellt werden.

2. Störungen und Möglichkeiten der Begegnung

Schizophrenie und Begegnung[4]

„Nach unserem heutigen Wissen bedeutet Schizophrenie in den meisten Fällen die besondere Entwicklung, den besonderen Lebensweg eines Menschen, unter besonders schwerwiegenden inneren und äußeren disharmonischen Bedingungen, welche Entwicklung einen Schwellenwert, einen ‚Point of no return' überschritten hat, nach welchem die Konfrontation der persönlichen inneren Welt mit der Realität und der Notwendigkeit zur Vereinheitlichung zu schwierig und schmerzhaft geworden ist und aufgegeben worden ist."[5]

Die Beschreibung der Schizophrenie als besonderen Lebenswegs erinnert an die Tatsache, daß es bis heute nicht gelungen ist, sie eindeutig als Krankheit mit bestimmter Ursache zu beschreiben. Man geht davon aus, daß aus einer Summe vielfältiger genetischer, somatischer und psychosozialer Faktoren eine besondere Verletzlichkeit (Vulnerabilität) resultiert, die unter hinzukommenden schwierigen äußeren Bedingungen anfällig für schizophrene Erkrankungen macht.[6] Die Schizophrenie selbst beschreibt Bleuler als Aufgabe der Vereinheitlichung von innerer und äußerer Realität. Für den schizophren erkrankten Menschen haben

---

3 Walter v. Baeyer, Begegnung, 370.
4 Gute allgemeinverständliche Einführungen zu den schizophrenen Erkrankungen finden sich bei Silvano Arieti, Schizophrenie; Asmus Finzen, Schizophrenie; und insbesondere für Patienten und Angehörige: Josef Bäuml, Psychosen.
5 Manfred Bleuler, Schizophrenie, 18.
6 Josef Bäuml, Psychosen, 29ff; Silvano Arieti, Schizophrenie, 96ff.

„wichtige Teile seines inneren Lebens jede Beziehung zum Ganzen, zum Ich und zu Umwelt und logischem Denken verloren. Sie wirken sich aus, als ob sie eine selbständige Existenz hätten. Die Persönlichkeit ist gespalten."[7] Das bedingt eine Vielfalt unterschiedlicher Symptome: formale Denkstörungen, Störungen der Affektivität, Ich-Störungen, Autismus, Wahnerleben, akustische Hallzinationen.[8] Bei aller verwirrenden Symptomatik, auf zwei Beobachtungen macht Bleuler eindrücklich aufmerksam:

„Einmal entdecken wir, daß auch die krankhaften ‚Symptome' verständliche Beziehungen zum inneren Leben des Kranken haben und sodann entdecken wir, daß hinter der ‚Verrücktheit des Kranken', hinter dem, was wir als unverständlich empfinden, ein Mensch verborgen ist, der gleichzeitig mit seinem Kranksein ein inneres Leben hat wie wir."[9]

Was bedeutet dies für die Begegnung? – Der hervorstechendste Eindruck ist ein Gefühl umfassender Verwirrung. Wie soll ich mich verhalten gegenüber der wahnhaften Gewißheit, von einem Netz von Agenten verfolgt zu sein? Oder gegenüber bunter, in kaum nachvollziehbarer Folge wechselnder Affekte? Oder einer Rede, in der Verständliches und Unverständliches in nicht entwirrbarer Folge verknüpft ist? Was als Symptom erscheint, spielt in der Begegnung eine höchst zweideutige Rolle. Wahninhalte, inadäquate Affekte, assoziativ gelockerte Rede scheinen geradezu die Funktion zu haben, Kommunikation überhaupt unmöglich zu machen[10], und doch enthalten auch die Symptome sinnhafte, Begegnung ermöglichende Elemente. Häufig sprechen sich Wahninhalte in religiöser Symbolik aus[11], wahrscheinlich gibt es eine sehr enge Verwandtschaft zwischen religiösem und psychotischem Erleben.[12] Es ist das Ineinander von abgespaltenen, in die Person nicht integrierten Elementen und integrierten, kommunizierbaren Anteilen, das die Begegnung verwirrt. Und doch läßt sich in dieser Verwirrung, die ja wahrscheinlich eine geteilte ist, der Ausgangspunkt der Begegnung finden. Ich spüre zunächst in mir den Momenten nach, in denen die Verwirrung geringer wird und dem Gefühl von Verständnis und Kontakt weicht und merke auf, wenn dieser Boden verlassen wird. Wichtig dabei zu bedenken: die Verwirrung wurde gesucht, weil der Kontakt mit der Realität zu schmerzhaft wurde. Es ist leichter, in „mittlerer Distanz" Kontakt zu halten als in emotionaler Nähe. Im vorsichtig tasten-

---

7 Manfred Bleuler, Schizophrenie, 21.
8 Josef Bäuml, Psychosen, 13ff.; Asmus Finzen, Schizophrenie, 46ff.
9 Manfred Bleuler, Schizophrenie, 20f.
10 Paul Watzlawick, Kommunikation, 72ff.
11 Renate Schernus, Ver-rückt.
12 Thomas Feld, Wahn.

den, immer die richtige Distanz suchenden Umgang werde ich mehr und mehr der Persönlichkeit begegnen, die sich hinter und in der verwirrenden Symptomatik verbirgt.

Depression und Begegnung

Wer depressiv erkrankt, ist von einer Veränderung des Fühlens, Denkens und der leiblichen Ausdrucksfähigkeit betroffen. Ein Gefühl tiefer Niedergeschlagenheit und Leere verbindet sich mit düsteren Gedanken, die um Versündigung, Verschulden, geringen Selbstwert kreisen. Damit geht starke Verlangsamung der Bewegung, starre Mimik und Verringerung der Aktivität einher.[13] Schon immer fiel die große Nähe der Depression zur Trauer auf. Auch hier finden sich tiefe Niedergeschlagenheit, Beschränkung des Denkens auf wenige zentrale Inhalte sowie psychomotorische Verlangsamung. Es gibt allerdings einige charakteristische Unterschiede: Trauer läßt sich als Weg beschreiben. In ihr wird ein erlittener Verlust so bearbeitet, daß am Ende neue Lebensmöglichkeiten aufscheinen. Trauer erscheint sinnvoll, dem erlittenen Verlust angemessen. Anders die Depression: Sie scheint ohne Ende, quälend, lastend, unangemessen. Ihr fehlt das Prozeßhafte der Trauer, man kann sie geradezu als steckengebliebene Trauer, als „Unfähigkeit zu trauern" beschreiben. Was ist es, das in der Depression (nicht) betrauert wird und das die Trauer verhindert?

Arieti beschreibt ein typisches Lebensmuster: Nach reichlicher Versorgung mit Zuwendung im ersten Lebensjahr erfährt das Kind einen charakteristischen Bruch. Im zweiten Lebensjahr etwa beginnt die mütterliche Liebe spärlicher zu fließen und ist an Bedingungen geknüpft. An diese veränderte Situation versucht sich das Kind anzupassen. Es unterwirft sich den Forderungen und Ansprüchen der Mutter – ein Verhalten, das der depressive Mensch immer wieder auf Menschen in seiner Umgebung überträgt. Er sucht und findet Menschen, deren Ansprüchen er unter Vernachlässigung seiner eigenen Bedürfnisse nachkommt. Ein Schicksal, das häufig Frauen widerfährt. Sie werden doppelt so oft depressiv wie Männer.[14] Oft ist für sie der Ehemann dominante Bezugsperson. Brüchig wird das skizzierte Lebensmuster, wenn diese Beziehung scheitert. Dann drängt sich die Erkenntnis auf, daß das eigene Leben ungelebt blieb und fremden Ansprüchen geopfert wurde. Der Schmerz um das ungelebte Leben ist das Thema der Trauer. Verhindert wird sie durch unlösbar scheinende Konfliktkonstellationen und charakteristische Circuli vitiosi.

---

13 Silvano Arieti, Depression, 108ff.
14 Etwa im Verhältnis 7:3.

Was bedeutet das für die Begegnung? Die Nähe der Depression zur Trauer ermöglicht große Nähe und Verständnis. Sehr bald aber überträgt sich die Blockierung, die die Dynamik der Depression begründet, in die Begegnung: Es geht nicht voran, man droht im „depressiven Loch" zu versinken. Wichtig ist hier: Unterschiede zu setzen, mich in der Begegnung nicht aus dem Auge zu verlieren. Dörner beschreibt diesen Prozeß als Suchbewegung, in der ich bemüht bin, die Gedanken und Gefühle aufzusuchen, die der andere in mir auslöst. Meine Bemühung, mit möglichst genauer, bilderreicher Sprache meine Gefühle zum Ausdruck zu bringen, wird den anderen zur Suche bei sich selbst anregen. In der symbolischen Beschreibung und Deutung der depressiven Befindlichkeit ergeben sich hier besondere Begegnungsmöglichkeiten für den Seelsorger. Zur Suchbewegung gehört auch die Wahrnehmung der Gegenübertragung: Die Hilflosigkeit des Depressiven wird mich spontan zur Hilfe animieren, seine Trostlosigkeit zum Trost. Statt dessen habe ich: „seine Trostlosigkeit ... eher noch zu vertiefen, um endlich auf ihren Grund zu kommen; denn einen Trostlosen trösten heißt, ihn zu verspotten ... Seine Hilflosigkeit hat mich aktiv noch hilfloser zu machen; denn in der Tat kann ihm niemand helfen, außer er sich selbst."[15] Darum geht es in der Begegnung: eigene Hilfspotentiale anzuregen und die ins Stocken geratene Trauer aufzulockern, zu verflüssigen und in der Begegnung kommunizierbar zu machen.

Manie und Begegnung

Die Manie läßt sich als Gegenstück zur Depression beschreiben: Hier ist die Stimmung gehoben-euphorisch, die Gedanken strömen ohne Unterlaß, und der manische Mensch ist von einem ungehemmten Bewegungsdrang erfüllt. Nichts scheint ihm unmöglich, sein Gefühl eigener Grandiosität kann bis zur wahnhaften Gewißheit uneingeschränkter Macht und unerschöpflichen Reichtums gesteigert sein. Manie und Depression sind aufeinander bezogen wie die Kehrseiten einer Medaille. Viele erleben manische und depressive Phasen im Wechsel und nur selten werden manische Phasen allein erlebt. Im Hintergrund steht dieselbe Problematik. Die Manie, so Mentzos, „ist eine Alternativlösung für dasselbe Problem ..., (das) auch zur Depression führt."[16]

In der Begegnung kann zunächst das Mitreißende der manischen Stimmung erfahren werden. Der Witz und die oft naive Unverfrorenheit, mit der sich der manische Patient über alle Konventionen hinwegzusetzen ver-

15 Klaus Dörner, Irren, 209.
16 Stavros Mentzos, Depression, 84.

mag, ist geeignet, an eigene anti-autoritäre Affekte zu rühren. Bei näherem Kontakt kann aber auch die Angst nicht verborgen bleiben, von der die manische Abwehr lebt. Momenthaft scheint die Trauer durch, und schließlich spüre ich die Anstrengung, die es bedeutet, manisch zu sein und den manischen Menschen zu begleiten. Zum Gelingen der Begegnung werde ich ein Stück in seiner Stimmung mitschwingen und zugleich in zwei Richtungen aufmerksam sein: Ich muß die Grenzen meiner eigenen Kraft sehen und deutlich sagen, wenn sie erreicht sind, und ich habe hinter der Euphorie den Schmerz zu spüren, der die manische Abwehr nötig macht. Ziel ist es auch hier, den abgewehrten Schmerz in der Begegnung zu teilen.

Abhängigkeit und Begegnung[17]

Abhängigkeit entwickelt sich in einem Prozeß, in dessen Verlauf das Suchtmittel einen immer zentraleren Raum einnimmt: An die Stelle vielgestaltiger Beziehungen tritt die eine Beziehung zum Suchtmittel, die im folgenden das gesamte Beziehungsgeflecht nach dem Muster von Abhängigkeit und Co-Abhängigkeit strukturiert. Trotz dieser offensichtlich zerstörerischen Dynamik ist im Umgang mit Abhängigen immer wieder die hartnäckige Weigerung zu finden, die Realität der Abhängigkeit anzuerkennen. Dieses Verhalten hängt einerseits mit einer gesellschaftlichen Einstellung zusammen, die süchtiges Verhalten in weiten Grenzen akzeptiert. Das macht es schwer, die Grenze zwischen Mißbrauch und Abhängigkeit zu erkennen. Andererseits gibt es keine objektiven Kriterien für Abhängigkeit, man definiert sie eher indirekt anhand ihrer Folgen. Schließlich aber verweist das skizzierte Phänomen auf eine zentrale, dem Suchtverhalten zugrunde liegende Struktur. In seiner Analyse der „zwölf Schritte" der Anonymen Alkoholiker rückt Bateson[18] den „Stolz" des Abhängigen in das Zentrum seiner Untersuchung. Begründet ist er im Zwang, die Beziehungen zur Umgebung vorwiegend als symmetrische Beziehungen zu gestalten: Handlungen des Gegenübers werden mit gleichen Handlungen beantwortet. Es ist das Beziehungsmuster des Wettbewerbs, des Machtkampfes, in dem Stärke mit Stärke beantwortet wird.[19] In dieser Beziehungsstruktur erfüllt das Suchtmittel eine komplexe Funktion. Durchaus positiv und wohltuend hilft es, den Zwang zu symmetrischen Beziehungen zu durchbrechen und in komplementäre Beziehungen einzutreten. Im Rausch werde ich zum Teil der Welt, aufgenommen

17 Einen guten Überblick zum Thema enthält: Helmut Harsch, Alkoholismus. Besonders geeignet für Betroffene und ihre Angehörigen: Ralf Schneider, Suchtfibel.
18 Gregory Bateson, Alkoholismus.
19 Paul Watzlawick, Kommunikation, 68.

ins Netz gegenseitigen Gebens und Nehmens. Gleichzeitig weist das Suchtmittel den potentiell zerstörerischen Charakter symmetrischer Beziehungen auf: Immer mehr des Gleichen führt beim Gebrauch des Suchtmittels ganz offensichtlich zum Zusammenbruch. Fatal für den Abhängigen wird schließlich, daß das Suchtmittel auch im nüchternen Zustand als „imaginärer Anderer" in eine symmetrische Beziehung eintritt: Im Verzicht, im Widerstreben gegen die Lockung des Suchtmittels erweist sich die Stärke. Doch je stärker der Wille, desto notwendiger geradezu, die Stärke im neuerlichen Konsum zu messen. Ein Versuch, der regelmäßig einen neuen zerstörerischen Prozeß einleitet. Durchbrochen wird dieser Teufelskreis erst, wenn der Abhängige vor der Macht des Suchtmittels kapituliert, symmetrische Beziehungen durch komplementäre ersetzt. Der vornehmliche Ort zur Einübung solcher Beziehungen ist die Selbsthilfegruppe, und wichtig für die Anonymen Alkoholiker: der spirituelle Gedanke, daß sich Stärke nicht zu beweisen braucht, wenn sie aufgehoben ist in Gottes Macht.

Für die Begegnung mit Abhängigen ist ein unvermitteltes Nebeneinander des symmetrischen und komplementären Beziehungstyps charakteristisch. Nicht erst die Frage nach Abhängigkeit und Hilfe konfrontiert mit dem Widerstand des Gegenübers. Jede vermeintliche Stärke auf der einen provoziert Stärke auf der anderen Seite, jedes Ansprechen vermeintlicher Schwäche den Widerstand. Der Abhängige hat keine Probleme und wenn, hat er sie im Griff und sie gehen sein Gegenüber nichts an. Wichtig ist hier: nicht gegen den Widerstand angehen, das verstärkt ihn nur, dagegen die eigene Position klarstellen, aber den strittigen Punkt vorerst dahingestellt sein lassen und an anderer Stelle die Beziehung suchen. Unvermittelt kann die Begegnung sich dann in ihr Gegenteil verkehren. Die Distanz weicht großer Nähe, Stärke provoziert Schwäche und Angewiesenheit, Hilfsangebote Hilfsbedürftigkeit. dieser Beziehungstyp mündet in gegenseitiger Abhängigkeit. Hier ist es wichtig, Distanz zu wahren, vorschnelle Nähe zurückzuweisen, gegenüber der angebotenen Hilfsbedürftigkeit eigene Hilfspotentiale zu aktivieren. Ziel der Begegnung ist: die notwendige Spannung zwischen komplementären und symmetrischen Anteilen, zwischen Stärke und Schwäche, Nähe und Distanz, Abhängigkeit und Unabhängigkeit aufrecht zu erhalten und aushaltbar zu machen.

Begegnung mit Systemsprengenden

Patienten mit neurotischen Störungen trifft man nur selten in psychiatrischen Kliniken. Neurotische Störungen werden in der Regel ambulant oder in psychosomatisch/psycho-therapeutischen Kliniken behandelt. Wer mit einer neurotischen Störung in einer psychiatrischen Klinik untergebracht wird, hat häufig schon eine lange Vorgeschichte gescheiterter psychotherapeutischer Bemühungen. Er findet sich eher in einer Gruppe von Patienten, die weniger eine gemeinsame Diagnose eint, als die Hilflosigkeit, mit der ihnen die Institution Psychiatrie begegnet. Man hat neuerdings den Namen „systemsprengende Menschen" für sie gefunden. Ihnen gelingt es, fast jedes Team an seine Grenzen zu bringen, weshalb sie, die eigene Einfallslosigkeit projizierend, unter der Hand als „hoffnungslose Fälle" gehandelt werden. Für sie gibt es am wenigsten spezielle Regeln für die Begegnung, doch bei ihnen werden sich am ehesten die Leitsätze bewähren, die für den Umgang mit jedem Menschen, nicht nur in der Psychiatrie, Geltung haben:

- die Konkretion des Satzes von der Nächstenliebe, daß man sich da am meisten zu engagieren hat, wo es sich am wenigsten zu lohnen scheint;[20]
- daß die Symptome immer das uninteressanteste an einem Menschen sind; ein Satz, der hilft, die Fülle der Fähigkeiten eines jeden Menschen zu entdecken;[21]
- daß jede Botschaft auch ihr Gegenteil bedeuten kann: In der wüstesten Beschimpfung liegt auch eine Annäherung, und in der wütend zugeschlagenen Tür steckt auch der Wunsch, daß sie einmal wieder geöffnet wird.

3. Begegnungsmöglichkeiten der Seelsorge

Wo das Selbst- und Weltverhältnis in Frage gestellt ist wie durch eine psychische Erkrankung, steht auch das Gottesverhältnis in Frage. Innerhalb des psychiatrischen Teams ist der Seelsorger derjenige, mit dem man „ungeniert" über Gott sprechen kann. Dabei nimmt der Umgang mit religiös-symbolischer Sprache zentralen Raum ein. Religiöse Symbole eignen sich, Lebenserfahrung deutend zusammenzufassen, zugleich erweitern sie den Blick, sprechen Ambivalenzen an und eröffnen neue Perspektiven. Folgende Themenbereiche begegnen mir immer wieder:

Verläßlichkeit Gottes

„Ein psychotisches Erlebnis kann bedeuten, eine existentielle Angst zu empfinden, z.B. sich selbst aufzulösen, verloren zu gehen, von anderen fremdbestimmt und von Eindrücken weggeschwemmt zu werden."[22] Was

---

20 Claudio Kürten, Klaus Dörner, Erfolgreich behandeln, 119f.
21 Klaus Dörner, Irren, 206.
22 Thomas Bock, Thesen, 87.

Bleuler als Aufgeben der Vereinheitlichung von innerer und äußerer Welt beschreibt, erscheint aus der Innenperspektive als Verlust von Ich und strukturierter Welt, als „Todeslandschaft der Seele" (Benedetti). Wo aber Ich und Welt verlierbar erscheinen, wird auch die Verläßlichkeit Gottes fraglich. Häufig ist er nicht zu finden, scheint abgeschnitten, weit entfernt. Er wird dann aussprechbar nur im Symbol des dunklen Gottes, des Deus absconditus.

Die Frage nach Gottes Verläßtlichkeit stellt sich dazu noch aus einer anderen Perspektive: Trotz Psychiatriereform bedeutet das Leben mit einer psychischen Erkrankung neben dem psychischen auch einen sozialen Standverlust. Nicht selten gehen Beruf, Freunde, Wohnung durch die Krankheit verloren – es stellt sich die Frage nach der Gnade eines Gottes, der solches zufügt. In der Begegnung wird es darum gehen, der dunklen Seite Gottes nachzuspüren, in der Hoffnung, daß etwas von seiner Verläßlichkeit im verläßlichen Aushalten und Teilen der Klage aufscheinen kann.

Schuld und Vergebung[23]

In der Begegnung mit depressiven Menschen wird nicht selten die Frage nach Schuld und Vergebung thematisiert. Die tiefe Niedergeschlagenheit verleiht sich Ausdruck im Gefühl umfassenden Verschuldens. Ein Nachlassen der Depression wird vom Zuspruch der Vergebung erhofft. Dabei stehen Anlaß und Stärke des Schuldgefühls in keinem Verhältnis, und der Zuspruch von Vergebung bleibt ohne Wirkung. Möglicherweise kann der Hinweis darauf, „daß, wenn unser Herz uns verdammt, Gott größer ist als unser Herz ..." (1. Joh 3,20) das Übermaß des Schuldgefühls relativieren. Mir scheint aber gerade das Übermaß des Gefühls „ich bin an allem schuld", darauf hinzuweisen, daß zu verantwortetem Handeln, zur Alternative von Schuld und Vergebung noch gar nicht durchgedrungen ist – wer an allem schuld ist, ist an gar nichts schuld. Erst im Angehen des Konflikts, der Manie und Depression zugrundeliegt, im Aufgeben der Harmonie und Entdecken des eigenen Lebens gibt es verantwortetes Leben, wird sich Schuld finden und Vergebung möglich. Worum es geht, wird in der Bibel am deutlichsten vielleicht im Symbol des Exodus. Die zwar nährende, aber versklavende Situation in Ägypten wird verlassen. Der Aufbruch geht ins Ungewisse, zunächst in die Wüste. Aber nirgends anders als im Wagnis, sich der Wüste auszusetzen, kann Gottes bewahrende Hand erfahren werden. Im Bild des Mose am Horeb (Ex 33, 12-23) scheint mir die Aufgabe symbolisiert, die sich in Depression und Manie

---

23 S. zum folgenden Gert Hartmann, Lebensdeutung, 135ff.

stellt: Mose sieht die Herrlichkeit Gottes entschwinden wie das ungelebte Leben, eine Herrlichkeit, die zu entdecken ihm gleichwohl für die Zukunft aufgegeben ist.

Erlösung aus destruktiver Abhängigkeit[24]

Die erste Erwartung, die häufig in der Begegnung mit Abhängigen an den Seelsorger herangetragen wird, ist, daß er die Kette moralischer Appelle, die bislang schon an ihn ergangen sind, fortsetzen und verlängern wird. Das erste also, wovon ich mich selbst und den anderen überzeugen muß, ist die Tatsache, daß mit Moral, mit der Kraft des Willens nichts auszurichten ist. Im Versuch, stärker zu sein als das Suchtmittel, war das Scheitern ja immer schon vorprogrammiert. Es geht weniger um Moral als um Erfahrungen, wie sie am deutlichsten im Symbol der Erlösung formuliert sind. Wer Erlösung sucht, ist sich der eigenen Ohnmacht bewußt. Er sucht Befreiung von einem Bösen, das stärker ist als er, bei einer Macht, die ihn trägt und auch das Böse zu besiegen vermag. In drei Bereichen wird dieses Symbol zu konkretisieren sein:

- Der Macht des Bösen, den verschiedenen Deformationen, die das Leben des Abhängigen und seiner Angehörigen unter der Macht des Suchtmittels erfahren hat, ist in all seinen Verästelungen nachzugehen.
- Nach der tragenden Macht, die stärker ist als das Böse, ist zu fragen. Die Anonymen Alkoholiker sprechen davon, „ihr Leben der Sorge Gottes, was immer wir darunter verstehen, anzuvertrauen"[25]. Mir ist es wichtig geworden, den Relativsatz, „was immer wir darunter verstehen", zu konkretisieren. Zwei solcher Konkretisierungen sind mir oft begegnet: 1) Gott ist die Liebe, heißt es im 1. Johannesbrief, und tatsächlich ist es immer wieder die zwar oftmals verunstaltete und gefährdete Liebe zu Frau, Mann oder Kind, die sich gleichwohl als tragend und stärker als das Suchtmittel erweist. 2) Bei Gott ist die Quelle des Lebens, heißt es im 36. Psalm. Die erstaunte Erkenntnis, daß das Leben sich stärker erwiesen hat als der selbstmörderische Umgang mit dem Suchtmittel, gibt bisweilen den Mut, das Leben zu bejahen und sich der Quelle des Lebens anzuvertrauen.
- Wer sich der Macht der Liebe oder des Lebens anvertraut, findet sich nicht ins Paradies versetzt, sondern ohne den gnädigen Schleier des Suchtmittels dem Leben mit all seinen Ambivalenzen ausgesetzt. Wenn es Kennzeichen der Sucht war, das Absolute zu suchen, so

24 S. zum folgenden: ebd.
25 So formuliert im dritten der zwölf Schritte der Anonymen Alkoholiker.

geht es im Leben ohne Suchtmittel darum, die Relativität des Lebens in der Spannung der Ambivalenzen auszuhalten. Was das für die verschiedenen sinngebenden Lebensbereiche (Freundschaft, Arbeit, Sexualität …) bedeutet, kann im seelsorgerlichen Gespräch thematisiert werden.

PETER PULHEIM

Kranke, die mehr FreundInnen unter den Toten als unter den Lebenden haben. Seelsorge in der Geriatrie

Zeit und Raum für eine einzelne kranke alte Frau

Ich will von einer kranken alten Frau erzählen, der ich vor 19 Jahren in der ersten Woche meiner Tätigkeit als Krankenhausseelsorger begegnete:

Damals war ich beauftragt, Krankenhausseelsorge in einer Rehabilitationsklinik aufzubauen. Die Klinik war Teil eines großen Rehabilitationszentrums, das auf die Mobilisierung und Förderung der Selbständigkeit hauptsächlich junger Behinderter ausgerichtet und von anstrengenden Ausbildungs- und Therapieprogrammen, von Zeitdruck, Leistung und (Selbst-)Beherrschung bestimmt war. In einem Krankenzimmer dieser Klinik traf ich überraschend die kranke alte Frau an. Sie lag in ihrem Bett, schaute erst zögernd, als ich mich ihr vorstellte, und strahlte mich dann an. Sie hier zu finden, ihr willkommen zu sein und sogar das Gefühl zu haben, daß sie auf mich wartete, tat mir gut. Ich konnte mich auch bei den vielen Besuchen, die folgen sollten, darauf verlassen, sie in ihrem Zimmer zu finden: meistens freundlich, manchmal erwartungsvoll, manchmal schlafend.

Ich saß gerne an ihrem Bett oder auf ihrem Bett. Ich mochte sie. Und ich fühlte in der Art, wie sie mich anlächelte, ihre Liebe zu mir. Ich erinnere mich, daß sie sich oft beklagte über den „Lärm von der Kneipe nebenan". Sie ließ auch durchscheinen, daß sie Angst vor diesen Leuten in der Kneipe hatte. Ich korrigierte sie nicht, wenn sie das Krankenzimmer von nebenan mit einer Kneipe verwechselte, oder wegen anderer Ungereimtheiten.

Aufgrund mancher ihrer Aussagen und mancher ihrer Verhaltensweisen bzw. Eigenheiten hielt ich sie im Einklang mit der Stationsärztin und den Krankenschwestern und Krankenpflegern für „schrullig" und „verwirrt". Zu einer dieser Eigenheiten gehörte ihre Vorstellung, daß ein Segen, ein Kreuzzeichen auf ihre Stirn mit Weihwasser, drei Tage braucht, um „ins Herz zu sickern". Wenn ich ihr zum Abschluß eines Gesprächs auf ihre Bitte mit Weihwasser, das in einem Kristallschälchen auf ihrem Nachttisch bereit stand, ein Kreuzzeichen auf die Stirn machte und sie segnete, setzte sie durch, daß sie von den Schwestern und Pflegern drei Tage lang nicht auf der Stirn gewaschen wurde, weil der Segen Gottes, um lange wirken zu können, lange einwirken muß.

Sie schwärmte von dem unvergleichlich guten Wasser der Peterstaler Quelle in Heidelberg-Ziegelhausen. Sie strahlte, als ich ihr sagte, daß ich weiß, wo die Peterstaler Quelle ist, und daß ich bei Spaziergängen auch schon von dieser Quelle getrunken habe. Da sie so oft und so begeistert von diesem Quellwasser erzählte, fuhr ich zu der Quelle und füllte Wasser in einen kleinen Steinkrug. Ich betrat ihr Zimmer, den Steinkrug in der Hand, sagte ihr stolz, was ich ihr da brachte, und fragte sie, ob sie probieren wolle. Sie wollte. Ich richtete mit ihrem Einverständnis ihren Nachttisch so her, wie sie es von Kommunionfeiern mit mir gewöhnt war: mit weißem Spitzendeckchen und Blumen. Ich goß das Wasser in ein Glas, sie nahm es, sie probierte und kaute das Wasser, wie eine Weinkennerin den Wein. Das Wasser von der Peterstaler Quelle schmeckte ihr nicht! Eben noch war ich ein so stolzer Seelsorger, der kreativ und spontan zu sein meint, weil er seiner Patientin dieses Wasser bringt, nun war ich tief enttäuscht. Sie sah mir offensichtlich meine Enttäuschung an, schüttelte den Kopf wegen meiner Verständnislosigkeit und sagte: „Aber er läßt mich doch ruhen an lebendigen Wassern."

Ich habe meinen Text mit dieser kranken alten Frau begonnen und werde im Laufe dieses Textes immer wieder an sie erinnern. Heute erscheint es mir bedeutsam, daß mir diese Frau in einer medizinisch hochtechnisierten und auf Leistungsfähigkeit ausgerichteten Rehabilitationsklinik begegnet ist, einem Kontext, in dem kranke alte Menschen nicht „vorgesehen" sind, sogar als störend und kontraproduktiv empfunden werden. Als ich mich dort in der krankengymnastischen Abteilung vorstellte, war mir tatsächlich mitgeteilt worden, daß diese Klinik, um ihr Konzept der Rehabilitation nicht zu gefährden, nicht viele alte Kranke und alte Behinderte „verkraftet". In einem Kontext, der zum Übersehen und Übergehen kranker alter Menschen tendiert, sehe ich es als Verpflichtung der christlichen Erinnerungs- und Erzählgemeinschaft an, einzelne kranke alte Menschen zu erinnern, von ihnen zu erzählen, ihnen Aufmerksamkeit, Raum und Zeit zu geben. Ich habe den Namen dieser Frau aus dem Gedächtnis verloren, weil ich aus Gründen der Anonymität in der Reflexion meiner Seelsorgepraxis von ihr als Frau S. gesprochen und – in Gesprächsprotokollen – geschrieben habe. Ich nenne sie „die Frau, von der ich das Segnen lernte". Krankenhausseelsorge in der Geriatrie muß ein Konzept entwickeln, das es möglich macht, daß diese Frau – und die vielen vergessenen kranken alten Menschen – von SeelsorgerInnen und TherapeutInnen erinnert werden und „zu ihrem Gedächtnis"[1] das Evangelium im Krankenhaus verkündet werden kann.

Geriatrie: Spezialgebiet oder Selbstkritik und Verwandlung der gesamten Krankenhausseelsorge?

Einzelnen kranken alten Menschen bin ich im Laufe meiner Zeit als Krankenhausseelsorger in verschiedenen Abteilungen der Medizin begegnet. Wenn ich mir das Durchschnittsalter der PatientInnen in Kran-

---

1 „Wo immer auf der Welt das Evangelium verkündet wird, da wird zu ihrem Gedächtnis erzählt werden, was sie getan hat" (Mk 14,9). Elisabeth Schüssler Fiorenza, Gedächtnis, widmet ihre feministisch-theologische Rekonstruktion dem Auftrag, die Frau, die Jesus salbte, zu erinnern und zu kritisieren, daß sie vergessen wurde. Ich sehe es, daran anknüpfend und weiter gehend, als Aufgabe meiner Krankenhausseelsorge an, auch die Frau, von der ich hier erzähle, zu erinnern und Strukturen und Sehweisen, die sie vergessen lassen, zu kritisieren. Die Erinnerung von religiösen Erfahrungen und Visionen leidender und um Befreiung kämpfender Menschen – der toten und der lebenden – ist Auftrag, Grundlage und Maßstab für befreiungstheologische Arbeit.

kenhäusern bewußt mache – zum Beispiel beträgt das Durchschnittsalter der PatientInnen, die in internistischen Abteilungen der städtischen
Kliniken Heidelbergs liegen, 70 bis 75 Jahre[2] –, ist das nicht anders
zu erwarten. Aber immer noch sind Krankenhäuser, TherapeutInnen
und SeelsorgerInnen auf die speziellen Probleme und Bedürfnisse kranker alter Menschen wenig und schlecht vorbereitet. Altersspezifische körperliche Beschwerden werden häufig nicht beachtet und oft auch dann
nicht ernstgenommen, wenn PatientInnen darüber klagen, daß diese für
sie Angst, Schmerzen, Einschränkungen der Lebensmöglichkeiten bedeuten. Wenn eine Patientin davon spricht, daß alles juckt, daß sie so
vergeßlich wird, daß sie nichts mehr behalten kann, daß jeder Schritt
wehtut, daß ihr nichts mehr schmeckt oder daß sie die Blase nicht mehr
kontrollieren kann, bekommt sie als geläufige schnelle Antwort oft zu
hören: „Da kann man nichts machen, das ist eben eine Alterserschei-
nung" oder „Aber was wollen Sie denn – in Ihrem Alter!" Die Gleichset-
zung von Alter und Krankheit ist Ausdruck und Mittel der Diskrimini-
rung alter Menschen; die Nichtbeachtung der Besonderheiten alter
kranker Frauen diskriminiert alte kranke Frauen zusätzlich. Frauen zum
Beispiel, die den Mut haben, ihrem Arzt gegenüber von ihrer Inkontinenz zu sprechen, müssen häufig „feststellen, daß viele ihrer Ärzte
uninformiert, wenig einfühlsam und oft selbst peinlich berührt" sind,
„daß sie die eigentlich zugrundeliegende Krankheit übersehen oder
einen bestimmten Typ von Inkontinenz falsch diagnostizieren".[3] Ich
sehe es als Zeichen von Desinteresse, Uninformiertheit und Ratlosigkeit
der TherapeutInnen vor allem gegenüber „verwirrten" und inkontinen-
ten PatientInnen und ihren Angehörigen an, daß viel zu viele kranke alte
Menschen viel zu häufig und dann oft auf Dauer ruhiggestellt und kathe-
terisiert werden.

Ich arbeite heute unter anderem in dem Geriatrischen Zentrum Bethanien in Heidelberg,
einer Modellklinik für Geriatrie, die vom Land Baden-Württemberg eingerichtet wurde. In
Bethanien versuchen FachärztInnen der Inneren Medizin – es gibt noch nicht den Zusatztitel
„Geriatrie" zum Facharzttitel bzw. den/die FachärztIn für Geriatrie –, die Krankheiten alter
kranker Menschen wahrzunehmen und ihre Medizin auf kranke alte Menschen auszurichten. Geriatrische PatientInnen sind, so die Definition der Medizin, „charakterisiert durch das

---

2 Als Berechnung für Deutschland vgl. die Situationsbeschreibung und Prognose von
Th. Nikolaus, in: W. Kruse/Th. Nikolaus, Geriatrie, 3f: „In Deutschland kommt es aufgrund eines Rückgangs der Sterblichkeit bei den mittleren und älteren Altersgruppen zu
einer überproportionalen Zunahme der über 65jährigen und hier besonders der über
75jährigen. Weltkriegsbedingt macht der Anteil an Frauen bei dieser Bevölkerungsgruppe
etwa 75 % aus. Ein weiteres Anwachsen der Älteren wird prognostiziert. Vorsichtige
Schätzungen gehen von einem Anteil von 28 % über 65jähriger im Jahre 2040 aus, verglichen mit 15 % zum gegenwärtigen Zeitpunkt."
3 Inkontinenz, in: P. Brown Doress/D. Laskin Siegal u.a., Körper, 499 und 517.

Auftreten mehrerer Erkrankungen (Multimorbidität), die vielschichtig ineinandergreifen. Neben der Beeinträchtigung körperlicher Funktionen werden Störungen der Psyche hervorgerufen und durch Funktionseinbußen die Selbständigkeit bedroht."[4]

Im Geriatrischen Zentrum Bethanien gibt es bisher vier Einrichtungen, die kranken alten Menschen gerechter werden sollen. Es gibt erstens eine Akutgeriatrie zur stationären Behandlung, in der den Charakteristika geriatrischer PatientInnen, vor allem der Multimorbidität entsprochen werden soll. Eine der häufigsten Ursachen, deretwegen PatientInnen eingeliefert werden, sind Stürze, die nach meinen Erfahrungen früher fast automatisch dazu führten, daß alte Menschen nach dem Klinikaufenthalt in ein Pflegeheim kamen. Zweitens gibt es eine Tagesklinik. Sie „ermöglicht nach stationärem Aufenthalt ein schrittweises Abnabeln von der Klinik und langsames Eingliedern in die alte Umgebung"[5]. Sie steht PatientInnen dann zur Verfügung, wenn eine solche teilstationäre Behandlung aus medizinischen und im Einzelfall auch aus persönlichen Gründen notwendig wird. Die dritte Einrichtung ist die geriatrische Rehabilitation. Sie ist auf die (Wieder-)Ermöglichung einer weitgehend selbständigen Lebensführung ausgerichtet. Während Rehabilitationskonzepte, die die Wiedereingliederung ins Berufsleben zum Ziel haben, Menschen in rehabilitierbar versus nichtrehabilitierbar scheiden und häufig infragestellen, ob sich Rehabilitation für Alte „überhaupt noch lohnt"[6], erkennt geriatrische Rehabilitation die Kompetenz und das Bedürfnis alter Menschen an, sich mit ihrem Alter, ihrer Krankheit und ihrer Behinderung auseinanderzusetzen, und geht von der Tatsache aus, „daß Lernfähigkeit und Trainierbarkeit auch im Alter gegeben sind"[7] und alte Menschen ein Recht darauf haben. Ihre Aufgabe erfüllt geriatrische Rehabilitation nur, wenn sie über den zeitlich eng begrenzten stationären oder teilstationären Klinikaufenthalt hinaus alten Menschen zur Verfügung steht und stets an den individuellen alten Menschen, dem Ausmaß ihrer Fähigkeiten und ihrer Beeinträchtigung, ihren ökonomischen und sozialen Lebensumständen, ihren eigenen Lebensentwürfen orientiert wird. „Patienten sollen gefordert, dürfen aber nicht überfordert werden."[8] Die vierte Einrichtung ist das geriatrische Konsil, das darüber berät, wie und wo die einzelnen PatientInnen nach dem Krankenhausaufenthalt leben und ein Zuhause finden – in ihrer alten Wohnung, in einer neuen, altengerechten Wohnung, in einer Wohngemeinschaft, bei Angehörigen, in einem

---

4 Th. Nikolaus, in: W. Kruse/Th. Nikolaus, Geriatrie, 14.
5 Th. Nikolaus, in: W. Kruse/Th. Nikolaus, Geriatrie, 29.
6 Vgl. meine Beschreibung der Rehabilitationsklinik am Anfang meines Textes.
7 Th. Nikolaus, in: W. Kruse/Th. Nikolaus, Geriatrie, 42.
8 Th. Nikolaus, in: W. Kruse/Th. Nikolaus, Geriatrie, 43.

Heim –, wie sie sich selbst versorgen bzw. mit Unterstützung von pflegenden Angehörigen, ambulanten Diensten, HausärztInnen versorgt werden können. Nach dem Klinikaufenthalt werden alte Menschen in ihrer Wohnung oder im Pflegeheim vom medizinischen Dienst der Krankenkasse (Pflegekasse) „in Pflegestufen eingestuft". Entscheidend für Funktion und Wirkung des geriatrischen Konsils wird sein, ob es als Aufgabe wahrnimmt, zu verhindern, daß alte Menschen auf Dauer auf diese Pflegestufen festgelegt werden.

Als fünfte Einrichtung ist eine separate Station für demenzkranke Menschen geplant. Demenz ist die medizinische Bezeichnung für „das am meisten gefürchtete Krankheitsbild im hohen Lebensalter": die chronische Verwirrtheit, die sich in Gedächtnisverlust, Verlust von intellektueller Leistungsfähigkeit, Orientierungsstörungen, Wahnvorstellungen, Umherirren, Aggressivität, Harn- und Stuhlinkontinenz äußern kann.[9] Im Vergleich zur gemeinsamen Behandlung und Betreuung demenzkranker und anderer PatientInnen führt eine separate Betreuung demenzkranker PatientInnen gerade nicht zur Stigmatisierung der an Demenz leidenden Menschen, sondern ist sowohl für die demenzkranken als auch für die anderen PatientInnen förderlich, entlastend und angstmindernd. Jedem der Fachdienste wird es so eher möglich, auf die jeweiligen Probleme und Bedürfnisse kranker alter Menschen angemessener einzugehen.[10] Auf einer separaten Station können TherapeutInnen und Angehörige versuchen, – zum Beispiel auch durch die Technik der Validation[11] – die Gefühle und Ausdrucksformen demenzkranker Menschen wahrzunehmen, ernstzunehmen und ihnen Raum zu geben. Menschen, die an Altersdemenz leiden, dürfen nicht mehr psychiatrisiert werden. Sobald die Diagnose auf „Demenz" verweist, sollten sie, wie es bereits Praxis in den Niederlanden ist[12], in eine Geriatrie aufgenommen werden – nicht als Ende, sondern „als eine vorübergehende Krankheitsphase mit stationärem Aufenthalt ebendort" im Sinne der „Übergangspflege" (Erwin Böhm)[13].

Leider werden im Geriatrischen Zentrum Bethanien weder ein Pflegeheim noch ein Tagespflegeheim eingerichtet. Gerade ein Tagespflegeheim wäre notwendig, um das Konzept der Übergangspflege langfristig und für

9 P. Oster, Demenz, in: W. Kruse/Th. Nikolaus, Geriatrie, 207.
10 Vgl. C. van der Kooij, Betreuung, bes. 5; vgl. die Broschüre: Paul Hartmann AG (Hg.), Hartmann Pflegepreis 94. Hauptpreisträger und Landessieger zum Thema „Beispielhafte Pflegekonzepte zum Umgang mit verwirrten und demenzkranken Menschen", Heidenheim 1994.
11 Vgl. z.B. N. Feil, Validation.
12 Vgl. C. van der Kooij, Betreuung.
13 E. Böhm, Montag, 14. Vgl. auch E. Böhm, Verwirrt; ders., Alte; ders., Pflegediagnose.

die betroffenen alten Menschen und ihre Angehörigen wirkungsvoll zum Tragen zu bringen. Ziel einer teilstationären Behandlung im Tagespflegeheim ist, daß kranke alte Menschen trotz Krankenhausaufenthalt in den eigenen vier Wänden weiterleben können und daß pflegende Angehörige ständig oder zeitweise unterstützt und entlastet werden, z.B. dadurch, daß sie nach durchwachten Nächten tagsüber „Schlaf nachholen" können, oder dadurch, daß ihre kranken Angehörigen betreut werden, während sie selbst ihrer Berufstätigkeit nachgehen.[14]

Die Entwicklungen der Geriatrie sind an einem Punkt, an dem zur Entscheidung steht, ob die Geriatrie zu einem weiteren Spezialgebiet der Medizin, der Psychologie, der Pflege, der Seelsorge[15] wird oder zu einer neuen Blickrichtung, die Bewegung in alle Pflegeheime, aber auch in alle Krankenhäuser, in die gesamte Gesellschaft, in Kirche und Theologie bringt und nicht nur Alte, nicht nur Kranke, sondern auch die Jungen und Gesunden betrifft. Krankenhausseelsorge hat die Chance und die Verpflichtung, an der Entwicklung der Geriatrie mitzuarbeiten, sich einzumischen und Fragen zu stellen:

Wird Geriatrie deshalb aufgebaut, weil es immer mehr alte Menschen gibt, diese Gruppe zahlenmäßig immer weiter zunimmt und als konsumkräftig erkannt wird, sich also „Geschäft mit Alter und Alten" machen läßt? Oder deshalb, weil leidende und arme Menschen – und daher kranke alte Menschen – ins Zentrum von Medizin und Seelsorge rücken sollen?[16]

Definiert Geriatrie das Leiden und die Kämpfe alter Menschen als Spezialproblem: als „das Altenproblem"[17]? Oder kritisiert sie die Unsichtbarkeit und Marginalisierung von alten Menschen, versteht sie Armut, Unterdrückung alter Menschen und Gewalt gegen alte Menschen als Problem der gesamten Gesellschaft, und lehrt sie, Aufmerksamkeit für alte kranke Menschen einzuklagen und zu entwickeln?

---

14 Zur Bedeutung solcher Tageskliniken für pflegende Angehörige vgl. G. Wehner, Qual.
15 Vgl. auch P. Pulheim, Spezialist.
16 Zur notwendigen Orientierung der Theologie an den Unsichtbargemachten und Vergessenen vgl. Chr. Schaumberger, Recht. A. Blome, Frau, 124–147, diskutiert den Ansatz von Chr. Schaumberger explizit im Hinblick auf „Alter" als Kategorie feministischer Befreiungstheologie.
17 In den USA wird von Gruppen, die sich für die Selbstbestimmung alter Menschen engagieren, deutlich gemacht, daß es sich bei der Diskriminierung alter Menschen nicht um ein „Altenproblem", sondern um strukturelle Unterdrückung – ageism – handelt. (Vgl. u.a. A. Blome, Frau.) Im Kampf um die Benennung von Unterdrückung ähneln sich die unterdrückten Gruppen. Die Frauenbewegung protestierte dagegen, daß eine sexistische Gesellschaft Sexismus als „Frauenproblem" definiert, die Bewegung für Selbstbestimmung der Afro-AmerikanerInnen protestierte dagegen, daß eine rassistische Gesellschaft Rassismus als „Negerproblem" bezeichnet.

Führt Geriatrie dazu, daß Alter und alte kranke Menschen auf behandelbare und handhabbare Probleme reduziert werden? Oder ermutigt sie, sich mit Leiden, Verzweiflung, Trauer, Hilflosigkeit zu konfrontieren?

Erinnerung und Durst nach lebendigen Wassern am Leben halten. Die ent-täuschende Aufgabe der Krankenhausseelsorge in der Geriatrie

Wenn ich Kranke im Krankenhaus segne und von Kranken gesegnet werde, denke ich oft an die Frau, die mir das Segnen beibrachte. Im Laufe der Zeit habe ich erfahren, daß sie mir eine Lehrerin im Segnen und in der Krankenhausseelsorge geworden ist, und ich segne andere zu ihrem Gedächtnis.

Als ich mit meiner Freundin in den USA war und früher als sie allein zurückfliegen mußte, umarmten wir uns zum Abschied auf dem Flughafen. Es war eine lange innige Umarmung. Die Umarmung mußte reichen für den langen Flug, denn ich habe große Flugangst, und bis wir uns wiedersehen. In diesem Augenblick ist mir die Frau, von der ich das Segnen lernte, eingefallen. Sie verbat sich drei Tage lang, nachdem ich ihr mit Weihwasser ein Kreuzzeichen auf die Stirn gemacht und sie gesegnet hatte, auf der Stirn gewaschen zu werden: weil der Segen, um lange wirken zu können, lange einwirken muß. Die Angst (ich hatte Flugangst, sie hatte Angst vor der Kneipe im Zimmer nebenan), das Eingeständnis der Angst anderen gegenüber und das Vertrauen, daß diese fähig sind, zu verstehen, verlangen nach Hilfsmitteln, die spürbar und erinnerbar sind und wirklich wirken: Berührung, Umarmung, Kreuzzeichen und anderen Segenszeichen. Es sind keine Zeichen zum gedankenlosen Konsum und Verbrauch. Nur wenn sie dringend gebraucht werden und wenn sie auf die Lebenssituation und die Lebensgeschichte zutreffen, können Segenszeichen wirksam sein und lange wirken. Ich habe von der Patientin gelernt, diesen Anspruch an Berührungen, Umarmungen und den Segen zu haben. Besonders fühle ich sie mit ihrer Weisheit an meiner Seite, wenn ich zusammen mit Angehörigen oder allein Sterbende und Tote salbe und segne und dieser Segen durch das „finstere Tal" des Todes tragen soll.

Die Begegnung mit der Frau, von der ich das Segnen lernte, hat meine Krankenhausseelsorgepraxis irritiert, seelsorgliche – und auch medizinische – Selbstverständlichkeiten unterbrochen und mir die Möglichkeit eröffnet, mit einer neuen Sicht weiterzuarbeiten.[18]
    Damals war ich unzufrieden, weil ich mit meiner Idee, ihr ganz materiell das Wasser von der Peterstaler Quelle zu bringen, scheinbar keinen

---

18 Vgl. J. B. Metz, Glaube, 150: „Kürzeste Definition von Religion: Unterbrechung." Vgl. Christine Schaumberger, Verschleiern, v.a. 159ff; dies., Zeit, bes. „Siebtes Bruchstück: Unterbrechung", 98–101.

„Erfolg" hatte. Heute bin ich dankbar, daß sie eigensinnig und rücksichtslos auf ihrem Durst nach lebendigem Wasser beharrte. Ihr Blick schien mich zu fragen: Wie kannst du jetzt enttäuscht sein, wenn mir das Wasser nicht schmeckt, du muß doch wissen ... Noch heute habe ich vor Augen, wie sie wie eine Weinkennerin lange das Wasser von der Peterstaler Quelle kaute. Es bleibt für mich eine offene Frage, was sie im Schmecken erkundet und ausgelotet hat. Um die Reaktion der Frau zu verstehen, war für mich damals die Aussage, daß „die Welt Sakrament Gottes"[19] ist, hilfreich. Doch ihre Erfahrung „Das Wasser schmeckt nicht" und ihr Anspruch „Er läßt mich doch ruhen an lebendigen Wassern" läßt mich nicht ruhen. Hat sie im kritischen und prüfenden Kauen und Schmecken des Wassers versucht, den Geschmack ihrer Welt zurückzuholen und einen Geschmack von ihrem Himmel zu bekommen?

In Erinnerung an diese kranke alte Frau spreche ich direkter PatientInnen an, wie sie sich den Himmel vorstellen, um so über das Leben mit den Kranken zu sprechen. Ich meine nicht den „Himmel nach dem Tod", auch nicht den „Himmel als Vertröstung", sondern den Himmel mitten im Leben als Unterbrechung des Lebens, als Ausdruck für das, was wir in unserem Leben nicht für möglich halten.

Einer alten Frau, Dialysepatientin, ging es sehr schlecht. Es war unklar, ob sie überhaupt noch die Kraft zur Dialyse hatte. Sie sagte, sie habe keine Kraft mehr, ihr sei alles zu viel. Sie sprach mit mir über das Sterben und über den Himmel. Als ich sie fragte: „Wie stellen Sie sie sich denn den Himmel vor?", sagte sie spontan: „Da gibt es keine Dialyse mehr". Sie erzählte, daß sie sich vorstelle, mit ihrer Familie zusammenzusein, und prompt schilderte sie, was sie da alles für die Familie tun könne. Ich fragte sie erstaunt: „Meinen Sie denn wirklich, daß wir im Himmel noch so viel arbeiten müssen?" Sie schaute mich ihrerseits erstaunt an. Wir wurden gestört durch die Schwester, die das Essen brachte, und ich verabschiedete mich. In der Stationsbesprechung einige Tage später erfuhr ich, daß die Patientin ihre Diätvorschriften nicht mehr einhalte und ihr Ehemann sich beklage, daß seine Frau ihm nach der Dialyse kein Mittagessen mehr koche, sondern einen ausgedehnten Mittagsschlaf halte. Darauf angesprochen, berief sich die Patientin auf mich: Sie habe doch mit mir über den Himmel gesprochen. Immer wieder, wenn ich auf dieser Station in ein Krankenzimmer ging, rief mir eine Schwester oder der Stationsarzt nach: „Nicht über den Himmel reden!"[20]

Eine Patientin, die wegen eines Sturzes in die Klinik eingeliefert werden mußte, erzählte mir, daß sie darum kämpfe, erst nach Weihnachten ihre Wohnung zu

---

19 L. Boff, Sakramentenlehre, 18.
20 Vgl. P. Pulheim, „Das geht mir an die Nieren ...". Zerstörung des Lebens und Erfüllung des Lebens in der Krankheit. Vortrag zum 10jährigen Jubiläum des Verbandes der DialysepatientInnen Baden-Württemberg e.V. am 4. Mai 1985, unveröffentlichtes Manuskript.

verlassen, um in ein Pflegeheim zu ziehen. Ich war erschüttert, daß der Kampf dieser alleinstehenden Frau unsichtbar blieb. Keiner sprach mit ihr darüber, stärkte und bewunderte sie. Sie führte diesen Kampf um ihrer eigenen Würde willen. Sie hatte ihre eigene Weise, die Welt und den Himmel zu erkunden: Sie erzählte, daß sie, um nicht immer allein zu sein, oft in den „Erfrischungsraum" des Kaufhofs gehe und dort sehr lange bleibe. Dann sah sie mich an und sagte: „Im Schafheutle (ein beliebtes und teures Cafe auf Heidelbergs Hauptstraße) wäre es natürlich besser, da war ich lange nicht mehr." Die Frage nach dem Himmel kann eine Krankenstation und einen Ehemann in Aufruhr bringen. Und sie kann – ganz unspektakulär – helfen, wertzuschätzen und auszukosten, was zur Verfügung steht, sich aber nicht zu vertrösten oder abzuspeisen, sondern Erinnerungen und Sehnsüchte lebendig zu halten, die das Verfügbare, ja sogar das Mögliche übersteigen. „Im Widerspiel des Unmöglichen mit dem Möglichen erweitern wir unsere Möglichkeiten. Daß wir es erzeugen, dieses Spannungsverhältnis, an dem wir wachsen, darauf, meine ich, kommt es an; daß wir uns orientieren an einem Ziel, das freilich, wenn wir uns nähern, sich noch einmal entfernt."[21]

Die Frau kaute lange das Wasser, kostete den Geschmack der Enttäuschung aus und bewahrte in der Mitteilung, daß ihr das Wasser nicht schmeckt, dennoch ihren Eigensinn, ihre Erinnerung, ihre Ansprüche und ihre Sehnsüchte. Das Quellwasser und auch der Erfrischungsraum des Kaufhofs wecken und nähren durch Erinnerung, Geschmack und Ent-täuschung den Durst nach lebendigen Wassern. Gerade in der Geriatrie darf Religion nicht Opium, aber auch nicht Valium sein, sondern muß Lebensmittel werden, das den Durst nach der Fülle des Lebens nicht löscht, sondern am Brennen hält.[22] Deshalb müssen KrankenhausseelsorgerInnen in der Geriatrie sich damit konfrontieren, daß sie kranke alte Menschen ent-täuschen,[23] daß sie Täuschungen unterbrechen und auch selbst ent-täuscht werden.

Wie sollen wir uns verständlich machen! Wie sollen wir uns verstehen!

Ich habe die Frau, von der ich das Segnen lernte, damals defizitär wahrgenommen, ich konnte die Fähigkeiten der Frau zu selbstbestimmter und eigenwilliger Gestaltung ihres eigenen Lebens nicht erkennen. Ohne den

---

21 I. Bachmann, Wahrheit, 76. Zur Religion als „Lebensmittel", das den Hunger nicht stillt, sondern speist, vgl. Chr. Schaumberger, Hunger, 515–517.
22 Vgl. die Formulierung von Chr. Schaumberger, Hunger, 515: „Feministische Theologie: Opium – Valium – Lebensmittel".
23 Zum Sprachbild der Ent-Täuschung und seiner kritischen Kraft vgl. Chr. Thürmer-Rohr, Vagabundinnen, und Chr. Schaumberger, Schuld.

Altersunterschied als Fremdheit und Verstehenshindernis zwischen der Frau und mir zu beachten und zu achten, ohne gerade in der Erfahrung der Differenz mich um Verstehen zu bemühen und auch ohne Bekenntnis, daß ich diese Frau gernhabe und ihre Liebe spüre, sah ich sie als „schrullig" und „verrückt" an, wie auch die TherapeutInnen auf dieser Krankenstation.

Doch durch diese gemeinsame Einschätzung und das augenzwinkernde Belächeln der Frau – beides „voll Sympathie" und „nicht böse gemeint" – kann ihr Selbstwertgefühl verletzt werden. „Ein Teufelskreis entsteht. Verlust des Selbstwertgefühls macht unsicher, man fühlt sich hilflos. Weil man sich hilflos fühlt, traut man sich auch nichts mehr zu, man bekommt Angst. Angst verstärkt die Verwirrtheit. Verwirrtheit macht hilfsbedürftig. Mit dem Selbstwertgefühl gehen Selbstbewußtsein und Autonomie verloren."[24] Wenn ich um diesen Teufelskreis weiß, kann ich „verwirrtes" und „verwirrendes" Sehen und Hören der Frau als spürbaren und mitteilsamen Ausdruck ihrer Angst deuten. Sie hatte „Angst vor dem Lärm von der Kneipe nebenan".

Ein solcher Teufelskreis kann dadurch entstehen, daß kranke alte Menschen die Erfahrung machen, vergeßlich zu werden und zu sein. Eine alte Großtante von mir wurde immer vergeßlicher. Zum Beispiel ließ sie immer ihren Regenschirm stehen. In ihrer Verzweiflung darüber, daß sie ihre Vergeßlichkeit nicht „beherrschen" konnte, sondern wie von einem Dämon von ihr beherrscht wurde, und damit sie nicht immer „die Dumme war", damit sie nicht immer bloßgestellt wurde, damit sie mit dem Leiden an der Vergeßlichkeit nicht allein blieb, suchte sie unbewußt eine Erklärung, die sie weniger unmündig machte: Sie beschuldigte meine Mutter, sie „klaue" ihr immer wieder den Regenschirm. Meiner Mutter war es peinlich, unsere Großtante im Altenheim zu besuchen, weil sie vermutete, Tante Hanna habe alle vor der Diebin gewarnt. Meine Mutter sah die anderen BewohnerInnen schon mit dem Finger auf sich zeigen. Sie meinte, daß alle Türen besonders schnell zugingen, wenn sie den Korridor betrat: die Diebin war im Anmarsch. Zwischen Tante Hanna und meiner Mutter entstand eine zunehmend gereizte und mißtrauische Beziehung, während Tante Hanna – verzweifelt über Verlust und Beraubung – Verständnis, Zuwendung, Solidarität brauchte. Meine Geschwister und ich amüsierten uns über beide: über die „bezaubernd schrullige" Tante Hanna und über meine Mutter, die sich bei jedem Besuch im Altenheim schämte und so sehr wünschte, Tante Hanna würde spüren, wie sehr sie sich um sie kümmert und daß sie ihr doch nichts wegnehmen würde.

---

24 M. Gümmer, Aus Erinnerung leben, in: dies./J. Döring, Labyrinth, 68–77.70f.

Der Frau, von der ich das Segnen lernte, bin ich es schuldig geblieben, mit ihr ihre Unruhe und Angst vor der „Kneipe nebenan" zu teilen. Sie selbst nahm die Kneipe wahr, ich konnte sie (noch) nicht sehen. Eine Ahnung davon, wie es möglich sein kann, „wirre" oder unverständlich erscheindende Wahrnehmungen und Aussagen wenigstens ein wenig zu verstehen, bekam ich durch eine Geschichte, die mir ein erfahrener Krankenhausseelsorger von seinem Vater erzählte:

Sein Vater war Bauer, und er besuchte einen kranken alten Nachbarbauern. Er setzte sich ans Krankenbett, und beide blickten durch das Fenster auf den nahen Wald. Der kranke Bauer erzählte, daß jeden Abend dort aus dem Wald ein Geist, ein großer Schatten, herauskomme, ganz nahe ans Haus, dann dort stehenbleibe. Der Geist mache ihm große Angst. Der Vater meines Kollegen, der seinen Nachbarn beruhigen wollte, aber selber nicht an Geister glaubt, versprach, an einem der nächsten Abende wiederzukommen und mit seinem Nachbarn zu warten, ob sich der Geist wieder zeige. Als er sein Versprechen wahrgemacht und seinen Nachbarn besucht hatte, sagte er aufgeregt zu seinem Sohn: „Er hat den Geist wiedergesehen, ich habe den Geist nicht gesehen, aber ich habe genauso Angst gehabt wie er."

Der alte Bauer, der den Geist nicht sah, stritt nicht mit seinem Nachbarn darüber, ob dieser Geist wirklich existiert oder nicht, er sagte deutlich, daß er selbst den Geist nicht sieht – oder nicht sehen kann, aber erklärte seinen Nachbarn nicht für „verrückt". Er teilte mit seinem Nachbarn die Angst, während der Nachbar den Geist aufs Haus zukommen sah und ihm dies beschrieb. Diese Geschichte der beiden Bauern hat für mich als Krankenhausseelsorger gleiche Qualität und Bedeutung wie eine biblische Geschichte. Sie ermutigt und bewegt: Du kannst mit einem Menschen in Beziehung bleiben und Gefühle teilen, auch wenn er/sie dir fremd ist und bleibt, auch wenn er/sie mehr oder anderes sieht als du, auch wenn er/sie „verwirrt" ist.

Daß die Botschaft dieser Geschichte stimmt, habe ich selbst erlebt und weiß ich aus meiner Fortbildungsarbeit für TherapeutInnen. Es ist möglich, Nähe zu kranken alten Menschen dadurch zu finden, daß wir versuchen, die Gefühle wahrzunehmen und zu teilen. Auf diese Weise haben es TherapeutInnen weniger nötig, kranke Alte, ihre Wahrnehmungen und Mitteilungen zu korrigieren und einer ihr Selbstwertgefühl verletzenden „Realitätskontrolle" zu unterwerfen.[25] Die Selbstverständlichkeit, mit der Aussagen von kranken alten Menschen, die nicht verstanden werden, als unverständlich, wirr, sinnlos abgetan werden, kann ent-täuscht werden, wenn diese Einstellung gelernt und praktiziert wird: „Ich (als TherapeutIn

---

25 Vgl. Cora van der Kooij, Betreuung.

oder SeelsorgerIn) habe Schwierigkeiten, zu verstehen." In Gesprächspro-tokoll- und Fallbesprechungsgruppen in der Klinischen Seelsorgeaus-bildung und in Balintgruppen im Krankenhaus lernen wir offen zu wer-den dafür, daß in einer Sprache alter kranker Menschen, die uns „gestört" oder „sinnlos" erscheint, ein eigener Sinn oder eine eigene Logik verbor-gen liegen kann.[26]

Demenzkranke Menschen können sich nicht mehr an ihr ganzes Leben erinnern. Der Zeitraum, an den sie sich erinnern können, ist begrenzt[27] und zerstückelt. Die heute in Deutschland alt sind, haben Schuld-, Krisen- und Umbruchzeiten erlebt: den Nationalsozialismus und die Ermordung der JüdInnen, den Krieg oder Kriege, Inflation, realen Hunger, manche auch Flucht, aber auch die Einführung von damals völlig neuen Maschinen und Verkehrsmitteln. „Zeitsprünge" in die ausgedachte eigene Zukunft können helfen, kranke alte Menschen zu verstehen.[28] Eine andere Hilfsmöglichkeit kann sein, sich an fast schock-hafte Veränderungen und Einbrüche im eigenen Leben zu erinnern. Die gegenwärtige Zeit wird oft als Computerzeitalter beschrieben. Ich sitze ganz selbstverständlich heute vor meinem Laptop. Aber als ich studierte, war es ebenso selbstverständlich, Referate und Seminararbeiten auf der Schreibmaschine zu tippen. Es war eine Neuheit und ein hochwill-kommenes Hilfsmittel, als es Tipp-Ex-Streifen zu kaufen gab. Ich stelle mir vor, wie ich als Achtzigjähriger vielleicht meine alte Schreibmaschine suche, die mir als Student so vertraut war. Ich gehe in verschiedene Schreibwarengeschäfte und frage nach Tipp-Ex-Streifen, um meine Feh-ler zu korrigieren. Was werden die Leute in einem Schreibwarengeschäft – wird es solche noch geben – von mir halten? Ich höre sie sagen: „Ach Gott, da kommt der schon wieder, was will der immer?" Falls ich keine Tipp-Ex-Streifen zu kaufen bekomme, fange ich vielleicht an, aus Zei-tungspapier Streifen zu schneiden: viele, denn ich muß ja meine Fehler korrigieren.

Zurückgelassen von den toten FreundInnen, fremd für die Jüngeren

Mit zunehmendem Alter wird die Erinnerung an das eigene Leben eine Erinnerung der Toten. In Gesprächen mit kranken alten Menschen habe ich manchmal den Eindruck: Wir können einander ja gar nicht verstehen!

---

26 Vgl. J. Wojnar/J. Bruder, Störungen.
27 E. Böhm, Alte, geht davon aus, daß dieser Erinnerungszeitraum die ersten 25 Lebens-jahre umfaßt, nach meinen Erfahrungen allerdings läßt sich das nicht so schematisch an-geben.
28 Vgl. U. Rolinger, Zukunft.

Vielleicht kann eine kranke alte Frau oder ein kranker alter Mann nur von denen verstanden werden, mit denen sie/er gelebt hat und mit denen sie/er Erfahrungen teilt. Je mehr Menschen aus dem Bekanntenkreis und der eigenen Generation sterben, um so eher sind die Menschen, die sie oder ihn vielleicht verstehen könnten, die, die schon gestorben sind, nicht mehr die, die sich ihr oder ihm jetzt zuwenden. Kranke alte Menschen haben mehr FreundInnen unter den Toten als unter den Lebenden.[29]

Als ich mit meinem Freund Peter, mit dem ich zusammen studiert habe, über gemeinsame Erfahrungen bei Demonstrationen sprach, wir die Slogans aufzählten, die wir noch wissen, Ängste und Glücksmomente noch einmal nacherlebten, einige MitdemonstrantInnen erinnerten, sagte mein Freund: „Wenn uns jetzt jemand hören würde! Wir sind wie unsere ‚Alten', die immer wieder ihre Kriegserlebnisse erzählen." Wenn wir beide über Entwicklungen in Psychologie und Theologie, in Therapie und Seelsorge und über unsere eigenen heutigen Erfahrungen diskutieren, können wir uns schnell verständigen, eben weil wir eine Geschichte, Erfahrungen, Kämpfe, politische und religiöse Optionen gemeinsam haben, auf die wir uns beziehen und auf die wir bauen können. Auf dieser gemeinsamen Basis können wir uns auseinandersetzen, uns streiten, uns kritisieren und einander unterstützen – und über „Youngsters" klagen, die uns nicht verstehen, für die wir eben typische „68er" sind.

Eine Patientin haut mir während des Gespräch immer wieder kräftig auf die Hand und freut sich: „Nein, daß Sie den Pfarrer R. kennen und die Frau M.!" Was für eine Freude, wir haben gemeinsame – alte – Bekannte!

Ich versuche mir vorzustellen, was es bedeutet, wenn AltersgenossInnen und – schlimmer noch – FreundInnen, welche Zeit, Geschichte, Erfahrungen geteilt haben, tot sind. Trägt nicht deren Fehlen zur sogenannten Verwirrtheit alter Menschen bei, weil so eine gemeinsame Verstehens- und Erfahrungsbasis fehlt, um sich ausdrücken und mitteilen zu können? Treibt nicht das Gefühl – und auch die Tatsache –, daß die Jüngeren kein Interesse an diesen „alten Geschichten" haben, alte Menschen noch weiter in Gefühle und Situationen der Fremdheit? Geben daher vielleicht manche alte Menschen es als sinnlos auf, überhaupt zu versuchen, sich verständlich zu machen? Sind daher vielleicht andere alte Menschen gezwungen, immer wieder dieselben Geschichten aus ihrem Leben zu erzählen, um eine Basis zu schaffen, daß sie vielleicht doch Gehör finden, sich verständlich machen und mitteilen können? Führen daher vielleicht manche alte Menschen einen ständigen Kampf darum, daß das eigene Leben, die

---

29 Vgl. die Frage von Max Frisch in seinem „Fragebogen": „Haben Sie Freunde unter den Toten?" (M. Frisch, Tagebuch, 425).

eigenen Erfahrungen nicht als „überlebt" und „vergangen" vergessen werden, und klagen damit Bedeutung und Wert des Erlebten und Erlittenen ein? Wie soll aus Erinnerungsbruchstücken das eigene Leben wiedergefunden werden, wenn die fehlen, die die eigenen Erfahrungen geteilt haben und verstehen, bezeugen, miterzählen, ergänzen können, aber auch korrigieren würden? „Warum habe ich ihm/ihr das nie gesagt! Wenn ich ihm/ihr das bloß noch sagen könnte!" Oft beklagen alte Menschen, daß jene tot sind, die sie um Verzeihung bitten möchten, denen sie selbst verzeihen möchten oder denen sie nicht verzeihen wollen, die sie damit konfrontieren müßten, was sie ihnen angetan haben. Wie sollen alte Menschen auf das eigene Leben zurückblicken, wenn Menschen tot sind, mit denen sie eigentlich noch einmal sprechen müßten, um die eigenen Erinnerungen ertragen zu können! Alten Menschen fehlen ihre Toten. Viele vermissen sie schmerzvoll. Sie sehnen sich nach einzelnen Toten, sie suchen diese, und manche finden zu ihren Toten, sehen sie und sprechen mit ihnen, bleiben aber getrennt von ihnen.

Cees Nooteboom beschreibt eine Szene in Ingmar Bergmans „Wilde Erdbeeren", in der der alte Mann – auf seiner Reise zur Verleihung der Ehrendoktorwürde – sich auf einer Rast unter einen Apfelbaum hockt, „und fast im selben Moment geschieht es, er schaut in seine Vergangenheit, die Fensterläden des Hauses sind plötzlich geöffnet, fröhliche Stimmen sind zu hören, er sieht seine erste Liebe, seine Cousine Sara, er spricht mit ihr, sie aber kann ihn, siebzig Jahre früher, nicht sehen, nicht hören, sie befindet sich an einem anderen Ort in der Zeit, unberührbar in der Vergangenheit eingeschlossen, er ist in sein soviel späteres Leben verbannt, kann nur schauen, und die Begierde, mit der er das tut, mit der er sich noch ein einziges Mal in seine eigene, unwiderruflich verronnene Vergangenheit begeben würde, und die Tragik, daß dies nicht möglich ist, das alles steht Victor Sjöström im Gesicht geschrieben, ..."[30]

Wenn ich als Krankenhausseelsorger kranke alte Menschen besuche und wenn wir in der Klinischen Seelsorgeausbildung Beziehungen zu kranken alten Menschen reflektierend begleiten, bemühe ich mich und bemühen wir uns, die Erfahrungen kranker alter Menschen zu hören, trotzdem anzuerkennen, daß es Verstehensbarrieren gibt, und Nähe und Vertrauen zu gewinnen: Wir erinnern die Geschichte der zwei alten Bauern und versuchen, die Gefühle der alten Menschen wahrzunehmen und zu teilen. Wir versuchen, in der Begegnung mit alten Menschen eigene Erfahrungen wiederzufinden, zu erinnern und zu erzählen. Wir bemühen uns, kranke alte

30 C. Nooteboom, Zeit.

Menschen, denen wir begegnet sind, in unserer Seelsorge durch Erzählen zu erinnern.

Indem wir dies tun, versprechen wir, auch jene, die wir gerade besuchen, zu erinnern und von ihnen weiterzuerzählen. Von der Frau, von der ich das Segnen lernte und die ich in diesem Text vergegenwärtige, erzähle ich auch in der Geriatrie. Diese Frau, die mir über die Zeit hinaus ihren Segen bewahrt und schenkt, ist für manche kranke alte, aber auch junge PatientInnen und für manche KrankenhausseelsorgerInnen eine Freundin unter den Toten geworden. Nähe zu und bewußte Parteilichkeit für als „verwirrt" etikettierte alte Menschen, eine solche Praxis der Krankenhausseelsorge, kann dazu führen, daß die KrankenhausseelsorgerInnen selbst als „verwirrt" angesehen werden. Die Frage, um die es geht, heißt aber: Können so kranke alte Menschen zu ihren Toten finden und endlich sich verstanden fühlen? Lassen sich so auch die Toten finden?

Für eine Patientin bin ich der Holger. Sie mag den Holger, freut sich über seinen Besuch, auch über die Ankündigung des nächsten Besuchs. Sie sagt: „Du bist ein lieber Mensch." Sie ist verduzt, wenn der Holger sie zum Abschluß des Besuchs segnen und ihr ein Kreuzzeichen auf die Stirn machen möchte. Dann sagt sie: „Du hast recht, das ist auch wichtig." Wenn ich sie besuche und gleichzeitig Familienangehörige bei ihr sind, bin ich der Krankenhausseelsorger. Es ist unser Geheimnis, daß ich eigentlich der Holger bin, deshalb frage ich die Angehörigen auch nicht, wer der Holger ist.

BARBARA STÄDTLER-MACH

Seelsorge mit Kindern / im Kinderkrankenhaus

1. Zur Entwicklung der Kinderseelsorge

Kinderseelsorge ist ein verhältnismäßig neuer Zweig der Krankenhausseelsorge. Sicherlich hat es innerhalb der kirchlichen Arbeit immer auch die seelsorgerlich verstandene Zuwendung einzelner Erwachsener zu einem Kind gegeben. Doch waren Kinder eher als Zielgruppe für spezielle Veranstaltungen, für Kindergottesdienst und Religionsunterricht, im Blick.

In Deutschland begann die Entwicklung zur Seelsorge mit Kindern in einzelnen Kinderkrankenhäusern während der 60er Jahre. Zunächst waren es einfühlsame Kinderärzte und -krankenschwestern, die die menschlichen Nöte speziell der langzeitkranken Kinder beobachteten. Chronisch kranke Kinder mit langen Krankenhausaufenthalten standen deshalb auch im Mittelpunkt, als einzelne Stationen in Kinderkliniken einen Seelsorger oder eine Seelsorgerin bekamen. Bei der Behandlung der Kinder entstand die Einsicht, daß ein Kind in der Zeit seiner Krankheit und seines Krankenhausaufenthaltes durchaus der ganz persönlichen Begleitung und eines besonderen Verständnisses für seine Situation bedarf.

So gehen die Anfänge der Kinderkrankenseelsorge bei uns häufig auf die Erkenntnis der Notwendigkeit persönlicher Begleitung sowie auf ein entsprechendes Engagement von Ärzten, Pflegedienstleitungen und Mitarbeitenden der psychosozialen Fachdienste zurück.[1]

Mit unterschiedlicher Unterstützung haben die Leitungen der einzelnen Landeskirchen reagiert. Seit Mitte der 80er Jahre arbeiten zunehmend haupt- und nebenamtliche Seelsorgerinnen auf Kinderstationen und in Kinderkliniken. Diese Tätigkeit wird auch zunehmend reflektiert und publiziert.[2]

---

1 Vgl. zum Ganzen O. Braun, Seelsorge, 1983.
2 Grundlegend hierzu sind: D. Bobzin, Seelsorge, 1987; O. Stange, Zu den Kindern gehen, 1992; B. Städtler-Mach, Seelsorge mit Kindern, 1998. – Aus dem Bereich der Biblisch-Therapeutischen Seelsorge: M. Dieterich, Seelsorge, 1993.

Innerhalb Deutschlands haben sich die Seelsorgerinnen und Seelsorger an Kinderkliniken zur „Fachkonferenz für Seelsorge an Kinderkliniken und auf Kinderstationen" zusammengeschlossen. In den einzelnen Landeskirchen existieren Regionalgruppen. Fachkonferenz und Regionalgruppen haben die Aufgabe der kollegialen Beratung, der gegenseitigen Information sowie der Darstellung der Kinderseelsorge innerhalb der kirchlichen Arbeit.

2. Die Situation von kranken Kindern im Krankenhaus

Die Kinderseelsorge orientiert sich an dem individuellen Erleben eines Kindes sowie an den spezifischen Bedingungen einer Kinderklinik bzw. dem Verlauf einer Therapie. Dabei spielen viele verschiedenartige Faktoren eine Rolle.

So ist zunächst das *Lebensalter* eines Kindes ganz entscheidend. In der Kinderklinik treffen wir auf Kinder von den kleinsten Früh- und Neugeborenen über Säuglinge und Kleinkinder bis hin zu den sprechfähigen Kindergarten- und Schulkindern. Schulkinder in der Pubertät und Jugendliche sind vielfach Patienten in Kliniken für Erwachsene, aber auch zuweilen noch in Kinderkliniken. Patienten einer Kinderklinik sind folglich Menschen von ganz unterschiedlichen Lebens- und Entwicklungsstufen mit je eigenen Herausforderungen an die Art der Kommunikation, mit differenzierten Erkenntnis- und Verstehensmöglichkeiten. Grundsätzlich sind sie in Phasen menschlichen Lebens, in denen positive wie negative Einflüsse, fördernde wie verletzende Begegnungen, ermutigende wie verängstigende Erfahrungen von ganz besonderer Tragweite sind. Die Anfälligkeit für Störungen der eigenen Normalität, die Angst vor Trennungen von den Bezugspersonen sowie das allgemeine Gefühl des Ausgeliefertseins sind in den Lebensaltern der Patientinnen und Patienten einer Kinderklinik besonders ausgeprägt.

Neben den Charakteristika des Lebensalters ist für Kinder die *Art der Erkrankung* von Bedeutung, weil sie mitentscheidet, ob ein Krankenhausaufenthalt planbar ist oder nicht. So ist es für Kinder wesentlich, ob sie überraschend in eine Klinik eingeliefert werden, wie etwa bei Unfällen oder entzündlichen Erkrankungen, oder ob der Krankenhausaufenthalt geplant werden konnte, wie z.B. bei notwendigen Operationen. Besonders belastend ist es, wenn ein Kind häufig und wiederholt ins Krankenhaus kommt, wie beispielsweise bei chronischen Krankheiten oder Krebs.

Charakteristisch für Kinder im Krankenhaus ist weiterhin, daß *immer eine ganze Familie mitbetroffen* ist. Da ein Kind nie selbständig lebt, hat seine Krankheit bzw. der Krankenhausaufenthalt Konsequenzen für eine weitere Gruppe von Menschen. Häufig werden durch den Krankenhausaufenthalt die Alltagsabläufe einer Familie beeinträchtigt oder ganz zerstört. Die Situation erfordert von allen Familienmitgliedern Flexibilität, die Bereitschaft, sich umzustellen und häufig auch, Verzicht zu üben. Zur Seelsorge mit Kindern im Krankenhaus gehört deshalb immer auch der Blick auf das „System Familie", auch wenn Teile der Familie, z.B. die Geschwisterkinder, im Krankenhaus gar nicht selbst erscheinen.

Gleichzeitig wird die Situation des kranken Kindes wesentlich durch das *„System Krankenhaus"* geprägt. Vom ersten Augenblick der Aufnahme an wird das Kind von Menschen befragt, berührt und behandelt, die es nicht kennt und deren Tätigkeiten ihm meistens fremd sind. Das Leben vollzieht sich in Abläufen, die dem Kind – zumindest beim ersten Krankenhausaufenthalt – gänzlich unbekannt und oft auch unheimlich sind. Eine Fülle von Menschen begegnet ihm, deren Funktion im allgemeinen und deren Bedeutung für seine persönliche Befindlichkeit ihm nicht verständlich ist. In einigen Situationen – beispielsweise für bestimmte Untersuchungen, zu Operationen oder Bestrahlungen – muß sich das Kind zeitweise von seiner Bezugsperson trennen. Diese Trennung bedeutet häufig noch eine Steigerung des Fremdheits- und Verlassenheitsgefühls.

Das *Erleben der Krankheit an sich* bereitet dem Kind in der Regel Schmerzen, Verzicht auf Vertrautes, z.B. beim Essen, und Einschränkung seiner Bewegungs- und Spielmöglichkeiten. Inmitten dieser Kinder, die ihre Krankheit und die Klinik als Not erleben, begegnen auch immer wieder Kinder, für die der Krankenhausaufenthalt eine überwiegend angenehme Zeit darstellt. Der rhythmische Tagesablauf mit Essen, Schlafen und Beschäftigung, die gleichbleibende Zuwendung der Pflegenden (und oft auch der ehrenamtlichen „Besuchstanten") wie auch die Gemeinschaft mit anderen Kindern sind für sie Lebensvollzüge, die sie in ihrem Alltag in dieser Zuverlässigkeit nicht haben.

Im allgemeinen ist jedoch davon auszugehen, daß die Zeit einer Krankheit im Krankenhaus für das Kind und für dessen Bezugspersonen bzw. Herkunftsfamilie eine außergewöhnliche, überwiegend angstbesetzte und krisenhafte Erfahrung ist.

3. Die Ziele der Kinderseelsorge

Die Seelsorge mit Kindern hat ebenso wie die mit Erwachsenen das Ziel, in Begegnung, Gespräch und Begleitung die Zuwendung Gottes zu Menschen deutlich werden zu lassen. Während diese Zuwendung den Erwachsenen gegenüber seit Jahrhunderten – wenn auch mit unterschiedlichen Inhalten – selbstverständlich war, ist dies den Kindern gegenüber nicht der Fall gewesen.

Insofern ist das erste Ziel der Seelsorge mit Kindern überhaupt deren *Wahrnehmung*. Kinder existieren im Krankenhaus mit ihren besonderen Befindlichkeiten, Ängsten und Bedürfnissen. Sie dort aufzusuchen und ihre kindliche Daseinsweise – bis hin zum allerkleinsten Frühgeborenen – zu sehen, ist bereits ein Ziel der Kinderseelsorge. In der Kontaktaufnahme zum Kind drückt sich bereits die *Wertschätzung* des Kindes aus. Das Kind wird aufgesucht, weil es um seiner selbst willen besucht werden soll, nicht, um ein „Ziel" mit ihm zu erreichen. An dieser Stelle unterscheidet sich die Seelsorge deutlich von den pflegerischen, medizinischen und psychosozialen Angeboten des Krankenhauses. Das Kind muß nichts einnehmen oder hergeben, nichts sagen oder tun, schon gar nichts lernen oder glauben, letzten Endes die Seelsorge noch nicht einmal annehmen. Daß es zu einem seelsorgerlichen Besuch kommt, liegt allein in der Wertschätzung des Kindes. Dies wird gerade beim Besuch eines Säuglings besonders deutlich. Hier ist die Wertschätzung für die Eltern wichtig, die sie häufig auf sich beziehen: Auch wenn mein Kind sehr früh geboren, behindert oder mißgebildet ist, kommt jemand, der gar nichts von ihm will, gibt ihm die „Ehre" eines Besuches.

Wo sich ein Kind und seine Angehörigen dafür öffnen, geschieht durch die Seelsorge *Begleitung*. Sie ist natürlich an den Möglichkeiten und vor allem den Bedürfnissen des Kindes und seiner Eltern ausgerichtet. Die seelsorgerliche Begleitung orientiert sich von ihrer Ausrichtung her am Evangelium, an der guten Botschaft, daß Gott alle Menschen geschaffen hat und sich ihnen in Liebe zuwendet. Daß hierbei die Kinder eine besondere Mittelpunktstellung genießen, ist der zentrale Ausgangspunkt der Seelsorge mit Kindern. Von daher findet die Seelsorge ihre konzentrierteste Form in Worten, Handlungen und Symbolen der christlichen Verkündigung.

4. Die Arbeitsweise in der Kinderseelsorge

Verglichen mit der Seelsorge mit erwachsenen Patienten vollzieht sich die Seelsorge mit Kindern sowohl in einem besonderen Rahmen (s. unter 2.) als auch mit zumindest teilweise anderen Methoden. Gleich mit der Erwachsenenseelsorge ist die Geh-Struktur: Seelsorgerinnen und Seelsorger gehen in die Zimmer zu den Kindern und deren Müttern und Vätern oder begleiten sie zu bestimmten Räumen bei Untersuchungen, Operationen, speziellen Gesprächssituationen (z.B. Arztgespräch in einem Sprechzimmer). Bei den Besuchen selbst steht in der Regel auch das Gespräch im Vordergrund, orientiert an den bereits genannten Kommunikationsmöglichkeiten des Kindes. Bei kleinen Kindern oder Säuglingen ist häufig zunächst das Gespräch mit einem Erwachsenen der Ausgangspunkt, bis das

Kind es zuläßt, daß sich ihm ein fremder Erwachsener – der Seelsorger, die Seelsorgerin – zuwendet.

Der seelsorgliche Kontakt wird neben dem Gespräch auch durch andere Kommunikationsformen geknüpft. Bei einem Baby besteht die Möglichkeit des Schaukelns, Wiegens, Streichelns. Für Kinder allen Alters ist selbstverständlich das Spiel eine mögliche Form des Kontakts. Das kann ein bestimmtes Spiel sein, das gemeinsam gespielt wird, aber auch ein freies Spiel mit Puppen, Plüschtieren oder erfundenen Rollen. Die Seelsorgerin wird sich dabei immer daran orientieren, was ihr das Kind anbietet oder worauf es besonders eingeht.[3]

Eine besondere Form der Zuwendung besteht im Vorlesen und Erzählen. Das Angebot, einem Kind etwas vorzulesen, wird möglicherweise zunächst als einfache Unterhaltung verstanden. Die Wahl des Buches, auch des Buches, das das Kind vielleicht dabei hat, gibt Anknüpfungspunkte für Gespräche oder das Benennen bestimmter Problemkonstellationen.

Größere Kinder lassen sich auch zum Malen einladen, insbesondere, wenn sie strenge Bettruhe einzuhalten haben. Die Bilder zeigen häufig Szenen, in denen sich das Kind jetzt befindet und mit denen es sich auseinanderzusetzen hat, häufig auch häusliche oder „Traumszenen". Die Möglichkeit, die Bilder der Kinder zu „lesen", gibt Aufschluß über ihre Befindlichkeit, zumindest jedoch Anknüpfungspunkte für ein Gespräch.

Auch außerhalb des in vielen Krankenhäusern üblichen Schulunterrichts gibt es die Möglichkeit, mit mehreren Kindern gleichzeitig zu spielen, vorzulesen, eventuell etwas zu gestalten.

5. Die geistlichen Angebote: Gottesdienst und Ritual in der Kinderseelsorge[4]

Kommt durch Spielen, Gespräch oder Vorlesen im Kranken- oder Spielzimmer und am Bett die Begleitung in kranken Zeiten für das Kind im Rahmen seiner Krankenhauswelt zum Ausdruck, so geschieht dies im Gottesdienst noch auf eine andere, ganz vom Krankenhausleben unterschiedene Weise. Wo eine Kapelle, Kirche oder ein eigens dafür gedachter Raum zur Verfügung steht, sollte er unbedingt genutzt werden. Auch wenn vielen Kindern heute der sakrale Raum, die besonderen Gegenstände des Altars, Sprache und Musik des Gottesdienstes nicht vertraut

---

3 B. Bettelheim, Was Kindern Spielen bedeutet, in: Ders., Zeiten, 25–50.
4 Vgl. B. Städtler-Mach, Spiritualität, 415 ff.

sind, besteht im Krankenhaus die Möglichkeit, ihnen diesen Bereich auch zu zeigen. Die Verkündigung der Liebe Gottes, die sich in Jesus Christus in vielfältigen Formen zeigt, wird der zentrale Bestandteil kindgemäßer Gottesdienste sein. Gerade in Zeiten persönlicher Einschränkung durch Schmerz, Bett und pflegerische Maßnahmen eröffnet der Gottesdienst einen Raum der Freiheit: Klage, Lob und Dank haben hier ihren besonderen Platz.

Auch am einzelnen Bett eines Kindes lassen sich Rituale vollziehen: So kann eine Gute-Nacht-Geschichte, ein Gebet oder Segenswunsch den besonderen Aspekt der Seelsorge zum Ausdruck bringen.

Einen bedeutsamen Platz in der Kinderseelsorge nimmt die Taufe ein. So wenig die Taufe in den Bereich von Entbindungskliniken mit überwiegend gesunden Neugeborenen gehört, so wichtig wird sie für Eltern – und häufig auch für Mitarbeitende der Kinderklinik – auf Stationen mit Früh- und Neugeborenen, deren Leben bereits kurz nach der Geburt bedroht ist.

Wenn sich abzeichnet, daß ein neugeborenes Kind keine Chance zum Überleben hat, ist die Taufe eine Möglichkeit, den besonderen Wert und den Geschenkcharakter auch dieses Kindes gerade in einer Intensivstation darzustellen. Das Ritual der Taufe empfinden viele Eltern als eine Zuwendung für ihr Kind und sicherlich auch als eine Vergewisserung für sich selbst. So sagte mir einmal ein Vater, der Taufschein wäre das einzige Dokument von seinem Sohn, das nichts mit Krankheit zu tun hätte. Verläßt ein Kind nach einer Taufe die Klinik, weil sich sein Ergehen gebessert hat, besteht die Möglichkeit, in der Heimatgemeinde einen Gottesdienst zur Tauferinnerung zu feiern.

6. Die konkrete Situation: Zwei Fallbeispiele

An zwei Fallbeispielen läßt sich Grundlegendes aus der Arbeit der Seelsorge mit Kindern und ihren Eltern aufzeigen.

Martin (Name geändert)

Martin kommt im Alter von drei Jahren als Patient in unsere Kinderklinik. Seine Diagnose: Akute Lymphatische Leukämie. Martin ist das erste und bislang einzige Kind seiner Eltern. Sein Vater ist Spanier, seine Mutter Deutsche, wobei der Kontakt zu ihrer Herkunftsfamilie schlecht ist.

Martin hält sich über Monate hinweg zur Intervallbehandlung der Chemotherapie in unserer Klinik auf. Seine Mutter ist nahezu immer bei ihm, übernachtet auch in der nahegelegenen Elternwohnung. Sie bekommt praktisch keine Unterstützung von ihrer Verwandtschaft, die am gleichen Ort wohnt. Der Vater entstammt wohl einer Großfamilie, die jedoch wegen der weiten Entfernung kaum zu Besuch kommt. An die Stelle der Familie tritt zunehmend die „Familie" des Krankenhauses, bestehend aus Ärzten, Schwestern und ehrenamtlichen Besuchsfrauen. Die Seelsorge beschränkt sich zunächst auf regelmäßige Besuche, die Martins Mutter zu intensiven Gesprächen über ihre eigene Biographie und das Leben mit dem krebskranken Kind nutzt. Während der Therapie wird Martins Mutter zum zweitenmal schwanger, den größten Teil der Schwangerschaft verbringt sie spielend, vorlesend, schmusend an Martins Bett. Der Vater läßt sich im Krankenhaus nur wenig sehen. Ist er da, spielt er mit seinem Sohn.

Als Seelsorgerin besuche ich die Mutter in der Entbindungsklinik nach der Geburt des zweiten Kindes, einer Tochter. Die Ambivalenz ihres Mutterseins: Glück und Leid zugleich in zwei Kindern bestimmt ab jetzt deutlich die Gespräche. Die Elterninitiative krebskranker Kinder unterstützt Martins Mutter in der Fürsorge des Babys, so daß sie sich weiterhin um Martin kümmern kann. Bei den Besuchen an seinem Bett verschiebt sich das Schwergewicht der Gespräche auf Martins Zustand. Er hat nach einem Rezidiv schlechte Chancen. Sein Verhalten wird immer kindlicher, er ist stark auf die Mutter fixiert, läßt kaum andere Personen an sich heran. Durch die vielfache Beanspruchung ist Martins Mutter zunehmend belastet, sie sucht für sich Aussprache und Unterstützung, um mehr für ihre beiden Kinder Kraft zu haben. Martins Zustand verschlimmert sich, die Ärzte sehen keine weitere Therapiemöglichkeit. Die letzten Wochen verbringt er mit den Eltern und der kleinen Schwester zu Hause, bevor er für seine letzten Lebenstage wieder in die Klinik kommt. Martin stirbt im Beisein der Mutter.

Die Eltern bitten mich um das Begräbnis, „weil Sie uns so gut kennen". Bei dem Trauergespräch zu Hause kommen viele Ereignisse in der Klinik, aber auch die belastete Ehe der Eltern zur Sprache. An der Beerdigung selbst nehmen viele Mitarbeitende der Station teil, außerdem ehrenamtliche Besuchsfrauen. Auch nach dem Begräbnis sucht die Mutter immer wieder Kontakt zu mir, um über Martins Krankheitszeit zu sprechen.

Jennifer

Jennifer kommt in der 32. Schwangerschaftswoche auf der Wochenstation unserer Erwachsenenklinik zur Welt. Sie ist völlig unreif, bekommt Hirnblutungen und hat zunächst wenig Überlebenschancen. Ihre Mutter bittet um den Besuch der Pfarrerin. Sie hat Angst um ihr Kind, das sie sich sehr gewünscht hat. Im ersten Gespräch teilt sie mit, daß der Vater des Kindes sie verlassen hat. Sie bittet um die Taufe, obgleich keine akute Lebensgefahr besteht. Wenige Tage nach der Taufe verändert sich Jennifers Zustand: sie stabilisiert sich, entwickelt sich langsam, bleibt aber deutlich ein behindertes Kind. Jennifers Mutter kann diese Veränderungen schlecht nachvollziehen, ihre Wünsche schwanken zwischen der Sehnsucht, ihr Kind zu behalten, und dem Gebet, es möge sterben, um nicht behindert leben zu müssen. Viele Gespräche finden statt, wobei Jennifers Mutter auch ihre Beziehung zu Jennifers Vater thematisiert.

An beiden Beispielen lassen sich die Kennzeichen der Kinderseelsorge festmachen:

- Die Seelsorge geht über den Kontakt zum Kind selbst hinaus. Sie betrifft die ganze Familie.
- Bei langem Krankenhausaufenthalt kommt es zu einer Art von Familienbildung auf der Station. Die Seelsorgerin ist dabei ganz in die Dynamik der Station und der „echten" Familie mit eingebunden.
- Die Seelsorge verschiebt sich manchmal auf andere Mitglieder der Familie, die sich sehr stark mit dem Kind belasten.
- Durch regelmäßige Besuche ereignet sich Seelsorge auch an Mitarbeitenden der Station und ehrenamtlichen Mitarbeiterinnen.
- Geburt und Tod sind krisenhafte Ereignisse, die existentielle Erfahrungen für die Betroffenen und die Seelsorgenden vermitteln.[5]
- Christliche Rituale helfen auch unkirchlichen Familien, krisenhafte Ereignisse im Zusammenhang mit Kindern zu bewältigen.
- Die Person eines vertrauten Seelsorgers oder einer vertrauten Seelsorgerin können für die Vermittlung christlicher Hoffnung hilfreich sein.

7. Theologische Reflexionen

Auf der Suche nach biblischen Aussagen zum Kind, die für die Kinderseelsorge fruchtbar gemacht werden können, fällt vor allem die Erzählung von der Kinderfreundlichkeit Jesu ins Auge (Mk 10 und Parallelen): Jesus selbst nimmt die Kinder an, läßt sie nahe zu sich heran und gibt ihnen seine Zuwendung und Zärtlichkeit. Diese Schilderung von Jesus als einem Freund der Kinder reichte aus, um die Bedeutung der Kinderseelsorge aus dem Handeln Jesu heraus darzustellen. Darüber hinaus stellt Jesus ein Kind in die Mitte, um an ihm die entscheidenden Worte im Rangstreit der Jünger festzumachen (Mk 9,36).

Für ein theologisches Verständnis der Kinderseelsorge sind auch die Aussagen über das „göttliche Kind" selbst heranzuziehen. „Gott ist ein Kind geworden" lautet die Botschaft der Engel von der Menschwerdung Gottes. Wo eine Verstehenshilfe für die Theologie der Kinderseelsorge gesucht wird, kann diese elementare Botschaft des christlichen Glaubens keinesfalls unbeachtet gelassen werden. Im Gegenteil: Wenn die Menschwerdung Gottes wesentlich für den christlichen Glauben ist, ist die Wertschätzung des Menschen, zumal des Kindes, unabdingbare Folge.

---

5 H. Lothrop, Gute Hoffnung, 218–225.

Vom christlichen Menschenbild her ist das Kind ein vollwertiges Geschöpf Gottes. Es ist gut so, wie es ist, und muß nicht erst „ein erwachsener Mensch" werden. Diese Vollwertigkeit betrifft auch das frühgeborene, mißgebildete und behinderte Kind.

Die Seelsorge mit Kindern bringt diese Wichtigkeit des Kindes zum Ausdruck, verschafft in ihrer Arbeitsweise der Besonderheit von Kindern und ihren Herkunftsfamilien Geltung. Den erwachsenen Frauen und Männern, die in der Seelsorge mit Kindern stehen, vermittelt sie die Möglichkeit, mit dem Kind in ihnen selbst in Kontakt zu treten und zu bleiben.[6]

---

6 R. Riess, „Wenn ihr nicht werdet", in: ders., Jahre 1993, 775 ff.

ANNA CHRIST-FRIEDRICH

Seelsorge
mit Suizidantinnen und Suizidanten

1. Situation

Es ist 2 Uhr morgens. Während noch um das Herz eines ca. fünfzigjährigen Mannes gekämpft wird, kommt die Nachricht, daß eine Entgiftung ansteht. Ein 35jähriger Suizidant hat sich mit einer höheren Dosis Tabletten das Leben zu nehmen versucht. In der Ambulanz zwei Stockwerke tiefer liegt gleichzeitig eine 16jährige Suizidantin, deren Handgelenke genäht werden müssen. Diese Versorgung bedeutet für das Personal häufig einen überflüssigen Aufwand, vor allem wenn die Intensivstationen bzw. Ambulanzen schon am Rande ihrer Kapazitäten sind. Es ist ärgerlich: – hier kämpft man um das Leben einer Person, die leben möchte, – gleichzeitig wird ein junger Mensch hineingeschoben, der sich einfach so (wie es den Anschein hat) dem Leben zu entziehen versucht.

Im Kontext des medizinischen Versorgungswesens sind SuizidantInnen oft ein schwieriges Klientel. Sie bedeuten einen Affront gegen die medizinische Verpflichtung, Leben zu retten und zu erhalten. Ebenso liegt ihre Handlung quer zum Fortschritt medizinisch-technischer Entwicklung, obwohl gerade diese dann eingesetzt werden muß, um etwa komplizierte Intoxikationen rückgängig zu machen oder schwere Selbstverstümmelungen zu korrigieren.

Gleichzeitig sind Suizidhandlungen nach wie vor mit einem Tabu belegt. Es ist in der Regel sowohl Betroffenen wie Angehörigen peinlich[1]. Sowohl von SuizidantInnen, wie von deren Verwandten und Bekannten, wie vom medizinischen Personal wird versucht, die Angelegenheit zu bagatellisieren[2].

Auch in Intensivstationen, die häufig mit dieser Problematik konfrontiert werden, werde ich immer wieder gefragt, wie offen dieses Thema angesprochen werden darf. Die Begegnung mit Tod, selbstgewähltem Tod oder Todessehnsucht wird gemieden bis bestraft. Aussagen wie „So ein

---

1 H.-L. Wedler, Patient, 7; C. Swientek, Frauen, 12.
2 So wird in den Kliniken die schwere Vergiftung, als deren Folge eine Lungenentzündung zum Tode führte, häufig „vergessen" – Todesursache war ja die Pneumonie. Dazu H.-L. Wedler, Patient, 12.

Schwächling" oder „das darf er/sie doch nicht, einfach den Aufgaben davonlaufen" oder als Kommentar zu einem Suizidversuch: „Nicht einmal das hat er richtig angepackt" geben davon beredtes Zeugnis.

In diesen gesellschaftlichen Zusammenhang fällt auch die Begegnung des Pfarrers bzw. der Pfarrerin mit SuizidantInnen. Es wird kaum einen Patienten/eine Patientin geben, die den Suizidversuch als Ursache ihres Krankenhausaufenthalts angeben wird. Dazu kommt noch, daß die Bereitschaft, darüber zu reden, abnimmt, je länger der Suizidversuch her ist.

Auch die theologische Tradition hat eine äußerst schwierige Geschichte mit der Selbstmord-Thematik.[3] Das klassische Nein, so zuerst zusammengefaßt von Thomas von Aquin, verbietet den Suizid, weil er einen Affront gegen die natürliche Neigung zur Selbsterhaltung bedeutet, weil er sich gegen Gott und gegen die Gemeinschaft wendet.[4] Ergänzt werden diese klassischen Argumente durch das Nein aus dem Glauben heraus.[5]

Damit ist der Pfarrer/die Pfarrerin in besonderem Maß Repräsentant der moralischen Instanz, die sagt, daß ‚man sich das Leben nicht nehmen darf', selbst wenn er oder sie das weder äußert noch denkt. Es scheint mir wichtig, diese Dimension der Scham und der Scheu im Auge zu behalten, um sie eventuell später direkt ansprechen zu können.

2. Zahlen

Jährlich nehmen sich etwa 14000 Menschen[6] in Deutschland das Leben[7]. Neuere Zahlen bestätigen einen deutlichen Unterschied zwischen den alten und den neuen Bundesländern: 1992[8] betrug die Gesamtzahl der

---

3 Exemplarisch dafür sei festgehalten, daß es in der Vergangenheit üblich war, daß Suizidtote, wenn überhaupt, ohne Glocken, außerhalb der Kirchenmauern bestattet wurden und daß eine andere Agendenformulierung galt. Zur theologischen Tradition im Umgang mit Suizid: K. P. Jörns, Nicht leben; H. Kuitert, Urteil, und V. Lenzen, Selbsttötung.

4 Pointiert zusammenfassend formuliert bei H. Kuitert, a.a.O., 44ff.

5 So D. Bonhoeffer in seiner Ethik: „Das Recht des Selbstmordes zerbricht allein an dem lebendigen Gott" (183), „Es gibt keinen anderen zwingenden Grund, der den Selbstmord verwerflich macht als die Tatsache, daß es über den Menschen einen Gott gibt" (179), oder Karl Barth, KD III,4: „... – kein: „Du sollst leben!", sondern das: „Du darfst leben!", das kein Mensch dem anderen und auch Keiner sich selber sagen kann, das aber Gott selber gesprochen hat und immer wieder spricht" (a.a.O., 463, ebenso 464).

6 H. Wedler et al, Suizidalität, 397. Neuere Zahlen in Bronisch, Suizid.

7 In der Schweiz sind es etwa 1500 Menschen, die sich jährlich das Leben nehmen, T. Haenel, Suizidhandlungen, 25. Mit dieser Suizidrate liegen sowohl Deutschland, die Schweiz und Österreich im Spitzenbereich, dazu H. Wedler et al, Suizidalität, 397ff.

8 A. Schmidtke/B. Weinacker, Suizidalität, 4ff.

Suizidtoten für das Gebiet der ehemaligen BRD 10087 Personen (davon 7019 Männer und 3068 Frauen). Im Gesamtgebiet der ehemaligen DDR hingegen begingen nach den bis jetzt zugänglichen Statistiken 3342 Personen (davon 2290 Männer und 1052 Frauen) Suizid. Wie die Zahlen andeuten, verüben über doppelt soviel Männer wie Frauen vollendete Selbsttötungen, im Gegensatz zu den Suizidversuchen, bei denen sich das Verhältnis zwischen Männern und Frauen genau umgekehrt verhält.

Die Zahl der parasuizidalen Handlungen (nichttödliche Suizidhandlungen) festzustellen, ist wesentlich schwieriger. Geschätzt wird die Zahl für Gesamtdeutschland auf etwa 200–300000 Betroffene. Die Dunkelziffer wird relativ hoch beurteilt, da für den Suizidversuch keine Meldepflicht besteht.[9] Gründe für die hohe Dunkelziffer liegen u. a. darin, daß viele Suizidversuche zu Hause oder allenfalls durch den Hausarzt begleitet, ‚intern' geregelt werden.

3. Die Bedeutung von Suizidhandlungen

SuizidantInnen, seien es Menschen mit Suizidgedanken oder nach dem Suizidversuch, wie sie im Krankenhaus anzutreffen sind, befinden sich meist in einer Krise, einer Entscheidungs- oder Wendesituation. Manchmal ist diese bewußt, oft auch nicht.

In der Arbeit mit suizidalen Personen ist es deshalb wichtig zu wissen, daß die Suizidhandlung oder der Suizidwunsch oft äußerst ambivalent ist.[10] So kann es durchaus vorkommen, daß die 40jährige Frau, die immer wieder Suizidgedanken äußert, gleichzeitig sehr besorgt ist und alles zur Gesundung tut, wenn sie das Gefühl hat, ihr Kreislauf sei nicht in Ordnung. Die Suizidalität allerdings ist auch in diesem Fall sehr ernst zu nehmen.

Bei parasuizidalen Handlungen sind *Suizidhandlung und Sterbenwollen häufig nicht identisch*. Deshalb ist es nicht erstaunlich, daß nach einem Suizidversuch zwischen 80–85 % der Betroffenen einverstanden sind damit, daß sie gerettet wurden.[11] Wenn diese Personen nach der Suizidhandlung auf ihr ‚Tot-sein-wollen' direkt angesprochen werden, folgt häufig die Antwort, daß der Tod eigentlich nicht ihr Ziel gewesen sei, aber ... Und dann bekommt man möglicherweise das Stück (Leidens-)Geschichte zu hören, das zur Suizidhandlung greifen ließ.

---

9 T. Haenel, Suizidhandlungen, 37; H.-L. Wedler, Patient, 13.
10 T. Haenel, Suizidhandlungen, 35ff.
11 T. Haenel, Suizidhandlungen, 36; A. Reiner/C. Kulessa, Ausweg, 68.

Damit aber wird deutlich, daß der Umgang mit suizidalen Menschen nicht heißt, daß der Seelsorger/die Seelsorgerin es mit Menschen zu tun hat, die nur nach dem Tode streben. Sondern im Gegenteil: Er/Sie läßt sich auf eine äußerst ambivalente Interaktion ein, die viel mit kommunizieren-wollen, mit lebendiger, aber auch verzweifelter Suche nach neuen Möglichkeiten zu tun hat. Gelingt die Kommunikation durch einen Suizidversuch, will sagen, gelingt es den PatientInnen damit wirklich, ihre leidvolle Situation für sich selber und das Umfeld durchsichtig zu machen, kann dies ein ‚zwar gefährlicher, aber sinnvoller Meilenstein' in einer Biographie sein. Gelingt das ‚Sich-Kommunizieren' (durch die suizidale Handlung) nicht, dann muß eine drastischere Sprache angewendet werden. Daraus wird verständlich, daß 70–75 % dieses Personenkreises (nach einem Suizidversuch) nie wieder einen Versuch verüben, 25 % aber gefährdet bleiben.[12]

Suizidales Handeln wird generell in den Kontext von Depression gestellt. So ist auch Suizidalität häufig ein Teil des depressiven Krankheitsbildes.[13] Dennoch ist es für die Begegnung des Seelsorgers/der Seelsorgerin wichtig, die psychodynamischen Komponenten im Auge zu behalten. So gehört zu jeder suizidalen Handlung die Motivstruktur: *Aggression* (in der Regel auf Personen aus dem nächsten Umfeld der Betroffenen), *Autoaggression*, die Dimension von *Flucht* aus der jetzigen Situation bzw. eine *Zäsur* im momentanen Zustand und der *Appell*.[14] Das heißt, es ist sinnvoll, die aggressive Dimension der Suizidhandlung wahrzunehmen und eventuell anzusprechen. Sie der Patientin/dem Patienten wieder ‚zurückzugeben', kann bedeuten, daß der/die Betroffene die eigenen Kräfte für sich selber mobilisieren kann, statt passiv (resignativ) auf die gewünschte Reaktion des Umfeldes warten zu müssen oder zu wollen.

Die Suizidforschung geht davon aus, daß sowohl der Suizidversuch wie auch die vollendete Selbsttötung sich in der Regel an eine/n AdressatIn wenden. Ihr/ihm, dem/der „significant other"[15] gilt diese Kommunikationsform und dieser Appell. Dieser oder diese soll im Speziellen angesprochen werden. Es gehört mit zum Tabu um das Suizidgeschehen, daß der/die hauptsächlich Gemeinte oft im Unklaren bleibt: das heißt, daß sich die Angehörigen, die ganze Familie alle gleichermaßen mit hineingezogen fühlen. Diese diffuse Anklage erzeugt Schuld, Ärger, Kränkung auch im Hinblick auf die Berechtigung dieser vielfältigen und vermischten Emotio-

---

12 T. Haenel, Suizidhandlungen, 36.
13 M. Wolfersdorf, Depression, 157ff.
14 Dazu auch H. Henseler, Krisen, 64ff.
15 A. Reimer/C. Kulessa, a.a.O., 139. „… dem Partner, der mit der Selbstaggression am meisten getroffen werden sollte …", heißt es bei M. Stieler, Behandlung, 77.

nen[16]. Von außen geschieht ebenfalls die Suche nach dem Schuldigen für die ganze Situation: naheliegenderweise fühlen sich die Angehörigen oft alleingelassen im Strudel der vielfältigen Gefühle. Das läßt dann auch die Reaktion verstehen, die Schuldgefühle, die Ohnmacht, die Wut, überhaupt die Unklarheit so schnell wie möglich wegzustecken, zu vergessen und zu verdrängen.

Durch die Dynamik des Suizidversuchs bzw. des Suizids steht mit einem gewissen Recht zunächst der/die SuizidantIn im Vordergrund der Aufmerksamkeit. Die Angehörigen werden von der Umgebung kaum erwähnt[17], häufig nur zur Rechenschaft gezogen und angeklagt. Und in der Suizidliteratur sind sie bisher meist nur dann beachtet worden, wenn es um die Rekonstruktion der Psychodynamik des/der SuizidantIn ging.

Von daher kann es gerade für den/die Seelsorger/in wichtig sein, diese in die pastoralpsychologische Reflexion im Kontext von Suizidhandlungen miteinzubeziehen.

4. Herausforderung und Grenzen für die Seelsorge

Die Suizidthematik ist in besonderer Hinsicht eine Herausforderung:
- Suizidhandlungen sind ein schwieriges psychologisches und seelsorgerlich-menschliches Terrain.
- Die Suizidthematik ist eine Anfrage an das theologische und pastoralpsychologische Verständnis suizidaler Handlungen.
- Die Gespräche mit SuizidantInnen bedeuten in besonderem Maß die Begegnung mit Grenzen.

Suizidhandlungen und -andeutungen sind in der Regel eine verzweifelte Form von Kommunikation[18]. Dabei macht H. Späte auf die dem Suizidversuch vorausgehende Kommunikationsverarmung[19] und einem gewissen „Schwund an üblichen Kommunikationsweisen"[20] in Situationen, in denen das Drahtseil nicht zu halten droht, aufmerksam. Im Fall von vollendetem Suizid setzt schon das bloße Faktum der Selbsttötung für Ange-

---

16 M. Stieler beschreibt diese Ratlosigkeit gut, a.a.O., 77ff.
17 H. Kantor und M. Wolfersdorf, Problem, 83f.
18 Dazu auch ausführlich K.-P. Jörns, a.a.O., 26ff. Vgl. auch Christ-Friedrich, Versuch.
19 H. Späte, Elemente, 649f., vgl. dazu auch das erstmals 1949 von E. Ringel festgehaltene präsuizidale Syndrom, das mit der Einengung der persönlichen Möglichkeiten und der Gefühlswelt beginnt, in: Selbstmord, 104ff.
20 H. Späte, Elemente, 648. Er bringt dafür Beispiele, die diese Wahrnehmung belegen. Der Suizidversuch, der zugleich Zeichen von Gesprächsverarmung und Kommunikationsversuch ist, kommt auch trefflich im Gedicht Erich Kästners zum Ausdruck: Die unverstandene Frau, zit. nach C. Swientek, Frauen, 29.

hörige eine Fülle von Informationen und Emotionen frei. Der vollendete Suizid *delegiert* diese an die Hinterbliebenen, die versuchen müssen, das Geschehene und die damit verbundenen Gefühle und Nachrichten zu interpretieren. Damit geschieht auch Kommunikation, nicht mehr *mit* dem/der Suizidanten/in selber, sondern *über* seine/ihre Person und seinen/ihren Tod.

Suizidversuche sind in der Regel lebensgefährliche Zeichenhandlungen, um in Kontakt zu kommen. Suizidale Handlungen und Gedanken sind ein Ringen darum, verstanden zu werden, wenn die Sprache nicht mehr reicht.[21]

So hat ein 17jähriges Mädchen P. aus dem ehemaligen Jugoslawien schon zahllose Male mit ihrer Mutter wegen ihres neuen Freundes zu sprechen versucht. Immer wieder endete es im Streit: Sie verbietet der Tochter den Kontakt mit dem jungen Mann. Ihr wird nahegelegt, auszuziehen. Das tut sie im Trotz auch, aber eigentlich will sie ein gutes Verhältnis mit den Eltern. Sie ist aber durch ihre jetzige Situation gezwungen, Partei zu ergreifen, wo sie das eigentlich gar nicht möchte. Sie kommt öfters nach Hause – denn ganz beim Freund leben will sie nicht. Sie hängt noch an „ihrem eigenen Zimmer zu Hause", wie sie es selber sagt. Immer wieder gibt es erbitterten Streit, und sowohl Mutter wie Tochter merken ihre gegenseitige Nähe zueinander nicht. In ihrer Verzweiflung, Wut und Ohnmacht nimmt P. eines Abends nach einem erneuten Krach mit der Mutter 40 Tabletten.

Im Gespräch mit dem Seelsorger wurde deutlich, daß es für P. nicht darum ging, tot zu sein, obwohl sie erschöpft war von dem ständigen Hin und Her in ihr selber und in der Auseinandersetzung mit der Mutter. Vielmehr wußte sie nicht mehr, wie sie diesen Konflikt konstruktiv beheben konnte.

Indem der Seelsorger die Suizidhandlung ansprach, gelang eine Verständigung über den möglichen ‚Zweck' der Suizidhandlung. Das junge Mädchen begann, ihre Handlung zu verstehen. Sie nahm wahr, daß sie viel mehr an den Eltern hing, als sie wahrhaben wollte. Und sie konnte deutlich vermitteln, daß sie eigentlich viel lieber zu Hause wohnen wollte. Die Unterredung der Eltern mit dem Seelsorger auf dem Gang ließ die Mutter die Enge der Tochter, die auch durch ihre Haltung ausgelöst wurde, verstehen. Auch da half das offene Ansprechen, den Schock der Mutter, den Ärger des Vaters über das suizidale Handeln der Tochter zur Sprache zu bringen. Kommunikation mit allen ihren Emotionen schien zwischen ihnen wieder offener zu werden.

Warum könnte es Aufgabe der (Krankenhaus-)Seelsorge sein, Menschen in suizidalen Situationen zu begleiten?

Seelsorge in diesem Horizont bedeutet Begegnung an den Grenzen und mit den Grenzen des Lebens. Suizidale Menschen fallen aus gesellschaftlichen Normen heraus, ihnen ist häufig eine gewisse Heimatlosigkeit (im

---

21 Dazu H. Späte, Kommunikation, 9ff. Vgl. auch Christ-Friedrich a.a.O. 53ff.

Leben) vertraut, ihr Handeln ist eine Kommunikation mit Grenzen. Sie bewegen sich an Grenzsituationen[22] und erleben sich oft als Grenzgänger – auch in der Krankenhaussituation. Diese Grenze, die zugleich für viele eine Begrenzung, auch in sozialer und psychischer Hinsicht bedeutet, anzunehmen und auszuhalten, ist viel Arbeit. Zu vermitteln, daß Leben nicht bloß gelingt, wie Medien und Werbung es glauben lassen, sondern daß Scheitern auch dazugehören darf, ist auch die seelsorgerliche Aufgabe in diesem Kontext.

Das heißt in der Regel für die pastorale Begegnung, daß es am Krankenbett wie im Gespräch mit Angehörigen zunächst einmal um einen vordringlichen Konflikt, der auf diese Art und Weise kommuniziert werden mußte, geht. Die Glaubens- oder Sinnfragen sind in der aktuen Situation vor oder nach der Suizidhandlung für die SuizidantInnen oft nur indirekt präsent. Und dennoch bedeutet die Suizidhandlung häufig ein einschneidendes Ereignis, das eigentlich nach Deutung in einen Sinnzusammenhang der betroffenen Biographie ruft. Und wenn Beziehung gelingt und genügend Zeit da ist, kommt diese Dimension auch von Seiten des Patienten/der Patientin zur Sprache.

In manchen Kliniken sind die Seelsorger/innen in einem Team, das sich die Begleitung von SuizidantInnen in suizidalen Krisen zur Aufgabe gemacht hat, eingebunden.[23] Durch die Zeit und das Interesse an mehr als der rein medizinischen Seite hat er/sie eine wichtige Funktion bei der Deutung und Verarbeitung des Suizidversuchs im Kontext der Biographie des Gegenübers. Im Gegensatz zur Hektik einer Intensivstation oder einer Ambulanz, in der die PatientInnen in der Regel nach der Entgiftung sind, kann der/die Pfarrer/in direkt am Tag nach der Entgiftung, oft noch in der Intensivstation, Zeit und Ruhe mitbringen. Es geht dabei um das Da-Sein „im Sinn von Dabei-Bleiben"[24] und Aushalten, selbst wenn noch nicht klar ist, wie die (Lebens)Situation des/der SuizidantIn sich weiterentwikkeln wird. Es geht um Beziehungsstabilität, wo Beziehungen abzubrechen drohen. Es heißt, sich auf ein Gegenüber einzulassen, obwohl vielleicht der Suizid auch sehr nahe sein kann.

Gerade dadurch, daß der/die Pfarrer/in nicht eindeutig nur dem Krankenhaus zugehört[25], symbolisiert er für die Betroffenen einen anderen Zugang zur suizidalen Handlung. Der/die Seelsorger/in kommt als Randfigur der Institution: im Zusammenhang mit der suizidalen Thematik kann das äußerst befreiend für die Betroffenen sein, da oft schon die Äußerung

---

22 Dazu auch die Überlegungen von H. Luther, Grenze, 45ff.
23 So z.B. Heidelberg, Böblingen, Darmstadt. Dazu A. Reiner/C. Kulessa, Ausweg, 144.
   Ebenfalls P. Borch et al., Suizidprophylaxe, und H. Wedler (Hg.), Umgang.
24 M. Klessmann, Seelsorge, 428.
25 Dazu M. Klessmann, a.a.O., 432f.

von suizidalen Perspektiven einen Apparat von medizinischen und pflege-rischen Maßnahmen auf den Plan rufen kann, um die mögliche Suizidge-fahr (für PatientIn und Station!) zu bannen.

Die Grenze kann natürlich auch die sein, daß Betroffene gerade nie-manden aus dem kirchlichen Bereich, mit dem sie entweder schon schlechte Erfahrungen gemacht haben, bzw. von dessen Seite sie Verur-teiltsein fürchten, sehen wollen.

Und es braucht auch theologisch einen weiten Weg vom Suizidverbot, wie es in der Dogmatik gelehrt wurde und für viele suizidale Menschen noch als Gebot in ihnen steckt, zum Verständnis für diese (auch drasti-sche) Form von Suche nach Kommunikation. Doch wird gerade damit die Annahme der Bruchstückhaftigkeit und der Brüchigkeit von Lebensvor-stellungen und Lebenszusammenhängen verdeutlicht. Der ,Schmerz des Fragments'[26] im krassen Gegensatz zu dem Vollständigen und dem gelun-genen Leben, das den anderen Menschen von Betroffenen unterstellt wird („… bloß ich mache alles falsch", oder „… uns gelingt es wohl nie, ohne Streit zu leben …"), wird in diesen Situationen nur allzu sichtbar. Das Scheitern und die Grenzen, die eine Biographie prägen, werden in der Be-gleitung von suizidalen Menschen sehr deutlich.

Deshalb brauchen Seelsorger/innen in der Begegnung mit SuizidantIn-nen und deren Angehörigen Souveränität gegenüber eigenen Grenzen, ge-genüber eigenen Glaubens- und Lebensüberzeugungen und eine tiefe Ak-zeptanz von anderen, ganz unterschiedlichen biographischen Wegen und Konzeptionen. Und dies ist möglich im Glauben und Wissen darum, daß das Brüchige und das Fragmenthafte menschlicher Existenz dazugehört, weil es vom Osterverständnis her nicht ersetzt wird, sondern in einem an-deren Licht erscheint.

Bruchstückhaft verstehen …?

„Da meint man,
man hätte das Leben gepackt,
so ein kleines Stück, –
habe man gewonnen, –
an Sicherheit und an Erfahrung." –

So sagt er es,
erschöpft, – nach dem Versuch,
„und dann stimmt dies alles
eben doch nicht …!"

---

26 H. Luther, Identität, 169.

Es klappte nicht
das Gespräch – mit der Freundin.
Und die eigene Dünnhäutigkeit bleibt,
– auch die Verletzlichkeit,
die Wünsche nach Heilung,
nach Ganzheit und Tod zugleich.

Enttäuschung und Trauer
daß Mensch – Mann und Frau
eben doch ‚gebrochener‘ sind ...
der Vergebung bedürftig,
– so sagt es die Bibel ...

Gott, es ist schwer,
damit konfrontiert zu werden
und zu verstehen, –
heißt es,
eigene Brüchigkeit zu sehen, –
und auszuhalten ...

Der empfohlene Blick
in den Frühling verlockt nicht,
es läßt sich nicht
an die schönen Zeiten erinnern.
Näher ist jetzt
das Versagen, – das Fragment, der Schmerz.

Oder ist gerade das
„das Leben packen ...?"

Internet Adressen:

1. http://www.suizidprophylaxe.de/
2. http://www.neuhland.de
3. http://www.suizidforum.de
4. http://www.ak-leben.de

GÁBOR HÉZSER

Seelsorge
mit Angehörigen und Mitbetroffenen

1. Allgemeine Orientierung

Krankheit und Krankenhausaufenthalt bedeuten für viele Menschen eine Krise. Für diese Lebenssituation bietet die Seelsorge im Krankenhaus kompetente Begleitung an.

Durch die persönliche Krise ist einerseits immer auch die unmittelbare Umgebung des Kranken, die Familie, die Angehörigen und das Behandlungsteam betroffen. Andererseits hängen das Erleben und die Bewältigungsversuche der Krise weitgehend von dem familiären Vorverständnis und von der familiären Vorerfahrung des einzelnen und der Angehörigen ab. Auch wenn die Familie nicht (mehr) sichtbar oder leibhaftig anwesend ist, z.B. bei alten, alleingebliebenen Patienten, ist oft gerade dieses biographisch entstandene Bewußtsein der Schlüssel zur gelungenen Verständigung. Dies gilt für alle Helferbeziehungen, von der Medizin bis zur Sozialarbeit, und so auch für die Seelsorge. Letztere sollte dabei ihre Aufmerksamkeit sowohl dem *persönlichkeitsspezifischen* Credo (K. Winkler) des Kranken, als auch der in der Familie entstandenen Glaubens- und Frömmigkeitsform, einem (theistischen oder a-theistischen) *familienspezifischen Glauben* widmen.

Als *ein* Teil im Helfersystem wird es das fachspezifische Interesse und der Beitrag der Seelsorge sein, konstruktive Komponenten, die dem Betroffenen und den Mitbetroffenen bei der Bewältigung der Krise hilfreich sein können, aus den Ressourcen des familienspezifischen Glaubens wirksam werden zu lassen. Das kann sie in Einzelgesprächen mit dem Kranken über diese Aspekte des Familienglaubens oder durch Angehörigengespräche anstreben. Da Krankheitserleben und Bewältigung untrennbar von der familiären Vorerfahrung und dem familiären Verhalten sind, ist *Krankenhausseelsorge* an sich *immer Familien- und Angehörigenseelsorge*. Sie hat auch dann mit diesem Kontext zu tun, wenn sie bewußt „nicht darum weiß". Sie kann sich aber auch in diese Richtung konzeptionell neuorientieren. Diese Orientierung reiht sich dann in die Entwicklungslinie der klinischen Seelsorge ein.

Die Entwicklung der Klinischen Seelsorgeausbildung kann mit der Änderung der Leitfrage beschrieben werden: 1. Periode (1925–30) Was muß ich *tun*? 2. Periode (1935–45) Was muß ich *wissen*? 3. Periode (1945–55) Was muß ich *sagen*? 4. Periode (1955–) Was muß ich *sein, um dem Patienten zu helfen*?[1]

Diese Orientierung ist von ihrem Ansatz her *linear*, fragt aus der Sicht des Seelsorgers oder der Seelsorgerin und hat ein dyadisches Beziehungsmuster vor Augen:

Nach der Einführung der Gruppenpsychotherapie und der Gruppenseelsorge zeichnete sich ein Paradigmen-Wechsel ab. Die Exklusivität der Zweierbeziehung wird hinterfragt und relativiert. Der Mensch wird stärker in seinem *Beziehungsgefüge*, in der Interdependenz seiner Beziehungen wahrgenommen.

Erst recht macht der sog. systemische Ansatz und seine erste Erscheinungsform (die Familientherapie) auf Krisen *bildenden* oder Krisen *lösenden* Einfluß der komplexen Beziehungsstrukturen aufmerksam. Dementsprechend verändert sich die Position und die Funktion des Therapeuten und Beraters auch: An die Stelle der Sorge um die Probleme des einzelnen tritt das Sorge-tragen um die (Wiedergewinnung der) Funktionsfähigkeit der tragenden Wechselbeziehungen unter *allen* Betroffenen. So kann der Helfer nicht so leicht *trennend* zwischen den Klienten und seine Familie geraten.

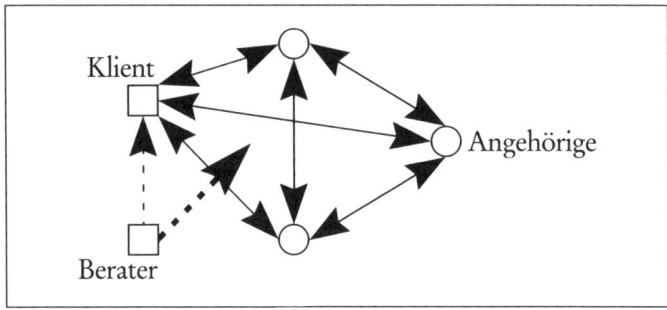

---

1 R. Riess, Seelsorge, 137; D. Stollberg, Seelsorge, 38.

Familien- und Angehörigen-Seelsorge und Beratung auf systemischer Grundlage ist also nicht die Addition einer Reihe von „Einzelseelsorgen mit verschiedenen Familienmitgliedern". Sie arbeitet mit dem *System Familie*. Auch für die Seelsorge und besonders für die Krankenhausseelsorge bietet diese Neuorientierung wichtige Impulse. Es bleibt zu hoffen, daß eine 5. Entwicklungsperiode der klinischen Seelsorge eintritt, deren Leitfrage so lauten könnte: Für *wen* und für *welche Beziehungen* soll ich Unterstützung leisten, damit die familiären Ressourcen dem Kranken und allen Mitbetroffenen hilfreicher werden können?

2. Begleitung von Angehörigen und Familien
Entwicklung und Standortbestimmung

Bis Mitte des 20. Jahrhunderts geschah *psychiatrische* Behandlung und Betreuung in Anstalten und bedeutete so unweigerlich eine strikte Trennung von Angehörigen und Kranken. Die zunehmenden Forderungen nach einer sog. gemeindenahen Psychiatrie gingen Hand in Hand mit einer Art „Familienzusammenführung" von Patienten und Angehörigen.[2] Im Verständnis und in der Behandlung ging es nicht mehr um die traditionelle Trennung zwischen Kranken und Gesunden, sondern die familiäre Gemeinschaft der (Mit)betroffenen wurde zur Grundlage der Orientierung. Die Psychiatrie und die psychotherapeutische Behandlung psychosomatischer Erkrankungen sowie die Behindertenarbeit hatten als erste die *therapeutische und rehabilitative* Wichtigkeit der Angehörigen entdeckt. Entsprechende Ausbildungscurricula sind entstanden, und heute ist die Angehörigenarbeit ein etablierter Bestandteil psychiatrischen Handelns und der Behindertenarbeit. Die Familientherapie und die Familienberatung hielten Einzug in die verschiedenen Beratungsstellen.[3] Im Allgemeinkrankenhaus ist eine Entwicklung dieser Qualität ausgeblieben.

Etwas anders ist die Lage in der Kindermedizin. Unter den familientherapeutisch Ausgebildeten stehen z.B. die Kinderärzte an erster Stelle. Im Bereich Kinderkrankenhaus ist auch am deutlichsten eine Veränderung der Position der Angehörigen zu beobachten: Durch die Abschaffung der strengen Besuchszeiten, durch die Einführung des „Rooming-in" haben die Familienmitglieder mehr an Präsenz und Funktion gewonnen. Eine spezielle Erscheinungsform der familiär-ganzheitlichen Orientierung in der Medizin stellt die sog. *Familiensomatik* (family somatics) dar. Bei dieser

2 K. S. Baumann, Lebensraum, 174.
3 K. Schneider, Familientherapie.

Richtung rücken die Wechselbeziehungen zwischen familiären/systemischen Prozessen und individuellem Körpergeschehen in den Mittelpunkt der Forschung und Therapie.[4]

Parallel dazu – auf einer anderen Entwicklungslinie – entstanden die *Selbsthilfegruppen* der Betroffenen psychischer und somatischer Krankheiten und deren Angehörigen. Die Mitbetroffenen organisierten sich dabei in *Interessen- und Solidaritätsgemeinschaften*. Teils geschah dies auf Anregung und mit Unterstützung einzelner Experten und Fachkliniken, teils aus eigener Initiative. Am deutlichsten hat sich in England eine weitere Funktion dieser Gruppen herausgebildet: Sie wirken auf eine Verbesserung der professionellen Behandlungsangebote hin.[5] Das sozialpolitische Gewicht dieser Initiativen nimmt auf lokaler und nationaler Ebene auch in Deutschland zu.

Eine „unerwünschte Nebenwirkung" der Entdeckung der Familie in der Psychiatrie, die aber nur eine temporäre Erscheinung gewesen zu sein scheint, war anfangs die massive *Schuldzuweisung* den betroffenen Angehörigen gegenüber. Der Patient war das „Opfer" und die Familie der „Täter". Eklatantestes und heute noch viele Familien zusätzlich belastendes Beispiel dafür war die fatale Hypothese der „schizophrenogenen Mutter", die aus den Angehörigen des Kranken krankmachende „Ungehörige" (aaO) gemacht hat.

Der systemische Ansatz hat das kausal-lineare Denken verlassen und begonnen, sich an Interdependenzen zu orientieren. So konnte die unhaltbare und erdrückende Kategorie des vermeintlichen „Schuld-" und „Verursacherprinzips" aufgegeben werden. Durch die Einführung der sog. systemischen Problemformulierung (s. u.) konnte den Familien deutlich gemacht werden, daß das Leiden der einzelnen und der Familienmitglieder untrennbar sind und daß Veränderung immer eine Veränderung für alle ist.

3. *Denkweise, Praxis, Formen und Perspektiven der Seelsorge mit Angehörigen und Mitbetroffenen*

a) *Der theoretische Hintergrund*

Die Bewältigung von Krisen ist eine der ureigensten und sinngebenden Aufgaben der Familiengemeinschaft. Diese Annahme gilt erst recht für das Familienverständnis des Christentums. Das *solidarische, auf Pro-*

---

4 F. B. Simon, Sprache, 101.
5 M. C. Angermeyer, Angehörigengruppe, 29.

blemlösung ausgerichtete oder *tröstend-supportive* Mittragen der Sorgen und des Leidens des einzelnen durch die Angehörigen sind wesentliche Elemente und *Urfunktionen* familiären Daseins.[6] Wenn dies nicht im ausreichenden Ausmaß gelebt werden kann, melden sich für die Persönlichkeitsentwicklung destruktiv wirkende Konsequenzen für alle. Es entstehen z. B. Schuldgefühle, die sich chronifizieren können, oder es bleibt die prägende Lebenserfahrung des Mittragens und Mitgetragen-werdens aus.

Die abendländische Entwicklung des Krankenhauses verläuft nach einem *Delegationsmodell*, welches von gespaltener Wertigkeit ist: Die technisch immer perfektere klinische Versorgung isoliert die Patienten immer stärker von ihrem familiären Umfeld. Im Sinne der obigen Annahme hat das destruktive Folgen auch für die mitbetroffenen Familienmitglieder. Die Entwicklung der klinischen Seelsorge half den Krankenhauspastor/innen, Kompetenz für *dyadische* Beziehungsmuster zu erwerben. Die Krankenhausseelsorge war und blieb in ihrem Ansatz jedoch weitgehend *Einzelseelsorge im Krankenhaus.*

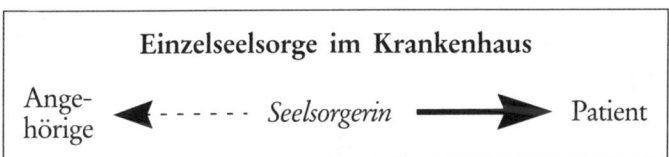

Ein ungewollter Nebeneffekt kann dabei nicht ausgeschlossen werden: Auch sie trägt potentiell zur Trennung von Kranken und ihrer Familien bei. Das heißt nicht, daß die Krankenhausseelsorger/innen sich nicht auch um die Angehörigen und Mitbetroffenen kümmern würden. Daß dies geschieht, dafür sorgen schon meistens die Angehörigen selber, die Notsignale aussenden. Die Frage ist, mit welcher grundsätzlichen Entscheidung dies geschieht: als ein Sich-kümmern *auch* um die Angehörigen, oder als eine gezielte Förderung der konstruktiven Krisenbewältigungs-Ressourcen der Gesamtfamilie. Dies beinhaltet einen Unterschied für die Einstellung und Vorgehensweise des Seelsorgers: Er/sie befindet sich positionell *zwischen* der Familie und der/dem Patient/in. Seelsorge kann dadurch *trennend* wirken, indem sie z. B. zu schnell und selbstverständlich *stellvertretend* die oben genannten familiären Urfunktionen übernimmt.

Angehörigenseelsorge arbeitet aus einer anderen Einstellung heraus:

---

6 D. Kantor, Inside 1977, Kap. 4.

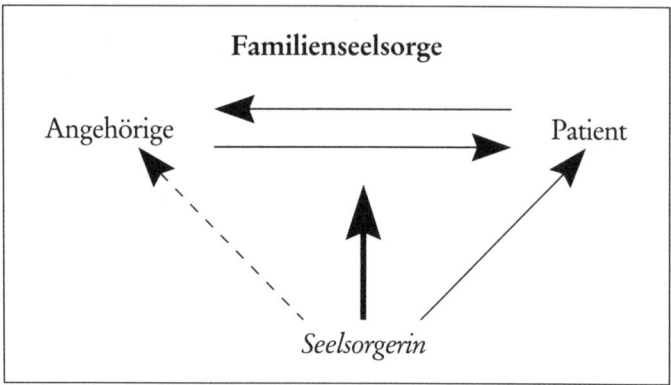

Hier sorgt sich die Seelsorge um die Stärkung der Wechselbeziehungen und mit diesem Ziel unterstützt sie die einzelnen.[7] Sie übernimmt die Urfunktionen nur dann und solange, bis die Familie dies eigenständig ausführen kann.

b) Arbeitsweisen der Angehörigenseelsorge

Tragender Grund der Arbeit mit Familien ist und bleibt die Grundhaltung der partnerzentrierten, mit dem Namen C. Rogers verbundenen Psychologie: Empathie, bedingungslose Wertschätzung und Selbstkongruenz. Aus dieser Grundhaltung heraus entwickelten sich die spezifischen Methoden der Familienarbeit. Ich kann hier die grundlegendsten Interventionstechniken nur kurz benennen.

Systemische Problemformulierung

Ein Patient, der nächste Woche operiert wird, sprach mit der Pastorin über seine Ängste und Hoffnungen, die der Eingriff bei ihm auslösen. Mit dem Satz „Schön, daß ich mich bei *Ihnen* aussprechen konnte!" verabschiedet er sich. Im Flur spricht die Ehefrau aufgeregt die Pastorin an: „Hoffentlich haben Sie meinem Mann nicht gesagt, was auf ihn zukommt! Die Wartezeit wäre ja für ihn fürchterlich. Es reicht, wenn er es nächste Woche erfährt! So ist es auch für unsere Kinder besser ..."

Die auf das *Individuum* bezogene, reduzierte Problemformulierung könnte z.B. lauten: Dem Patienten bereitet die anstehende Operation Sorgen, seine Frau hat Angst um ihn. Die *systemische* Formulierung versucht, das gemeinsame Problem oder Anliegen zu erfassen. Z.B.: In der Krise, die die Krankheit und Operation bei der *Familie* auslöst, können sie

---

7 Zu einem Fallbeispiel vgl. G. Hézser, Verbundenheit.

ihre Gefühle nicht austauschen. Dementsprechend wird das Ziel der Begleitung die (Wieder)Herstellung der Kommunikationsfähigkeit, d.h. das gegenseitige Mittragen der gemeinsamen Belastung sein. Die systemische Auffassung kann ebenso sagen: Ein System (hier die Familie mit einem kranken Mitglied) hat ein Problem hervorgebracht, wie auch, das Problem (sich nicht-austauschen Können über die Erkrankung) macht krank(er). Die Betroffenen definieren ihre Probleme meistens individualistisch: Ein systemisches Definitionsangebot, mit Empathie und Kommunikationskompetenz ausgesprochen, kann an sich schon eine verändernde Dynamik mit sich bringen.

Reframing

Im obigen Beispiel kann die systemische Problemformulierung auch als ein *Wechsel der Bezugsrahmen* verstanden werden: An die Stelle des individuellen Verständnisses tritt die Betroffenheit aller. Im Verlauf eines Angehörigengesprächs werden laufend zu den Formulierungen der ‚unverrückbaren und versteinerten Thesen der Familienideologie' Alternativen angeboten: sie werden in von der Familie bisher nicht gesehene Zusammenhänge gebracht, wodurch sich ihr Sinn und ihre Bedeutung verändern. Reframing erfordert immer empathisches Vorgehen.

Zirkularität, Stockwerkarbeit und konstruktive Konnotation

Die Pastorin trifft die Ehefrau und den halberwachsenen Sohn am Krankenbett an. Kommunikationsfördernd (z.B. mit einem Hinweis auf ihre diesbezügliche allgemeine seelsorgerliche Erfahrung im Krankenhaus), führt sie gegenseitiges Betroffensein der Angehörigen bei *Erkrankung* des einzelnen und die *verständliche* Schwierigkeit, die entsteht, wenn man darüber ins Gespräch zu kommen versucht, als Thema ein.

Sie kann auch darauf hinweisen, daß erstaunlicherweise manchen Familien gerade solche schwierigen Lebenssituationen geholfen haben, miteinander über Themen ins Gespräch kommen, die sonst schwer anzusprechen sind.

Sie kann dann, im spielerischen Tonfall, z.B. den Patienten fragen: „Was meinen Sie, Herr P., was empfand *Ihre Frau*, als sie über Ihre Krankheit erfahren hat?" Anschließend die gleiche Frage an die Frau bezogen auf den Ehemann, und dann den Sohn: „Als Sie Vater und Mutter zugehört haben, hätten Sie vielleicht andere Aussagen erwartet?" Beim nächsten Thema, auf dem nächsten ‚Stockwerk' (z.B. Verlauf der Behandlung), verfährt sie genauso *zirkulär*, d.h. sie sorgt dafür, daß auch hier jeder seine Meinung, Vermutungen und sein Empfinden anspricht, – soweit er es will und mit Unterstützung kann.

Im Gegensatz zur Ursache–Wirkung Linearität erfaßt die *Zirkularität* die Komplexität der Beziehungszusammenhänge. Sie sorgt für die sog. Vernetzung, indem sie die Interdependenz der Beziehungen transparenter macht. Dabei liefert sie den Betroffenen sog. rekursive Informationen.

Kurz formuliert: Der *einzelne* erfährt nicht nur über sich selbst etwas, sondern auch über die auf andere bezogenen ‚Hintergedanken' jedes einzelnen. Auch die Einschätzung einer Zweierbeziehung durch einen dritten (hier die des Ehepaares durch den Sohn) kann dabei transparenter werden. So können oft Kommunikationshemmungen abgebaut und ‚Phantasien über die Phantasien eines anderen' aufgelöst werden.

Die hier *konstruktive Konnotation* genannte Vorgehensweise weist bei scheinbar hemmenden oder angstbesetzten Einstellungen der einzelnen oder der Familie auf deren ‚konstruktiven Sinn' hin. Sie geht von der Einsicht aus, daß jedes Symptom oder pathologische Verhalten *auch* wichtige stabilisierende Funktionen erfüllt. Wenn das wertschätzend deutlich gemacht wird, reduzieren sich Angst und Insuffizienzgefühl, und somit erfolgt der erste Schritt der Veränderung.

Briefe

Die Angehörigenarbeit im Rahmen von Therapie und Beratung benutzt gerne auch die schriftliche Kommunikationsform. Diese oft mit gleichem Text an jedes einzelne Familienmitglied geschickten Briefe fassen nachträglich noch einmal, wertschätzend und anerkennend, zusammen, was im Gespräch erreicht wurde, und weisen auf die deutlich gewordenen Fähigkeiten der einzelnen und der Familie hin. Sie sind auch als *Abschlußinterventionsform* geeignet und helfen, weil sie öfter gelesen werden können, die erzielten Ergebnisse zu stabilisieren.

c) Einige Erscheinungsformen der Angehörigenarbeit

1. Das zweite Fallbeispiel bezog sich auf ein Gespräch, an dem mehrere Familienmitglieder teilgenommen hatten.

Mit der gleichen Einstellung und Vorgehensweise ist es möglich und üblich, auch *Familiengespräche ohne Familie* zu führen: Hier wird die Zirkularität aus der Sicht eines einzelnen vollzogen. Zum Beispiel bei unserer Szene: „Was hat Ihre Frau/Ihr Sohn wohl empfunden, als sie/er über Ihre Krankheit erfuhr?" Oder: „Welche Auswirkungen hätte es für Ihren Sohn, wenn Ihre Frau und Sie offen miteinander reden würden?" – Auch hier werden die systemischen Funktionen des vorherrschenden Verhaltens transparent und können Veränderungen ermöglichen. Es wird auch deutlicher, welche Phantasien jemand über die „Phantasien der anderen" hat.

2. Ein Angehörigengespräch mit Arzt und Seelsorger kann im Zusammenhang mit der Mitteilung von Diagnosen, in prä- und postoperativen Situationen oder bei der Entscheidung längerfristiger Behandlungen besonders indiziert und für alle hilfreich sein. Diese Form ist sowohl für das Allgemeinkrankenhaus als auch für die Psychiatrie zu empfehlen. Das

seelsorgerliche Ziel dabei ist die Unterstützung der *emotionalen* Verarbeitung der medizinisch-fachlichen Informationen, oder auch die genauere Vorbereitung von weiteren *Verständnisfragen* an das behandelnde Fachpersonal. Solche Gespräche können vereinbarungsgemäß in Phasen verlaufen: 1) In Anwesenheit gibt der Fachmann (z.B. Mediziner) die Sachinformationen; 2) der/die Seelsorger/in arbeitet allein mit den Betroffenen (Ziel emotionale Verarbeitung und Vorbereitung von Verständnisfragen); 3) der Fachmann beantwortet in Anwesenheit der Seelsorger/in die unklaren Fragen. Diese Vorgehensweise ist für das Behandlungspersonal entlastend und verwirklicht die ganzheitliche Betreuungsidee, bei der die Seelsorge ein integrierter Teil ist. Es wird nicht voneinander getrennt, was zusammengehört …

Auch diese Form kann „ohne Familie" praktiziert werden.

3. Eine Sonderform der *Mitbetroffenenseelsorge* nennen wir *Peergruppen-Seelsorge*. Im Allgemeinkrankenhaus bedeutet dies z.B. die seelsorgerliche Begleitung einer *Zimmergemeinschaft*. Dabei gilt der seelsorgerliche Besuch nicht *einem* Kranken in einem Zimmer, sondern der Patientengemeinschaft eines Zimmers. Die Patientengemeinschaft wird hier in ihrer informellen Funktion als eine Gemeinschaft des Einander-Seelsorger-Sein verstanden. Das Ziel ist die Förderung der besseren Wahrnehmung dieser Funktion. Für die Psychiatrie oder Altenheimseelsorge bedeutet diese Form die einmalige oder kurzfristige Begleitung von Patienten und Bewohnern in ähnlichen familiären oder biographischen Situationen. (Z.B. Gruppengespräch mit erkrankten Müttern mit kleinen Kindern; mit Studenten, oder Ausländern etc. auf einer psychiatrischen Station.) Das Organisationsprinzip dieser ad hoc-Gruppen ist nicht die Diagnose, sondern die vergleichbare Lebenslage.

4. Die *Gruppenarbeit mit Angehörigen* ist nicht die verschleierte Form einer Therapie- oder Selbsterfahrungsgruppe, obwohl sie auch therapeutische und Selbsterfahrungseffekte hat. M.E. bedürfen Therapie und Selbsterfahrungsgruppen für Angehörige einer entsprechenden Benennung und Kontraktvereinbarung. Im Sinne eines systemischen Verständnisses ist die Gruppenarbeit mit Angehörigen die Begleitung von Mitgliedern familiärer Subsysteme (wie Eltern, Geschwister, Ehepartner, Kinder eines Leidenden) in einer vergleichbaren Lebenssituation. Es ist meistens eine begründete konzeptionelle Entscheidung, daß sie sich als Subsystem, d.h. ohne den Patienten, trifft, um so der Befindlichkeit und den Bedürfnissen der Angehörigen einen gesicherten Raum zu bieten. (Zu der Organisationsform Angehörigen- und Patientengruppe s.u.)

Bewährt hat sich folgende Arbeitsweise: Die Angehörigen werden schriftlich zu einer begrenzten Anzahl von Treffen *mit* Themenvorschlägen für die einzelnen Sitzungen eingeladen. Die Themen werden auf drei Ebenen bearbeitet: 1) Die unter erhöhtem Druck stehenden Mitbetroffenen können im geschützten Rahmen *klagen*; 2) es wird dem fachlichen Informationsbedürfnis der Angehörigen Rechnung getragen (Krankheitsbilder, medikamentöse Behandlung, soziale Fragen, familiendynamische Auswirkungen von Krankheiten, etc.); und 3) die Teilnehmer tauschen als *Experten* im Umgang mit solchen Lebenslagen ihre konstruktiven Erfahrungen aus. Die Funktion einer Doppelleitung von Arzt/Psychologe/Sozialarbeiter (je nach Thematik) und Seelsorger/in sichert die ganzheitliche Menschen- und Krankheitsbetrachtung. Auch wenn der/die Seelsorger/in die Gesprächsleitung hat, nimmt sie/er zu jedem Thema (nicht nur zu der Schuldfrage!) auch als FachtheologIn informatorisch Stellung. Eine grundsätzliche Vereinbarung ist, daß nicht über Einzelpatienten als Beispiel geredet wird, sondern über *Phänomene* dieser Lebenslage. Darüber werden im voraus die Patienten verbindlich informiert.

M.E. sind die getrennt, aber *parallel durchgeführten*, thematisch und methodologisch ähnlich konzipierten Patienten- *und* Angehörigen-*Gruppen* eine konstruktivere Arbeitsweise als die „Angehörigen-Patienten-Gruppen". Die parallel arbeitende Methode fördert die familieninterne Kommunikation und ist leichter zu leiten. Gemeinsame Eröffnungs- und Abschlußsitzungen haben sich bewährt.

Weitere Arbeitsfelder der seelsorgerlichen Angehörigenarbeit sind z.B.:

1) Die punktuelle Begleitung von *Selbsthilfegruppen*. Die Funktion der Seelsorger/innen dabei ist primär die oben erwähnte informativ-fachtheologische.

2) Die *Gruppenseelsorge für Angehörige* sollte möglichst auch eine interdisziplinäre Doppelleitung haben.

3) Die inhaltlich und methodisch als solche konzipierten und organisatorisch entsprechend angebotenen *gemeinsamen Andachten für Angehörige und Patienten* können innerhalb des Krankenhauses ein Zeichen für das familiäre Zusammengehören auch in der Institution setzen. Die Erfahrung zeigt, daß vor allem die zum sorgfältig ausgewählten Zeitpunkt und intensiv bekanntgegebenen Kurzandachten vielen helfen, die Belastungen der Krankenbesuche besser auszuhalten. Entsprechend sollten die Andachtsthemen *beide* Gruppen ansprechen.

Nach einem ähnlichen Konzept sollten von Zeit zu Zeit auch *Gottesdienste* gehalten werden. Zieht man den Kreis der ‚Mitbetroffenen' etwas weiter, sind die sporadischen Initiativen von ‚Gemeindegottesdiensten im Krankenhaus' zu begrüßen und zu unterstützen.

WALTHER STROHAL

Seelsorge
mit Mitarbeiterinnen und Mitarbeitern

I

Viele denken zuerst an die Schwestern, wenn die Sprache auf die Mitarbeiterinnen im Krankenhaus kommt. Früher haben sie das Stationsbild weitgehend beherrscht, als man sie noch erkennen konnte an den Hauben, als sie nahezu rund um die Uhr präsent waren für die Kranken und für die Ärzte, als es noch fast keine anderen nicht-ärztlichen Berufsgruppen in den Teams des Krankenhauses gab.

Nicht nur in der äußeren Betrachtung auf Station hat sich Grundlegendes verändert. Selbst in den konfessionellen Krankenhäusern kann man die Weiterentwicklung dieses weitgehend weiblich geprägten Berufsbildes spüren und beobachten: Da sind Teamarbeit und Schichtarbeitszeiten den umfassenderen Berufsmodellen gewichen, Teilzeitkräfte sorgen für eine Veränderung der Arbeitsaufteilung und der Kommunikation im Beruf. Gleichzeitig aber muß bei so vielen Mitarbeiterinnen auf Station auch die Verantwortung für die Qualität von Pflege und Kommunikation mit Kranken, Ärzten und Angehörigen gesichert bleiben.

„Professionalisierung" heißt das zentrale Wort, das an die verschiedenen Bereiche des pflegerischen Sektors Fragen stellt. Und wenn man genau hinhört, kann man schon erkennen, wie sich in diesem Begriff Wünschenswertes und Gefährliches ungetrennt vermischt: Wer sollte nicht für Qualitätssicherung in der Pflege sein? Wer aber will eine Einschränkung der Individualität der Pflege auf das wirtschaftlich gebotene Maß?

Viele Schwestern und Pfleger haben ihren Beruf einst aus Leidenschaft gewählt, aus Freude daran, daß man hier Bedürftigen das geben kann, was und in welchem Maß man es für notwendig hält. Oft haben sie noch bei jenen Pflegenden ihre Ausbildung genossen, die in künstlerischer Freiheit das Geben und Versorgen auch über das Maß eigener Kraft zu ihrem Lebensinhalt gemacht und genau dieses auch als eine unabdingbare weibliche Aufgabe im Krankenhaus gestaltet hatten.

Professionalisierung will verändern. Sie atmet den Geist der Standardisierung und der geregelten Abrechenbarkeit. Sie trägt den Verdacht der

Normierung von Patienten, Krankheitsbildern und Mitarbeitern in sich, der durch die Pauschalierung der Krankheitskosten auf der anderen Seite eher erhärtet, keinesfalls gemindert wird.

An anderer Stelle sind die Fragen nach der Identität des Pflegeberufs ebenfalls noch nicht beantwortet: Die Wertigkeiten von Grundpflege und Behandlungspflege sind in den einzelnen Teams weiterhin umstritten, die Bezogenheit auf die ärztlichen Mitarbeiterinnen und Mitarbeiter hat die Frage nach der Anerkennung pflegender Tätigkeit und damit auch nach Wichtigkeit und Besoldung nicht zur Ruhe kommen lassen: Darf wirklich die direkte Nähe zum kranken Menschen geringer eingestuft und damit auch geringer besoldet werden als die Beherrschung hoch komplizierter Technik? Kaum wird über die weiteren vielfältigen Aufgaben von Pflegenden nachgedacht, die im Bereich der Menschenführung liegen, in der Anleitung von Lernenden und in der Begleitung von Angehörigen, in der Koordination von Abläufen und in der Abwehr von Störungen – zugunsten des Arbeitsablaufes und zugunsten der Kranken.

Nicht umsonst ist die durchschnittliche Berufsdauer von Frauen in diesem Beruf sehr kurz bemessen. Nicht umsonst spricht man davon, daß das Krankenhaus zu einem Betrieb geworden sei, in dem der Platz für die ursprünglich christlichen Pflegemotive Liebe, Hilfe, Zuwendung außergewöhnlich knapp geworden sei.

Selbstredend führt das bei den einzelnen auch zu inneren Konflikten in Motivation und Gestaltung ihres Berufs.

„Wenn es den Mitarbeiterinnen im Krankenhaus gut geht, dann geht es auch den Kranken gut." Ganz leicht möchte man in diesen allgemeinen Satz einstimmen und sich im Team auf die Suche machen nach den Konflikten und Reibungspunkten, unter denen Ärztinnen und Ärzte, Schwestern und Pfleger und all die anderen zu leiden haben, die ihre Kraft in den Dienst des Helfens gestellt haben. Sie alle klagen, wenn man sich einmal Zeit nimmt zum Zuhören. Über Mängel des Systems, die ihnen die Kräfte rauben, die sie abhalten vom „Eigentlichen" ihres Berufs: „wenn das alles nicht so wäre, hätten wir viel mehr Zeit und Kraft für die Patienten".

Wie gut kann ich diese Menschen verstehen! Wie leicht empfinden wir Nähe zu ihnen, weil wir ja oft an ähnlichen Klagen hängen bleiben! Man muß nicht lange im Krankenhaus arbeiten, um in vergleichbare Koalitionen hinein zu geraten: Plötzlich ist man mit den anderen gegen die Verwaltung, gegen die Krankenhausleitung, gegen die „Apparatemediziner". Und wofür ist man? Für den Menschen sei man, so sagen es alle.

Gehen wir einmal davon aus, daß jede und jeder von denen, die hier arbeiten, in ihrem Hintergrund ein humanistisches oder ein christliches

Ideal mit sich tragen, das sie zu dieser Berufswahl bewogen hat: Menschen zu helfen. Gehen wir weiter davon aus, daß die meisten schon während der Pflege-Ausbildung im ersten Jahr den sogenannten Praxisschock erlitten haben (bei Ärzten kann ich das Datum nicht so genau fixieren), daß sie unterschiedliche Möglichkeiten hatten, damit umzugehen, und daß sich so eine ganz persönliche Art der Berufsausübung herausgebildet hat, wie wir es in allen mitmenschlichen Berufen erleben: Wo es der Anreiz für diesen Beruf gewesen ist, „etwas mit Menschen tun zu können", dort ist in manchen Zeiten des Arbeitslebens eben dieser Mensch Stressor Nummer 1. Man fängt an, sich über ganz normale Verhaltensweisen kranker Menschen zu ärgern, man wehrt sich dagegen, ausgenützt zu werden, man fängt an, Patienten erziehen zu wollen, und man flüchtet sich mehr und mehr hinter den Computer im Stationszimmer.

„Können Sie das verstehen, Herr Pfarrer?" Mag sein.

Plötzlich aber meldet sich innerer Widerstand gegen die routinierte Berufsausübung von Ärzten und Pflegern, gegen die schnelle Art mancher Schwestern, Patienten abzufertigen, wenn man in dem einen und anderen Bett Klagen hört, wenn Kranke ihre Bedürfnisse nicht mehr äußern wollen, wenn sie eingeschüchtert sind oder gar schlecht versorgt. Spätestens jetzt ist der Konflikt da: Bin ich für die Mitarbeiter/innen hier oder für die PatientInnen, reicht es, wenn ich die eine und die andere Seite verstehe, oder hat Seelsorge auch eine Seite der realen Veränderung von Notlagen, die nur durch eine klare Position vorangebracht werden kann?

II

Seelsorge an Mitarbeiterinnen und Mitarbeitern spielt sich in einem Konfliktfeld ab. Sie geht von den Zielen aus,
- daß kranke Menschen und ihre Angehörigen unter den gegebenen menschlichen, strukturellen und ökonomischen Bedingungen gut versorgt werden sollen, und
- daß pflegende und helfende Menschen immer wieder neue Kraft bekommen sollen für diese Arbeit, daß sie fähig werden sollen,
- auch innerhalb des Teams so offen wie möglich miteinander umzugehen,
- Konflikte gut zu regeln,
- Konkurrenzen zu klären,
- Zeiten der Kraftlosigkeit auszugleichen und so einen guten Weg der Kooperation zugunsten des Patienten zu finden.

Kraftquelle zur Erreichung dieser Ziele will und kann, so glauben wir, das Handeln Gottes und die biblische Botschaft sein, wie sie uns im Evangelium von Jesus Christus, aber auch in den Schriften des Ersten Testaments überliefert ist. Trotzdem ist der Auftrag groß. Er nimmt uns heraus aus der schnellen Identifikation mit einer bestimmten Berufsgruppe und führt uns zu der Einsicht, daß zunächst einmal jede und jeder dieser Mitarbeiter grundsätzlich dazu bereit ist, auf ganz unterschiedlichen Wegen und in ganz eigener Weise Gutes im Sinne obiger Ziele zu tun.

So ist Seelsorge an Mitarbeiterinnen und Mitarbeitern zuerst, daß ich die Menschen kennenzulernen versuche, daß ich sie in ihrer Art annehme, ihnen Respekt zolle, wenn wir uns am Krankenbett oder im Stationszimmer begegnen. Wir sind gemeinsam unterwegs. Wir müssen nach der Möglichkeit suchen, miteinander über gute und schwierige Zeiten zu sprechen, über Grenzen und Möglichkeiten der eigenen Kraft, über Wege der Klärung und der Erneuerung. Dabei werden die Grenzen der Personen, die Seelsorge treiben, nicht verborgen bleiben können. Ihre Möglichkeit und Kompetenz aber auch nicht. Zuerst kann schon das aufhorchen lassen und ansteckend wirken, wenn die Seelsorgerin oder der Seelsorger während der Schichtübergabe einfach zuhört, wenn sie oder er in ihrer speziellen Weise Fragen stellt nach betroffenen Menschen und ihren Angehörigen, nach deren Erleben und Bedürfnissen.

Möglicherweise gegen einzelne Widerstände wird sich so ein besonderer Umgang mit Lebensfragen abzeichnen, der bei der einen oder dem anderen ein Stück Wurzel freilegt von der ehemals so starken Berufsmotivation, von einer Sehnsucht auch, wie man eigentlich mit Stärken und Schwächen, mit Ängsten und Nöten umgehen wollte. Manche werden dann etwas davon sagen, wie es kam, daß sie selbst so nicht mehr fragen können oder wollen, oder was sie inzwischen frustriert hat. Viele aber melden mit diesen Erklärungen ein Bedürfnis danach an, wieder einen Weg zu mehr Berufszufriedenheit zu finden.

Der zweite Schritt kann ebenfalls im Team gegangen werden, sobald dort ein wenig Vertrauen zum Seelsorger gewachsen ist.

Hier geht es um das Zusammenspiel der Menschen und Kräfte in einem Team, um die Art des Umgangs miteinander. Selten wird es in einem System des Gesundheitswesens Arbeitsgruppen geben, die nach außen und nach innen ein gleich offenes und partnerschaftliches Verhalten zeigen. Das hängt meist mit dem Arbeitsziel zusammen. In der Gegnerschaft zu den verschiedenen Krankheitsbildern und im Gegenüber zu kranken Menschen und ihren Angehörigen bildet sich leicht ein Innenverhältnis im Team, das auf Stärke und Harmonie aus ist. Dort aber,

wo wir ein hohes Maß an Einfühlsamkeit mit Kranken oder aber harm-
losere Krankheitsbilder erleben, sind Aggressionen innerhalb des Teams
häufiger, auch wenn sie meist mit viel Kraft verdeckt oder wenigstens
nur selten ausgetragen werden. Über die Jahre verfestigt sich so ein
Beziehungsmuster, das von innen nur schwer geknackt werden kann.
Sündenbockverhalten und auch Suchtprobleme zeigen sich da auf der
einen, übertriebenes Harmoniestreben mit den entsprechenden Rollen-
mustern auf der anderen Seite. Die Seelsorgerin als außenstehende Person kann hier gegensteuern, den Trend und mögliche Alternativen deutlich machen.

Hat man als Seelsorger/in einen Weg ins Team gefunden, und ist man dort
nicht wie in einem Nest hängen geblieben, dann zeigen sich für das Miteinander am kranken Menschen, für das Nebeneinander am Krankenbett
und für das Füreinander in Konflikt- und Streßsituationen gute Möglichkeiten.

Das Gespräch vor und im Krankenzimmer wird auch im Gegenüber
zum Patienten dadurch gekennzeichnet, daß es aus der Solidarität heraus
geführt ist. Ebenso wird es leichter in der Differenzierung, welche Mitteilungen über Kranke man einander zumuten und zutrauen kann in der
Grauzone zwischen Schweigepflicht und Beichtgeheimnis. Der Seelsorger
und die Seelsorgerin kennt einen Zugang zu den mitarbeitenden Menschen und bleibt dennoch ein Gegenüber für diese, an die sie/er mit dem
Wort Gottes und einem Auftrag gewiesen ist.

So ergeben sich Gespräche über Glaubens- und Lebensfragen, über ge-
gebene und denkbare Antworten auf Fragen von Kranken und Sterbenden. Dann ist auch Raum dafür,

- daß der Seelsorger um Hilfe bittet, wenn Kranke zum Gottesdienst
  gebracht werden wollen,
- daß er gerufen wird, wenn Kranke Rat und Gebet brauchen,
- daß er nicht allein gelassen wird in den Sterbezimmern bei der Feier
  der Krankensalbung oder des Heiligen Abendmahls,
- daß auch etwas erlebbar wird von der solidarischen Lastenteilung
  über die Grenzen der Berufsgruppen hinweg.

So öffnet sich Schritt für Schritt der Weg zu den Suchenden im Team der
Pflegenden und der ärztlichen Mitarbeiter, der Weg zu denen, die Interesse
haben auch an Fragen des Krankenhaus-Systems und der medizinisch-
pflegerischen Ethik.

III

Man muß sich klar darüber sein, daß Ethik in der Naturwissenschaft von anderen Voraussetzungen ausgeht als in den Geisteswissenschaften. Ethik in der Naturwissenschaft entwickelt sich in einem gemeinsamen Prozeß des Gestaltens und des Fragens: Was können wir tun, was müssen wir tun, und unter welchen Bedingungen ist das alles für Kranke und Pflegende leist- und verantwortbar? Sie wächst induktiv mit den technischen und medizinischen Möglichkeiten und Unmöglichkeiten. Wer hier mitreden will, braucht den loyalen Einstieg in das gesamte Denken – verbunden mit einem begrenzten Fachwissen und mit einiger praktischer Erfahrung. Er/Sie braucht auch die Sensibilität für kritische Situationen, die meist erst im nachhinein besprochen werden können, die auf der Basis des gemeinsamen Erlebens am Bett von Reanimierten oder Transplantierten auch für künftige Fälle verwertbar sind.

Medizinisch-pflegerische Ethik im modernen Krankenhaus verträgt kein absolutes Ja oder Nein von außen, das für alle Fälle Geltung verlangt. Wo solche gestaltenden Gespräche gelingen, wird etwas von der Option vieler Pflegender Wirklichkeit, als gleichwertige Partner in Fragestellungen mit einbezogen zu sein, die von ihnen in der Regel ein Höchstmaß an Einfühlung und an Kraft verlangen. Wo sie an derartigen Entscheidungen mitwirken können, wird ihre Seele spürbar entlastet, auch wenn die Fragen nach Leben und Sterben dadurch nicht leichter zu beantworten sind.

Das ethische Gespräch wird so ein wesentlicher Teil in der Seelsorge an Mitarbeiterinnen und Mitarbeitern. Fragen nach der Macht im Krankenhaus, nach der Kommunikation mit Spezialisten, nach der Transparenz von Entscheidungen finden hier eine konkrete Antwort und verbinden sich gleichzeitig mit einem hohen Maß an gegenseitiger Wertschätzung im Verlauf des gemeinsamen Lernens.

IV

Das klassische Seelsorgegespräch unter vier Augen mit Mitarbeitern ist bis jetzt noch nicht zur Sprache gekommen. Auch die gemeinsamen Treffen mit biblischen oder problembeladenen Inhalten wurden noch nicht angesprochen. Das hat seinen besonderen Grund darin, daß wir von Krankenhaussituationen ausgehen, in denen der oder die einzelne Person aus der Pflege oder aus dem ärztlichen Bereich den Seelsorger zuerst im gemeinsamen Arbeiten der Professionen kennenlernen will. Es ist für die meisten schwer, sich persönlich zu öffnen und dann noch sachlich gemeinsam zu arbeiten, Vertrauliches voneinander zu wissen und sich täglich im gemeinsamen Arbeitsfeld zu treffen.

Deswegen beschreiben wir zuerst diesen anderen Weg, der auf den ersten Blick weiter erscheint, der aber eine Basis schaffen kann gerade auch für private Fragen der Lebensbewältigung und des Glaubens.

Das Feld des Bedarfs ist in dieser Hinsicht unermeßlich. Treffen wir doch bei den Mitarbeiterinnen und Mitarbeitern der pflegenden und ärztlichen Berufe auf zahllose Menschen, die isoliert sind durch hohe Berufsanforderungen in extremen Entscheidungs- und Erlebnissituationen. Verstärkt wird das durch außergewöhnliche Arbeitszeiten, Nachtdienste und durch die Schweigepflicht. Viele Frauen im Pflegeberuf haben mit ihrer Rollensuche zu tun, mit Fragen der Vereinbarkeit von Beruf und Familie, mit der Unklarheit auch, wie sie nach mehreren Berufsjahren ihre Lebenserfahrung im klinischen System so einbringen können, daß sie zu mehr Humanität verhilft.

Dem steht die Situation der Ärztinnen und Ärzte gegenüber, die kaum Zeit haben für ein wirklich privates Leben. Wenige von ihnen können andererseits darauf vertrauen, daß ihr Einsatz sich in einer entsprechenden Karriereentwicklung niederschlägt.

Die Kenntnisnahme solch unterschiedlicher menschlich-beruflicher Situationen ist die Grundlage für alle Überlegungen und Versuche im methodischen Bereich:

Wie kann Seelsorge mit Mitarbeiter/innen geschehen? Bewußt spannen wir den Bogen des Angebots weit: wir bedenken die eher unverbindlichen Möglichkeiten von Vorträgen, Fallbesprechungen und Beiträgen zur innerbetrieblichen Fortbildungsarbeit ebenso wie die Veranstaltung von Sterbeseminaren oder thematischen Reihen zu einzelnen Krankheitsbildern mit verschiedenen Referenten aus dem eigenen Krankenhaus.

Wir lassen aber auch die Perspektive nicht außer acht, daß begleitende Supervision und regelmäßiges Arbeiten an biblischen Texten gerade auch für Mitarbeiter/innen im Gesundheitswesen Fragen und Antworten eröffnen im Blick auf die eigene Suche nach sinnvollem Leben und Arbeiten.

Wo das gelingt, werden sich an Gruppenangebote fast immer persönliche Nachfragen anschließen, wie einzelne Mitarbeiter/innen mit ihrer Lebens- und Berufssituation umgehen sollen und können. Aber erst, wenn Vertrauen gewachsen ist, das man sonst im gegenseitigen Umgang in den Kliniken nicht oft finden kann.

So kann Seelsorge mit Mitarbeiter/innen ein Baustein werden für jene andere Kultur der Sorge für sich und andere, die so oft vergessen oder kraftlos geworden ist, die aber wesentliche Grundlage war und bleiben soll für die diakonische Arbeit des Helfens und Pflegens.

III.

Seelsorge im Krankenhaus als kirchliches Handeln

HANS-CHRISTOPH UND IDA PIPER

Religiöse Erfahrung
in einer säkularen Institution

1. Religiöse Erfahrung kann nicht vom säkularen Alltag getrennt werden

Unter der Überschrift: „Eine Bekehrung" berichtet Martin Buber von einem grundlegenden Wandel seines Verständnisses des „Religiösen".[1] Ursprünglich war für ihn das „Religiöse" eine von Entrückung, Erleuchtung und Verzückung bestimmte Ausnahmeerfahrung. Eines Vormittags – er war noch in einer morgendlichen „religiösen" Erhebung befangen – empfing er den Besuch eines jungen Menschen, „ohne mit der Seele dabei zu sein". Er unterhielt sich mit ihm durchaus freundlich und verbindlich. Er „unterließ nur, die Fragen zu erraten, die er nicht stellte". Wenig später hat er diese Fragen von Freunden des Besuchers erfahren – der lebte zu diesem Zeitpunkt schon nicht mehr. Buber stellt die Frage: „Was erwarten wir, wenn wir verzweifeln und doch noch zu einem Menschen gehen?" Und er antwortet: „Wohl eine Gegenwärtigkeit, durch die uns gesagt wird, daß es ihn dennoch gibt, den Sinn."

Diese Erfahrung bedeutete für Buber eine Bekehrung. Seitdem gab es für ihn keine Trennung mehr zwischen dem religiösen und dem säkularen Bereich. Seine neue Haltung faßt er in den Worten zusammen: „Ich besitze nichts mehr als den Alltag, aus dem ich nie genommen werde. Das Geheimnis … hat sich entzogen oder es hat hier Wohnung genommen, wo sich alles begibt, wie es sich begibt … Wenn das Religion ist, so ist sie einfach *alles*, das schlichte gelebte Alles in seiner Möglichkeit der Zwiesprache."

Wenn Religion „das schlichte, gelebte Alles" ist, dann wird auch der alte, teilweise mit Heftigkeit geführte Streit, ob der Mensch von Natur aus religiös oder vielmehr primär säkular sei, relativ.[2] Der Konflikt ist in der Praxis selbst nicht mehr interessant. Dort konzentriert sich unser Interesse vielmehr auf die „Möglichkeit der Zwiesprache", auf das Wahrnehmen der Fragen, die nicht gestellt werden oder hinter den gestellten Fragen lie-

---

1 M. Buber, Zwiesprache, 157f.
2 Vgl. W. Pannenberg, Religion, 9ff.

gen, die immer mit dem Sinn unseres Lebens und Leidens zu tun haben. Religiöse Erfahrung erschließt sich nur der- oder demjenigen, die mit „der Seele dabei sind". Damit ist der Ort der Seel-Sorge in säkularer Umwelt umschrieben.

Wenn religiöse Erfahrung nicht von der säkularen Alltagssituation abzuheben und auszugrenzen ist, können wir sie auch nicht eindeutig definieren und dingfest machen. Nie wird sie uns verfügbar. Wir werden dann aber auch umgekehrt nicht urteilen können: Wenn dies oder jenes Merkmal nicht gegeben ist (etwa Gebet, Beichte, Bibellesung), darf nicht mehr von religiöser Erfahrung gesprochen werden.

2. Religiöse Erfahrung und säkulare Institution stehen in einem Spannungsverhältnis zueinander

Bei allem, was im folgenden gesagt wird, bleibt für uns Bubers Erkenntnis, daß religiöse Erfahrung und säkulare Umwelt nicht zu scheiden sind, gültig. Sind beide Bereiche auch grundsätzlich nicht zu scheiden, so kommen wir doch nicht umhin, sie zu unterscheiden. Denn wir erfahren Spannungen bis hin zu Zerreißproben zwischen beiden Bereichen. Wir können beide Bereiche auch nicht einfach auf Institutionen außerhalb unserer selbst (Kirche und Krankenhaus) fixieren. Nicht nur das Krankenhaus ist säkular, sondern auch wir selbst, die wir uns als Patienten in ein Krankenhaus begeben, sind säkular. Wir haben ja hochgespannte Erwartungen an die säkulare Institution, erwarten viel, wenn nicht sogar alles von den Möglichkeiten, welche diese Institution uns bietet.

Ein Patient, der ausdrücklich um das Vater-unser gebeten hatte, konnte das „Amen" nicht abwarten, als die Visite das Krankenzimmer betrat. Auf der anderen Seite klagt ein kranker Mann dem ihn aufsuchenden Seelsorger: „Hier hat ja niemand Zeit. Die Ärzte und Schwestern sind alle nur in Eile. Das Essen wird einfach hingestellt, die Tabletten werden gebracht – und so weiter. ‚Na, wie geht's?' – ‚Sie haben ja wieder nicht aufgegessen!' …" Der Seelsorger geht darauf ein: „Sie leiden darunter, daß niemand Zeit hat für Sie und Sie versteht." „Ja", erwidert darauf der Mann, „der Mensch ist doch nicht nur Leib" – und dann kommt eine „Ich"-Aussage: „Ich habe doch auch eine Seele!" Und es wurde in dem Gespräch deutlich, daß zur Seele für ihn auch der religiöse Bereich gehört.

Es kennzeichnet die säkulare Institution, daß „niemand Zeit hat", und das heißt, daß sich niemand Zeit *für ihn* nimmt, um seine religiösen Bedürfnisse, etwa seine Fragen nach dem Sinn seines Lebens und Leidens, anzuhören. Das erwartet er nun von dem Seel-Sorger.

Können wir das Religiöse auch nicht aus unserer säkularen Alltagswelt abheben und ausgrenzen, so stoßen wir in einer säkularen Institution wie dem Krankenhaus doch auf spezifische Probleme in dem Augenblick, wo wir versuchen, religiöser Erfahrung irgendeinen spirituellen Ausdruck (wie das Gebet) zu geben. Da kommt es zu Ausgrenzungen, weil eine spirituelle Übung – auch in den Augen der Patienten – nicht in diese säkulare Institution hineingehört. Es kommt hinzu, daß *eine* Voraussetzung für den Ausdruck religiöser Erfahrung in Wort oder Ritual in einem Krankenhaus kaum gegeben ist: die Intimität, die eine Schutzfunktion für den religiösen Bereich hat. Sie will sich jedenfalls in Mehrbett-Zimmern oft nicht einstellen.

Aber auch hier können wir die Ausgrenzungsphänomene nicht nur der Institution anlasten. In der jüngeren Generation haben immer weniger Menschen Zugang zu spirituellen Medien wie biblischen Texten und Gesangbuchversen, mit deren Hilfe religiöse Erfahrung sich in Worte fassen kann. Es finden also auch in ihnen selbst Ausgrenzungsprozesse statt. Seelsorger/innen bekommen dies sogleich zu spüren, wenn sie (meist unqualifizierte) Angriffe gegen die Kirche zu hören bekommen. Dadurch werden für die Seelsorger/innen ganze Gebiete ausgegrenzt, in denen sie selber zuhause sind. Quellen, aus denen sie schöpfen können und möchten, versiegen. Dann können sie sich fehl am Platze und überflüssig vorkommen.

3. In der religiösen Erfahrung geht es um Sinnfragen

Seelsorger/innen in der säkularen Institution des Krankenhauses stehen vor dem Problem, daß sie ihre eigene Institution (Pfarrhaus, Kirche, Gottesdienst) hinter sich lassen müssen, wenn sie das Krankenhaus betreten. Damit müssen sie in ihrer Arbeit weitgehend auf das verzichten, was ihnen Sicherheit und Schutz bietet. Sie entdecken weiter, daß religiöse Erfahrung nicht nur an die eigene Konfession gebunden ist, sondern auch ganz andere Quellen haben kann. Und was die Kommunikation auf den Krankenstationen besonders kompliziert macht: Sie bekommen von vielen Menschen gleich zu Anfang des Gesprächs den Satz zu hören: „Ich sage es Ihnen gleich – ich bin kein Kirchgänger!" Das heißt im Klartext: Ich kenne mich in der Kirche und ihrer Lehre, in Bibel und Gesangbuch nicht aus. Die Tradition, in der Seelsorger/innen aufgewachsen sind, die sie eingeübt und studiert haben, trägt in derartigen Kontakten nicht mehr. In den seltensten Fällen bedeutet dieser Satz allerdings schon eine Ablehnung des Besuchs. Er dient in der Regel vielmehr der Klärung des eigenen Standpunkts, und es kann durchaus sein, daß der Verlauf des Gesprächs zeigt, daß der oder die Besuchte ein Interesse an dem hat, was der oder die Seelsorger/in persönlich glaubt. Seelsorger/innen in der säkularen Institution des Krankenhauses berichten immer wieder mit Erstaunen darüber, mit welchem Vertrauen sie von Menschen, die der Kirche entfremdet oder gar aus ihr ausgetreten sind, empfangen werden. Vermutlich besteht bei diesen Menschen noch eine Ahnung davon, daß Glaube (aus welcher Quelle er sich auch immer speist) Wege aufzeigt, auf denen wir Sinn für unser Leben finden oder diesen Sinn aufrechterhalten. Und sie sehen in dem Seelsorger einen Fachmann, und in der Seelsorgerin eine Fachfrau für eben dies Gebiet. Schwere Krankheit, die eine Einweisung in das Krankenhaus notwendig macht, provoziert ja die Frage nach dem Sinn. Der Sinn des Lebens, so wie es bislang gelebt wurde, ist zerbrochen oder droht verlorenzugehen.

„Ich sage es Ihnen gleich – ich bin kein Kirchgänger" – sie möchten nur nicht angepredigt werden. Sie möchten vielmehr nach dem Sinn fragen dürfen. Religiöse Erfahrung im Leiden ist zunächst Verlust-Erfahrung. Lebenssinn geht verloren. Das Verlorengegangene aber muß zur Sprache gebracht werden.

Religiöse Erfahrung als Verlusterfahrung

Es gibt bestimmte Fragen und Wendungen, die Seelsorger/innen im Krankenhaus besonders häufig begegnen. Sie hören sich oft klischeehaft an und können bei ihnen Unwillen und Irritationen wecken, so daß sie geneigt sind, gar nicht mehr hinzuhören. Dennoch ist es wichtig, diese Fragen und Wendungen in ihren Differenzierungen wahrzunehmen.[3]

Ein Arzt, der selber zum Patienten geworden war und in einem Krankenhaus lag, begrüßte den ihn besuchenden Seelsorger mit den Worten: „Womit habe ich dies nun verdient? Mein Lebtag habe ich gearbeitet und versucht, anderen Menschen zu helfen – und nun dies!" Und dann fügte er rasch hinzu: „Aber so fragt man ja heute nicht mehr, nicht wahr! Das ist mehr eine Frage, die man im Mittelalter stellte. Das ist ja eigentlich überholt." Der Pfarrer antwortete: „Und doch gehen einem solche Gedanken immer wieder durch den Kopf." – „Ja", sagte darauf der Arzt, „das ist so. Die lassen sich nicht einfach abstellen."

Für den kranken Arzt ist die Frage: „Womit habe ich dies nun verdient?" eine sehr wichtige Frage. Er schießt sie auf den Seelsorger ab, der noch gar nicht Zeit gefunden hatte, sich zu setzen. Aber zugleich geht ihm etwas auf (vermutlich in dem Augenblick, wo er diese Frage ausspricht): Sie gehört nicht mehr in seine Zeit und zu seinem Alter. Sie gehört in eine längst überwundene Altersstufe, wo Lohn und Strafe ohne jeden Zweifel gerecht verteilt werden, und wo es unerhört ist, wenn man gestraft wird, wo man Lohn erwarten könnte. Heute, als Erwachsener,

---

3 Vgl. G. Hartmann, Lebensdeutung, 29ff, und J. W. Fowler, Stufen.

ist diese Frage nicht mehr stimmig für ihn. Die Krankheit hat ihn auf eine frühere Stufe seiner Entwicklung (bis ins „Mittelalter", wo der Mensch noch nicht autonom war) zurückgeworfen. Und er begibt sich auf die Suche, wie er die Frage nach dem Sinn heute, als Erwachsener zur Sprache bringen kann. Denn das ist die Voraussetzung dafür, daß er neuen Sinn findet. Dafür muß er aber die „mittelalterliche" Frage erst einmal aussprechen dürfen – und der Pfarrer gesteht ihm das auch ausdrücklich zu.

Ganz anders hört sich die Frage an: „Wie kann Gott das zulassen?" Sie klingt distanzierter, reflektierter. Der Horizont weitet sich: Die Frage wird ausgesprochen auch im Blick auf Katastrophen, die sich über den ganzen Erdball verstreuen: Kriege, Erdbeben, Dürre, Überschwemmungen. Gelegentlich wird verbal nicht einmal auf das eigene gegenwärtige Geschick Bezug genommen: das zu „erraten", überläßt der kranke Mensch dem oder der Seelsorger/in. Die sind freilich nicht selten irritiert, weil diese Frage sich so klischeehaft anhört, vor allem, wenn die Betroffenheit des Fragenden nicht mit hindurchklingt. Es scheint so, als ob der oder die so Fragende eine theoretische Diskussion über die Gottesfrage auslösen wollte. Und oft ist es ein weiter Weg bis zu dem „Warum?", das sich auf die eigene Situation bezieht.

Wie wichtig es aber ist, daß die auflehnende „Warum"-Frage gestellt wird, zeigt das folgende Beispiel:

Eine Frau, die noch im Berufsleben „steht" (sie steht tatsächlich in ihrem Geschäft!), klagt der Seelsorgerin, daß ihr ein Bein amputiert werden muß, und welch einen Eingriff das für ihr ganzes Leben bedeutet. Die Seelsorgerin, die von der Klage der Frau sehr betroffen ist, reagiert darauf: „Da kann man nur ‚Warum?' fragen." Aber das wehrt die Patientin ab: Das wäre vermessen. Da sagt die Seelsorgerin spontan und aus eigenem Bedürfnis heraus: „Dann tue ich es für Sie." Nach der Operation vertraut die Patientin der Seelsorgerin an: „Daß Sie das für mich getan haben, daß Sie für mich ‚Warum?' gefragt haben – dadurch konnte ich gefaßt in die Operation gehen."

Die Seelsorgerin hatte die hinter der Klage stehende Frage „erraten" und für die Patientin, die sie zurückhielt, ausgesprochen. Dies Beispiel zeigt auch, daß diese Fragen *in eine Beziehung hinein* gesprochen werden. Sie fragen nach dem Sinn und richten sich an die sinnstiftende Macht, die der Seelsorger und die Seelsorgerin (ohne daß ihnen das immer bewußt zu sein braucht) für die Fragenden repräsentieren.

Das gilt nun auch für die häufig gehörte, meist aggressiv geladene Äußerung: „An einen solchen Gott kann ich nicht mehr glauben. Gott gibt es nicht!" Selbst mit diesen Worten wird die Beziehung zu dem, den sie „Gott" nennen, und ebenfalls zu dem oder der Seelsorger/in noch nicht abgebrochen. Sie sind ja eine Provokation: sie wollen den Gott, der Sinn garantiert, „hervorrufen". Das Gottesbild, das für sie bis dahin fraglos war, ist ihnen zerbrochen.

Daß diese Fragen und Äußerungen in eine Beziehung hinein zu Dem, der hinter dem oder der Seelsorger/in steht, gesprochen werden, wird in dem Augenblick deutlich, wo diese versuchen, Antworten zu geben oder Gott zu verteidigen. In der Regel erwarten die Fragenden und Hadernden gar keine Antwort von ihnen: Die werden nicht akzeptiert. Die Fragen müssen offen bleiben. Die Fragenden wollen die Antwort von Gott selber.

Diese Fragen und Äußerungen weisen in der Regel auf Krisen hin, die durch „Grenzerfahrungen" verursacht worden sind. Das, worauf wir bislang vertraut hatten, trägt nicht mehr. Dann stellt sich der Zweifel ein. Der Boden, auf dem wir bisher standen, beginnt zu schwanken. Es kommt zu Einbrüchen, bis wir spüren, daß wir von einem neuen Boden getragen werden. Er befand sich, ohne daß wir davon wußten, unter dem ersten Boden. Wir sprechen dann davon, daß das Leben und unser Glaube an Tiefe gewonnen hat.

Religiöse Erfahrung als vertiefte Sinn-Erfahrung

Wenn Menschen durch Grenzerfahrungen zu einer größeren Tiefe ihres Lebens und Glaubens gefunden haben, drücken sie es oft in Worten aus, die den Seelsorger/innen von ihrer eigenen Tradition her fremd sind.

Eine Seelsorgerin trifft auf dem Flur einer Station eine Patientin, die das Faltblatt der Krankenhausseelsorge in der Hand hält und darin liest. Die Seelsorgerin spricht sie an und stellt sich vor. Darauf sagt die Patientin, daß sie keiner Kirche angehöre. Sie habe sich früher mal mit dem Buddhismus beschäftigt. Dann erzählt sie ihre Krankheitsgeschichte und beschließt diese mit den Worten: „Wissen Sie: daß ich das durchgestanden habe – diese Kraft in mir ist Gott."

Frauen können von dem „Göttlichen" in ihnen reden, das ihnen geholfen hat, alle mit der Krankheit verbundenen Qualen zu ertragen. Die Rede von dem „Gott" oder dem „Göttlichen in mir" entspricht ihrer Erfahrung mehr als der Satz: „Gott hat mir die Kraft geschenkt". Für viele Menschen ist heute religiöse Erfahrung mehr immanent als transzendent. Das kann mit der theologischen Tradition, aus der die Seelsorger/innen stammen, in Konflikt geraten.

Von der vertieften Sinnerfahrung hören Seelsorger/innen im Krankenhaus sehr viel seltener als von den Verlusterfahrungen. Für diese werden die Seelsorger/innen als „Klagemauer" gebraucht. Sinnerfahrungen geschehen oft ohne sie, und wenn die Patienten davon erzählen, dann in der Regel nur verhalten und in wenigen Worten. Freilich darf das nicht zu dem Mißverständnis führen, in *jedem* seelsorgerlichen Gespräch in einem

Krankenhaus müßte Klage und Frage geäußert werden, weil die Bewältigung von Krankheit und Leid nur über die aggressive Auseinandersetzung laufe, und weil jede Erkrankung notwendigerweise mit Sinnverlust verbunden sei.

Eine etwa 50jährige Frau hatte einen Schlaganfall erlitten. Sie war knapp dem Tode entronnen und wußte noch nicht, inwieweit sich die Folgen zurückbilden würden und ob sie je ihren geliebten Beruf wieder würde ausüben können. Das erzählte sie dem sie besuchenden Seelsorger und sagte dann, daß sie es selber noch nicht ganz verstünde, aber sie habe eine Empfindung, für das sie nur das Wort „Wiedergeburt" fände. Der Seelsorger konnte sich damit aber nicht zufrieden geben. Er versuchte beharrlich, sie zu der Frage „Warum?" zu provozieren. Die Frau fühlte sich mißverstanden und in ihrer religiösen Erfahrung verletzt. Erst, als sie den Vorfall ihrer Freundin erzählen konnte, fand sie wieder zurück zu *ihrer* Erfahrung.

Freilich gilt es hier zu unterscheiden zwischen religiöser Erfahrung und einer Art Weltanschauung, in welcher der Sinn in der Harmonie mit dem Kosmos und dem Göttlichen gesucht wird. Seelsorger/innen begegnen in Krankenzimmern zunehmend Einflüssen der Esoterik. Patienten und Patientinnen können darüber sprechen: Wenn sie in Harmonie mit der Weltseele lebten, würde ihre Krankheit verschwinden, oder sie würden nicht mehr darunter leiden. Das geht mit dem Wunsch einher, angstfrei zu sein, und bisweilen wird diese Angstfreiheit auch für sich in Anspruch genommen. Es handelt sich um eine dualistische Weltauffassung. Gott und das „Göttliche" sind *nur* Licht. Es wird großer Wert auf religiöse Erfahrungen gelegt, aber diese sind ausschließlich „Gipfelerfahrungen". In diesem System ist kein Platz für alles, was wir „negative Gefühle" nennen: Angst, Wut und Zweifel.[4]

Die Bedeutung des Zweifels für die religiöse Erfahrung

Eine Patientin erzählt der sie besuchenden Seelsorgerin ausführlich über den Halt, den sie in esoterischen Gedanken fände. Sie zeigt ihr auch eine Karte, auf der kalligraphisch der folgende Satz aufgezeichnet ist: „Göttliche Kräfte durchfließen meinen Körper". Die Seelsorgerin wollte der Frau ihren Halt nicht nehmen, fühlte sich aber während des ganzen Gesprächs denkbar unwohl. Mehr für sich als für die Patientin bietet sie ihr beim Abschiednehmen noch den Segen an. Die Frau stimmt zu. Als die segnende Hand sie berührte, brach auf einmal ihre ganze Verzweiflung hervor. Sie weinte, haderte, sprach über ihre Angst und ihren Zweifel. Es wurde ein langer Weg, den die Seelsorgerin mit der Frau gegangen ist.

---

4 Vgl. z. B. F. Capra/D. Steindl-Rast, Wendezeit. Dies verbreitete Buch ist eine theologische Variante des Systems, in dem es keinen Zweifel gibt.

Es ist für Seelsorger/innen entscheidend wichtig zu erkennen, welch' eine Bedeutung der Zweifel auf dem Weg zu einer Vertiefung des Glaubens und des Lebens hat. Keinesfalls ist der Zweifel das Gegenteil von Glauben. Versteht man ihn so, dann kann man ihn nur sich selbst und anderen verbieten. Das Gegenteil von Glauben ist eher ein gleichgültiger Nihilismus, der aufgehört hat, nach Sinn zu fragen. Der Zweifel aber, durch den der bisherige Lebenssinn infrage gestellt wird, öffnet zugleich die Tür zu einem vertieften Lebenssinn. Das ist ein Prozeß, der in der Regel mit starker Verunsicherung verbunden ist. Deswegen läßt nicht Jeder und Jede den Zweifel bei sich zu. Dann erstarren die oben gestellten Fragen zu Floskeln, die ohne Ernsthaftigkeit beliebig oft wiederholt werden können. Sie drücken keine Suchbewegung mehr aus, sondern dienen jetzt dazu, sich einzuigeln und ein offenes Gespräch zu blockieren. Aber auch die dualistische Weltsicht esoterischer Systeme dient nur allzu oft dazu, den Zweifel abzuspalten und zu verdrängen. Das hat mit religiöser Erfahrung nichts zu tun, wenn ihre Vertreter sich auch darauf berufen.

So verstehen wir den Zweifel als einen integralen Bestandteil religiöser Erfahrung. Der Begriff der „Anfechtung" spielt in der reformatorischen Frömmigkeitstradition eine entscheidende Rolle.

4. Religiöse Erfahrung anderer kann eigene Erfahrungen auslösen

Wenn wir Martin Buber richtig verstehen, dann lebt religiöse Erfahrung von der „Möglichkeit der Zwiesprache". Von religiöser Erfahrung können wir erst dann reden, wenn sie in irgendeiner Form in Worte gefaßt werden kann: durch ein Symbol, eine symbolische Geschichte, durch ein Gedicht (Psalm) oder ein Lied. Für ein solches Wortefinden ist ein Gesprächspartner hilfreich, der „mit der Seele dabei ist". Dann wird Sprache zur Zwiesprache. Diese Zwiesprache kann selber zur religiösen Erfahrung werden, und zwar nicht nur bei dem oder der Anderen, sondern auch beim Seelsorger und der Seelsorgerin. Dann löst sie auch bei ihnen religiöse Erfahrungen aus. Davon wollen wir im folgenden berichten.

Die Seelsorgerin erzählt:

„Sie war Mitte fünfzig, seit fünf Jahren an Krebs erkrankt. Ich hatte sie vorher einmal kurz besucht, es war ein herzlicher Kontakt gewesen. Jetzt saßen wir nebeneinander auf dem Flur, sie wartete auf eine ärztliche Untersuchung. Da sagte sie mir folgendes:

,Ich habe nie einen Bezug zum Glauben gehabt. Ich bin konfirmiert, aber danach war ich nie mehr in der Kirche, nur ab und zu anläßlich einer Familienfeier. Ich habe nie nach Gott gefragt. Erst seit ich krank bin, suchte ich Gott. In den letzten Wochen ist da etwas mit mir geschehen. Ich wohne im siebenten Stock und habe einen wunderbaren Blick in den Himmel. Dort habe ich ein kleines Sternchen entdeckt. Ich rufe dieses Sternchen an: Hörst du mich? Ich kann diesem Sternchen alles sagen. Es versteht alles, was ich sage. Ich bete dieses Sternchen an.'

Dann machte sie eine Pause und sah mich prüfend an: ,Oder muß ich Gott sagen?' – Ich habe geantwortet: ,Gott ist ein Name.' Wieder eine Pause, dann sie: ,Gott ist mir zu groß. Ich sage lieber Sternchen. Mein Sternchen antwortet mir, und jetzt erlebe ich meine Krankheit anders.'

Ich war mit Mühe die sieben Stockwerke mit hochgeklettert und fragte: ,Sie sehen vor sich das große Universum. Ist es so, daß Sie sich in dies Universum aufgenommen fühlen?' – Sie: ,Ja, so etwas ist das wohl, aber ohne das Sternchen wäre das nicht so. Ihm kann ich alles sagen.'

Nach einer Pause: ,Ich habe meinem Lebensgefährten gesagt, daß ich mit dem Sternchen rede, denn es ist ihm natürlich aufgefallen, daß ich so lange vor dem Fenster stehe. Er hat mir gesagt, daß er für mich betet, und ich weiß jetzt auch, daß meine Mutter für mich betet. Eine Schwägerin – sie ist auch krank – hat mir gesagt, daß sie in der Bibel lese, das sei ein fantastisches Buch. Ich habe keine Bibel, vielleicht sollte ich mir eine kaufen.'

Nach einer Pause: ,Ich konnte es zunächst nicht ertragen, wenn der Himmel verhangen war, dann habe ich gerufen: Sternchen, komm doch hervor! Aber jetzt weiß ich, daß es auch hinter den Wolken scheint. Auch dann spreche ich mit ihm, und es hört mich.'

Auf dem Nachhauseweg habe ich gedacht: Ich bin einer weisen Frau aus dem Morgenland begegnet, und am 6. Januar (Epiphaniasfest) habe ich über sie und den Stern von Bethlehem gepredigt."[5]

Die religiöse Erfahrung der kranken Frau hat für die Seelsorgerin eine eigene religiöse Erfahrung zur Folge, die sie in ihre christliche Tradition einordnet.

Der Seelsorger berichtet:

„Es ist schon Jahre her. Ich besuchte eine schwerkranke Frau, um die siebzig Jahre alt. Sie sprach mühsam und leise, ich konnte sie nicht immer verstehen. Sie erzählte von Johannesburg, der ,goldenen Stadt', und daß sie dort einmal gelebt habe. Und von vier Grundstücken dort – gehörten sie ihr oder hatten sie ihr gehört? Ich habe es nicht verstanden. Dann sprach sie von einer Kirche, die mitten in Johannesburg läge. Sie sei schon von weitem zu sehen. Dann schaute sie mich an: Ob ich da wohl einmal hinfahren wollte?

Ich zögerte mit meiner Antwort. Es gab gerade Unruhen in Johannesburg, und ich wollte ihr nicht sagen, es sei auch dort nicht alles Gold, was glänze. Ich sagte schließlich, daß ich mir vorstellen könnte, einmal in einem Urlaub nach Südafrika

---

5 I. Piper, Begleitende Seelsorge, 20.

und Johannesburg zu fliegen. Aber das war der Frau gar nicht recht. Ganz bald müßte es sein, sagte sie. Und ich müßte sogleich die Kirche besuchen und mir alles genau ansehen. Und dann sollte ich zurückkommen und ihr erzählen, wie es dort aussähe. Und sie sagte mir ihre Adresse, damit ich sie auch fände. Ich sei doch Pastor, sagte sie, und bekäme die Reise billiger. Sie wurde unruhig und drängte: ,Wollen Sie?' – Ich konnte nicht ,nein' sagen, stimmte zu und verabschiedete mich.

Ich hatte die Frau nicht verstanden. Sie kannte doch selbst die Kirche: Was sollte ihr Drängen, daß ich so bald wie möglich dahin fahren sollte, um ihr nach meiner Rückkehr zu erzählen, was ich dort gesehen hätte?

Erst als ich die Geschichte abends meiner Frau erzählte, fiel es mir wie Schuppen von den Augen. Die ,Goldene Stadt' – ,Jerusalem, du hochgebaute Stadt, wollt Gott, ich wär in dir ...'; und ich sollte ihr erzählen, wie es dort aussieht!

Es war nicht mehr möglich. Am Tage darauf war die Frau nicht mehr ansprechbar, kurz darauf starb sie.

Die Geschichte hat eine Fortsetzung. Viele Jahre später bin ich in Johannesburg gewesen. Ich war auch in der Kirche im Zentrum der Stadt. Sie war nun nicht mehr von weitem zu sehen, sie war von Hochhäusern eingeschlossen.

Dieser Kirchenbesuch unterschied sich von allen touristischen Kirchenbesichtigungen, die ich sonst erlebt hatte. Die Frau, die mich nach Johannesburg geschickt hatte, war mir nah, und auch die ,Goldene Stadt', die sie nun selber schaute. Ich selber war froh und bewegt, daß ich mein Versprechen ihr gegenüber eingelöst hatte."[6]

Wieder ist auffallend, daß beide, die sterbende Frau und der sie besuchende Seelsorger, eine religiöse Erfahrung machen. Die Frau richtet sich nach der „Goldenen Stadt" aus und möchte wissen, wie es dort aussieht. Und der Seelsorger nimmt Jahre später noch einmal Kontakt mit dem Glauben der Frau auf.

5. Religiöse Erfahrungen suchen sich Raum und Symbol

Religiöse Erfahrungen sind an keinen besonderen Raum, abgeschottet von der Alltagswelt, gebunden. Dennoch haben viele Menschen gerade in der Hektik der säkularen Institution eines Krankenhauses das Bedürfnis nach einem Raum, in dem sie „zu sich selbst" kommen können. Die in einer Klinik beschäftigten Verwaltungskräfte, leitende Ärzte und Ärztinnen und die Pflegedienstleitung zeigen oft Verständnis für dies Bedürfnis, und trotz Eigenbedarf an Räumen und finanzieller Engpässe nehmen sie

---

6 Zum Reisesymbol vgl. H.-C. Piper, Gespräche mit Sterbenden, 161, und Ders., Krankenhausseelsorge heute, 37ff.

nicht selten die Initiative von Seelsorger/innen auf und sind bei der Einrichtung eines Andachtsraumes oder eines „Raumes der Stille" behilflich. In einem Buch, das für die Besucher eines solchen Raumes ausliegt und in das sie ihre Empfindungen schreiben können, stehen Sätze wie die: „Danke für die Ruhe hier, die mich ein großes Stück näher zu dir bringt", oder „O mein Gott, hier fühle ich deine Nähe! Hier darf ich mich ausweinen und gehe getröstet wieder ans Bett meines geliebten, z.Zt. so armselig daliegenden Sohnes."

Die evangelischen und katholischen Seelsorger und Seelsorgerinnen der Medizinischen Hochschule Hannover wünschten sich für ihren Andachtsraum (der schon beim Bau des Komplexes mit eingeplant worden war), einen Blickfang. Er sollte in dieser Welt von Stahl, Beton und Glas etwas Lebendiges darstellen, etwas, das blüht und wächst. Nach Gesprächen mit dem Künstler, der schon an der Ausgestaltung des Raumes beteiligt war, Gerhard Hausmann (Hamburg), entschied sich das Team für einen großen Gobelin mit einem Lebensbaum (siehe Buchumschlag). Schon oft hatten die Seelsorger/innen die Erfahrung gemacht, daß religiöse Symbole der Natur entnommen sind. Das Bewußtsein, daß unsere Bäume heute gefährdet sind, lädt Menschen in einem Krankenhaus ein, sich in ihnen wiederzuerkennen. Es wurde ein Baum in starken grünen und roten Farben. Seine Krone war dabei, sich zu entfalten. Bei vollendeter Entfaltung würde sie die Mauern des Raumes sprengen.

Nicht Jeder und Jede konnte gleich etwas mit diesem Symbol des Lebens beginnen. Es gab auch eine Beschwerde über das „heidnische Symbol", das hinter dem Altar hing. Wir haben dann Blätter mit Texten ausgelegt wie Jer 17,7–8; Hes 47,12; Psalm 1 und Offenbarung 22,2. Im allgemeinen wurde aber der Lebensbaum akzeptiert. Ein etwa 70jähriger Patient aus der Psychiatrie, der den Andachtsraum regelmäßig aufsuchte, schrieb in das schon erwähnte Buch im Blick auf den Lebensbaum: „The Green – Peace – Baum."

Aber auch Besucher anderer Religionen ließen sich von dem Lebensbaum beeindrucken. Ein japanisches Ehepaar, dessen Kind in der Klinik verstorben war, bat die Seelsorger, sich von ihrem Kind mit einer Zeremonie unter dem Lebensbaum verabschieden zu dürfen. Sie waren Buddhisten, für die der Baum des Lebens eine große Rolle spielt.

Eines Tages brannte der Andachtsraum aus. Auch der Gobelin mit dem Lebensbaum war verkohlt. Der Seelsorger, welcher den nächsten Gottesdienst in einem nebenan gelegenen Konferenzraum hielt, erinnerte sich daran, daß es Bäume gibt (z.B. die Aleppo-Kiefer), deren Samenkapseln sich nur durch die Berührung mit Feuer öffnen. Das gewann für ihn nun eine tiefe Bedeutung. Darüber hat er gepredigt: Symbol eines schmerzlichen Verlusts und zugleich eines vertieften Sinns.

Für Seelsorger und Seelsorgerinnen in der säkularen Institution des Krankenhauses ist es wichtig, daß sie ihre eigenen religiösen Erfahrungen, die sie in den meisten ihrer seelsorgerlichen Gespräche zurückhalten müssen, aussprechen können. Der Ort dafür kann der Gottesdienst mit Predigt, Liedern und Gebeten sein. Hier können sie für sich ihren Part in der „Möglichkeit der Zwiesprache" wahrnehmen, von der Martin Buber sprach.

UDO SCHLAUDRAFF

Krankenhausseelsorge und Ethik

I

Es gibt einen natürlichen Konflikt zwischen Seelsorge und Ethik. Die Seelsorge wendet sich dem einzelnen zu. Sie versucht, dem einzelnen Menschen in der Einmaligkeit seiner Individualität, in der Unverwechselbarkeit seiner Biographie und in der mit keiner Verallgemeinerung zu verrechnenden Besonderheit seines Erlebens zu begegnen und ihn oder sie darin zu verstehen. Seelsorge braucht die Fähigkeit zur Empathie, zu Mitgefühl und Intuition. Sie ist nicht denkbar ohne die Bereitschaft, sich einzulassen und Nähe zuzulassen. Ethik dagegen verallgemeinert. Sie reflektiert Erfahrungen, bei denen Grundwerte des Menschseins betroffen sind. Sie ist nicht nur an dem interessiert, was hier und jetzt für diesen einen Menschen richtig ist, sondern am wiederholbar Richtigen, am gelingenden Leben nicht nur für den einzelnen, sondern für *Polis* und *Oikoumene*, d.h. für das Zusammenleben aller Menschen, erfahrungsnah und auch weltweit. Ethik kann auf das Prinzip der Universalisierbarkeit nicht verzichten.[1] Sie muß abstrahieren, Abstand nehmen von der Unmittelbarkeit durchlebter und erlittener Erfahrung. Im systematisch geordneten Denken stellt sie Distanz her. Sie arbeitet Entscheidungsalternativen aus und trägt zum inneren Frieden in der Gesellschaft dadurch bei, daß sie für hoch emotional besetzte Wertkonflikte rationale Argumentationsmuster zur Verfügung stellt. Seelsorge hat es mit Trost zu tun, mit Vergewisserung und mit der Versöhnung des einzelnen mit sich selbst, mit anderen Menschen und mit Gott. Ethik ist auf Handlungsorientierung hin angelegt, auf Entscheidungsfähigkeit, auf die Ausdifferenzierung von Optionen, die (noch) verantwortbar sind oder nicht (mehr).

---

1 Das gilt unabhängig davon, ob jemand von einem deontologischen Ethikansatz herkommt und den kategorischen Imperativ vertritt: „Handle nur nach derjenigen Maxime, durch die du zugleich wollen kannst, daß sie ein allgemeines Gesetz werde" (Immanuel Kant, Grundlegung zur Metaphysik der Sitten), oder ob man von dem im anglo-amerikanischen Bereich vorherrschenden Ansatz des Ultilitarismus ausgeht, der nach der bestmöglichen Glücksbilanz für möglichst viele fragt.

Natürlich gibt es auch kollektive Seelsorge, z.B. wenn die Begräbnis-
ansprache in einem besonders schwierigen Fall „das rechte Wort zur
rechten Zeit" findet und ein ganzer Ort erfährt, wie schmerzliche Wahrheiten so gesagt werden können, daß sie nicht verhärten, sondern be-
freien. Dieselbe Wirkung kann auch Literatur haben. Karl Barth hat es
dem Dramatiker Carl Zuckmayer im Hinblick auf dessen Werk ausdrücklich bescheinigt.[2] Trotzdem bleibt der Kern der Seelsorge das Einzelgespräch, in dem es vor allem aufs Zuhören ankommt, nicht aufs
Argumentieren. Seelsorge braucht die menschliche Person als Bürgen
oder Bürgin. Sie will bezeugen. Dazu gehört Glaube. Ethik will begründen und plausibel machen. Sie braucht Argumente. Dazu gehören Sachkenntnis und Verstand.

Nun wäre es verhängnisvoll, aus dem Unterschied einen Gegensatz
machen zu wollen. Seelsorge geschieht nicht ohne Verstand. Ethik wird
nicht ohne Engagement betrieben. Beide speisen sich aus Quellen innerer
Bewegung.[3] Patienten wollen sich nicht nur verstanden wissen, sie wollen
auch verstehen können. Seelsorge im Krankenhaus kann nicht nur auf der
Beziehungsebene stattfinden. Sie muß auch die Sachfragen ernstnehmen,
die Patienten bewegen. Ethik wiederum darf sich nicht auf Kopfarbeit be-
schränken. Sie muß ganzheitlich – mit Herz und Verstand – betrieben
werden, wenn sie entscheidungsrelevante Orientierung geben will. Je bewußter die Unterschiede zwischen Ethik und Seelsorge wahrgenommen
und bejaht werden, desto besser kann eine lebendige, spannungsreiche
Balance zwischen diesen beiden Seiten der theologischen Existenz gelingen. Ein unreflektierter Umgang verfällt leicht den Einseitigkeiten und den
falschen Alternativen, die bei der Natur des angesprochenen Konfliktes
immer drohen.

II

Die klinische Seelsorge hat sich nach langen Jahren der Aufarbeitung eines
vielfach als Nachholbedarf angesehenen Abstandes zu den Humanwissenschaften, insbesondere zu Psychologie und Psychotherapie in ihren
unterschiedlichen „Schulen" – also nach der Vertiefung unserer Kenntnis

---

2 Carl Zuckmayer/Karl Barth, Freundschaft 1991[9].
3 Ethik beginnt mit der bewußten Verarbeitung von „Spannungserfahrungen", die als Verletzung eines für selbstverständlich gehaltenen Wertideals erlebt werden. Das kann vom
   kurzen Innehalten mit anschließender Veränderung oder neuer Bestätigung bisheriger
   Routinen bis zum erschütternden Schlüsselerlebnis mit lebenslanger Wirkung gehen. Vgl.
   dazu Eberhard Amelung (Hg.), Denken 1992. – Siehe auch Jürgen Habermas, Profile
   1991, 62.

von inneren Welten – erst ziemlich spät (wieder) auch der Wahrnehmung der äußeren Welt von Krankenhauspatienten zugewendet.

Die Bedeutung der Strukturen für die Arbeit im Krankenhaus, die Sozialisationsbedingungen von ärztlich und pflegerisch Ausgebildeten, Entscheidungshierarchien, Vergütungssysteme, wissenschaftliche und gesundheitspolitische Vorgaben für Fragen der Krankenhausplanung und der Krankenhausarchitektur, aber auch Fragen der kirchlichen Personalplanung für den Bereich der Krankenhausseelsorge – das alles wurde teils gesehen, teils erlitten, aber es wurde doch nicht als ein zur „eigentlichen" Seelsorge gehörendes und ethisch zu bearbeitendes Aufgabenfeld verstanden. Aus verständlichen Gründen. Der Aufbruch der Seelsorgebewegung hatte seine eigene innere Dynamik und wie vieles andere „seine Zeit". Inzwischen erleben viele in der Seelsorge Tätige zunehmend, daß da, wo sie als kommunikativ kompetent wahrgenommen werden, auch ethische Kompetenz von ihnen eingefordert wird. Das wird selten direkt so ausgedrückt, aber es drängt sich in einer Fülle von Gesprächen mit Menschen auf, zu deren Alltag ärztliche Entscheidungskonflikte gehören. Sie suchen mitdenkende Solidarität bei den notwendigen Abwägungen und dadurch Entlastung. Immer häufiger fallen dabei in der Seelsorgeperson Menschenkenntnis und Sachkenntnis zu *einer* Kompetenz zusammen. Seelsorgende sind gut beraten, wenn sie sich mit ihrer ethischen Kompetenz nicht aufdrängen, aber sie wären schlechte Seelsorger oder Seelsorgerinnen, wenn sie diesen Teil ihrer beruflichen Existenz vernachlässigten.

Das gilt für Seelsorgende, die im Krankenhaus arbeiten, umso mehr, als auch auf ärztlicher und pflegerischer Seite Fragen von *Ethik in der Medizin* nicht nur zunehmend als persönlich relevant angesehen werden, sondern auch Bestandteil von Ausbildung werden. Die 8. Novelle zur ärztlichen Approbationsordnung vom 21. Dezember 1993 sieht vor, daß die medizinischen Fakultäten Angebote zur ethischen Qualifizierung der Studierenden machen müssen, die prüfungsrelevant zu berücksichtigen sind. Für Ärzte und Ärztinnen in Praktikum (AiP) sind Ausbildungsveranstaltungen vorgeschrieben, „die der Vertiefung des Wissens und der Behandlung von Fragen der Ethik in der Medizin dienen".[4] Es ist absehbar, daß die Kirchliche Aus- und Weiterbildung entsprechend wird nachziehen müssen.[5]

---

4 Der „Diskussionsentwurf eines Gesetzes zur Änderung der Bundesärzteordnung und zur Änderung der Approbationsordnung für Ärzte" wird z.Z. in einer Bund-Länder-Kommission abschließend beraten. Details können sich noch ändern. Die verbindliche Verankerung von mehr „Ethik in der Medizin" in der ärztlichen Ausbildung ist beschlossene Sache.
5 Die Hannoversche Landeskirche hat dem Rechnung getragen, indem sie 1995 ein *Zentrum für Gesundheitsethik* an der Evangelischen Akademie Loccum gegründet hat. Ulrich H. J. Körtner (Unverfügbarkeit?, 2001 S. 63) spricht davon, daß die Seelsorge offenbar „am Beginn eines neuen Professionalisierungsschubes" stehe.

In der Nachfolge dessen, der nicht als Arzt für die Gesunden gekommen ist, sondern für alle, die „übel dran" sind, (Lk 5,31) wird Krankenhausseelsorge immer Anwalt von Patienten sein müssen. Um das aber sachgemäß sein zu können, darf sie auf kritisch-solidarische Gesprächspartnerschaft mit der Medizin und allen in der Heilkunde Tätigen nicht verzichten. Zu dieser Gesprächspartnerschaft gehört auch ethische Kompetenz. Die bis zum Abschluß der theologischen Ausbildung erworbenen Fähigkeiten reichen dazu nicht aus.

III

Für Theologie und Seelsorge ist es selbstverständlich, daß kontroverse Fragen der Ethik in Medizin und Krankenversorgung nicht ohne Rückgriff auf biblische Traditionen zu beurteilen sind. Das bietet Orientierungsmöglichkeiten, die dem säkularen Diskurs nicht in gleicher Weise zur Verfügung stehen. „Es ist dir gesagt, Mensch, was gut ist, und was der HERR von dir fordert" (Micha 6,8). Das Grundverständnis des Lebens als verdankter Existenz („Was hast du, das du nicht empfangen hättest?", 1. Kor 4,7), die Einsicht in die Unterschiede von Begabung und Verantwortung („Wem viel anvertraut ist, von dem wird man umso mehr verlangen", Lk 12,38; s. auch: Gleichnis von den anvertrauten Pfunden) und die Verpflichtung zum solidarischen Teilen („Dienet einander, ein jeder mit der Gabe, die er empfangen hat", 1. Petr 4,10) sowie die Bejahung der Endlichkeit des Lebens und der Hoffnung über den Tod hinaus („Es ist dem Menschen gesetzt zu sterben, danach aber das Gericht", Hebr 9,27; „Hoffen wir allein in diesem Leben auf Christus, so sind wir die elendesten unter allen Menschen", 1. Kor 15,19) – das sind deutliche Wegmarken für die ethische Orientierung. Und vor allen Dingen die klare Botschaft von der Rechtfertigung des Sünders nicht aus Werken, sondern *sola gratia* und das Bewußtsein davon, daß alles Wissen und Erkennen „Stückwerk" bleibt (1. Kor 13,9), befreit von einer rechthaberischen, defensiven Ethik. Dietrich Ritschl hat das „die biblische Perspektive" genannt und „Konstanten der Grundhaltung" im Leben der Gläubigen beschrieben.[6]

Gleichwohl ist die christliche Seelsorge nicht einfach gut gerüstet für den ethischen Diskurs, zu dem sie durch die Wirklichkeit der heutigen Medizin in Wissenschaft und Praxis herausgefordert ist. Die Ausrichtung an Leben und Botschaft Jesu ist unerläßlich, aber der direkte Rückgriff auf biblische Beispiele führt oft genug zu Fehlinterpretationen. Noch immer

---

6 Dietrich Ritschl, Logik 1984, 284, 313 u. 315–318.

behindert ungeschichtliches Denken die notwendige Unterscheidung des zeitbedingt Richtigen vom unaufgebbar Wichtigen. Noch immer kleiden sich persönliche Ängste und ethische Argumentationen, die der eigenen Persönlichkeitsstruktur entsprechen, in das Gewand theologischer Begründungen. Ein im Kirchenvorstand engagiert mitarbeitendes Gemeindeglied z. B. schreibt an die Kirchenleitung, wie denn die Evangelische Kirche in Deutschland sich befürwortend zur Organspende aussprechen könne, wo doch Jesus in Lk 9,24 eindeutig gesagt habe: „Wer sein Leben erhalten will, der wird es verlieren."[7] Oder die Sorge um die Ich-Identität an Leib und Seele wird so groß, daß selbst die Bereitschaft zur postmortalen Augenhornhautspende verweigert wird, die doch mit der Hirntodproblematik nichts zu tun hat.[8]

Auf den genannten Brief könnte – den zwischenmenschlichen Aspekt jetzt einmal beiseite gelassen – jeder hermeneutisch geschulte Mensch leicht antworten. Nicht so leicht zu durchschauen ist die Verquickung von inhaltlichen Positionen, die ethisch begründet werden, mit psychischen Grundstrukturen. Hier liegen Aufgaben für die Pastoralpsychologie, die noch nicht in Angriff genommen worden sind. In jeder Ethikdiskussion sind für das „geöffnete" Ohr hinter den Argumenten psychische Grundtypen mit persönlichkeitsspezifischen Verarbeitungsmustern zu erkennen. Und manche Ethikkontroverse läßt sich leicht als ein Kampf um möglichst viel Geltungsanteile für die eigene Persönlichkeitsstruktur in der Gesellschaft darstellen. Was im Bereich der Verkündigung durch Arbeit an Predigtanalysen für den differenzierteren und bewußteren Umgang mit eigenen Persönlichkeitsanteilen längst geleistet worden ist, steht für das ethische Engagement der Seelsorge noch aus.

Ich denke, Klaus Tanner hat recht, wenn er schreibt:

„Ethische Kontroversen werden vorrangig als Streit um *Sachfragen* geführt. Doch bilden sich konkurrierende Positionen in der Bewertung verantwortbaren Handelns keineswegs nur durch Differenzen in der Einschätzung des jeweiligen Sachproblems. Implizit spielen in ethischen Diskussionen immer auch Begrün-

---

7 Der Brief vom 26. Juni 1995 liegt mir in Kopie vor.
8 So Dr. Martina Plieth während der Podiumsdiskussion mit mir im Rahmen der Tagung „Organtransplantation" der Evangelischen Akademie Mühlheim vom 3.–5. Febr. 1995. Vgl. auch: „Aus den von (Professor Dr. Klaus-Peter) Jörns (dem Initiator der *Berliner Initiative für die Zustimmungslösung*) gegen die Hirntod-These vorgebrachten Einwänden sprechen persönliche Ängste, die es zu respektieren und keineswegs verächtlich zu machen gilt. … Niemand hat das Recht, andere in dieser Frage, in der es um die ureigenste Einstellung zu Leben und Tod geht, zu bevormunden oder besserwisserisch belehren zu wollen. Umgekehrt läßt sich daraus aber auch folgern, daß man nicht unbedacht bei anderen Ängste schüren sollte, die man selbst vielleicht hat." Ulrich H. J. Körtner, Ganztod 1995, 12–15.

dungsprobleme eine Rolle. Über die Sachebene hinaus werden die alternativen Handlungsangebote geprägt durch *Annahmen* über die Verfassung unserer Lebenswelt, die Struktur menschlichen Handelns, die Reichweite unserer Analysekompetenz und das Verständnis des handelnden Subjekts."[9]

Im historischen Rückblick erkennt man heute teils belustigt, teils beschämt, was alles für *Annahmen* eine Rolle gespielt haben, z.B. bei dem Streit um die Zulassung von Frauen zum Medizinstudium – und viel später dann noch einmal zur Ordination, oder von welchem Selbstbild aus gestritten wurde (und wieder wird) über die Einführung der Anästhesie in die Geburtshilfe. Es besteht Anlaß, bei der ganzen Postmodernismusdebatte und bei der Suche nach einer „neuen Übersichtlichkeit" sehr selbstkritisch zu sein. Es könnte ja sein, daß unter dem Stichwort *Orientierung* mehr Ich-Identität verweigert als gesucht wird. Jedenfalls ist leicht nachvollziehbar, daß es in einer Zeit mit hohen Innovationsraten, denen logischerweise rasches Veralten entspricht,[10] zu unverarbeiteten Rückgriffen auf Traditionsreserven kommt, die nicht wirklich stabilisieren, weil sie nicht zukunftsfähig sind. Ich beobachte gegenwärtig einen starken Trend, von der Ethik zu erwarten, daß sie vor allem vor einer als bedrohlich empfundenen Zukunft schützen soll. Es ist aber nur *eine* der Aufgaben von Ethik, auf die Kontinuität unserer kulturellen Traditionen und auf die Bewahrung moralischer Werte zu achten. Sie muß – ebenso wie eine gute Rechtsprechung – auch auf Zukunftsfähigkeit achten und kreativ an der Weiterentwicklung des Bewährten arbeiten. Otfried Höffe hat in diesem Zusammenhang von den „verdrängten Tugenden" Besonnenheit und Gelassenheit zwischen Allmachtsillusionen und Überängstlichkeit gesprochen und zur Lust auf eine „neue Interdisziplinarität" aufgerufen, die über rein additive „Personen-Interdisziplinarität" hinausgeht. Es geht ihm darum, daß zwischen Rezepten für die Alltagspraxis und philosophischen Letztbegründungen etwas Drittes gesucht wird, das er Vermittlungsleistung nennt. „Ob Philosophen vom Fach sie ausüben oder Juristen, ob Theologen, Naturwissenschaftler oder Mediziner, spielt … keine Rolle. Entscheidend ist jenes Sichkundigmachen in fremden Forschungsgebieten, das nicht als Last empfunden wird, sondern als eine Lust".[11] Ich wünschte mir von Seiten der Theologie generell und von Seiten der Seelsorge speziell mehr Lust auf solche Art von ethischer Vermittlungsleistung.

---

9   Klaus Tanner, Naturrecht 1993, 9 (im Original ohne Hervorhebung).
10 Vgl. Hermann Lübbe, Im Zuge der Zeit, 1992.
11 Otfried Höffe, Moral 1993, 147–155 und 256.

IV

Zu den vielfachen Aufgaben, die von Seelsorgern und Seelsorgerinnen ein ethisch reflektiertes Verhältnis zur eigenen Arbeit verlangen, gehört das Problem der gerechten Zuteilung von Ressourcen. Wer in der Klinikseelsorge tätig ist, kennt es aus eigener Erfahrung. Ich wähle es hier als exemplarisch für Fragen der Verteilungsgerechtigkeit, weil absehbar ist, daß die Ethik der Gesundheitsökonomie für lange Zeit die auf alle anderen Themen durchschlagende Herausforderung bilden wird.

Jede Seelsorgeperson ist – anders als vergleichsweise der Chirurg – „Instrument" der eigenen Arbeit. Seelsorgende stellen sich als Gesprächspartner und Begleiter zur Verfügung. Sie bringen *sich* ein, nicht nur etwas von sich. Sie lassen *sich* in Anspruch nehmen. Sie agieren und reagieren mit ihrer ganzen Person, nicht nur als Rollenträger, die sie auch sind. Das bedeutet: jeder Seelsorgebesuch, der gemacht wird, ist zugleich eine Entscheidung *gegen* andere, die gemacht werden könnten, oft genug auch eigentlich gemacht werden müßten. Das Zeitbudget derer, die Kranke besuchen, ist ihre kostbarste Ressource. Über deren Verteilung auf die einzelnen Patienten entscheiden sie im wesentlichen selber. Nach welchen Kriterien?

War es richtig, daß ich während des irakisch/iranischen Krieges (1980–1988) immer wieder sehr viel Zeit mit jungen iranischen Offizieren verbracht habe, die z. T. vom Fronteinsatz weg mit schweren Verwundungen nach Deutschland geflogen wurden, um in hiesigen Kliniken spezialversorgt zu werden? Die Not dieser jungen Kerle (meist kaum älter als meine eigenen Kinder), die sich plötzlich mit schweren Verbrennungen, Gesichtsverletzungen, Amputationen oder dem Verlust des Augenlichtes in einem fremden Land wiederfanden, dessen Sprache sie nicht sprachen – das ging schon zu Herzen. Wenn überhaupt, konnten die meisten nur ein paar Brocken Englisch. Die Verständigung war mühsam und in jedem Falle sehr zeitaufwendig. War meine Zeiteinteilung zu verantworten? Nach dem Vorbild des Barmherzigen Samariters gibt die unmittelbar menschliche Not den Ausschlag und nicht Unterschiede des Herkommens, der Religion, der Nationalität usw. Aber ist da nicht auch das Wort des Apostels Paulus: „Laßt uns allen Menschen Gutes tun, besonders aber denen, die mit uns desselben Glaubens sind"? (Gal 6,10). War nicht der Bauarbeiter, dem beide Augen durch Kalk verätzt waren, innerlich in genauso großer Not, während er darauf wartete, ob ihm durch eine Hornhauttransplantation geholfen werden könne? Hatte er als getaufter Mitchrist nicht auch Anspruch auf Begleitung durch „seinen" Klinikpastor? Und wenn ich *ihn* besuchte, wen dann nicht? Das Problem entschärfte sich seinerzeit dadurch, daß der Iran zunehmend eigene Versorgungsmöglichkeiten aufbaute und außerdem mit Fortdauer des Krieges die hohen

Kosten für die Auslandsbehandlung der verwundeten Offiziere nicht mehr aufbringen konnte. Aber die grundsätzliche Frage ist geblieben. Nach welchen Kriterien wird die Ressource *Seelsorgebesuch* zugeteilt? Darf man sie, weil das Feld eh unübersehbar groß ist, dem Zufall überlassen oder der Tagesform, der eigenen Gestimmtheit? Oder läßt man sich das Tagespensum von der Anzahl der Anrufe vorgeben, die der Anrufbeantworter aufgezeichnet hat? Gibt es überhaupt Kriterien, nach denen sich eine faire und verantwortungsvolle Zeitzuteilung praktisch ordnen ließe? Wechseln nicht die Situationen im Krankenhaus zu rasch, zu oft, zu unvorhersehbar? Ich denke an unerwartete Verläufe, Fehldiagnosen, Suizidversuche, Zeitdruck bei Hirntod und Explantation. Oder sind Kriterien, weil das Feld so groß ist und *alle* Ansprüche prinzipiell nicht erfüllbar sind, gerade umso wichtiger? Reicht der gute Vorsatz aus, da, wo man im Augenblick ist, wirklich präsent sein zu wollen?[12]

In je unterschiedlicher Gewichtung nach persönlichen Schwerpunkten (die phasenspezifisch wechseln können) und örtlichen Gegebenheiten fallen Entscheidungen über die Zuteilung des begrenzten Zeitbudgets an Patienten und Mitarbeiterteams in der Regel nach einem Verantwortungsmix, der sich zusammensetzt aus

– Annahmen über die Angemessenheit des Verhältnisses von Einzelseelsorge und Kollektivseelsorge
– Annahmen über die Notwendigkeit von Intensität und Dauer einer Begleitung
– Annahmen über das Verhältnis von Auftrag und Selbstverständnis christlicher Seelsorge im jeweiligen Horizont der Besuchten und der Besuchenden.

Dabei spielen erfahrungsgemäß folgende Prinzipien eine Rolle, die miteinander in Ausgleich zu bringen sind

– Anerkennung von Deutlichkeit (Wer sich meldet und um Besuch bittet, wird besucht)
– Vorrang von Beziehung (Bekannte Patienten werden wieder besucht)
– Schwere der Erkrankung (Wer am schlimmsten dran ist, hat's am nötigsten/kriegt am meisten)
– Dauer der Erkrankung (Prinzip der Anciennität, „heimliche Warteliste")
– Unaufschiebbarkeit (Prinzip der letzten Chance, bevorstehende Entlassung, nahender Tod)

---

12 Vgl. Anton Zottl, Erfahrung, 1980.

- Stützung durch andere (Familienangehörige, Lebenspartner, Gemeindebesuchsdienst, besonderes Verhältnis zu Personen aus dem Behandlungsteam)
- Entlastung für Helfende (besondere Zuwendung zu Patienten, die im Stationsbetrieb als „schwierig" gelten)
- Grenzen der Belastbarkeit (bei Häufung hoher Beanspruchung wird auf Ausgleichserfahrungen nicht nur außerhalb, sondern auch innerhalb der seelsorgerlichen Tätigkeit geachtet).

V

Die genannten Annahmen und Prinzipien beeinflussen auch die Entscheidungen, die nicht auf der individuellen, sondern auf der institutionellen Ebene getroffen werden müssen. Kirchenleitungen z.B., die über Quantität und Qualität von diakonischen Angeboten in eigenen Einrichtungen sowie von Krankenhausseelsorge in kirchlichen und nichtkirchlichen Häusern zu entscheiden haben, können ohne abwägende Berücksichtigung der genannten Kriterien nicht zu argumentativ vertretbaren Entscheidungen kommen. Aber anders als der einzelne Seelsorger oder die Seelsorgerin haben sie dabei zusätzlich über die gerechte Verteilung finanzieller Ressourcen zu befinden. Das bringt einen neuen Verantwortungsrahmen ins Spiel. Die einzelne Seelsorgeperson ist primär den Patienten ihres Verantwortungsbereiches verpflichtet, danach den Kolleginnen und Kollegen und schließlich allen, die ihre Seelsorgearbeit finanziell ermöglichen. Kirchenleitungen und Synoden müssen auch *die* Kirchenmitglieder bedenken, die nicht der Krankenhausseelsorge bedürfen. Sie müssen also über den Stellenwert von Krankenseelsorge im Rahmen anderer kirchlicher Dienste befinden, und zwar auch dann, wenn nicht – wie gegenwärtig aktuell – unter dem Gesichtspunkt von Einsparungen entschieden werden muß. (Mehr Geld ist im Prinzip nicht leichter gerecht zu verteilen als weniger. Es fragen nur nicht so viel Betroffene genau nach.) Jede Familie mit einem behinderten Kind hat dasselbe Problem. Selbstverständlich bekommt das „Sorgenkind" mehr Anteile vom Gesamtbudget der Familie an Zeit, Geld und emotionaler Zuwendung. Aber keine Familie läßt die Zukunftschancen der Geschwister um des behinderten Kindes willen ganz und gar außer acht. Rein formale Gleichbehandlung aller Geschwister wäre sicher unrecht, aber auch die besondere Zuwendung, die das behinderte Kind braucht, und die Inpflichtnahme der gesunden Kinder können ein ungerechtes Ausmaß annehmen. Den beiden Prinzipien „Grenzen der Belastbarkeit" und „Dauer der Erkrankung" (in diesem Falle: Ausmaß und Dauer des Angewiesenseins auf Hilfe) kommt damit vorrangige, aber eben nicht alleinige Bedeutung zu. Die Prinzipien

„Entlastung" und „Stützung durch andere", also Inanspruchnahmen fremder Hilfe, praktisch und finanziell, werden nicht gleichrangig, aber gleichfalls zum Tragen kommen müssen. Wie man weiß, gelingt der Ausgleich dieser Prinzipien mit den Bedürfnissen und Fähigkeiten aller Beteiligten nicht immer optimal.[13]

Wenn das aber schon in der überschaubaren Gruppe *Familie* so ist, um wieviel mehr in der Großgruppe *familia dei*, der Kirche. Noch viel schwieriger aber wird der gerechte Ausgleich von Interessen, Bedürfnissen und Verpflichtungen im Staat. Hier mildern weder familiäre Bande noch gemeinsame Glaubensüberzeugungen die Härte der Interessensgegensätze. Die kollektiven Annahmen über das Gemeinsame Gute sind auf ein Minimum geschrumpft.[14] Auf die Krankenhausseelsorge kommt in diesem Zusammenhang eine Aufgabe zu, die als kollektive Seelsorge verstanden werden muß. Im Rahmen der in Gang befindlichen und bevorstehenden Reformen im Gesundheitswesen muß sie die Herausforderung annehmen, einen Beitrag zum inneren Frieden der Gesellschaft zu leisten. Es geht um die Frage, welchen Stellenwert Gesundheit und Krankenversorgung in der Reihe anderer Grundnotwendigkeiten haben sollen, für die eine Gesellschaft Regelungen finden muß, nämlich Wohnung, Ernährung, Arbeit, Bildung, Verkehr, Verteidigung, Kultur (obere Allokationsebene). Wobei dann innerhalb des Gesundheitssektors noch einmal differenziert werden muß zwischen Kuration, Prävention, Rehabilitation, Pflege und Palliation (mittlere Allokationsebene), bevor in Krankenhaus und Praxis vor Ort über die Zuteilung an individuelle Patienten zu entscheiden ist (untere Allokationsebene). Ohne ein Mindestverständnis für die Probleme auf mittlerer und oberer Ebene kann nicht angemessen auf die Probleme unterer Ebene reagiert werden, wo sie für Patienten und in der Krankenversorgung Tätige Auswirkung haben. Individualethik und Sozialethik können eben nicht getrennt werden.

Die Medizin ist ihrem Wesen nach unersättlich. Ihr werden – mit gesellschaftlicher Billigung – weiterhin erhebliche Mittel zufließen, weil sie Aussicht auf Hinausschieben des Todes und Befreiung von Schmerzen und Benachteiligung verspricht. Dahinter steht nicht nur „Machbarkeitswahn"

---

13 Zu der Möglichkeit, verschiedene familiäre Reaktionsmuster zu typisieren, vgl. Hannes Friedrich/Otto Spoerri/Susanne Stemann-Acheampong, Mißbildung,1992.
14 Zur Einführung in den Streit über Verteilungsgerechtigkeit s. [am besten] Axel Honneth (Hg.) Kommunitarismus, 1993; ansonsten: Eckhard Nagel/Christoph Fuchs (Hg.) Rationalisierung und Rationierung im deutschen Gesundheitswesen, 1998; oder auch: Diakonisches Werk der Evangelischen Kirche in Deutschland (Hg.) Ethische Gesichtspunkte für die Debatte über Rationierung im Gesundheitswesen, in: DIAKONIE-Korrespondenz Nr. 11/2000 (Letzteres frei zugänglich unter www.diakonie.de)

der Wissenschaft, sondern auch Marktinteresse der Anbieter, aber genauso die Hoffnungen derer, die Hilfe wollen. Freilich sind diese Hoffnungen auch manipulierbar. Die Kommerzialisierung der Medizin mit einseitiger Ausrichtung am Kranken als Kunden bedroht die ethischen Grundlagen der Medizin heute mehr als alles andere. Zwar gibt es z.Z. eine fraktionsübergreifende Übereinkunft, Gesundheitskosten zu begrenzen, deren Zauberwort „Beitragssatzstabilität" heißt, aber wie lange diese wirklich hält, ist völlig offen. Es kann sein, daß breite Mehrheiten in der Bevölkerung durchaus mehr als 13 Prozent von jeder verdienten Mark für ein Gesundheitswesen auszugeben bereit sind, das alle Therapieverfahren, die möglich sind, auch zur Verfügung stellt. Eins allerdings ist klar: irgendwo wird eine Schmerzgrenze erreicht. Ob diese bei 15 oder gar 18 Prozent liegt, weiß niemand. Und auch dieses ist klar: Die Medizin kann mehr, als finanzierbar ist. Bis in unser Jahrhundert hinein vermochte die Medizin kaum mehr, als Kranke zu begleiten und Leiden zu lindern. Heute kann sie so viel, daß die oft gestellte Frage „Darf die Medizin, was sie kann?" dringend ergänzt werden muß durch die Frage „Können wir uns leisten, was die Medizin darf?"[15]

In einem Aufsatz über das Verhältnis von *Maß* und *Wahrheit* bei Platon hat Georg Picht geschrieben:

„Vom Expansionsdrang des Begehrungsvermögens her erscheint das Maß lediglich als ‚*Grenze*' *des Wachstums*. Eine Expansion, die keinen Mechanismus der Selbstkontrolle enthält, der ihr von innen her Halt gebietet, kann nur dadurch eingeschränkt werden, daß sie auf *äußere* Grenzen stößt. Aber bei Platon führt die Suche nach der Wahrheit der Physis zur Entdeckung *innerer* Maßverhältnisse, kraft derer, alles, was ist, sich im Sein erhält. Das Wort ‚*Maß*' bezeichnet dann das labile Gleichgewicht einer immanenten Struktur. Die Erhaltung des Menschen hängt da von ab, daß sie *sowohl in ihrer Seele wie im Staat* dieses bewegliche Gleichgewicht des rechten Maßes zu entdecken und zu erhalten vermögen."[16]

Die Klinikseelsorge ist herausgefordert, sich ohne Voreingenommenheiten an der Diskussion um das heute in der Medizin gebotene Maß zu beteiligen. Sie wird dabei ihre Kenntnis der menschlichen Seele und ihr Engagement in Sinne der „Konstanten der Grundhaltung" des Glaubens (D. Ritschl) mit einzubringen haben. Das erscheint mir derzeit wichtiger als alle Einzelfragen der Ethik in Problembereichen der Medizin wie Transplantation, Euthanasie, Therapieverzicht und -abbruch, Reproduktionsmedizin, Gentherapie, Forschung an nicht Einwilligungsfähigen oder Fragen der Vernetzung von Neuro-Wissenschaften und Elektro-

---

15 Vgl. Walter Krämer, Krankheit, 1989 und ders.: Wir kurieren uns zu Tode, 1993.
16 Georg Picht, Begriff, 1978, 250 (im Original ohne Unterstreichung).

nik.[17] Die Seelsorge darf sich nicht daran beteiligen, vorhandenes Unbehagen unkritisch zu verstärken. Sie wird helfen müssen, zum Umgang mit Ambivalenzen zu befähigen. Jedenfalls darf sie nicht versuchen, Ein-Deutigkeiten herzustellen, wo plurale Lösungsmöglichkeiten statthaft sind. Der *status confessionis* ist viel seltener gegeben, als man meinen sollte, wenn man die Fülle medizinkritischer (Empörungs-)Literatur liest, die leider auch kirchlicherseits produziert wird. Dietz Lange beschreibt in seinem Ethikbuch,[18] im Anschluß an die berühmte Formulierung Sören Kierkegaards, die vier Grundtypen der Sünde

1. Man selbst sein wollen und das Endliche absolut setzen
2. Man selbst sein wollen und das Endliche überspringenz
3. Nicht man selbst sein wollen und das Endliche absolut setzen
4. Nicht man selbst sein wollen und das Endliche überspringen.

Die Krankenhausseelsorge sollte auf keinem Auge blind sein, sondern unterscheiden können, aus welcher der vier Richtungen der Wind bläst. Sie ist zu einer Integrationsleistung aufgefordert, die nur „mit Herz und Verstand" zu leisten ist. Jede und jeder in der Krankenhausseelsorge Tätige wird das auf der Ebene individueller Verantwortung vor Ort nach bestem Wissen und Gewissen versuchen müssen. Aber die Seelsorge als ganze wird sich damit nicht zufriedengeben dürfen. Sie sollte lernen, sich Gehör zu verschaffen. Dazu gehört, daß man seine Stimme erhebt.

---

17 Zur Orientierung für den Einstieg in die Beschäftigung mit Ethik in der Medizin sei genannt: Eberhard Amelung (Hg.), Denken, 1992; Winfried Kahlke/Stella Reiter-Theil (Hg.), Ethik, 1995; Lexikon *Medizin-Ethik-Recht*, hg. von A. Eser/M. von Lutterotti/ P. Sporken, 1992; Erich H. Loewy, Fragen, 1995; Martin Honecker, Grundriß, 1995.
18 Dietz Lange, Ethik, 1992, 394.

DIETRICH STOLLBERG

Seelsorge
und Gottesdienst

Seelsorge und Gottesdienst sind hier im Kontext der Institution Krankenhaus zu betrachten und ins Verhältnis zu setzen. Das ist etwas anderes, als über Gemeindegottesdienste und ihre eventuelle seelsorgerische Funktion oder über liturgische Aspekte eines Seelsorgebesuchs in der Ortsgemeinde zu diskutieren, auch wenn es Überschneidungen gibt.

1. Seelsorge und Psychotherapie

Pastor B. ruft eines Abends aufgeregt an: Er wisse überhaupt nicht mehr, wozu er in dieser Klinik sei, denn neuerdings habe man zwei Psychologen eingestellt, die – durch Zusatzausbildungen qualifiziert – genau das machten, was bisher er getan habe, nämlich eine affektive Beziehung zu den Patienten aufzubauen und zu nutzen, problemorientierte Gespräche nach allen Regeln der Kunst zu führen, die emotionale Seite des Krankheitserlebens zu bearbeiten, systemische Zusammenhänge mit der Familiensituation aufzugreifen usw. Er sehe nur noch die Chance, in die althergebrachte Rolle des Bibel lesenden, Gesangbuchverse zitierenden, Gebete formulierenden, Segensformeln sprechenden und fromme Blättchen austeilenden Religionsdieners und damit s.E. in die Irrelevanz zurückzufallen. Unser Telefongespräch endet schließlich mit der Entdeckung des gottesdienstlichen Kontexts der Seelsorge und ihrer rituellen Möglichkeiten, die keineswegs einen Rückfall in die naiv-formalistische Karikatur echter Seelsorge bedeuten müsse.

Im Kern der fernmündlichen Auseinandersetzung stand das Selbstverständnis des Pastors, das sein seelsorgerisches Verhalten entscheidend bestimmt und seine Position im therapeutischen Team einer Klinik definiert.

2. Das Selbstverständnis von Seelsorgerin und Seelsorger

Dieser Pfarrer hatte Seelsorge zwar im Rahmen ihres allgemeinmenschlichen (generellen[1]) Propriums als Nächstenhilfe verstanden, aber ihr

---

1 Zu dieser Terminologie vgl. u.a. v.Vf.: Mein Auftrag ..., 1972, 52–62.

spezifisches Proprium übersehen oder vielleicht nur als theologischen Überbau interpretiert. Er hatte sich selbst zwar als Helfer, aber nicht als gläubigen oder christlichen Helfer verstanden. Das passiert, wenn der Glaube rein inhaltlich als zu verkündigende, übermittelnde und gegenständliche „Botschaft" (fides quae creditur) aufgefaßt und nicht als Grundhaltung (fides qua creditur), als fiducia, als „Mut zum Sein", gelebt und immer wieder gesucht wird. Diese Einstellung des Glaubens addiert zum Menschsein nicht etwas hinzu, sondern qualifiziert und interpretiert es anders. *Deshalb* gilt: „Der Pfarrer ist anders."[2] Mehr als in der Gemeinde, wo der kirchliche Kontext die Identität von Seelsorgerin und Seelsorger definiert und stützt, ist deshalb im öffentlichen Krankenhaus (wie übrigens auch in der Schule, im Industriebetrieb, ja überhaupt in der „säkularen" Gesellschaft) eine stabile und deutlich erkennbare Identität einerseits der pastoralen Rolle, andererseits der pastoralen Persönlichkeit notwendig. Dazu bedarf es der „Seelsorge am Seelsorger" und der „dritten Gruppe"[3], in der Seelsorgerinnen und Seelsorger sich in kritischer Solidarität begegnen und vergewissern.

3. Gottesdienst in einer multikulturellen Gesellschaft

Nun kann man zwar sagen, in dieser gegenseitigen Vergewisserung der beruflichen und persönlichen Identitäten gehe es letztlich um den Glauben an den Dreieinigen Gott, der eine ganz individuelle und subjektive Größe sei, aber dabei wird der einzelne nicht nur individualistisch überfordert[4], sondern auch in die Isolierung verbannt. Das Kollektiv, die Bezugsgruppe, die jeder Mensch für den Aufbau und Bestand eines einigermaßen stabilen Selbstwertgefühls, Selbstverständnisses und Selbstbewußtseins braucht, wird dabei übersehen. Für die Seelsorgerinnen und Seelsorger sind diese Bezugsgruppen außer der Fachgruppe der Krankenhausseelsorger und durchaus über sie hinausreichend Kirche und Gemeinde. Der konkrete Ort, wo sich Kirche darstellt und ihrem Glauben Ausdruck verleiht, sind das Kirchengebäude und der darin vollzogene Gottesdienst. Hier gewinnt das heilsgeschichtliche Drama Gestalt, hier wird die Poesie des Glaubens faßbar und mitvollziehbar. Daß sie psychohygienische, gleichsam therapeutische Wirkung hat, ist dabei sekundär[5].

---

2 M. Josuttis, 1982, passim.

3 D. Stollberg, Gruppe, 1973.

4 Vgl. dazu K. Winkler, Zumutung ..., passim.

5 M. Haustein, Gottesdienst und Seelsorge, verfällt demselben Fehler, dem einst die Verkündigungstheologie verfallen war. Wurden damals alle kirchlichen Lebensäußerungen dem Diktat der „Verkündigung" unterstellt, so postuliert Haustein jetzt den Primat der

In diesem Zusammenhang müssen auch die Kasualien, von denen vor allem Taufe und Beerdigung für die Krankenhausseelsorge von besonderer Bedeutung sind, erwähnt werden. Für sie gilt selbstverständlich eine wesentlich größere Nähe zur Biographie einzelner Menschen als für den „Haupt-" oder Allgemeingottesdienst. Er hat darin exemplarisch eine wichtige Bedeutung für den Sitz der kirchlichen Tradition im Leben der einzelnen.

Gottesdienst ist primär Kult und nicht Seelsorge, aber er kann funktional auch unter poimenischen Gesichtspunkten verstanden werden, denn es ist keine Frage, daß er psychohygienische Wirkungen entfaltet, wie Religion überhaupt trotz und in, ja wegen ihrer ästhetischen Qualitäten[6] von erheblicher psycho- und soziohygienischer Bedeutung ist. Der Gottesdienst als ritualisierte Darstellung des Glaubens ist Ausdruck des Selbstverständnisses einer Glaubensgemeinschaft und ergibt sich aus einem bestimmten Selbst- und Gottesbild, welches er zugleich pflegt und tradiert, so daß ein Zirkel zwischen Kult und Theologie, Theologie und Kult entsteht. Eine Religion und ihre Ausdrucksformen sind daher kulturgeschichtlich geprägt und prägen ihrerseits die Kultur, zu der sie gehören, oder auch eine fremde Kultur, in die sie hineingetragen werden. Schon daraus sehen wir, wie schwierig es im Krankenhaus als dem Spiegel einer multikulturellen Gesellschaft sein dürfte, den traditionellen Ausdruck einer spezifischen Kultur als Medium der Hilfe, z.B. auch als Hilfe zur Indigenisation und Integration fremder Menschen in unsere Gesellschaft, einzusetzen, ohne missionarisch vereinnahmend und destruktiv zu wirken. Vielleicht läßt sich daraus sogar folgern, die Begegnung christlicher Seelsorgerinnen und Seelsorger mit Angehörigen anderer Religionen, beispielsweise Muslimen, im Krankenhaus müsse notwendigerweise etwas von deren Identität in Frage stellen, ja zerstören, falls ihnen bei der Überwindung ihrer Fremdheitsgefühle und bei ihrer Einheimischwerdung, mit der viele ihrer Probleme zusammenhängen, geholfen werden soll (wie ja schon Auswanderung und Alltag im fremden Land Althergebrachtes in

---

Seelsorge. Wenn etwas seelsorglich-hilfreich wirkt, dann scheint es gut. Also auch ein Gottesdienst, wenn er therapeutische Funktionen übernimmt. Daß es funktionale Überschneidungen gibt, bleibt unbestritten. Aber Gottesdienst ist Gottesdienst, Unterricht ist Unterricht, und Seelsorge ist Seelsorge. Jede Vermischung oder Verwechslung führt zu Einseitigkeiten und zu reduktionistischer Monotonie. Nicht alles auf der Welt ist kultisch, pädagogisch oder therapeutisch zu verstehen, auch wenn es aus einer bestimmten Perspektive so gesehen und bewertet werden kann. Die Kirche ist nicht nur gut, wenn sie hilft. Religion hat gerade in der Zweckfreiheit, also weil sie nicht nützlich ist, einen wichtigen Akzent ihres Propriums. Das meine ich, wenn ich dem doxologischen Charakter des christlichen Glaubens Priorität einräume.

6 Vgl. dazu R. Bohrens Entwurf einer Praktischen Theologie als Ästhetik: Daß Gott schön werde, 1975; außerdem A. Grözinger, Praktische Theologie, 1991.

Frage stellen und zerstören). Daß diese multikulturelle Begegnung auch die gewachsene Kultur und damit die ihr zugehörige traditionelle Religion mit ihren Ausdrucksformen eines bestimmten Gebietes, z.B. Mitteleuropas, in Frage stellt und teilweise zerstört, ist selbstverständlich. Gerade in diesem Zusammenhang wird dann auch deutlich, was generell gilt: daß Seelsorge jedenfalls einen aggressiven Eingriff in das Leben anderer Menschen darstellt?

Wenn sich die Christlichkeit der Seelsorge aus dem christlichen Gottesdienst ergibt, heißt das entweder, daß sie in einer multikulturellen Gesellschaft zunehmend ins Abseits gerät, oder daß sie im interkonfessionellen und interreligiösen Dialog ihr spezifisches Proprium modifizieren wird und, will sie nicht in heillose Konkurrenz mit säkularer Psychotherapie geraten, auf neue Weise ihren religiösen und kirchlichen Kontext artikulieren und gleichzeitig erweitern muß. Für den Gottesdienst gerade im Krankenhaus wird das Konsequenzen haben, z.B. entweder Betonung der traditionellen Identität und Identifizierbarkeit liturgischer Formen oder Experimente, z.B. mit integrativen Gestaltungsweisen der Anbetung des einen Gottes, der das Selbstverständnis von Juden, Christen und Muslimen bestimmt. Dabei ist das Entweder-Oder nicht alternativ im Sinne gegenseitiger Ausschließlichkeit gemeint.

4. Seelsorge vom Gottesdienst her und auf diesen hin

Das bisher Gesagte gilt grundsätzlich und nicht nur für die Krankenhausseelsorge, auch wenn es sich hier, gleichsam an der Front, besonders deutlich auswirkt. Krankenhausseelsorge, die den Bezug zu Kirche, Gemeinde und deren Gottesdienst verliert, hängt in der Luft. Freilich sind unsere Ortsgemeinden oft für die Patienten, denen wir begegnen, keine konkrete Größe und ist die Zugehörigkeit zur Ortsgemeinde für sie auch nicht erstrebenswert. Die Seelsorge in der Klinik kann allerdings, und vielleicht auch deshalb, eine Art Paragemeinde erzeugen, deren Mitglieder allen Patienten- und Berufsgruppen, die im Krankenhaus vertreten sind, angehören. Für sie wäre der gemeinsame Gottesdienst oder vielleicht sogar das tägliche (Stunden-)Gebet (bzw. die Andacht) Ausdruck einer über das pragmatisch Notwendige hinausgehenden spirituellen Dimension, in der sie sich verbunden wissen und von der her sie ihr Selbst- und Arbeitsverständnis beziehen. Es wird sogar berichtet, daß aus der Klinik entlassene Patienten gelegentlich auch nach ihrer Entlassung am Gottesdienst der Kli-

---

7 Vgl. A. Grözinger, Differenz-Erfahrung, wo Seelsorge u.a. als aggressiver „Eingriff" beschrieben wird, aaO. 49ff. Dazu auch umfassend H. J. Thilo, therapeutische Funktion.

nik teilnehmen, weil sie hier Religion in einem konkreten sozialen Kontext erfahren haben und weiterhin erleben.

Gottesdienste, die im Krankenhaus stattfinden und die von nur wenigen Patienten und kaum je einem Mitarbeiter oder einer Mitarbeiterin besucht werden, gewinnen ihren Sinn freilich nicht immer aus dem konkreten Kollektiv, das die Klinik gestaltet, sondern dadurch, daß sie einerseits das christliche Selbstverständnis jener Menschen im Krankenhaus bestätigen, die, etwa durch Übertragungsanlagen, diesen Gottesdienst miterleben, andererseits eine persönliche Beziehung voraussetzen können: mit der Person, die die gottesdienstlichen Funktionen wahrnimmt und im alltäglichen Kontakt mit den Menschen im Krankenhaus steht. Die seelsorgerische Begegnung mit diesen Menschen (Patienten wie Mitarbeitern) gewinnt durch den regelmäßig gefeierten Gottesdienst auf repräsentative Weise eine kultische Dimension. Die kultisch dargestellte Repräsentanz von Kirche, ja von Gott selbst, geht ein in die persönlichen Besuche am Krankenbett und bestimmt die Zuschreibungen, welche die Patienten gegenüber der Rolle von Pastor und Pastorin vornehmen[8]. Wie weit dann etwa die Rede von Gott und seiner Gnade, vom Glauben und seiner Notwendigkeit für unsere Gesundheit und unser Sterbenkönnen auch in das Gespräch eingeht, bleibe offen, weil ich nicht die Meinung vertrete, Seelsorge müsse ihr spezifisches Proprium durch eine fromme und traditionsgebundene Sprache gewinnen oder zum Ausdruck bringen.

Auf der Basis dieses Gottesdienstverständnisses kann funktionale Seelsorge durch den Gottesdienst bestimmt werden als Ausdruck der Glaubensgemeinschaft, mit der der Patient auf liturgische Weise in Kontakt kommt und in Beziehung steht. Zugehörigkeit ist aber eine ‚conditio humana', ein wichtiger Faktor der Identitätsstiftung[9]. Sie wird erzeugt durch Partizipation an den kollektiven religiösen Symbolen, die mit der Gemeinschaft der Kirche weltweit und durch die Zeiten ebenso verbindet wie mit der Seelsorgerin oder dem Seelsorger, die sie konkret vor Ort repräsentieren. Die wie auch immer geartete Teilnahme am Gottesdienst (Besuch der Kapelle, Mithören über Funk usw.) ermöglicht aber auch Veränderung und Identitätszuwachs, weil der Patient im alltagsfernen Zusammenhang seines Klinik- oder Krankenhausaufenthaltes eventuell die Partizipation an einer Gemeinschaft ausprobiert, die ihm zu Hause und in seinem gewohnten sozialen Umfeld verwehrt oder jeden-

---

8 Selbstverständlich kann man das auch umgekehrt sehen. Auch der Liturg oder die Liturgin begegnet im Patienten Gott, so daß beide, Seelsorger und Patient, für den jeweils anderen zugleich Gott selbst repräsentieren. Die einschlägigen Bibelstellen (z.B. Mt 25, 40) sind bekannt.
9 Vgl. dazu M. Klessmann, Identität, 1980.

falls erschwert wäre. Längst überwunden geglaubte frühe Wurzeln der Identität können wiederbelebt, die verschüttete Frömmigkeit kann neu entdeckt werden. In diesem Falle handelt es sich um eine mit der Krankheit und ihren Möglichkeiten einhergehende benigne Regression[10]. Mit der Infantilisierung durch Erwachsenen angebotene Kindergottesdienstfrömmigkeit, also einer eher malignen Regression, die wir heute vielerorts antreffen (und die sich in einem oftmals kindlichen Stil der Gemeindeblättchen, Gemeindeveranstaltungen und neuen Lieder ausdrückt), hat das nichts zu tun[11]. Für Gottesdienste im Krankenhaus bedeutet das u. a., daß sie (ähnlich wie z. B. Gottesdienste im Altenheim) die Patienten nicht unterfordern, das traditionelle, teils vertraute, teils fremdartige Ritual mit Liebe und Kompetenz feiern und die Inhalte (z. B. einer kurzen Predigt) *nicht* auf vorschnellen Trost, unterstelltes und dramatisiertes Leiden oder die Unfähigkeit, mit Schmerzen, Verlust und Resignation erwachsen umzugehen, abstellen sollten. Daß für Kinderstationen andere Konsequenzen zu ziehen sind, ist ebenso selbstverständlich wie die Tatsache, daß verschiedene Arten von Fachkliniken und ihre spezielle Klientel verschiedene liturgische Akzente und vor allem verschiedenartige Predigten erforderlich machen.

5. Zusammenfassung und weitere Konsequenzen für die Praxis

Gottesdienst und Seelsorge sind grundsätzlich zu unterscheiden. Nicht alles, was als Lebensäußerung der Kirche anzusehen ist, dient primär der Seelsorge oder der Unterweisung, der öffentlichen Verkündigung oder gar der Mission, sondern jeder Kommunikationsmodus hat seine besondere Funktion in besonderen Situationen. Verstehen wir die Kirche als Anbetungsgemeinschaft, ist ihr zentraler Ausdruck die Darstellung ihres Selbstverständnisses im heilsgeschichtlichen Drama des Gottesdienstes. Alle anderen Funktionen pastoraler Arbeit sind dieser Mitte zuzuordnen.

Das bedeutet freilich noch lange nicht, daß im Krankenhaus vor allem Gottesdienste abzuhalten wären; vielmehr ist die dort gefragte Seelsorge vom Gottesdienst her und auf diesen bezogen zu verstehen. Der Seelsorger oder die Seelsorgerin repräsentieren die gottesdienstliche Gemeinschaft und den Gott, den diese verehrt. Als solche werden Besucher „von der Kirche" durch die Patienten auch wahrgenommen und zugeordnet. Wenn katholische Geistliche die gesegneten Abendmahlselemente aus

---

10 Zu positiven und negativen Aspekten religiöser Regression ist wichtig: K. Winkler, Kinder, 1992.
11 Zur Wiederentdeckung eigener Frömmigkeit im therapeutischen Prozeß vgl. M. Boss, Beispiele, 1966.

dem Gemeindegottesdienst ans Krankenbett bringen, hat das von daher seinen guten Sinn. Man kann auch nach einer evangelischen Eucharistiefeier, habe sie nun in der Krankenhauskapelle oder in der Ortskirche stattgefunden, die gesegneten Elemente zu den Patienten bringen, die das wünschen und denen man diese Gaben auch erläutern sollte. Berührungen, Handauflegung, ja die wiederentdeckte Krankensalbung[12] gehören in diesen Zusammenhang und sind nicht nur als persönliche Zuwendung eines Menschen zu einem anderen zu interpretieren. Das „Amt" dient der Gemeinschaft, in deren Auftrag es handelt und in deren Kontext es jeden einzelnen Mitmenschen versteht. Deshalb ist die Spannung zwischen persönlicher Begegnung von Mensch zu Mensch und „amtlichem" Besuch, zwischen Kirche und einzelnem Mitglied (oder auch Nichtmitglied) nicht vorschnell aufzulösen, sondern trotz aller Anstrengung, die uns das abverlangt, auszuhalten und aufrecht zu erhalten. Alles, was in der Seelsorge ritualisiert (damit oftmals bekannt, wiederholbar und in gewisser Weise stereotypisiert) ist, drückt den kollektiven und „amtlichen", also überindividuellen Aspekt der Begegnung aus. Dazu gehören u.v.a. biblische Geschichten, Psalmen und Gebete, Liedstrophen, Vaterunser und Credo, Segensformeln. Lyrische Gedichte, Texte aus der Literatur usw. möchte ich davon klar unterscheiden.

Daß gerade im Zusammenhang mit Krankheiten ein großes Bedürfnis nach offener Aussprache und Bewältigung von persönlicher Schuld, aber auch von Kränkungen besteht, die einstmals im Beichtinstitut formalen Ausdruck finden konnten, aber heute sich nur noch individuell und mit seelsorgerischer Hilfe artikulieren können, ist ein besonderes Problem. Hier ist eine existentielle Notwendigkeit aus dem liturgischen Kontext ausgewandert, hat quasi Trost bei den „Beichtvätern des 20. Jahrhunderts" (P. Halmos), den Psychotherapeuten, gesucht, manchmal auch, oft aber auch nicht gefunden und bedarf einfühlsamer seelsorgerischer Artikulationshilfe.

Jener Pastor, der sich nicht mehr von Gesprächstherapeuten zu unterscheiden wußte, entdeckte in seiner liturgischen Perspektive eine neue Anthropologie, die der scheinbar so nüchtern gewordenen naturwissenschaftlichen und technischen Welt den ästhetischen Glanz der Religion zu vermitteln vermag. Dabei handelt es sich weniger um „Opium des Volkes" zur Dämpfung von Schmerzen aller Art, sondern um kreative Bereicherung der in eine Freiheit entlassenen Menschheit, welcher sie nicht gewachsen ist, obwohl es kein Zurück mehr in die normativ-ethische Moral vergangener Zeiten gibt. Der Pastor entdeckte seine Arbeit in der helfen-

---

12 Vgl. J. Mayer-Scheu, A. Reiner, Heilszeichen 1975; Agende 1990, 73ff; Chr. Grethlein, Handlungen 1995, 965–970.

den Beziehung mit Empathie, Konfrontation, Interpretation, Übertragung, Gegenübertragung und Widerstand etc. als eingebettet in die kosmologische Perspektive einer über Geburt und Tod hinausgreifenden „Ewigkeit". Und er begann sich mutig und nicht ohne peinliche Gefühle als „Gottesmann" zu verstehen, der eine Dimension des Lebens und die dafür stehende Organisation vertritt, welche zwar von erheblicher therapeutischer (oder auch antitherapeutischer) Relevanz sind, aber deren Aufgabe nicht primär die Therapie, sondern die Anbetung und der in ihrem Licht gelebte Alltag sind.[13]

Die ersten Christen scheinen sich sehr stark von der Aufgabe der Heilung her verstanden zu haben. Den armen, leidenden und geknechteten Menschen sollte geholfen werden: „Die Gesunden bedürfen des Arztes nicht, sondern die Kranken" (Lk 5,31). In diesem Sinne verehrt die Kultgemeinschaft der Christen einen therapeutischen, heilenden und ärztlichen Gott, der „keine Lust hat am Tode des Sünders, sondern daß der Sünder sich bekehre und lebe" (Hes 18,23; 33,11). Seelsorge kann insofern auch als ganzheitlicher Heilungsdienst begriffen werden. Zwischen Gottesdienst und Seelsorge besteht ein Kreislauf: Menschen werden (von Jesus und seinen Jüngern) geheilt und als Folge davon fromm, Menschen werden fromm und als Folge davon geheilt. Das kreative Potential der Frömmigkeit und die menschliche Gesundheit sind eng miteinander verbunden. Unser Auftrag im Krankenhaus ist nicht hilfreiche Mitmenschlichkeit allein, sondern die Pflege der religiösen Qualifikation des Klinikalltags und der biographischen Ausnahmesituation unserer Patienten. Es geht darum, jede helfende Begegnung und jede mitmenschliche Begleitung gläubig zu transzendieren.

13 Vgl. Stollberg, Befund 2000.

ULRICH EIBACH

Gesundheit und Krankheit. Anthropologische, theologische und ethische Aspekte

1. Einleitung

Gesundheit ist ein „Konditionalgut", Voraussetzung zur Verwirklichung und zum Genuß der meisten anderen Güter. Ausdruck eines ständig höher geschraubten Begriffs von Lebensqualität ist die Definition von Gesundheit durch die Weltgesundheitsorganisation (WHO). *Gesundheit* ist der „Zustand vollständigen körperlichen, geistigen und sozialen Wohlbefindens und nicht nur das Freisein von Krankheit und Gebrechen."[1] Gesundheit ist demnach die unbeeinträchtigte Fähigkeit, sich selbst gemäß seinen Bedürfnissen und Lebensvorstellungen zu verwirklichen und so glücklich zu sein. In den Dienst einer so verstandenen Gesundheit stellen sich weniger die Schulmedizin als vielmehr bestimmte Formen der Psychotherapie und der „Alternativmedizin", die zum Teil ein ganzheitlich umfassendes Wohlbefinden und eine Steigerung der Lebenskräfte durch Teilhabe an kosmischen Daseinskräften versprechen[2].

Andererseits wird das Bild unserer Kranken- und Pflegeinstitutionen immer mehr von Menschen geprägt, die schwer chronisch oder zum Tode krank sind. Zwar ist das Krankenhaus diejenige Institution, in der die Gesellschaft ihre Vorstellungen von der Machbarkeit der Gesundheit institutionalisiert hat und die entsprechend auf Macht über Krankheit und Tod hin organisiert ist, doch kann das nicht darüber hinwegtäuschen, daß in sehr vielen Fällen Heilung oder auch nur Lebensbewahrung nicht zu erreichen sind.

1 Vgl. U. Eibach, Heilung, 19ff.
2 Vgl. M. Nüchtern, Medizin, 33ff.

2. Gesundheit und Krankheit – Definition und Erklärung

Was ist Gesundheit? – Was ist Krankheit?

Nach der Definition der WHO ist die Frage, ob jemand krank ist, nicht an einer objektiv-allgemeingültigen Norm zu messen, sondern ist nur nach dem subjektiven Empfinden des Menschen zu beurteilen. Ärzte zumindest sind auf Kriterien angewiesen, um einigermaßen objektiv zwischen „gesund" und „krank" unterscheiden zu können, denn davon hängt ab, ob jemand als arbeitsunfähig eingestuft wird, Rente beziehen darf u.a. Deshalb kann das subjektive Empfinden keine hinreichende Definition von Krankheit liefern. S. Freud verstand unter Gesundheit „Arbeits- und Genußfähigkeit" und betrachtete sie damit auch als eine auf die Gesellschaft bezogene Funktionsnorm, als Fähigkeit des Menschen, die Rollen und Aufgaben in der Gesellschaft zu erfüllen, für die er sozialisiert wurde. Am häufigsten ist freilich die rein medizinische Betrachtungsweise, die das subjektive Empfinden an einem objektivierbaren organischen Befund mißt. Damit wird jedoch nicht der Erkenntnis Rechnung getragen, daß körperliche und psychische Störungen subjektiv unterschiedlichh empfunden werden. Die subjektive und die objektive Fassung des Krankheitsbegriffs müssen also aufeinander bezogen sein und einander ergänzen und korrigieren.

Krankheit ist eine Erscheinungsweise des Lebens. Leben ist das Geschehen der Integration (1) von Organen zum Organismus, (2) von seelischem und körperlichem Leben, also der Beziehung des körperlichen Lebens auf ein wahrnehmendes und steuerndes Zentrum (Seele), (3) des Individuums in seine Mit- und Umwelt. Gesundheit ist daher der harmonische Ablauf des Lebens auf den drei genannten Ebenen, Krankheit die teilweise oder überwiegende Störung der Beziehungen, die Leben ausmachen. Diese kann ihre Ursache in allen drei Ebenen haben, sie tritt aber für das Subjekt nur dann ins Bewußtsein, wenn sie sich als Hindernis der normalen Lebensvollzüge (Schmerz, Depression u.a.) bemerkbar macht. Leben ist immer störanfällig, ist aber auch auf die Abwehr der Bedrohungen der Lebensharmonie ausgerichtet, so daß es zwischen Gesundheit und Krankheit nur gleitende Übergänge gibt. Krankheit wird als Bedrohung der Identität (Leibsein) zwischen dem „Ich" und seinem Körper (Leib-haben) und der Harmonie zwischen dem Individuum und seiner Mit- und Umwelt erlebt. Das Besondere der psychischen Erkrankungen besteht darin, daß sie primär die unbewußten und bewußten Dimensionen des Ich erfassen und von da aus auch Rückwirkungen auf den Leib haben können (Psychosomatik). Gesundheit kann also als das Geschehen der erfolgreichen Abwehr von störenden Lebenseinflüssen, die zur Krankheit führen, verstanden werden.

Von diesem biologisch-anthropologischen Hintergrund her ist es nicht sinnvoll, mit der WHO Gesundheit als Zustand des vollständigen Wohlbefindens oder auch nur als Abwesenheit von Störungen zu definieren. Eine solche Definition stuft jede Art von Mißempfindungen als pathologische Erscheinungen ein und verstärkt damit die Fiktion eines leidfreien Lebens. Vielmehr sollte unter Gesundheit die Fähigkeit verstanden werden, mit Einschränkungen der Lebenskraft zu leben. Gesundheit ist „Kraft zum Menschsein"[3], zur Verwirklichung der aufgegebenen Lebensbestimmung. Gesund wäre dann auch derjenige Mensch, dem es gelingt, eine vielleicht unabänderliche Störung seines körperlichen, seelischen oder sozialen Wohlbefindens so in sein Leben zu integrieren, daß er es trotz dieser Beeinträchtigung sinnvoll führen kann, nicht sein Selbstwertgefühl verliert und so als „Person" gesund bleibt. Damit wird Gesundheit nicht mehr nur als Arbeits- und Genußfähigkeit verstanden, sondern diese „Leistungsfähigkeit" wird auch bezogen auf die „Leidensfähigkeit", die Fähigkeit, mit Einschränkungen der eigenen Gesundheit zu leben und an den Leiden anderer teilzunehmen.

Krankheit – Genese und Erklärung

Seit im 19. Jahrh. R. Virchow entdeckte, daß Krankheiten ihre Ursachen in der Störung der Struktur der Zellen haben, und L. Pasteur, daß Mikroorganismen die Infektionskrankheiten verursachen, ist die naturwissenschaftliche Erklärung von Krankheiten zum alleingültigen Paradigma in der Medizin geworden. Danach müssen alle Veränderungen im Körper auf materiell faßbare Ursachen zurückzuführen sein. Nicht die Frage, *warum* Krankheiten, sondern *wie* sie auf der Ebene der kleinsten Bausteine des Lebens entstehen und zu therapieren sind, leitet die Medizin.

Diese naturwissenschaftliche Sicht löste supranaturalistische (Krankheit kommt von Gott, dem Teufel, den Dämonen; ist durch die Stellung der Sterne bedingt), psychische und moralische Deutungen (Krankheit ist eine Folge der Unordnung der Seelenkräfte, der Sünde) ab. Diese Deutungen gaben weniger auf die Frage, *wie*, als vielmehr *warum* Krankheiten entstehen, eine Antwort. Sie lieferten also zugleich Sinndeutungen der Krankheit. Die naturwissenschaftliche Erklärung von Krankheiten läßt diese zu sinnlosen Schicksalen werden, Verhängnissen, die in keinem einsehbaren Zusammenhang mit der erkrankten Person stehen. Die Folge ist, daß das Subjekt weitgehend aus der Betrachtung der Krankheit ausgeklammert wird und biologische Fehlfunktionen ohne Beziehung zur Person therapiert werden können.

---

3 K. Barth, KD III/4, 406.

Dieser die Medizin eher zunehmend beherrschenden Sicht ist immer auch widersprochen worden. Nach V. v. Weizsäcker sind viele Krankheiten im Horizont der Biographie der Person als Ausdruck eines konflikthaften, unbewältigten oder auch verfehlten Lebens zu verstehen. Diese Konflikte manifestieren sich in seelischen Störungen, die wiederum in körperlichen Symptomen ihren Niederschlag finden können. Der Zusammenhang zwischen Biographie, seelischem Erleben und körperlichem Befinden ist nicht mit dem naturwissenschaftlichen Kausalitätsbegriff zu *erklären*, sondern aus der Biographie zu *verstehen*. Es sollen auf diese Weise nicht die materiellen Ursachen der Krankheit kausal erklärt, vielmehr soll sie als „Symbol" und auf dem Hintergrund der Biographie in ihrem Sinn verstanden werden. Freilich war der Geltungsbereich dieses systemischen und psychodynamischen Konzepts von Krankheit immer umstritten. Sehr viele Krankheiten (z. B. Erb-, Infektionskrankheiten, Unfälle u. a.) sind sicher nur bedingt oder nicht im Rahmen dieses Krankheitskonzepts zu verstehen.

Im Umfeld von „New Age" und „Esoterik" wird heute oft davon ausgegangen, daß alle Krankheiten seelische Ursachen haben, Ausdruck und Metapher von Lebenskonflikten sind. Wenn sie nicht aus dem jetzigen Leben zu erklären seien, so seien sie vielleicht Folge verfehlter Daseinsweise der Seele in früheren Inkarnationen (z.B. Th. Dethlefsen). Derartige psychogenetische Erklärungen betrachten Krankheiten oft zugleich als Chance zu Besserung, Reifung und Wachstum der Seele.

3. Sinn und Sinnlosigkeit von Krankheit in theologischer Sicht

In der theologischen Betrachtung von Krankheiten steht die Frage im Vordergrund, *warum* Krankheiten entstehen und welche Bedeutung sie für den Menschen haben.

Biblisch-theologische Gesichtspunkte

In der Bibel werden Gesundheit und Krankheit vom Verhältnis zu Gott her in Blick genommen. Gesundheit ist ein Segen Gottes, Krankheit wird nicht nur als Schmerz und Bedrohung des Lebens, sondern auch als Infragestellung der Beziehung zu Gott erlebt (Ps 22; 42; 77; 88 u.a.). Krankheit wird als Strafe Gottes gedeutet, und zwar zunächst in einem das Individuum übergreifenden universalen Sinne. Weil in der Welt die Sünde als von Gott trennende „Macht" herrscht, hat auch die Krankheit in ihr Raum und ist der „Tod der Sünde Sold" (1. Mose 2,17; Röm 6,23; Jak 1,15), Zerstörung des Werkes Gottes. Erst in späteren, meist weisheitlichen Texten wird ein individueller Tun-Ergehen-Zusammenhang hergestellt und Krankheit als Strafe für persönliche Sünden gedeutet, ein Dogma, das schwere Anfechtungen auslöste (Ps 73) und das angesichts der Krankheit frommer Menschen (Hiob) zerbricht und das von Jesus verworfen wird (Lk 13,2ff; Joh 9,2ff). Auch die Vorstellung, Krankheit sei eine Prüfung (Hiob 32–37; Spr 3,11ff; Hebr 12,5f) löst das Rätsel der Sinnlosigkeit schwerer Krankheit nicht. Die Besiegung des Todes und die Erlösung des Leibes ist die letzte Antwort auf die Frage nach dem Sinn schwerer Krankheit (Jes 65,17ff; Röm 8,18ff; Offb 21,1ff). Jesus hat nie vom Sinn der Krankheit gesprochen, sondern sie wie die Sünde als widergöttliche Macht bekämpft. Seine Heilungen sind Zeichen der anbrechenden Herrschaft Gottes über die ganze Schöpfung, und sie heben nicht zuletzt die religiös bedingte soziale Isolierung unheilbar kranker Menschen auf. Mit der Krankheit bekämpft Jesus die die Schöpfung zerstörende Macht des Bösen. Das relativiert den Unterschied zwischen „normalen" und Krankheiten „dämonischen" Ursprungs. Unter letzteren lassen sich am ehesten Krankheiten verstehen, die mit ihrem zerstörerischen Werk im Zentrum der Person ansetzen und sie als fremdartige Macht beherrschen, so daß der Mensch keine innere Distanz mehr zu der Krankheit nehmen kann (Psychose: Mk 5,1ff; Epilepsie: Mk 9,14ff). Menschen mit solchen Krankheiten sind Gott deshalb nicht ferner als andere Menschen.

Theologiegeschichtliche Aspekte

Die biblische Sicht wird in der Alten Kirche bald vor allem durch stoische Einflüsse überfremdet. Aus Hiob wird der exemplarische Dulder, die Vorstellung vom „Christus medicus" wird spiritualisiert, Jesus wird zum reinen „Seelenarzt", Krankheiten haben die Bedeutung, den Menschen am Verfallen an die Welt zu hindern (Basilius d. Gr.; Augustin). Der frühe Luther folgte solchen Deutungen. Als Freunde und er selbst später von schwerer Krankheit bedroht waren, sieht er immer mehr im „Teufel" den eigentlichen Urheber sowohl der körperlichen wie auch der Krankheiten des Gemüts, so daß man Gott um Heilung und die Ärzte um Hilfe anrufen soll. Der Pietismus bekämpft die aufkommende naturwissenschaftliche Vorstellung von Krankheit als blindem sinnlosem Verhängnis. Krankheiten werden als von Gott auferlegtes Geschick betrachtet, das dem Unbekehrten als Strafe für die Sünde erscheint, für den Bußfertigen Arznei zum ewigen Leben, für den Bekehrten eine Züchtigung für sein noch immer sündiges Wesen und zugleich – als Teilhabe am Leiden Christi – ein auferlegtes Kreuz ist. J. Chr. Blumhardt hingegen betrachtet jede Krankheit letztlich als Erscheinungsform der Gott widersprechenden Macht des Bösen, so daß zwischen Krankheiten mit „übernatürlicher" und natürlicher Ursache nicht klar zu unterscheiden und gegen alle

Krankheiten mit geistlichen wie auch mit natürlichen Mitteln zu kämpfen ist. Krankheiten haben kein Daseinsrecht in Gottes guter Schöpfung, ihr Sinn ist ihre Überwindung, die Erlösung der Schöpfung von den todbringenden Mächten.

Systematisch-theologische Unterscheidungen

Der Mensch neigt dazu, selbst schweren Schicksalen einen Sinn zu geben. Die theologisch entscheidende Frage ist jedoch, ob Krankheiten überhaupt in sich selbst einen Sinn haben. Die Antwort auf diese Frage hängt nicht zuletzt davon ab, welche Art von Krankheiten man in Blick nimmt.

In der Zeit der Romantik betrachtete man Gesundheit und Krankheit als Erscheinungsweisen eines einzigen Lebensprinzips, das beide immer wieder zu einer harmonischen Ganzheit zu integrieren vermag. Krankheit ist insofern eine Herausforderung, diese Harmonie – auch auf einer höheren seelisch-geistigen Ebene – wieder neu aufzubauen. F. D. Schleiermacher greift diese Sicht auf. Nach ihm gründet der Naturzusammenhang als ganzer in der göttlichen Ursächlichkeit. Daher sind sie keine Übel, sondern von Gott verordnete „Reizmittel", um die menschlichen Unvollkommenheiten „in noch höherem Grade der Herrschaft des Menschen zu unterwerfen" (Glaube, § 75,3), also geradezu Mittel zur Erlösung, gedacht als Vervollkommnung der Persönlichkeit und ihres Gottesbewußtseins. Wo dem Menschen Krankheiten als böse und sinnlos erscheinen, da ist dies Ausdruck dessen, daß sein Gottesbewußtsein noch so vom sinnlichen Selbstbewußtsein (Sünde) gehemmt wird, daß er den Sinn der Krankheit als Gelegenheit zur Reifung zu höheren Formen geistiger Tätigkeit noch nicht zu ergreifen fähig ist. Diese romantische Sicht wird heute in bestimmten, auf Reifung der Persönlichkeit zu einer harmonischen Ganzheit ausgerichteten Formen humanistischer und esoterischer Psychotherapie wieder einseitig aufgegriffen. Krankheiten sind danach eine Herausforderung, als Persönlichkeit zu wachsen und zu reifen, sie sind letztlich nicht lebenzerstörend, sondern lebenfördernd, sie bringen Leben – wenigstens auf einer seelisch-geistigen Ebene – hervor[4].

An derartige Deutungen ist die Frage zu stellen, ob sie die Wirklichkeit schwerer Krankheiten und ihr wahres Wesen treffen. Es gibt Krankheiten, an denen der Mensch durchaus nicht reifen und in denen ein Sinn schwerlich gefunden werden kann, die in sich nur zerstörerisch sind, wie schwere chronische Psychosen, degenerative neurologische Erkrankungen (z. B.

---

4 Vgl. V. E. Frankl, Mensch, 77ff; 121f.

Morbus Alzheimer), langanhaltendes schweres Siechtum und Sterben u. a. Solche, die Persönlichkeit oft zerrüttenden Krankheiten erscheinen als reine Negation des Lebens, sind oft der „Tod" im Leben. Diese Seite der Krankheiten wird in den auf Integration, Reifung und Wachstum ausgerichteten „Therapieformen" meist ausgeblendet. Damit bleibt die Fiktion einer letztlich ganzheitlich harmonischen und in sich sinnvollen Welt erhalten.

K. Barth versteht Krankheiten – beeinflußt von Blumhardt und in Übereinstimmung mit der vorherrschenden biblischen Sicht – vom Tode her, als Vorboten des Todes, als Gestalten des die Schöpfung zerstörenden „Nichtigen", als Elemente der die Schöpfung bedrohenden „Chaosmacht" (KD III/4,417), mit der Gott – wie die Krankenheilungen Jesu zeigen – in einem „Kampf" steht und der daher auch der Mensch „immer nur *Widerstand* bis aufs Letzte" entgegensetzen soll. Barth will damit nicht unkritisch die naturwissenschaftliche Sicht der Medizin legitimieren, die Krankheiten oft „blind" bis aufs Letzte bekämpft. Krankheit ist nämlich auch „ein Element und Zeichen des mit der menschlichen Sünde verwandten und auf sie antwortenden objektiven *Verderbens*", des „gerechten göttlichen Zorns und Gerichtes" (417), so daß die eigenmächtige Auflehnung gegen die Krankheit auch „Aufruhr gegen Gottes Gericht" (420) sein kann. Barth sieht also in der Krankheit durchaus eine Herausforderung zum Bedenken des Lebens und der Stellung des Menschen vor Gott. Zudem unterscheidet er die nichtigende „Nachtseite" von der „Schattenseite" der Schöpfung, der mit der Kreatürlichkeit notwendig verbundenen und von Gott gewollten Begrenztheit des Lebens (423; KD III/2, 671ff), zu der die Abnahme der Lebenskräfte, das Altern und Sterben gehören, ohne daß man eine objektive Grenze zwischen der Nacht- und der Schattenseite der Schöpfung ziehen kann. Leben vollzieht sich im „Schatten des Kreuzes" Christi (437), der das Nichtige als Gottes Gericht erlitten und das Leiden in der Doppelgestalt der Annahme und der Überwindung getragen hat. Von daher kann auch menschliches Leiden ein Zeichen, Schatten und Zeugnis des Leidens Christi sein (KD II/1, 456, 466) und ein geduldiges Ertragen der Krankheit selbst dann möglich werden, „wenn Gott den Menschen in seiner Krankheit sterben läßt" (KD III/4, 426). Damit bleibt die Krankheit ein in sich selbst sinnloses Geschehen, das aber – im Horizont des Glaubens und ihm ein- und untergeordnet – sekundär einen Sinn bekommen kann, aber nicht muß. Das eigentliche Wesen der Krankheit ist das „Nichtigende", das Zerstörerische, der Tod, von dem aus nicht von selbst und nicht durch den Menschen selbst ein Weg zum Leben führt, sondern nur durch die neues Leben schaffende auferweckende Tat Gottes.

Folgerungen für die Krankenseelsorge

Geht man von dem Barth'schen Ansatz aus, so kann es nicht erste Aufgabe der Krankenseelsorge sein, dem Kranken bei der Sinngebung seiner Krankheit zu helfen (vgl. Hiob). Sie kann eine eigenmächtige Form des Umgangs mit der Krankheit sein, die deren wahres Wesen verstellt und durch die der Mensch der Angst und Ohnmacht, in die ihn die Übermacht der Krankheit versetzen kann, Herr zu werden und so der Enttäuschung, Verzweiflung und Depression zu entkommen versucht. Es ist kein Versagen des Menschen, wenn er unter schwerem Leiden seelisch zerbricht. Auch Seelsorger sind herausgefordert, sich der Erfahrung der Ohnmacht und Sinnlosigkeit angesichts der Übermacht der Krankheit immer wieder zu stellen und ihr vielleicht in Klage und Gebet Sprache zu verleihen[5]. Auch für die Schwerpunktsetzung der Seelsorge im Krankenhaus könnte diese Sicht eine Orientierung geben. Nicht diejenigen, die ihre Krankheit mit oder ohne Sinngebung aus sich heraus bewältigen oder auch an ihr reifen, sondern diejenigen, die weder körperlich noch seelisch „heil" werden, die *Unheilbaren*, bedürfen vor allem des seelsorgerlichen Beistands und Trostes.

Nach K. Barth trägt nicht jede Krankheit die Züge der nichtigenden Todesmacht. Weil es jedoch keine klaren theologischen Kriterien gibt, genauer zwischen Einschränkungen des Lebens als Folge gottgewollter Begrenztheit des Lebens und Krankheit als zerstörerischem Fluch über dem Leben zu unterscheiden, ist es in der Seelsorge sinnvoll, den Ansatz bei der leidenden Person zu suchen und zwischen *tragbaren* und *untragbaren* Krankheiten und Leiden zu unterscheiden. Ob Krankheiten erträglich sind, entscheidet sich nicht nur an der Schwere der Krankheit, sondern auch an der psychischen Konstitution der Person, ihren Lebenseinstellungen, bisherigen Erfahrungen mit Krankheiten und der Zuwendung, die sie durch andere erfährt. Unerträglich sind auf jeden Fall diejenigen Krankheiten, die die Persönlichkeit zerrütten. Krankheit bringt eine um so tiefere Identitätskrise mit sich, je mehr der Sinn und der Wert des Lebens mit Arbeits- und Genußfähigkeit identifiziert wird und diese Fähigkeit dem Menschen durch die Krankheit teilweise oder ganz genommen wird. Die Bemühungen, der Krankheit einen Sinn zu geben, dienen dazu, das verunsicherte Selbstwertgefühl zu stabilisieren. Der Mensch versucht daher, seine Krankheit aus seiner Lebensbiographie zu verstehen (Warum-Frage) und eine neue Lebensorientierung zu finden (Wozu-Frage). So kann man mit P. Tillich (Syst. Theol., 80f) auch zwischen Krankheiten unterscheiden, in denen ein Mensch Sinn erleben kann, und solchen, in denen dies nicht möglich ist. Ein schweres Geschick ist für

---

5　Vgl. U. Eibach, Leidende Mensch, 13ff, 85ff.

viele um so leichter zu ertragen, je eher sie in ihm einen Sinn zu finden vermögen. Deshalb ist es durchaus auch Aufgabe der Seelsorge, dem Kranken bei dieser Suche nach Sinn und zur Erkenntnis zu helfen, daß erträgliche Krankheiten auch Türen zu Wahrheiten sein können, die dem Menschen sonst verschlossen blieben. In diesem Zusammenhang sind die unterschiedlichen Antworten, die in der Christenheit auf die Sinnfrage gegeben wurden, zu bedenken.

Der christliche Glaube ist von solcher Sinnfindung nochmals zu unterscheiden. Er bewährt sich gerade im Verzicht auf eine Sinn*gebung* als Kraft, auch mit einem offensichtlich sinnlosen Geschick zu leben, ohne an ihm zu verzweifeln.

Gesundheit, auch seelische, ist nicht ein letztes, sondern ein vorletztes Gut. Der Glaube wehrt sich gegen ihre Vergötzung. Seine Bedeutung geht nicht in seiner möglicherweise therapeutischen Wirkung auf. Vielmehr findet sich der christliche Glaube hineingespannt zwischen das verheißene *Heil* des Reiches Gottes und das gegenwärtig erlebte Unheil (Röm 8, 18ff). Er erweist seine Kraft in erster Linie daran, daß er diese Spannung aushält, ohne an ihr zu verzweifeln. Dies ist nur möglich, wenn Gottes Nähe und Güte im Glauben trotz Krankheit und Leid und unabhängig von dem möglichen Sinn oder Widersinn von schwerer Krankheit erfahren werden kann und sich der Glaube so als Hilfe zum Leben gegen und mit einer Krankheit bewährt. Nicht die Herstellung einer gesunden ganzheitlich-harmonischen und glücklichen Existenz ist der tiefste Sinn des Glaubens, sondern das Aushalten der Spannungen und teils unversöhnlichen Widersprüche des Lebens in der Erfahrung des lebendigen Gottes (Ps 23, 42, 139; Röm 5,1ff; 8,18ff). Jede Heilung des Leibes und der Seele soll zwar als zeichenhafter Vorschein des Reiches Gottes angestrebt und dankbar empfangen werden, doch ist nicht die körperliche und seelische Heilung der Test auf die Echtheit des christlichen Glaubens, sondern wie der Mensch mit einem unheilbaren Leiden zu leben vermag und wie die Gesunden mit den „Unheilbaren" umgehen, die ihre Sehnsucht nach einer heilen Welt in Frage stellen und in deren Behandlung und Begleitung man auf innerweltliche Erfolge weitgehend verzichten muß.

4. Einige ethische und sozialethische Gesichtspunkte

Gesundheit: Das höchste Gut? – Wider den Zwang zur Gesundheit!

Die theologische Überlegung, nach der ernsthafte Krankheiten letztlich in sich sinnlos sind und oft den Zugang zu jeder Sinnerfahrung unmöglich machen, ist gegen das ethische Mißverständnis abzugrenzen, daß man von der Sinnlosigkeit einer *Krankheit* auf die Sinn- und Wertlosigkeit des *Lebens* eines Menschen rückschließt, der von einer solchen Krankheit betroffen ist[6]. Das „Nein" Gottes zur Krankheit setzt sein entschiedenes „Ja" zum Leben der Person voraus, selbst dann, wenn es angesichts der das ganze Leben bestimmenden Krankheit schwer ist, im Leben noch einen Sinn zu finden. Auch dann haben wir hinter der zerrütteten *Persönlichkeit* die von Gott geliebte und mit einer unverlierbaren *Würde* ausgezeichnete *Person* zu sehen. Dieser Würde entsprechend ist der Mensch bis zu seinem Tode zu achten und zu behandeln.

Bereits in der Antike war die Glorifizierung des jugendlich-vitalen (Athlet) und des geistig hoch stehenden Menschen (Philosoph) der wesentliche Grund für die Tötung „lebensunwerten" Lebens. Im Gegenteil dazu sind die christlichen Kirchen – als sie politisch dazu in der Lage waren – dem Beispiel Jesu gefolgt und haben gerade die unheilbaren und behinderten Menschen in Hospizen gepflegt. Auch heute geht eine verborgene Gefährdung des Lebensrechts dieser Menschen von den herrschenden Lebensvorstellungen in unserer Gesellschaft aus, in der in einseitiger Weise jugendlich-vitale Gesundheit, Leistungs- und Genußfähigkeit dominieren. V. v. Weizsäcker (Euthanasie, 17f) hat in Auseinandersetzungen mit der Medizin im NS-Staat darauf hingewiesen, daß der ungeheure Kampf der Medizin für die Gesundheit einerseits und die Vernichtung der Unheilbaren andererseits nur die zwei Seiten derselben Medaille seien, der Verabsolutierung des diesseitigen Lebens und der Gesundheit als höchste Güter. Der „Zwang zur Gesundheit" kann im Grenzfall auch die Form der Vernichtung derer annehmen, die die sichtbaren Zeugen des Scheiterns der Fiktion von der Machbarkeit einer Welt ohne schwere Krankheit sind. Die Achtung der unverlierbaren Würde der unheilbaren Menschen ist ein eher höherrangiges Gut als die Gesundheit. Ein Menschenbild, das die Unheilbarkeit bis hin zur Entmächtigung der Persönlichkeit nicht mitbedenkt, nur an der Gesundheit orientiert ist, stellt eine Gefahr für diese Menschen dar, setzt als Gegenbild die Vorstellung vom „lebensunwerten Leben" aus sich heraus. Die Humanität einer Gesellschaft zeigt sich weniger an den Fortschritten in der Bekämpfung von Krankheiten und dem meßbaren Gesundheitszustand als vielmehr daran, wie sie mit denen umgeht, die unheilbar krank und pflegebedürftig und deshalb ins gesellschaftliche Abseits gedrängt sind. Nicht zuletzt, weil das Gesundheitsideal in unserer Gesellschaft eine Gefährdung des Lebensrechts der „Unheilbaren" darstellt, stellen sie und nicht die „Therapierbaren" den Test auf das Proprium christlicher Seelsorge und Diakonie dar. Ihnen haben wir unsere besondere Aufmerksamkeit zu schenken.

---

6 U. Eibach, Medizin, 82ff.

Zur Verantwortung für Gesundheit und Krankheit

Psychosomatische Medizin versteht Krankheiten als eine Weise, Konflikte des Menschseins zu verarbeiten, als eine Störung der „Lebensordnung"[7], an deren Entstehen das Subjekt beteiligt ist und die nicht ohne seine Mitwirkung therapiert werden können. Dies lenkt den Blick auf die in der biblisch-christlichen Tradition immer auch vertretene Sicht, daß Krankheit Folge der Sünde und ein Ruf zur Buße sei. Seelsorger sollten sich einerseits nicht der Einsicht verschließen, daß ein „Tun-Ergehen-Zusammenhang" besteht, der im subjektiven Bewußtsein das Empfinden von Schuld und Strafe annehmen und zur Erkenntnis führen kann, daß eine Krankheit sowohl mit den von anderen zugefügten Verletzungen als auch mit konkretem eigenen Fehlverhalten oder mit einer Lebensführung im Zusammenhang stehen kann, die vielleicht bisher persönlich und gesellschaftlich positiv bewertet wurde (z.B. berufliches Leistungsstreben), sich nunmehr aber als verfehlte Daseinshaltung darstellt[8]. Andererseits ist es theologisch und ethisch nicht unproblematisch, einen ursächlichen Zusammenhang zwischen individueller Lebensführung und Krankheit zu konstatieren, wenn man daraus zugleich eine individuell zurechenbare Schuld an der Krankheit folgert und damit z.B. das Recht auf Bezahlung einer Behandlung durch die Solidargemeinschaft in Frage stellt (z.B. bei Suchtkranken). Gerade hartnäckiges und andauerndes Fehlverhalten hat zumeist Ursachen, die den individuellen Veränderungsmöglichkeiten eines Menschen entzogen und die tief in den sozialen, ökonomischen und ökologischen Bedingungen des Lebens verankert sind. P. Tillich (Ges. Werke, 249) verweist auf den in allen Religionen angesprochenen Zusammenhang von Sünde und Krankheit und betont, daß in der jüdisch-christlichen Lehre beide universalen Charakter haben, deshalb jedem „individuellen Akt vorausgehen" und nicht Sache „proportionaler Berechenbarkeit" sind und doch nicht „von der persönlichen Verantwortung entheben."

Der Mensch ist nicht nur „Opfer", sondern in vielen Fällen zugleich auch Subjekt und „Täter" seiner Krankheit. Gerade in der Seelsorge sollte die Frage nach der Schuld („Womit habe ich das verdient?") nicht ausgeklammert werden, so wie es in der naturwissenschaftlich-kausalen Erklärung der Genese von Krankheiten geschieht, durch die diese nur auf Faktoren zurückgeführt werden, die vom Subjekt und seiner Lebensführung wegweisen. Damit wird zugleich einseitig die kurative Medizin gestützt, während die Einführung des Subjekts in den Krankheitsbegriff den Akzent auf die Prophylaxe von Krankheiten und den von Menschen zu ver-

---

7 V. v. Weizsäcker, Mensch, 330, 368; A. Mitscherlich, Krankheit.
8 H. Piechowiak, Religion, 241f; U. Eibach, Seelische Krankheit, 49ff.

antwortenden Umgang mit dem Leben legt und anerkennt, daß der ge-
fährdende Umgang mit der Gesundheit „Sünde" gegen den eigenen oder
den Leib anderer, gegen das von Gott geschenkte Leben ist, das anver-
traute Gabe und Aufgabe, nicht jedoch „Besitz" des Menschen ist. So gesehen hat der Mensch nicht nur ein Recht auf Behandlung seiner Krankheit mit Unterstützung der Solidargemeinschaft, sondern auch die Pflicht,
für seine Gesundheit Sorge zu tragen, auch im Interesse der Solidargemeinschaft[9]. Die mögliche oder tatsächliche persönliche Schuld an einer
Krankheit darf allerdings von der Gesellschaft niemals als Grund geltend
gemacht werden, einem Menschen sein Geschick verbessernde medizinische und sonstige Hilfen zu verweigern. Nicht die Frage nach der Schuld,
sondern die nach der Not und der Hilfsbedürftigkeit des Menschen hat
ausschlaggebendes Kriterium des Umgangs mit allen kranken Menschen
zu sein.

9 EKD, Mündigkeit, 54ff.

Michael Klessmann

Die prophetische Dimension der Seelsorge im Krankenhaus[1]

I. Prophetie und Seelsorge

Der neueren Seelsorge sind wiederholt kritische Fragen gestellt worden:
- Berücksichtigt Seelsorge in genügendem Maß die gesellschaftliche Bedingtheit individuellen Leidens und macht sie diese Bedingtheit auch zum Thema?
- Ist in der Seelsorge Raum für „das Fremde", sei es das Fremde der eigenen wie der anderen Person, sei es das Fremde des Glaubens, das Fremde des „Wortes Gottes"? Meinen wir nicht häufig viel zu schnell, schon verstanden zu haben, bevor überhaupt die Fremdheit des anderen wirklich in den Blick gekommen ist?
- Sind Seelsorger/Seelsorgerinnen dem anderen Menschen nicht nur Begleiter/Begleiterin, sondern auch Gegenüber? Hat Konfrontation, Kritik, Auseinandersetzung neben der einfühlenden Begleitung auch einen Platz?
- Reflektiert Seelsorge ihre Rolle in der Institution? Am Beispiel der Krankenhausseelsorge: Bezieht sie Position in ethischen Konflikten, die angesichts der Möglichkeiten der modernen Medizin immer mehr zunehmen? Greift sie ein bei strittigen Fragen? Benennt Grenzen dessen, was aus ihrer Sicht möglich und verantwortbar ist?

Das Stichwort von der „prophetischen Dimension" bezeichnet eine kritische, widerständige Haltung – bezogen auf einen konkreten Kontext: Der Prophet wird hier verstanden als der unbequeme, unzeitige Mahner und Warner im Auftrag Gottes; nicht so sehr jemand, der die Zukunft voraussagt, sondern einer, der unter die Oberfläche der Dinge sieht, der Ungerechtigkeiten aufdeckt und – parteinehmend für die Armen und Schwachen – mit dem Gericht Gottes konfrontiert. Die Figur des Nathan, der mutig vor seinen König tritt und ihm sagt: „Du bist der Mann ..." (2.Sam. 12), ist dafür ein Beispiel.

---

1 Überarbeitete und gekürzte Fassung einer Veröffentlichung in WzM 49 (1997), 413–428.

Diese widerständige Haltung kann sich auf Vieles beziehen: Auf die religiösen Vorstellungen eines einzelnen oder einer Gruppe und die damit zusammenhängenden kultischen Vollzüge; auf die Vorstellung vom Menschen und die Art und Weise des Umgangs miteinander; auf die realen sozialen Verhältnisse, auf gesellschaftliche Anschauungen vom Miteinanderleben und -arbeiten, auf die impliziten und expliziten Normen einer Gesellschaft. Entscheidend ist, dass der Kontext, auf den sich diese Haltung bezieht, klar und konkret benannt wird.

Dabei kann eine solche Haltung nicht mehr autoritativ vertreten werden. Es gibt nicht mehr die eine richtige Lehre, sondern nur eine Vielfalt widerstreitender Lebens- und Gottesdeutungen. Individualisierung und Pluralisierung haben längst auch religiöse und kirchliche Lehren und Dogmen ergriffen. Insofern muß jede prophetische Kritik sich mit Sachkenntnis argumentativ entfalten und plausibel machen können; ihre ethische Kraft erweist sich im Diskurs, nicht im autoritativen „Dominus dixit".

Der neueren Seelsorge, die ihren eigentlichen Fortschritt im Verstehen, in der Annahme des/der Anderen sah, ist eine solche kritisch-widerständige, also prophetische Dimension fremd geworden.

So wirkungsvoll die Neuorientierung in der Praxis der Seelsorge war, so sehr hat es von Anfang an nicht an diesbezüglicher Kritik gemangelt. Bereits 1972 hat Y. Spiegel gefragt, ob das CPT nicht die gesellschaftlichen Ursachen der Krise der Individualität ausblende,[2] eine Kritik, die von I. Karle und U. Pohl-Patalong theoretisch differenzierter erneut vorgetragen worden ist.[3] H. Tacke hat kritisiert, daß in der beratenden Seelsorge das externe Wort der Verkündigung keine Funktion mehr habe und damit das Element der Paraklese aus der Seelsorge herausfalle.[4]

A. Grözinger[5] hat der Seelsorgebewegung vorgeworfen, sie sei zu „soft" geworden; die Seelsorger hätten ausgeblendet, daß sie auch Macht ausüben, daß ihre Seelsorge einen Eingriff darstelle. Grözinger fordert, diesen Eingriff genauer zu bedenken: Es gehe in der Seelsorge darum, der Wirklichkeit ein „mehr" zu entlocken, die Sprache und damit auch das Vorfindliche zu verwandeln – deshalb sei ein „Bruch" im seelsorgerlichen Gespräch, wie ihn Thurneysen beschrieben habe, gar nicht zu vermeiden. Wenn ein Mensch seine Lebenssituation im Horizont der Geschichte Gottes mit den Menschen rekonstruiere, dann geschehe unzweifelhaft etwas Neues.

---

2 Wieder abgedruckt in W.Becher (Hg), Klinische Seelsorgeausbildung. Frankfurt 1972, 147–152.
3 Vgl. I.Karle, Seelsorge 1996 und U.Pohl-Patalong, Seelsorge 1996.
4 H.Tacke, Glaubenshilfe 1975.
5 Zum folgenden A. Grözinger, Differenz-Erfahrung 1994

II. Prophetische Dimensionen der Seelsorge im Krankenhaus

Wie läßt sich eine kritisch-widerständige Haltung, bezogen auf den Kontext des Krankenhauses, begründen? An welchen Maßstäben orientiert sie sich? Woher bezieht sie ihre Kriterien für die Auseinandersetzung?

1. Es muß der Seelsorge – in Aufnahme befreiungstheologischer Gedanken – um eine *Option für die Armen* gehen, d.h. um die „je konkrete Parteinahme für Marginalisierte, Entrechtete, Benachteiligte."[6] Parteinahme im Umfeld des Krankenhauses wiederum kann Verschiedenes bedeuten:

– Parteinahme setzt *Wahrnehmung* voraus: Im Sinne der Trias „Sehen – Urteilen – Handeln" muß die Institution „Krankenhaus" mit ihren spezifischen Strukturmerkmalen und deren Auswirkungen auf die Patienten wie die in ihr Tätigen umfassend wahrgenommen werden, um zu einem Urteil zu kommen, was im Sinne einer angemessenen „Patientenorientierung" gut ist bzw. was nicht sein oder anders sein sollte. Kenntnis der grundlegenden Strukturmerkmale des Krankenhauses ist insofern für die Wahrnehmung ihrer spezifischen Ausprägungen in einer konkreten Klinik, in der ein Seelsorger/eine Seelsorgerin tätig ist, unerläßlich.[7] Wer Kritik übt und Veränderungen fordert, ohne die zugrundeliegende institutionelle Struktur und Dynamik zu kennen und verstanden zu haben, macht sich leicht unglaubwürdig.

– Parteinahme gilt vor allem bestimmten *Gruppen* von Menschen, die im System Krankenhaus *am Rand* stehen: Das sind z.B. die Problempatienten, die nicht ergeben und gefaßt, sondern mit Unruhe, Angst und Aggression auf ihre Krankheit reagieren; es sind die Unheilbaren und Sterbenden, denen das Personal tendentiell aus dem Wege geht[8]; es sind psychiatrische Patienten, es sind alte Menschen, es sind alle, die in dieser Institution uninformiert über ihre Krankheit und ihre Behandlung sind, weil sie nicht genügend Mut haben, um nachzufragen und auf Konkretion der medizinischen Information zu drängen.

---

6 H.Steinkamp, Solidarität 1994, 168. Eine solche Seelsorge hat viele Ähnlichkeiten mit einer „politischen Seelsorge" oder auch einer „diakonischen Seelsorge" – ihnen ist gemeinsam, daß sie die Bedingtheit individuellen Leidens durch gesellschaftlich-politische Verhältnisse und von daher Kritik an bestimmten Strukturen und Zuständen grundsätzlich mit in ihr Denken und Handeln einbeziehen. Einen knappen Überblick über die Diskussionslage zum Stichwort „politische Seelsorge" bringt U.Pohl-Patalong 1996, 41ff.

7 Vgl. dazu J. Siegrist in diesem Band s.o. 28ff; H.Friedrich, Klinikseelsorgerin 1996; G.Scharffenorth/A.M.K.Müller, Patienten-Orientierung 1991; J.J.Rohde, Soziologie ²1974.

8 Vgl. M.K.Bowers, Sterbenden beistehen, 1971, 14.

– Parteinahme bedeutet *Unterbrechung* von Routine und sogenannten Sachzwängen. Von J. B. Metz stammt der Satz: „Kürzeste Definition von Religion: Unterbrechung." Und er fährt fort: „Erste Kategorien der Unterbrechung: Liebe, Solidarität, die sich Zeit ‚nimmt' … Erinnerung, die nicht nur das Gelungene, sondern das Zerstörte … erinnert."[9] Eine solche Unterbrechung kann wiederum ganz verschieden aussehen: Menschliche Zuwendung unterbricht medizinisch-pflegerisches Routinehandeln; Respekt vor dem Kranken, vor seiner Würde als unverwechselbare Person unterbricht die Verobjektivierung als das „Leber-CA von Zi 28"; Fragen nach Alternativen unterbrechen anscheinend selbstverständliche und zwangsläufige medizinische Sachlogik; das Verlangen nach Zeitaufschub gibt Zeit zum Nachdenken, zum Überprüfen der Prioritäten; ein Gebet, die Spendung der Sakramente, ein Segen unterbricht die Pflegeroutine und erinnert daran, daß Medizin und Pflege nicht alles sind, was ein Mensch braucht.

– Parteinahme bedeutet *Erinnerung* nicht nur an das Gelungene, sondern auch an das Zerstörte, an das Verlorene, an das Gescheiterte. In der Schulmedizin zählen nur die Gesundgewordenen; die Menschen, die krank oder behindert bleiben und die, die sterben, sind für die Mediziner ärgerliche Niederlagen und Fehlschläge. An sie zu erinnern, von ihnen zu erzählen, darauf hinzuweisen, daß *coram Deo* auch ihr Leben nicht sinnlos war und kein Fehlschlag, ist eine wichtige Funktion der Seelsorge im Sinn einer Option für die Randständigen.[10]

– Parteinahme konkretisiert sich schließlich als direkte *Kritik* an eben diesem System, das solche Ungleichheiten und Ungerechtigkeiten produziert. Die Krankenhaussoziologie analysiert das Krankenhaus als „totale Institution" (Goffman), identifiziert die Rollen-Asymmetrie zwischen Personal und Patienten sowie die Informationsdefizite und die typischen Zumutungen, die sich daraus für Patienten ergeben[11]. Da ist es eine Aufgabe der Seelsorge, diese Erkenntnisse aufzunehmen, die Notwendigkeit bestimmter ärztlicher oder pflegerischer Interventionen vor Ort zu hinterfragen und Patienten darin zu stärken, daß sie Mut finden, sich mancher Zumutungen zu erwehren und andere zu ertragen, ohne sich dabei persönlich gekränkt zu fühlen.

2. Eine zweite prophetische Perspektive läßt sich ableiten aus dem von Henning Luther formulierten Postulat von der *„Subjektwerdung des ein-*

---

9 J.B.Metz, Glaube 1984, 150f.
10 Vgl. dazu auch den Beitrag von P. Puhlheim, s.o. 128ff.
11 J. Siegrist, Soziologie ⁵1995, 244ff.

zelnen"[12]. Auf den ersten Blick erscheint es wie ein Rückfall in eine individualistische Perspektive, auf den zweiten Blick zeigt sich, welche kritische Weitung damit verbunden sein kann. In der Postmoderne sind die Chancen zur Selbst- und Subjektwerdung des/der einzelnen in einem bis dahin kaum vorstellbaren Maß gestiegen. Gleichzeitig sind eben diese Chancen höchst störanfällig, sie sind zu „riskanten Freiheiten"[13] geworden. Wer selber zum „Planungsbüro" seines eigenen Lebens werden muß,[14] kann vielleicht große Freiheiten entdecken und Chancen verwirklichen, vielleicht aber auch schnell und tief abstürzen. Denn die Abhängigkeit von neuen Standardisierungen, vom Arbeitsmarkt, von Konsumtrends und Moden, wächst gleichzeitig. Wer bin ich zwischen diesen beiden Polen? Und wer bin ich vor allem dann, wenn ich krank und behindert bin und dieses „Planungsbüro" eben nicht mehr selbstständig leiten kann? Mit dem Stichwort von der Subjektwerdung des einzelnen zielt H. Luther auf „eine Befreiung von endlichen und festlegenden Identitätsvorgaben. Identität coram deo meint eine Individuierung in den ‚Augen Gottes', die die Fixierungen durch den Blick der anderen immer schon aufgebrochen hat. Der Mensch geht nicht in seiner Vorfindlichkeit auf."[15]

Gerade im Kontakt mit kranken Menschen einerseits und mit den sie Behandelnden andererseits ist dies eine Perspektive, die für jeden einzelnen ein „mehr" als das, was gerade wahrnehmbar oder diagnostizierbar ist, reklamiert, unabgegoltene Möglichkeiten, eine offene Zukunft. Nicht mehr nur die Defizite der Krankheit oder Behinderung bestimmen die Person, sondern auch der „Möglichkeitssinn", von dem R. Musil gesagt hat: „So ließe sich der Möglichkeitssinn geradezu als Fähigkeit definieren, alles, was ebenso gut sein könnte, zu denken, und das, was ist, nicht wichtiger zu nehmen, als das, was nicht ist … Das Mögliche umfaßt jedoch nicht nur die Träume nervenschwacher Personen, sondern auch die noch nicht erwachten Absichten Gottes."[16]

Ein Weg, wie dies auch methodisch umgesetzt werden kann, ist das von A. Grözinger angeregte Verständnis von Seelsorge als Rekonstruktion von Lebensgeschichte im Horizont der Geschichte Gottes mit den Menschen.[17] Es geht darum, einem Menschen Gelegenheit zu geben, sein Leben unter den Bedingungen von Krankheit und Behinderung erzählend neu zu rekonstruieren – und dies nun eben nicht vornehmlich unter der

---

12 H.Luther, Religion 1992, 30 ff.
13 Vgl. U.Beck/E.Beck-Gernsheim, Freiheiten 1994.
14 So U.Beck, Risikogesellschaft, 1986, 217.
15 H.Luther, op. cit., 34.
16 R. Musil, Der Mann ohne Eigenschaften, zitiert bei H. Luther, op. cit. 228.
17 A. Grözinger, Rekonstruktion 1986.

Defizitperspektive, sondern auch unter der Perspektive einer unabgegol-
tenen, offenen Zukunft.

3. Eine dritte prophetische Perspektive liegt in dem *Menschenbild*, das
christliche Seelsorger und Seelsorgerinnen mitbringen; auch wenn es nicht
das eine, fest umrissene christliche Menschenbild gibt, kann man doch
einige charakteristische Grundelemente feststellen und ihre Konsequenzen für die Arbeit in der Institution, mit einzelnen Menschen wie in ethischen Konflikten benennen:[18]

3.1 Das Gesundheitssystem zielt ganz selbstverständlich fast ausschließlich auf Heilung und Gesundung; Gesundheit ist in unserer Gesellschaft
zum Anspruch, zum einklagbaren Recht geworden, Krankheit und blei-
bende Behinderung erscheinen immer weniger hinnehmbar. Die Gesund-
heitsdefinition der WHO – „Gesundheit als Zustand vollständigen physischen, psychischen und sozialen Wohlbefindens" – scheint trotz aller
Kritik das vorherrschende Gesundheitsideal zu repräsentieren.

Wer auf dem Arbeits- und Beziehungsmarkt bestehen will, muß gesund und fit sein; Krankheit und Behinderung sind nur noch Störung und
Defizit. Gesundheit, sagt E. Beck-Gernsheim, „gewinnt gleichsam tran-
szendentale Bedeutung: ohne Gesundheit ist alles andere nichts. Pointiert
formuliert: Das Heil ist entthront worden, an seine Stelle ist die Heilung
getreten."[19]

3.2 Thesenartig stelle ich dem einige Elemente aus einem biblisch-christlichen Verständnis des Menschen gegenüber:

– *Leben ist grundlegend abhängig – und zur Freiheit bestimmt.* Der Mensch
stellt sein Leben nicht selbst her, als Geschöpf verdankt er sich einem Größeren außerhalb seiner selbst; im Rahmen dieser Abhängigkeit muß er jedoch sein Leben auf Freiheit hin gestalten und selbst verantworten. Sind
wir in der Lage, diese Spannung von Abhängigkeit und Freiheit in einem
flexiblen Gleichgewicht zu halten, oder lösen wir sie einseitig auf entweder
zugunsten von Abhängigkeit (so tun es viele Konservative mit ihrer Betonung der Sünde, der Verdorbenheit des Menschen und der sich daraus ergebenden Notwendigkeit starker Institutionen) oder zugunsten von Freiheit (so tun es viele Liberale, wenn sie ausschließlich die Freiheit und
Selbst-Verantwortung des Menschen in den Vordergrund stellen)?

– *Leben ist Fragment* (H. Luther), nie perfekt und fehlerfrei, sondern in
allen seinen Spielarten endlich, brüchig, vorläufig. Das zeigt sich beispielsweise in der trotz bester Absicht immer wieder mißlingenden mensch-

---

18 Vgl. zum folgenden M.Klessmann, Psychiatrie 1996, 31ff; ders., Suche 1995, 158ff.
19 E.Beck-Gernsheim, Gesundheit 1994, 317.

lichen Kommunikation, es zeigt sich in leistungsschwachen und behinderten Menschen, es zeigt sich in Krankheit und Sterben. Einsicht in die Fragmenthaftigkeit des Lebens könnte dazu beitragen, in den Ansprüchen und Erwartungen bezüglich Heilung und Gesundheit bescheidener zu werden und Grenzen nicht nur als Notlösung, sondern als Bestandteil des Lebens zu akzeptieren. Diese Einsicht könnte einen anderen Umgang mit unheilbaren und dauerhaft behinderten Menschen eröffnen und gerade dadurch unser Menschenbild vollständiger werden lassen.[20] (Sie kann in der gegenwärtigen Situation knapper Finanzen allerdings auch zur Rechtfertigung eines unerträglichen Sparkurses mißbraucht werden!)

– *Leiden ist Bestandteil des Lebens.* Leiden, Krankheit und Schmerz ist nicht in jedem Fall nur ein Feind, nicht nur Minderung von Leben und Lebensqualität, sondern möglicherweise auch Vertiefung und Bereicherung. Verschiedene Autoren haben darauf hingewiesen, daß die Unfähigkeit zu leiden und Leiden anzunehmen unsere Fähigkeit zum Mitleiden und damit ein wichtiges Fundament unserer Gesellschaft zerstört (z.B. H. E. Richter, D. Sölle).

Krankheit und Leiden müssen in dieser Sicht nicht möglichst schnell und mit aller Kraft beseitigt werden, es könnte auch so etwas wie eine „Hermeneutik des Leidens" geben, die seinem möglichen Sinn auf die Spur kommen will – ohne die Aufmerksamkeit dafür zu verlieren, daß es natürlich Formen des Leidens gibt, die brutal und sinnlos sind und denen man daher nur mit Widerstand und Protest begegnen kann (und ohne weiterhin die Aufmerksamkeit dafür zu verlieren, daß es eine schlimme Geschichte christlicher Leidensverherrlichung gibt, die hiermit nicht erneuert werden soll!)

– *Leben gelingt im „Angesprochenwerden"* (M. Buber), in Gemeinschaft, in der Vernetzung, nicht dagegen im exklusiven Rückzug auf sich selbst und die eigenen individuellen Interessen. „„Werde allein fertig!' Das ist die Moral der Trostlosigkeit … Der Glaube lehrt zuallererst: Alles Leben ist verbunden."[21] Die unselige Frage, die in der neuen Euthanasiediskussion aufgebrochen ist, ob und wann ein Leben nicht mehr lebenswert sei, wann ein Mensch noch Mensch sei, unter welchen Bedingungen ihm/ihr Personalität zukomme,[22] erscheint aus dieser Perspektive grundlegend falsch.

---

20 Vgl. dazu K.Dörner in einer Bezugnahme auf Sartre:„Bei der Entwicklung eines Menschenbildes müsse man von dem je unerträglichsten Menschen ausgehen; denn würde man ihn überschlagen, hätte man ihn ausgegrenzt, zur Sache degradiert und komme daher nur zu einem unvollständigen Menschenbild." K. Dörner, Schriften 1996, 9.
21 F.Steffensky, Glaube 1989, 36
22 Vgl. dazu P. Singer, Ethik 1984, 174ff; zur Auseinandersetzung mit Singer vgl. H.Grewel, Recht 1990.

Nicht isolierte Merkmale wie Selbstbewußtsein und Rationalität sind Grundlage des Lebens, sondern die Bereitschaft anderer, sich auf einen Menschen zu beziehen und einzulassen.[23]

– *Gesundheit* bekommt vor diesem Hintergrund einen anderen Sinn und Stellenwert. Gesundheit ist mit Karl Barth die „*Kraft zum Menschsein*", nicht ein letzter Wert an sich, sondern um des Menschseins willen da. Gesundheit hört damit auf, Maßstab des Lebens zu sein; sie konkretisiert sich vielmehr als die komplexe Fähigkeit, Leben *und* Leiden, Glück *und* Schmerz, Harmonie *und* Konflikt, Einsamkeit *und* Verbundenheit als unabdingbar zusammengehörig zu erkennen und in dieser Zusammengehörigkeit aushalten und gestalten zu können.

Auch in theologischer Sicht verändert sich damit die Einschätzung von Gesundheit und Krankheit: Weder ist Gesundheit prinzipiell Zeichen des Segens Gottes noch Krankheit Ausdruck seines Zorns, seiner Strafe; gesunde wie kranke Menschen sind Geschöpfe Gottes, die einen nicht wertvoller als die anderen; als Teilen seiner Schöpfung ist es beiden aufgegeben, wie U. Bach sagt, geschwisterlich miteinander zu leben.[24]

3.3 Welche Konsequenzen kann eine sich auch als prophetisch verstehende Seelsorge im Krankenhaus aus diesen Grundannahmen ziehen?

– Im seelsorgerlichen Kontakt *mit einzelnen Patienten* sind mögliche Konsequenzen relativ deutlich zu erkennen; ich nenne einige Beispiele:

• Es ist sinnvoll, den häufig von Patienten zu hörenden Satz „Hauptsache gesund" nicht gedankenlos zu bestätigen, sondern ihm auch zu widersprechen und zu Differenzierungen anzuregen. Überzogene Heilserwartungen an die medizinisch-technischen Möglichkeiten oder an alternativmedizinische Verfahren, wie sie im Gefolge esoterischer Anschauungen begegnen, sollten auf ihre Bedeutung hin befragt und in Richtung auf „Annahme des Begrenzten" bearbeitet werden.

• Es ist wichtig, Klagen von Patienten darüber, daß es nach einer schweren Krankheit nicht mehr so werden wird wie früher, konstruktiv aufzunehmen und mit dem Betroffenen sowohl die Verluste wie die Chancen der veränderten Situation zu suchen.

23 Dieser Sachverhalt wird eindrücklich dargestellt in dem Film „Der englische Patient": Der schwerst verbrannte englische Patient wird durch die Aufmerksamkeit und das Mitgefühl einer Krankenschwester buchstäblich aus der Menge der verletzten Soldaten, unter denen er sonst vermutlich schnell gestorben wäre, herausgeholt; er bekommt durch ihre Anwesenheit und liebevolle Pflege die Gelegenheit, sein Leben mit allen schuldhaften und tragischen Verstrickungen noch einmal Revue passieren zu lassen, darin zu sich selbst zu finden und dann zu sterben.
24 Vgl. hierzu ausführlicher U.Bach, Getrenntes 1991, 148ff u.ö.

- Es ist wesentlich, Ängste von Patienten, sie seien nach einer Operation nicht mehr vollwertige Männer oder Frauen, einfühlsam zu begleiten, aber ihnen auch zu widersprechen und mit den Betroffenen nach anderen Kriterien für das Personsein – als Schönheit und Leistungsfähigkeit – zu suchen. (Daß hier die Gefahr falscher Vertröstungen nahe liegt, wenn dem Schmerz und der Wut über die verlorene körperliche Integrität nicht genügend Raum gegeben wird, sollte deutlich sein!)

– Wenn sich Seelsorge nicht nur als Krankenseelsorge, sondern auch als Kranken*haus*seelsorge begreift, kommt sie nicht umhin, sich an einzelnen konkreten Punkten immer wieder *mit der naturwissenschaftlich-technischen Grundorientierung dieser Institution* auseinanderzusetzen. Die Schulmedizin hat die Tendenz, Menschen zu verobjektivieren; um zu einer Diagnose zu kommen, abstrahiert sie vom Einzelfall und sucht das Typische, das Krankheitssubstrat. Es kommt zu einer Trennung von Person und Krankheit, auf Grund derer sowohl die Lebensumstände einer Person – Lebensgeschichte, Familiengeschichte, Arbeitsgeschichte – als auch die gegenwärtigen Gefühle, die Ängste und Hoffnungen angesichts der Krankheit, weitgehend ausgeblendet werden.

Der prophetische Auftrag der Seelsorge besteht u.a. darin, diese Trennung von Person und Krankheit wenigstens partiell rückgängig machen: Person und Krankheit gehören zusammen, die Person *hat* nicht nur eine Krankheit, sie *ist* krank – was sich schon darin manifestiert, daß die gesamte „normale" Lebensführung unterbrochen ist. Seelsorge bekommt hier eine hermeneutische Aufgabe, d.h. sie könnte dazu beitragen, daß Menschen verstehen, wie ihre Person und ihre Krankheit sich gegenseitig auslegen, sei es in der Entstehungsgeschichte ihrer Krankheit, sei es in ihrer gegenwärtigen Art und Weise, damit umzugehen. Dies ist eine wesentliche Möglichkeit, die Einzigartigkeit und Würde eines Menschen zu respektieren und ihm als solchem mehr Gerechtigkeit widerfahren zu lassen.

Diese seelsorgliche Perspektive gilt es aber nun nicht nur im Kontakt mit einzelnen Patienten, sondern eben auch gegenüber der Institution und ihren impliziten Handlungsnormierungen zu vertreten. Es gehört zum Auftrag der Seelsorge, die Zielsetzungen des Krankenhauses, die immer wieder beschworene „Patientenorientierung" mit zu beeinflussen. Dafür wieder einige Beispiele:

- Regelmäßiger Kontakt zu den im Krankenhaus Tätigen – vom Pflegedienst auf einzelnen Stationen, begleitenden Diensten, bis hin zu den verschiedenen Leitungsebenen – ist eine entscheidende Voraussetzung.

- Auf dieser Basis ist es dann möglich und wirkungsvoll, im Gespräch mit Ärzten und Schwestern, bei der Übergabe im Pflegedienst und an vielen

anderen Stellen, die seelsorgliche Sicht eines Patienten als Ergänzung und/
oder Korrektur des medizinischen Bildes zur Sprache bringen (unter Berücksichtigung einer möglichen Kollision mit der seelsorgerlichen Schweigepflicht!).

• Seelsorger*innen* haben dann auch die Möglichkeit, die Kommunikation
zwischen den vielen Berufsgruppen im Krankenhaus zu fördern und bei
Konfliktregelungen als Außenstehende, die doch mit den Strukturen vertraut sind, mitzuwirken.

• Es lohnt sich darauf zu achten, daß Angehörige und Freunde eines Patienten in den Prozeß der Krankheitsbewältigung einbezogen werden.

• Besonders wichtig ist die Frage, ob Menschen im Krankenhaus würdig
sterben können: Wird ihnen Raum zur Verfügung gestellt, in dem sie und
ihre Angehörigen auf der letzten Strecke des Lebens in Ruhe und für sich
sein können? Wird das Personal für den sensiblen Umgang mit Sterbenden fortgebildet? Ist dies überhaupt ein Thema für die Leitung einer
Klinik?

– Das Krankenhaus ist Teil unseres *Gesundheitswesens*; wir erleben in der
Gegenwart, wie Krankheit und Lebensrisiken langsam, aber sicher aus der
Solidarität aller herausgelöst und zunehmend der privaten Vorsorge der
einzelnen anheimgestellt werden.

Das Sozialwort der beiden großen Kirchen[25], das Solidarität und Gerechtigkeit einfordert, ist auch auf den Gesundheitssektor zu übertragen.
Dabei darf es nicht bei abstrakten Forderungen bleiben. Seelsorger und
Seelsorgerinnen sind insofern in einer besonderen Lage, als sie, wie wenige andere, sehr konkret die Leidensgeschichten der Opfer hören.

Empirisch, statistisch-abstrakt, ist z.B. ein signifikanter Zusammenhang von Armut und Krankheit bzw. früherem Sterben festzustellen[26]; es
ist relativ gut erforscht, wie Arbeitslosigkeit psychosozialen Streß und damit indirekt Krankheiten auslöst[27]. Diese grundsätzlichen Erkenntnisse
werden anschaulich etwa in der Lebensgeschichte eines Obdachlosen, der
dem Seelsorger erzählt, wie seine Leidensgeschichte mit dem Verlust des
Arbeitsplatzes und zunehmendem Alkoholkonsum angefangen hat.

25 Für eine Zukunft in Solidarität und Gerechtigkeit. Wort des Rates der EKD und der
    Deutschen Bischofskonferenz zur wirtschaftlichen und sozialen Lage in Deutschland.
    Hg. Vom Kirchenamt der EKD und vom Sekretariat der Deutschen Bischofskonferenz.
    Hannover/Bonn 1997.
26 Vgl. dazu E.Heim/J.Willi, Medizin Bd. 1, 1986, 312f; eine Bremer Studie zu diesem
    Thema wird in der Frankfurter Rundschau plakativ betitelt: „Wer arm ist, stirbt früher"
    (FR vom 23.9.1992)
27 Vgl. Heim/Willi, op. cit, Bd. 1, 69ff.

Solche Geschichten gilt es (unter Wahrung der Verschwiegenheit) öffentlich zu machen, weil sie aufrütteln und anrühren können und so dazu beitragen, daß wir uns mit den Tendenzen zur Entsolidarisierung in unserer Gesellschaft nicht abfinden.

Seelsorge im Krankenhaus kann ihren prophetischen Auftrag wahrnehmen, indem sie in dieser Weise *Öffentlichkeitsarbeit* betreibt – nicht nur, um auf die Krankenhausseelsorge und ihren Stellenwert aufmerksam zu machen, sondern eben auch, um sich kritisch mit dem gegenwärtigen Zustand unseres Gesundheitswesens, mit vorherrschenden Konzepten von Gesundheit und Krankheit, von Sterben und Tod auseinanderzusetzen. Noch einmal: Hier hat die Erinnerung an die Leidenden, an die Opfer einen hohen Stellenwert. Sie erweist diesen Menschen Respekt, sie durchbricht die Hinnahme des Faktischen, des *status quo*, sie thematisiert die gesellschaftliche Mit-Bedingtheit individuellen Leidens, und sie kann die Anti-Geschichte vom Sterben und Auferstehen Jesu von Nazareth im Leben und Sterben gegenwärtiger Menschen neu vergegenwärtigen.

– Mit der rasanten Zunahme der medizinischen Möglichkeiten wachsen die *ethischen Konflikte* im Krankenhaus.[28] Die Möglichkeiten der Intensivmedizin haben sich so ausgeweitet, daß Lebensverlängerung unter beinahe allen Umständen möglich ist. Waren Organtransplantationen noch vor zwanzig Jahren extreme und seltene Eingriffe, so sind sie heute in größeren Kliniken Routine. Der Streit um die unter den Bedingungen fast grenzenloser technischer Machbarkeit richtige medizinische, menschliche, ethische Entscheidung geht nicht mehr an der Seelsorge vorbei, im Gegenteil, Ärzte fragen häufig die Seelsorge an, erwarten ethische Kompetenz und eine Stellungnahme im Entscheidungsprozeß. Genauso sind viele Patienten und ihre Angehörigen angesichts der Vielfalt der Möglichkeiten und des herrschenden Wertepluralismus unsicher und ratlos: Was sollen wir tun? War es richtig, einen 82jährigen Infarktpatienten zu reanimieren? Soll man einen 60jährigen Alkoholiker für eine Organtransplantation vorsehen? Darf man einer schwangeren 16jährigen zur Abtreibung raten? Soll man bei einem Patienten mit klar infauster Prognose die künstliche Beatmung einstellen? Welches Gewicht hat eine Patientenverfügung in der aktuellen Entscheidungssituation? etc.

In solchen ethischen Konfliktfällen ein prophetisches Selbstverständnis zu kultivieren, enthält zwei Gefahren, nämlich erstens die Gefahr, eine scheinbare Eindeutigkeit zu vertreten, die es in ethischen Fragen angesichts der Komplexität und Interdependenz aller Lebensbereiche in der Gegenwart nicht mehr oder nur noch um den Preis unzulässiger Simplifizierung geben kann; und zweitens die Gefahr einer unangemessenen

---

28 Vgl. zum folgenden U.Schlaudraff in diesem Band 193ff; J.Ziemer 1993, 388ff.

Pädagogisierung und Moralisierung des Evangeliums. Eine prophetische Dimension ist hellsichtig, eine moralisierende Haltung erscheint dagegen besserwisserisch und belehrend.

Dieses vorausgesetzt, könnte es das Ziel einer sich prophetisch verstehenden Seelsorge in ethischen Konflikten, die an die Seelsorge herangetragen werden, sein, zum einen die ethische Kompetenz des Subjekts zu stärken, zu einer Ich-gesteuerten, verantwortlichen Moral zu ermutigen, die sich der Auseinandersetzung mit fremden Positionen nicht verschließt; zum anderen jene genannten Grundannahmen aus der christlichen Anthropologie in den Diskurs einzubringen.

III. Zur Ambivalenz der prophetischen Dimension in der Seelsorge

Auf der einen Seite ist eine prophetische Dimension notwendig, weil durch sie eine kritische und herausfordernde Perspektive ins Spiel kommt; Seelsorge kann dadurch zu einem profilierteren Gegenüber für die Ratsuchenden und die anderen Berufsgruppen im Krankenhaus werden – ich habe versucht, das darzustellen.

Auf der anderen Seite enthält sie die Versuchung, Ohnmacht und Hilflosigkeit durch ein prophetisch-machtvolles Selbstverständnis zu überspringen. Eine wesentliche Funktion der Seelsorge im Krankenhaus – im Kontakt mit einzelnen Patienten wie mit dem Personal – besteht darin, eigene und fremde Hilflosigkeit angesichts von Leiden und Sterben mit auszuhalten, ihr also nicht mit technischen Mitteln zu begegnen, sondern ihr standzuhalten und paradoxerweise gerade dadurch wieder hilfreich zu sein. Wer diesem notwendigen, aber natürlich schwierigen Aushalten von Ohnmacht ausweicht durch den Rekurs auf so etwas wie eine prophetische Machtposition, tut der Seelsorge und denen, die sie in Anspruch nehmen, keinen guten Dienst.

Auch das Leitbild von der „Krankenhausseelsorge im Zwischen-Raum"[29] ist von dieser Ambivalenz geprägt: Die Seelsorge ist nirgendwo wirklich beheimatet, sitzt zwischen den meisten Stühlen – eine für die Seelsorgerinnen und Seelsorger schwierige und anstrengende Position; gleichzeitig versetzt sie das in die Lage, Menschen und Strukturen aus einer gewissen Distanz heraus zu betrachten und aus dieser Distanz heraus das Potential einer kritischen, widerständigen, prophetischen Perspektive zu gewinnen. Konflikte und Konfrontationen mit einzelnen wie mit Vertretern der Institution sind dadurch beinahe vorprogrammiert – auch das scheint mir notwendig und sinnvoll: Seelsorge hat eine wichtige Per-

---

29 s.o. 14ff.

spektive in das Geschehen im Krankenhaus einzubringen – und Veränderung, Wachstum sowohl von einzelnen wie von Organisationen gibt es nicht ohne Konflikt. Konflikte sind so gesehen nicht nur notwendiges Übel, sondern auch Chance und Herausforderung.

Gleichzeitig steckt in eben diesem Selbstverständnis eine Tendenz zur Selbstüberschätzung, zur Arroganz, zum Belehrenden und Besserwisserischen: Wir Seelsorgerinnen und Seelsorger sind beileibe nicht die einzigen, die sich parteinehmend für die Menschlichkeit im Krankenhaus engagieren. Um dieser Gefahr zu begegnen, scheint es mir unabweisbar, auf keinen Fall hinter eine der wesentlichen Errungenschaften der Seelsorgebewegung zurückzugehen: Seelsorge muß überprüfbar sein und bleiben. In Form von Balintgruppen, Fallbesprechungen, Einzel- und Gruppensupervision müssen sich die, die in der Seelsorge tätig sind, auf ihre fachliche Kompetenz und ihr (prophetisches) Selbstverständnis hin überprüfen lassen – um der Menschen willen, mit denen sie zu tun haben.

Neben der Verbesserung der Kompetenz oder der Sicherung der Qualität der eigenen Arbeit kann man dann in einer Gruppe von Kolleginnen und Kollegen auch lernen, daß man sich dem Druck, den so ein Leitbild wie das hier verhandelte auslöst, nur in Maßen beugen muß. Denn: Jeder ideale Anspruch läßt sich nur begrenzt einlösen, jede Kompetenz bleibt fragmentarisch – was aus theologischer Sicht nichts anderes heißt, als daß in jeder Seelsorge ein Moment des Unverfügbaren enthalten ist.

HANS DUESBERG

Ökumenische Zusammenarbeit im Krankenhaus

„Seelsorge im Krankenhaus geschieht im kirchlichen Auftrag in ökumenischer Verantwortung."
Konf. für Krankenhaus-Seelsorge in der EKD, 1994[1]

„Das Krankenhaus ist ein Lernort des Glaubens."
Bischof Spital, Trier

1. Einleitung

Wird unsere Erde auch morgen noch bewohnbar sein, und wie ist das unsere Verantwortung? Diese Frage bewegt immer mehr Menschen und immer bedrängender auch die Kirchen. Ökumene, ursprünglich die bewohnte Erde, ist zu einem Sinnbild für die Zukunft unserer Welt und des Menschen geworden. Die christlichen Kirchen sind heute dringlicher als früher gefragt, wie sie ihre Hoffnung bezeugen, daß „im Hause des Vaters" viele, genügend Wohnungen vorgehalten sind, ja daß jede und jeder ihren/seinen Platz in der Liebe Gottes hat (vgl. Joh 14,2; 17).

Wie sorgen wir – in Seiner Nachfolge – dafür, daß „die anderen" einen, nein: ihren Platz bei uns haben und umgekehrt, wenn Kirchesein heißt, für die anderen dasein?[2] Das ist die spannende ökumenische Frage.

In der Leidenslandschaft Krankenhaus geht es in spezifischer Weise um die Bewohnbarkeit der Erde, die Verläßlichkeit des Lebens. Ich möchte das „Wie" thematisieren im Hingehen an exemplarische Orte, die diese Landschaft begeh- und bewohnbar machen, und im Nachdenken, wie Ökumene im engeren Sinne als Zusammenarbeit der konfessionsverschiedenen Christen und Kirchen dazu beiträgt.

---

1 WzM, 46. Jg., 430.
2 Vgl. H. Steinkamp, Solidarität, 1994, 97.

2. Am Krankenbett

Es markiert den unüberholbaren Beginn der Seelsorgebewegung, daß A. Boisen den Erfahrungsort im und am Krankenbett als Offenbarungsort identifiziert hat.

Ökumene hilft, nicht beim Vorletzten stehen zu bleiben:
Der größere Gott fordert uns heraus

Auf meine Vorstellung als *der* Seelsorger für *diese* Station bekomme ich im katholischen Krankenhaus öfter zu hören: „Ich bin evangelisch. Aber das macht nichts. Wir haben doch alle denselben Herrgott." Boisen erinnernd, sage ich: Hier spricht der *Glaubenssinn der Gläubigen.* (Und als Erinnerung für die evangelische Seite: Das im katholischen Verständnis allein dem Papst zusammen mit dem Bischofskollegium zukommende *Recht* der für die gesamte Glaubensgemeinschaft verbindlichen Auslegung der Glaubenstradition fußt auf der weltweiten und sorgfältigen Erhebung eben dieses – unfehlbaren! – Glaubenssinnes der Gläubigen[3]). So ist vom Kranken her ein spiritueller Kommunikationsraum eröffnet, den konfessionell abzublocken christlich unverantwortlich wäre. Zunächst also ist dem Wirken des Geistes eine Tür geöffnet, die zwischen konfessionsverschiedenen Christen zumindest all das möglich macht, was ökumenisch vom Selbstverständnis der beteiligten Kirchen heute schon drin ist. Dazu gehört dann etwa ebenso der Verzicht auf einen angeblich überkonfessionellen Standpunkt wie die Vergewisserung, wie das ökumenisch gemeinsame Christliche hier und jetzt immer schon gewichtiger ist als das (noch) Trennende. Ohne einen Unterschied zu (ver)leugnen, ist jetzt Platz, von der Erfahrung des Leidens, Lebens und Glaubens mit Betonung oder unter Absehung der konfessionellen Spezifitäten zu erzählen. Ökumene heißt, sich öffnen für das, was der Geist den einander Begegnenden sagt. Es heißt natürlich auch, nicht versäumen zu klären, ob der Gesprächspartner die Seelsorgerin/den Seelsorger der eigenen Konfession wünscht.

Bei der Sterbebegleitung voneinander lernen:
Loslösung in die letzte Freiheit eines Christenmenschen
und Inszenierung intensivster Solidarität im Wegzehrungsritual

Angesichts einer Tendenz zur Überbetonung menschlicher Nähe und seelsorgerlicher Begleitung einerseits und einer magischen Beschwörung

---

3 Vgl. dazu J. Werbick, Kirche, 1994, 384–388.

der Nähe Gottes andererseits – als ob Jesus im Sterben nicht die Gottver-
lassenheit erfahren hätte! – im Angesicht des Todes und schwerer Leidens-
wege, etwa im Kontext der Hospizbewegung, finde ich Martin Luthers
Sätze in der ersten Invokavit-Predigt von 1522 erfrischend aktuell: „Ein
jeglicher" wird „in eigener Person für sich mit dem Tod kämpfen … Ich
werde dann nicht bei dir sein noch du bei mir"[4]. Diese – gute – Einsamkeit
symbolisiert die selbständige Würde eines jeden Menschen nicht nur unter seinesgleichen, sondern mehr noch vor Gott. So, nämlich innerlich befreit, kann der Zeitgenosse „sein Leben zu Ende führen" und „das
Zeitliche segnen", wie die Sprache menschenwürdiges Sterben über Jahr-
hunderte beschrieben hat. Luthers Einlassungen zugunsten der Selbständigkeit des befreiten Menschen und gegen jede Stellvertretung an dieser
Stelle helfen mir, die Gottesbegegnung im Augenblick des Todes als ein
unvorstellbar bewegendes Ereignis zu erahnen, in dem die Faszination
und das Erschrecken der Lebendigen im Angesicht des Heiligen Platz
haben.

Und gleichzeitig finde ich es als Katholik bewegend, im Angesicht des
Todes nur zu *einem* von meiner Kirche verpflichtet[5] zu sein (die rechtliche
Festschreibung befremdet auch mich ein Stück weit), die sogenannte Weg-
zehrung und gerade nicht die Krankensalbung zu empfangen, also die
Kommunion in besonders feierlicher und das Taufbekenntnis erneuern-
der, also die ganze Glaubensbiographie umspannender Form. Warum
nicht auch sich in höchster Form solidarisieren mit der ganzen Kirche im
Glauben an den einen Herrn und in der Erinnerung an sein Sterben und
seine Auferstehung für uns? Dessen ungeachtet bleibt die Krankensalbung
das Sakrament, der ‚rite de passage', des angenommenen Leidens und der
Sterblichkeit, nicht aber des Sterbens im Vollzug.[6]

Den Patientendienst ökumenisch strukturieren:
Vordergrund-/Hintergrunddienst

Ich zitiere aus dem Konsens-Protokoll eines Gesprächs zwischen den
kirchlichen Ressortleitern für die Krankenhaus-Seelsorge in der Evangelischen Kirche Hessen-Nassau und im Bistum Limburg und den gewähl-
ten Vertreter/innen der evangelischen und katholischen Krankenhausseelsorge in Frankfurt am 22. 10. 1993: „Im Sinne einer ökumenischen
Zusammenarbeit ist es begrüßens- und wünschenswert, … wenn Kliniken und Stationen aufgeteilt werden und die SeelsorgerInnen sich gegen-

---

4 M. Luther, WA, 1883ff, 10 III, 1,7–2,3.
5 Die Feier der Krankensakramente, Rituale Romanum, Dt. Ausg., Praenotanda Nr. 27,
1994².
6 Vgl. Werbick, a.a.O., 304–307.

seitig jeweils als Vordergrund- bzw. Hintergrund-AnsprechpartnerInnen vertreten."[7]

Diese Aufteilung wird in zunehmendem Maß auch andernorts praktiziert. Ich zitiere noch einmal die Begründung: „Die Erfahrungen zeigen, daß Arbeitsteilung Entlastung für die einzelnen SeelsorgerInnen bedeutet, auch zugunsten einer intensiveren seelsorglichen Arbeit; ökumenische Zusammenarbeit im Krankenhaus bedeutet häufig auch eine Seelsorge an den Seelsorgenden."

3. In und gegenüber der Therapeutenrunde

Die Standortbestimmungen ‚in' und ‚gegenüber' markieren theologische Orte, beeinflußt auch vom paradigmatischen Seelsorgemodell der einzelnen Seelsorgerin wie „Seelenführung" (kath. Tradition), „Gastfreundschaft" (R. Zerfaß), „Mit den Müden reden zur rechten Zeit" (H. Tacke), „Lebensdeutung" (G. Hartmann) u.a.

Alle können ‚einander beistehen'

Seelsorge ist eine Einstellung und ein Tun des ganzen priesterlichen Gottesvolkes, gleichwertig zur Seelsorge der Amtsträger/innen. Das lernen Katholiken zunehmend von Protestanten. Umgekehrt lernen Evangelische, daß die Sichtbarkeit von Kirche in den Symbolisierungen von Amt und Riten, die vom Amtsträger geleitet sind, der Effizienz, der Lebendigkeit und der Einheit einer Kirche unterwegs zugute kommen können. H. Stenger macht die anregende Unterscheidung von pastoraler Zuständigkeits- und Fähigkeitskompetenz. Die eine ist kirchlich vermittelt, die andere individuell zu erwerben.[8]

Das die Ängste und Hoffnungen des Patienten während der Visite auf dem Flur thematisierende Gespräch zwischen Arzt und Schwester kann Licht in die Frage bringen, wie die Hauptbetroffenen am besten beteiligt werden, sich beteiligen können an der Linderung der Not, kann Patienten-, Angehörigen- und Mitarbeiterseelsorge werden, wenn Seelsorge „Einander-Beistehen"[9] ist. Die ausdrückliche oder unausdrückliche ökumenische Komponente zeigt sich heute meist in der Selbstverständlichkeit, in der Christen verschiedener Konfession einander beistehen und begleiten, seltener im Thematisieren der Frage, wie konfessionelle Unter-

---

7 Zugänglich gemacht von PR Jürgen Aach, Krankenhaus-Seelsorger, Ffm-Höchst.
8 H. Stenger, Eignung, 1989.
9 Ch. Zimmermann-Wolf, Beistehen, 1991.

schiede im Erleben – etwa in der Hoffnung, die Angst vor einer schweren Operation durch den Empfang der Krankensalbung bewältigen zu können – der gemeinsamen Sache, z.B. der Optimierung einer Therapie und der Stärkung der Würde des Kranken, dienstbar zu machen sind. Den Amtsträgern kommt es zu, diese vielschichtige, bunte und oft ökumenisch getränkte Seelsorge in einem Haus anzuerkennen, anzuregen und zusammenzuführen in den Lebens- und Darstellungsformen einer Personalgemeinde, genauer zweier ökumenisch zusammenarbeitender Gemeinden.

Die Balintgruppe als Lernfeld therapeutischer und ökumenischer Kooperation

Als besonders kooperationsfördernd und ökumenisch gewinnträchtig habe ich interdisziplinäre oder nur von Seelsorgern besuchte gemischt-konfessionelle Balintgruppen erlebt, die erlauben, sehr intensiv am Erleben und Reflektieren der Patientenarbeit teilzunehmen oder teilzugeben. Immer wieder werden Glaubenserleben, einschließlich seiner neurotischen Fixierungen, und Seelsorgeinterventionen nach Maßgabe ihrer Bedeutsamkeit für das Verständnis der Fallgeschichte thematisiert – und zwar aus der konfessionell gebundenen Sicht dessen, der den Fall einbringt. Immer mehr katholische und evangelische Klinik-Seelsorger/innen übernehmen bewußt miteinander die im Krankenhaussystem vernachlässigte Aufgabe, Anwalt einer gemeinsamen Sprache und Grundhaltung aller Therapierenden zu sein. J. Mayer-Scheu focussiert sie im *Erleben* und in der Figur des *Begleitens*.[10]

Wächter sein an den Orten der Herrschaftsinszenierung

Rabbi Naftali trifft einen Wachmann, den er fragt: „Für wen gehst du?" Der gab Bescheid, fügte aber die Gegenfrage daran: ,Und für wen geht Ihr, Rabbi?' Das Wort traf den Zaddik wie ein Pfeil. ,Noch gehe ich für niemand', brachte er mühsam hervor ...“ Die Geschichte endet damit, daß der Wächter sich vom Rabbi anstellen läßt als Diener mit der einzigen Aufgabe, seinen Herrn „zu erinnern".[11]

Diese hintergründige Geschichte erinnert den Seelsorger daran, daß seine Seelsorge damit beginnt, daß er sich im Glauben unter Gottes Herrschaft stellt und seine Versuchung zur Machtausübung – mit Erschrecken – wahrnimmt. Seelsorge ist nicht „herrschaftsfreier Dialog" (J. Habermas),

---

10 J. Mayer-Scheu/R. Kautzky, Hg., Behandeln, 1980, 81f.
11 M. Buber, Erzählungen, 1949, 671.

nicht naive Solidarisierung der „Ohnmacher"[12] mit den Ohnmächtigen und aller Ohnmacht, sondern Wahrnehmung von Herrschaft in der Parteinahme für jede gute und gegen jede böse Herrschaft.

Meine These ist, daß die Krankenhaus-Seelsorge als Dienst mit der größten Selbständigkeit im und gegenüber dem Medizinsystem im Krankenhaus die besten Voraussetzungen hat, ein Wächteramt gegenüber Gefahren aus dem persönlichen und kollektiven Schatten der Herrschafts- und Machtansprüche zu übernehmen. Und das aus zwei Gründen: 1) macht die Bibel die Umkehrung und Umkehrbarkeit von Herrschaftsverhältnissen – so etwa Gen 32,29f und Mk 10,45 – zum Kriterium, daß Gottes gute Herrschaft symbolisiert wird und nicht geistfeindliche Mächte; 2) haben die Kirchen dadurch, daß sie ihre jahrhundertelang geistlich überlegitimierte Machtausübung im Gesundheits- und Heilbereich an die moderne Medizin abtreten mußten, den Gewinn dieses schmerzlichen Herrschaftsverzichts in der modernen Krankenhaus-Seelsorge nutzen gelernt, ihre Beschränkung auf wirkliche Seelsorge, auf spirituelle Heilkraft und ihren Beitrag zu einer Unternehmenskultur aus dem Geist des Evangeliums.

Meine zweite These ist nun, daß die unterschiedlichen Herrschaftsstilisierungen in katholischer und evangelischer Tradition – ich denke z.B. an die Sichtbarkeit bzw. Unsichtbarkeit geistlicher bzw. Geistherrschaft und ihrer Ausdrucksformen – einander ergänzen und notwendig sind, um Herrschaftsmythen wie die von der einsamen letztverantwortlichen Gewissensentscheidung des (Patriarchen) Arztes in Sachen Therapieplanung oder Sterbenlassen zu entzaubern oder daß die ideologisierte Dienstgemeinschaft, interpretiert nach dem Samaritermodell, in diakonischen Einrichtungen angeblich alle Herrschaftsprobleme wegzaubern könne. Weniges stört bis zerstört in einem vergleichbaren Ausmaß die Unternehmenskultur eines Krankenhauses mehr als ideologisierte, d.h. immer auch verdeckte Macht- und Herrschaftsausübung. Eine pastoralpsychologisch aufgeklärte, ihr prophetisches Wächteramt ernst nehmende ökumenische Seelsorge hat hier eine m.E. noch viel zu wenig mutig und bewußt wahrgenommene Chance der Parteinahme für die Benachteiligung gerade auch unter den Mitarbeiter/innen, eine gesellschaftsdiakonische Aufgabe allerersten Ranges, für die freilich im medizin- und ökonomiebeherrschten Krankenhaus vielerorts bislang die Akzeptanz fehlt und der Bedarf nicht offenkundig signalisiert wird.[13]

---

12 R. Gestrich, Krankenbett, 1987, 110ff.

13 Vgl. die Artt. „Modernes Management in der Diakonie – Chancen und Gefahren" von A. Jäger und „,Das Andere' der Institution" von H. Steinkamp in WzM, 44. Jg., Heft 4; und WzM, 40. Jg., Heft 7 „Verweigerung und Anpassung – der politische Kontext in der Seelsorge"; und WzM, 47. Jg., Heft 2 „Pastorale Macht – Foucaults Auseinandersetzung mit dem Christentum".

4. Orte systemischer Präsenz und Dienstleistung

Professionelle Krankenhaus-Seelsorge darf nie nur personalisieren, sie muß ebenso, selbst ein Subsystem im System Krankenhaus, mit Systemen arbeiten können.

Ökumenische Gottesdienste – Erfahrungsorte für Eins- und Fremdsein

Ich gehe davon aus, daß, wo katholische und evangelische Krankenhaus-Seelsorger im Krankenhaus zusammenarbeiten, es eine weitgefächerte Erfahrung mit ökumenischen Gottesdiensten gibt. Gerade hier kann die Ökumene vor Ort, die Lokalökumene, mit Fantasie die unterschiedlichsten Zielgruppen zusammenbringen: im Kindergottesdienst auf der Krankenstation etwa zum Martinstag, in Gottesdiensten für die im Zeitraum eines Jahres Verstorbenen z.B. einer Palliativstation, zur Einführung neuer Mitarbeiter/innen im vierteljährlichen Rhythmus u.v.m. Denn gerade im Gottesdienst vergewissert sich das Volk Gottes seines Weges, seines Woher und Wohin, und feiert, daß Gottes Geist mitten *unter* uns ist. So wird ein umfassenderes Einssein der sonst auf getrennten Wegen Gehenden erlebbar und als Gottes Verheißung an uns gestärkt. Der Gottesdienst symbolisiert, daß Kranksein und Heilwerden mehr sind als mittels modernster medizinischer Wissenschaft und Technik diagnostizier- und therapierbare Funktionsstörungen, sondern aller Machbarkeit entzogene Weisen, unser Menschsein zu erfahren, in seiner Brüchigkeit und in seinem Verdanktsein.

Vieles fügt sich leicht, anderes schwierig in gottesdienstliche Symbolisierung oder sperrt sich auch dagegen. Immer erlaubt die Spannung zwischen Vertrautem und Fremdem in einer ökumenischen Gestaltung eine Verlebendigung des Erlebens, eine Verdeutlichung der Gegenwart Gottes, dessen Befremdlichkeit im Unvertrauten und Fragwürdigen der fremdkonfessionellen Erfahrung uns ursprünglicher erreichen kann als im allzu vertrauten Eigenen. Vielleicht könnte ökumenische Zusammenarbeit im Krankenhaus in Zukunft unter Abkehrung von jeder Art theologischem Appeasement und der Versuchung vorschneller Vertröstung vor allem der wechselseitige Dienst am Offenhalten der Erfahrbarkeit des dunklen und fremden Gottes in der Sinnwüste des Leidens sein.

Die Überlegenheit einer systemischen gegenüber einer personalisierenden Lösung

Seelsorger erleben, wie die derzeitige Arbeitsmarktlage junge AssistenzärztInnen, AiP-ler (Arzt im Praktikum) speziell, unter den Druck bringt, Überstunden, mangelhafte Ausbildungshilfe, eng befristete Anstellungsverträge u.a.m. stillschweigend zu akzeptieren, um nur ja im Rennen zu bleiben. Zusammengenommen kann das zu Ausbeutung durch den ‚Subunternehmer' Chefarzt führen.

Wir Seelsorger/innen meines Krankenhauses haben lernen müssen, daß individualisierende Lösungen – also sich offen mit den Opfern zu solidarisieren und die vermuteten Täter zur Rede zu stellen – einerseits an der Existenzangst der Schwachen und andererseits an der systemgestützten übermäßigen Machtstellung der Chefärzte scheitern.

Systemisch intervenieren heißt nun in unserer Träger-GmbH, dem Geschäftsführer als Dienstvorgesetztem der Chefärzte unser Feedback zur Benachteiligung dieser Mitarbeitergruppe zur Verfügung zu stellen und seine Kompetenz und Verantwortung anzurufen, die stiftungsgemäße Einhaltung der ‚Grundsätze und Leitlinien' – der oberste kodifizierte Ausdruck der Unternehmensphilosophie – bei den vermuteten Konfliktparteien zu überprüfen (Controlling). Denkbar ist, daß dabei ein Systemfehler in den Blick kommt, der durch Organisationsentwicklung zu korrigieren ist. Der Stiftungszweck schreibt die besondere Sorge für die Schwachen und die Beteiligung aller Betroffenen an ihren Belangen fest. Die systemische Strategie vermeidet die Verteufelung der beim Chefarzt konzentrierten Macht, die wir bei der lebensrettenden Operation ja alle bejahen, wie auch die idealisierende Identifikation mit der Opferrolle der Assistenzärzte.

*Krankenpflegeschüler/innen helfen, ihre Ethik
aus ihrer (Alltags)Theologie zu entwickeln*

Viele der KollegInnen unterrichten an Krankenpflegeschulen und ähnlichen Einrichtungen ein Fach, das meist Berufsethik genannt wird. Dieser Unterricht ist zumeist prozeßorientiert und erlaubt z.B. gemeinsame Einheiten von evangelischer und katholischer Seite zum Thema Nottaufe in der Kinderkrankenpflegeschule o.ä. In Reaktion auf die berechtigte Kritik etwa der Medizinerseite, die eigene Ethik sich nicht mehr von Theologen vorsetzen zu lassen[14], fällt in den Schulen der AG der krankenpflegenden Ordensleute Deutschlands (AKOD) den Krankenhaus-Seelsorger/innen ein Fach ‚Christliche Anthropologie' (mit 40 Unterrichtsstunden) zu[15].

Dort bieten sich etwa am Anfang 2–3 Doppelstunden an im Kontext der Leitfrage (Was ist der Mensch?), in denen der Mensch als *Berührungswesen* in Bezug zur Krankenpflege als Berührungsberuf thematisiert wird. Am Berühren läßt sich das Be*hand*eln thematisieren, die männlich-weibliche Identifizierung in der Patientenbegegnung, das Berührtwerden im

14 So Th. v. Uexküll, Theorie, 1988, 23 u. 618.
15 G. Wodraschke u.a., Curriculum, 1988.

psychischen, sozialen und spirituellen Sinn. Biblisch läßt sich die Berührung des Heiligen als *Segen* (oder Fluch) identifizieren.

Fast immer sind diese Kurse konfessionell gemischt. Wenn es uns gelingt, in diesem Unterricht an erlebten Geschichten über die Grenzen der Konfession hinweg uns zu helfen, die jeweilige Seelsorgevision z.B. im Kontext einer Sterbebegleitung auf der biographischen Grundlage von konkreten Seelsorgeerfahrungen ein Stück weit zu klären und zu teilen, dann ist Ökumene nicht ein schöner Zusatz zum gelebten und geteilten Glauben, sondern dieser selbst in ökumenischer Gestalt.

5. Orte der Identitätsentwicklung und -pflege

Seelsorge braucht Orte der eigenen Identitätsentwicklung und -pflege. Selbstverständlich und unverzichtbar sind Arbeitsabsprachen und gemeinsame regelmäßige Teamsitzungen der offiziellen Seelsorger/innen, wenn Ökumene den krankenhausseelsorglichen Alltag bestimmen soll.

Ein lohnender Streit im KSA-Kurs – Befremdlichkeiten steigern

Eine junge Diakonin und eine ältere Ordensschwester, beide dabei, sich in die Krankenhaus-Seelsorge einzuarbeiten, geraten in eine heftige Auseinandersetzung, weil die Diakonin aus einer massiven Kränkung durch den einzigen Priesterteilnehmer des Kurses heraus sich das Recht nimmt, diesen mit einer im Alltag zur Beleidigung tauglichen Vokabel anzugreifen. Die Ordensschwester zeigt sich empört, für ihr katholisches Empfinden ist ein Tabu und kirchliches Recht verletzt. Sie bricht die Diskussion ab und erwartet eine Sanktion seitens der Kursleitung. Die evangelische Kollegin ist stinksauer, daß eine in ihren Augen emotional angemessene und fällige Reaktion auf ein Kollegenverhalten moralisiert und tabuisiert wird.

Es gelingt, in einem mehrstufigen Bearbeitungsprozeß das wechselseitig befremdende und in seiner Wucht die Gruppe erschreckende Erleben zu verstehen als zwei konfessionell geprägte Weisen, sein persönliches ‚Allerheiligstes‘ zu schützen: katholischerseits die Unantastbarkeit von Berufung, die Priester- und Ordensdasein letztlich legitimiert, evangelischerseits die Unantastbarkeit einer authentischen Beziehungsgestaltung als Seelsorge-Ort, als Wahrnehmung der allgemeinpriesterlichen Aufgabe, die Christen aneinander haben. Beide hatten das spirituelle Tabu des anderen verletzt, d.h. aber auch aufgespürt und bewußt gemacht.

Der Pflege bedürftig: Datenschutz und freier Zugang zum Patienten

Ein Bereich, in dem Krankenhaus-Seelsorger/innen häufig für sich und für ihre Sache – die ökumenische Seelsorge – zu wenig sorgen, ist die Sicherung des freien Zugangs zu den Patienten. Katholiken beargwöhnen beim Datenschutz gern die Beschneidung kirchlicher Hoheitsrechte, Evangelische sehen darin eher einen Schutz der Freiheit eines Christenmenschen. Um so störungsanfälliger ist Seelsorge im Krankenhaus, wenn Verwaltungsleiter und Datenschutzbeauftragte die Freiheit des Patientenzugangs einschränken wollen. Der Jesusauftrag, die Kranken zu „besuchen" (Mt 25,36) und zu „heilen" (Lk 10,9), ist unbegrenzt. Gleichzeitig lebt die Krankenhaus-Seelsorge im modernen Krankenhaus – in der pluralistischen Gesellschaft – davon, daß sie ihren Dienst als jederzeit ohne Nachteile vom Betreffenden ausschlagbares freies Angebot tut. Nur unter dieser Voraussetzung akzeptiert und schützt der weltanschaulich neutrale Staat das staatskirchenrechtlich abgesicherte Institut der Krankenhaus-Seelsorge. Die „Religionsgesellschaften" haben nach Art. 140 GG einen unmittelbar verfassungsrechtlichen Anspruch auf Zulassung zur und Ausübung der Seelsorge in grundsätzlich jedem Krankenhaus, auch wenn es von einem privaten Träger betrieben wird. Maßgeblich ist dessen öffentlichrechtliche Widmung. Ebenso verfassungsrechtlich geschützt ist das Recht des Patienten, „religiös unbehelligt" zu bleiben. Diese negative Religionsfreiheit zu schützen, ist die eine Seite, die wir Seelsorger/innen uns sehr wohl angelegen lassen sein sollten. Die andere, ebenso staatskirchenrechtlich geschützte Seite ist, daß die Kirchen ihre Seelsorge selbst bestimmen, ohne daß der Staat hereinreden darf. Und da gibt es unsererseits oft mangelnde Sorgfalt: Wir klären und definieren nicht oder nicht zureichend, wie im Detail denn sinnvollerweise, etwa bei der Aufnahme, nach der Konfessionszugehörigkeit oder der (Un)Erwünschtheit des Seelsorgebesuchs gefragt wird. Die Art dieser Nachfrage ist selbst schon ein Stück Seelsorge – also in unserer Verantwortung.

Kirche ‚für andere' im selbst-‚vergessenen' ökumenischen Miteinander nach außen

Aus der Erfahrung der letzten 25 Jahre ist deutlich geworden, daß die Akzeptanz der Seelsorge im Krankenhaus gerade dort in hohem Maße gewachsen ist, wo diese sich nicht auf die immer schon vertrauten Seelsorgemethoden beschränkt hat, sondern die Seelsorger/innen auch *beraterisch* und – da ist genaue Abstimmung notwendig – *therapeutisch* gearbeitet haben. Viele KollegInnen haben durch jahrelange Erfahrung, auch z.B. als Analysanden, durch pastoralpsychologische wie -soziologische, psychotherapeutische und gruppentherapeutische Fort- oder

Zusatzausbildungen eine beachtliche, oft professionelle Beratungs- und therapeutische Kompetenz erworben, die nicht einfach additiv zur Seelsorge hinzugekommen ist, sondern diese verändert und erweitert hat. Ich denke, Stollbergs Definition der Seelsorge als „Psychotherapie im kirchlichen Kontext"[16] ist insofern überholt, als eine spirituelle Zentrierung der Seelsorge in Theologie und Praxis mehrheitlich wieder gesucht und eingefordert wird. Gleichwohl hat Stollberg auf den Punkt gebracht, daß Seelsorge *in sich* eine therapeutische Dimension hat und in Therapie sich keineswegs einfach selbst verliert. Ökumenisch relevant scheint mir nun, daß die beraterischen, therapeutischen, supervisorischen Kompetenzen in einem gemischtkonfessionellen Seelsorgeteam bewußt abgestimmt werden im Interesse gemeinsam getragener Seelsorge und Aktivitäten in ein Krankenhaus hinein, die von diesen Kompetenzen mitbestimmt sind. Das kann Krisenintervention sein bei Suizidpatienten, denen mit einer Nur-Entgiftung unzureichend geholfen wird, ein Gesprächskreis für ‚verwaiste Eltern', aber auch eine Bibliodramagruppe, in der spirituelle und Arbeit an der Persönlichkeitsentwicklung die Gruppe zur Zusammenarbeit motivieren.

6. Schluß

Jenseits der unbeliebigen Aussage, daß Krankenhaus-Seelsorge „in ökumenischer Verantwortung" und nur so nicht verantwortungslos geschieht, befreit Ökumene zur *Leidenschaftlichkeit* des Seelsorgens, d.h. sich mit Leidenschaft den Hilfsbedürftigen zuwenden und „mit ganzem Herzen, mit ganzer Seele und mit ganzer Kraft" (Dtn 6,5) in der Leidenswelt Krankenhaus Gottes Spuren suchen.

Ökumenischer Mut und ökumenische Angst – diese vor allem als immer schrillerer Nebenton in den vatikanischen lehramtlichen Stellungnahmen – haben sich zugespitzt in den letzten Jahren. Unterschwellig machen sich in der Wiederholung des im Rahmen des status quo jeweils Möglichen Lähmung und Resignation breit. Ich verstehe M. Weinreichs Plädoyer für einen neuen ökumenischen Realismus[17] so, daß wir ein *neues Paradigma* brauchen, seit konvergenz- und konsenstheologische Wege und die austarierten Schritte der Kirchenleitungen uns offenbar nicht weiterbringen. Es scheint vor allem wichtig, die Unterschiede – gerade in ihrer *Befremdlichkeit* – wahrzunehmen, gelten zu lassen und eine neue Deutung des Ganzen zu suchen. Diese darf weder die Unterschiede harmonisieren noch die

---

16 D. Stollberg, Wahrnehmen, 1978, 29.
17 M. Weinreich, Ökumene, 1995.

Brüche in der eigenen Identität entweder auf Gottes Unverläßlichkeit und Unverstehbarkeit abschieben oder auf die Treulosigkeiten der jeweils anderen (Kirchen).

Vielleicht haben wir mehr voneinander, wenn wir uns – auch – übereinander ärgern, weil z.B. katholische Häuser tendenziell gern ihre Seelsorger/innen aus dem Pflegesatz bezahlen, evangelische aus der Kirchensteuer, was ja ver-rückt ist.

Die Erfahrung der Befremdlichkeit des einen und selben Gottes in den gespaltenen christlichen Kirchen und im ersterwählten Israel wird uns wachhalten, das Wohnrecht aller (noch) „Heimatlosen" (Dtn 26,5) einzuklagen, die eine Erde für alle Geschöpfe Gottes bewohnbar zu machen und unsere konfessionellen Wohngebiete so zu teilen, daß wir auf *dieselben* Verheißungen Gottes in einer gemeinsamen Zukunft hin leben. Das Leiden der Kirche(n) an ihren Spaltungen ist ein von allen Christen/Kirchen zu verantwortendes, in therapeutischer Sorge zu übernehmendes Leiden. In einer Zeit der „Gotteskrise" (J. B. Metz) haben wir nicht einen immer neu angepaßten, den modernitätsverträglichsten Gott anzubieten, sondern für *den befremdlichen, den unpassenden Gott des Leidens und der Leidenden* einzustehen, für die Anstößigkeit des Kreuzes Jesu.[18]

18 Vgl. dazu J. B. Metz, Der unpassende Gott, FAZ 31. 08. 95, Nr. 202, 27.

ILSE HABBEN

Ehrenamtliche Mitarbeiterinnen in der Krankenhausseelsorge

So selbstverständlich ehrenamtliche Arbeit in Kirche und Gesellschaft seit Hunderten von Jahren verankert und die „Grundlage einer Gesellschaft mit einem humanen, solidarischen Anspruch" ist[1], so wenig selbstverständlich ist den meisten Menschen *ehrenamtliche Krankenhausseelsorge.* Noch heute müssen wir vielerorts in der Diskussion mit katholischen Krankenhausseelsorgern klarstellen, daß unsere ehrenamtlichen Mitarbeiter/innen nicht Helferinnen des Pfarramtes sind, wie zumeist in den katholischen Pfarramtsgemeinden, sondern selbstverantwortliche Laienseelsorger/innen. Diese Klarstellung muß auch in unseren evangelischen Gemeinden stattfinden. „Eigentlich", so sagte ein Patient, „ist doch nur der Pastor Seelsorger" (und natürlich ist der Pastor ein Mann) – und ein Superintendent: „Na ja, in schwierigen Fällen muß natürlich der (!) Hauptamtliche 'ran." Nur langsam vollzieht sich ein Bewußtseinswandel, vorangetrieben durch die lauter werdenden Stimmen von Frauen, maßgeblich „gestützt" durch die finanzielle Not der Kirchen, die hauptamtliche Stellen nicht mehr zahlen können – gefördert nicht zuletzt durch den Einsatz der ehrenamtlichen Seelsorger/innen selber, die durch ihre Arbeit überzeugen. Dabei gibt es gerade für den kirchlichen Einsatz von Ehrenamtlichen, die selbstverantwortlich arbeiten, eine stichhaltige theologische Begründung.

1. Das „Priestertum aller Gläubigen"

Das kirchliche Ehrenamt bekommt durch das Wort Martin Luthers vom „Priestertum aller Gläubigen" eine besondere Bedeutung. Im Kleinen Katechismus sagt Luther in der Erklärung zum 3. Artikel, daß der Heilige Geist „die ganze Christenheit auf Erden beruft, sammelt, erleuchtet, heiligt ..." durch die Taufe, durch die alle Christen „wahrhaft geistlichen Stands" sind. „So werden wir allesamt durch die Taufe zu Priestern ge-

---

1 Th. Rauschenbach, Nutzen, 223.

weiht" steht an anderer Stelle (WA 6,407). Alle ChristInnen haben füreinander das Priesteramt im Zuspruch der Vergebung, im Beistandleisten und
in der Ermahnung – dabei werden manche mit bestimmten Ämtern betraut, z. B. mit dem Predigtamt, andere nicht, aber es gilt, daß der geistliche Stand (!) jedem, jeder ChristIn eignet. Ein hierarchisches Gefälle ist in
dieser theologischen Aussage nicht enthalten, der Amtsträger ist nicht
wichtiger als der Ehrenamtliche. In der Praxis sieht es jedoch anders aus,
wenn man den Erfahrungen der Ehrenamtlichen nachgeht.

2. Wer geht in die ehrenamtliche Krankenhausseelsorge und warum?

Es sind vor allem Frauen, die sich in der Krankenhausseelsorge engagieren – meiner Einschätzung nach 95 %. Es gibt sicher viele Gründe für den
hohen Anteil von Frauen in dieser Arbeit. Dorothea Krüger schreibt, daß
Frauen als „weibliches Arbeitsvermögen ... Geduld, Empathie, Toleranz
und Verständnis im Umgang mit anderen Menschen" zugeschrieben
wird.[2] Ein anderer Grund dafür, daß gerade Frauen in die Krankenhausseelsorge gehen, mag sein, daß Frauen vielleicht einen selbstverständliche-
ren Zugang zum Leiden haben und das Leid nicht so scheuen; sie sind mit
Schmerzen, Krankheit und Tod vertrauter, schon durch die Pflege von
Angehörigen, und empfinden das Leiden eher als zum Leben gehörig.

Es melden sich Frauen etwa zwischen 30 und 65 Jahren – am stärksten
ist wohl die Gruppe zwischen 40 und 60 Jahren vertreten. Die Gründe,
ehrenamtliche Mitarbeiterin in der Krankenhausseelsorge zu werden,
sind sehr verschieden, aber zwei Dinge werden fast immer genannt: Der
Wunsch nach einer sinnvollen Aufgabe und eine leidensvolle Erfahrung im
eigenen Leben. Dabei konnte ich in den 15 Jahren der Begleitung von Ehrenamtlichen in der Krankenhausseelsorge einen Motivationswandel beobachten, der unter dem Motto: „Erst war ich selbstlos, jetzt geh' ich selber los"[3] stehen könnte. Die Ehrenamtlichen achten stärker als früher
darauf, daß sie auch selber etwas mitnehmen können aus ihrer Arbeit; sie
wählen deutlicher aus, in welche Arbeit sie ihre Zeit und Kraft stecken
möchten und suchen bewußt eine sinnvolle, ihre Identität stärkende und
fördernde Arbeit im Ehrenamt. Aus soziologischen Erhebungen geht hervor, daß ehrenamtliche Tätigkeit als persönlich bereichernd erlebt wird,
daß sie eine willkommene Verantwortung bietet und dazu hilft, freier und
selbstsicherer zu werden.[4] Da ist vor allem das Vertrauen der PatientIn-

---

2 D. Krüger, Ehrenamt, 57.
3 D. Krüger, Wandel, 89.
4 A. Hieber, Engagement, 148f.

nen, das die Ehrenamtlichen immer wieder überrascht und das sie als sehr bewegend erleben. Die Worte „Seelsorge" und „Kirche" seien, so sagten einige, ein „Sesam-öffne-dich" für eine Nähe, die sie nur als beglükkendes Geschenk erleben könnten. Über diesem Erleben werden die unfreundlichen Empfänge von PatientInnen, die schlechte Vorerfahrungen mit Kirche haben, unwichtig. Der Dank am Ende eines gelungenen Gesprächs bedeutet eine Anerkennung, die die Ehrenamtlichen sonst in ihrem Leben so häufig nicht erfahren.

Eine weitere beglückende Erfahrung ist die Anerkennung von der Station, sofern Ehrenamtliche eine ganze Station seelsorgerlich betreuen. Kleine Aufmerksamkeiten zu Festtagen, Einladungen zum Weihnachtsessen, aber auch die Erfahrung, daß die Visite ein Zimmer weiterzieht, wenn sie die Seelsorgerin am Bett sitzen sieht – Erfahrungen, die guttun. Darüber gerät dann manchmal aus dem Blick, daß manche Ehrenamtliche oft ein Jahr und länger um diese Anerkennung gekämpft bzw. darum gekämpft hat, eine Art Heimatrecht auf ihrer Station zugesprochen zu bekommen, was keinesfalls immer gelingt. Distanzierte oder auch unfreundliche Stationsleitungen werden mit mehr oder weniger Selbstbewußtsein ertragen.

3. Ehrenamtliche Krankenhausseelsorge: eine Gruppe unter anderen ehrenamtlichen Gruppen im Krankenhaus

Die ehrenamtlichen Krankenhausseelsorger/innen haben sich mit anderen Gruppen ehrenamtlicher Mitarbeiter/innen im Krankenhaus zu arrangieren. Da ist einmal die Evangelische Krankenhaushilfe (EKH), bekannter unter dem Namen „Grüne Damen". Die EKH ist in den meisten Krankenhäusern ganztägig anzutreffen mit Angeboten praktischer Hilfe zur Entlastung von PatientInnen und Schwestern. Oft entwickeln sich aus diesen Angeboten Gespräche mit seelsorgerlichem Charakter. Dann gibt es die Krankenhausbesuchsdienste aus den evangelischen und die Helferinnen aus den katholischen Gemeinden, die während der Krankheitszeit den Kontakt zu den Gemeinden aufrechterhalten wollen. Daneben kann man auch seit einiger Zeit die Mitarbeiter/innen der Hospizbewegung antreffen, die im Krankenhaus Sterbende und ihre Angehörigen begleiten und Sitzwachen übernehmen. Eine weitere ehrenamtliche Aufgabe übernehmen die Mitarbeiter/innen des Büchereidienstes, die auf den Stationen Bücher verleihen und Beratung anbieten. Zwischen der evangelischen Krankenhausseelsorge, den Helferinnen des katholischen Pfarramtes und der EKH können immer einmal wieder Konkurrenzprobleme auftreten. Um diese weitgehend zu minimieren, hat es sich als hilfreich erwiesen, Möglichkeiten des Kennenlernens und des Erfahrungsaustausches zu schaffen, für genügende gegenseitige Information zu sorgen und die Kompetenzbereiche bzw. den zeitlichen Einsatz klar voneinander zu trennen.

4. Der „Evang. Seelsorgedienst im Krankenhaus" (ESDK)

In einigen Landeskirchen der EKD gibt es ein Modell ehrenamtlicher Krankenhausseelsorge, das Ausbildung, kirchliche Beauftragung der Ehrenamtlichen und ihre weitere Fortbildung anbietet. In der Hannoverschen Landeskirche heißt dieses Unternehmen „Evang. Seelsorgedienst im Krankenhaus". Es ist ein durchstrukturiertes Modell ehrenamtlicher Ausbildung und ehrenamtlichen Einsatzes im Krankenhaus.

Vor der Werbung um Ehrenamtliche für den Aufbau einer ESDK-Gruppe muß geklärt werden, ob in dem betreffenden Krankenhaus Ehrenamtliche willkommen sind. Daran schließt sich die Werbephase an (z.B. durch ein Seminar auf Kirchenkreisebene mit vier Abenden unter dem Thema: Wir machen einen Besuch im Krankenhaus, im Altenheim usw. Am Ende wird geschaut, wer auf die Seelsorgearbeit im Krankenhaus hin angesprochen werden kann). Initiator/in ist der/die Krankenhausseelsorger/in. Sind genügend InteressentInnen vorhanden, werden sie eingeladen zu einem Informationsabend, an dem mit vorwiegend emotionalen Erlebnisinhalten gearbeitet wird (z.B. an einem Gesprächsprotokoll). An diesem Abend soll bereits deutlich werden, was „begleitende Seelsorge" bedeutet und wie sie zu tun hat mit dem eigenen Erleben als Krankenhausseelsorger/in. Danach werden die InteressentInnen zu Auswahlgesprächen eingeladen und schließlich folgt die Ausbildung der Gruppe vor Ort.

Die Ausbildung umfaßt vier Bereiche:

a. Gesprächsführung mit eigenen Gesprächsprotokollen ab der zweiten Hälfte der Ausbildung,

b. Einführung in das Umfeld Krankenhaus,

c. Reflexion eigener Glaubenseinstellungen in Auseinandersetzung mit der Tradition (Bibel, Gesangbuch) und

d. Umgang mit Texten und Gebeten.

In der Ausbildungszeit trifft sich die Gruppe etwa 14tägig, dazu an einigen Wochenenden. Nach der Ausbildungszeit, die sich meist über 1½ Jahre hinzieht, werden die Ehrenamtlichen in einem Gottesdienst im Krankenhaus feierlich eingeführt mit einem Seelsorgeauftrag für *eine* Station des Krankenhauses. Sie verpflichten sich, einmal in der Woche für 2–3 Stunden auf „ihrer" Station Seelsorgedienst zu tun und das unter Schweigepflicht auch über den Zeitraum ihres Einsatzes hinaus; und sie verpflichten sich, an der die Beauftragung begleitenden Fortbildung teilzunehmen.

Die Ausbildung und Begleitung der Ehrenamtlichen übernehmen die Mentor/innen (DiakonInnen und Pastor/innen), die ihrerseits eine Zusatzausbildung (z. B. Klinische Seelsorgeausbildung) nachweisen müssen. Sie müssen in der Lage sein, Gruppen zu leiten, in denen vorwiegend emotionale Inhalte in Verbindung mit Selbsterfahrung eine Rolle spielen. Die Mentor/innen kommen ca. sechsmal im Jahr zusammen, um unter der Leitung der Beauftragten mit dem ESDK an eigenem Material (z. B. an dem Protokoll einer schwierigen Gruppensitzung) zu arbeiten. Jedes Jahr findet eine Jahrestagung für alle Regionen der Hannoverschen Landeskirche statt.

Die kontinuierliche und geschlossene Gruppenarbeit ermöglicht Mentor/innen und Ehrenamtlichen intensive Erfahrungen miteinander. Die Offenheit und die gegenseitige kritische Begleitung der eigenen Seelsorgearbeit in akzeptierender Atmosphäre ist für viele Ehrenamtliche eine neue und tiefe Erfahrung mit Kirche. Der/die Mentor/in stellt sein/ihr theologisches Wissen und supervisorische Fähigkeiten in der Gruppenleitung zur Verfügung und bringt selber Anfragen an die eigene Seelsorgearbeit mit ein. Es ist ein Modell von Gruppenarbeit, das, wenn es gut läuft, den Vorstellungen vom „Priestertum aller Gläubigen" recht nahe kommt. Wie weit dies gelingt, hängt nicht zuletzt davon ab, wie „sichtbar" sich die Mentor/innen zu machen wagen.

5. Ehrenamtliche Krankenhausseelsorge im Unterschied zur hauptamtlichen

Die Ehrenamtliche bringt Zeit mit, so daß sie auch einmal länger bei einem Patienten am Bett sitzenbleiben kann. Das löst bei vielen PatientInnen das Gefühl aus, einen persönlichen Besuch zu bekommen. Ein Hauptamtlicher kann das kaum leisten. Außerdem kommt die Ehrenamtliche – wenn sie im Rahmen des ESDK arbeitet – an einem bestimmten Tag in der Woche und das Monat für Monat, wie es mit der Station abgesprochen ist. Die Station kann an diesem Tag mit dem Besuch der Seelsorgerin rechnen. Das schafft eine verläßliche, oft persönliche Beziehung zum Pflegepersonal. Manch eine Schwester wünscht sich, so viel Zeit für ihre PatientInnen zu haben – manch eine hauptamtliche Seelsorgerin ebenfalls.

Achtung und Autorität wachsen den Ehrenamtlichen nicht schon qua Amt. In manchen Krankenhäusern wird rein äußerlich der Unterschied zum Hauptamtlichen durch das Namensschildchen mit der Amtsbezeichnung Pastor/in hervorgehoben, ebenso im Begrüßungsschreiben des Seelsorgeteams. Da ist der Dienst der ehrenamtlichen Seelsorgerinnen weniger offensichtlich und auch nicht im ganzen Haus bekannt. In den meisten Fällen hat die Ehrenamtliche – und das besonders auch als Frau – die Beweislast zu tragen, daß sie eine ernstzunehmende Seelsorgerin und Gesprächspartnerin, auch für die Ärzte, ist. Im allgemeinen wird sie erst einmal als Helferin des Krankenhausseelsorgers angesehen, bis sie ihre Kompetenz unter Beweis gestellt hat.

Im Unterschied zum hauptamtlichen Seelsorger arbeitet die Ehrenamtliche freiwillig, unentgeltlich, nur ihrem Bedürfnis folgend, zu helfen und einer sinnvollen Aufgabe nachzugehen. Das bringt Achtung auch bei den PatientInnen. Nicht selten werden Ehrenamtliche gefragt, warum sie Besuche machen und sich so vielem Leid aussetzen, und nicht selten sind die PatientInnen beeindruckt und dankbar für den Besuch, der wirklich ihnen gilt und aus dem Herzen kommt und keinem Muß folgt. In dieser Hinsicht hat es der Hauptamtliche schwerer.

Was hauptamtliche Seelsorger/innen oft glauben, sich nicht leisten zu können, das dürfen Ehrenamtliche: Fragen an Glaube und Kirche zu stellen. Sie stehen darin den PatientInnen näher als die Hauptamtlichen, die sich ihrer Rolle mehr verpflichtet fühlen. Auch mit Familien- und anderen persönlichen Problemen kann die ehrenamtliche Seelsorgerin leichter solidarisch umgehen als die hauptamtliche, weil sie nicht so leicht in der Gefahr steht, in die Beraterrolle gehen zu wollen oder zu „müssen". Für die PatientInnen ist die Hemmschwelle der ehrenamtlichen Seelsorgerin gegenüber niedriger. Sie identifizieren sie nicht sogleich mit Kirche und deren Normen. Andererseits bleiben auch Ehrenamtliche nicht verschont von den Aggressionen, die manche aufgrund ihrer Bilder und Vorerfahrungen mit Kirche aufgebaut haben.

Ehrenamtliche verspüren selten die Verpflichtung, einer Rolle gerecht werden zu müssen. Eine Ehrenamtliche drückte es einmal so aus: „Ich stehe nicht unter dem Druck, in bestimmter Weise das Evangelium nahebringen zu müssen. Ich bin auch nicht so festgelegt auf Bibel und Bekenntnis. Ich kann am Krankenbett über eigene Zweifel reden, wenn es sich so ergibt, und muß damit nicht hinter dem Berge halten. Ich werde auch nicht als Stellvertreterin Gottes angesehen und vielleicht gefürchtet – einmal, weil ich eine Frau bin, zum anderen, weil ich eben kein Pastor bin."

Andererseits muß sich die Ehrenamtliche ihren Status im Krankenhaus erarbeiten, um nicht als Helferin abgetan zu werden. Und: Die hauptamtlichen Seelsorger/innen müssen nicht lange Erklärungen abgeben über das, was sie im Krankenhaus zu suchen haben – das aber kann der Ehrenamtlichen sehr wohl passieren.

6. Zusammenarbeit zwischen Haupt- und Ehrenamtlichen

Die Ehrenamtlichen haben den berechtigten Wunsch, durch die Hauptamtlichen wahrgenommen, gestützt und bestärkt zu werden. Für die Ehrenamtlichen, die im Rahmen des ESDK arbeiten oder die als einzelne vom Krankenhausseelsorger zu bestimmten PatientInnen geschickt werden, dürfte dies kaum ein Problem sein. Vom Gemeindepastor und/oder vom Superintendenten fühlen sich die Ehrenamtlichen in der Seelsorgearbeit nicht immer gut verstanden. Eine Ehrenamtliche: „Ich erzähle meinem Gemeindepastor von meiner Arbeit – gefragt werde ich nicht." Eine andere: „Die Gemeindepastorin interessiert sich nicht für meine Krankenhaustätigkeit und nimmt mich auch nicht in Anspruch für kranke Gemeindeglieder, obwohl sie weiß, wie gut ich alle Gemeindeglieder kenne." Andererseits gibt es unter den Ehrenamtlichen, die sich im Krankenhaus engagieren, auch viele Frauen, die dem Gemeindeleben distanziert gegenüberstehen und von sich aus keine Beziehung zum Gemeindepastor suchen.

Ein weiterer schwieriger Punkt ist die Konkurrenz. Manche hauptamtlichen Krankenhausseelsorger/innen haben bei der knappen Stellensituation Angst, durch Ehrenamtliche ersetzt zu werden und wehren Anfragen nach dem Einsatz Ehrenamtlicher in ihrem Krankenhaus ab. Andere brauchen keine ehrenamtliche Mitarbeit, weil sie ihre Stationen allein abdecken können (?). Nun hat eine Zusammenarbeit immer auch etwas damit zu tun, Macht teilen zu müssen. Es bedeutet, Vertrauen in die verantwortungsvolle Arbeit der Ehrenamtlichen aufzubringen bzw. genügend Selbstvertrauen zu haben, durch Ehrenamtliche möglicherweise aufkommende kritische Situationen meistern zu können. Dieses Selbstvertrauen hat nicht jede/jeder Hauptamtliche, und so tragen sie oder er ihren persönlichen Grenzen Rechnung, wenn sie eine Zusammenarbeit mit Ehrenamtlichen nicht möchten.

Ganz besonders schwierig wird eine Zusammenarbeit dort, wo zwei verschiedene Seelsorgekonzepte aufeinander treffen. Ein Beispiel: Ein Krankenhausseelsorger bekam eine Stelle in einem Krankenhaus in der Nachfolge eines Mentors, der dort mit seiner ESDK-Gruppe gearbeitet hatte. Der Mentor ging, die Gruppe machte weiter „begleitende Seelsorge" und traf auf die „verkündigende Seelsorge" des Nachfolgers. Schon bald war eine Zusammenarbeit nicht mehr möglich. Arbeitsziele und -methoden paßten nicht zueinander, so daß Machtkämpfe aufkamen, die, wie immer, zugunsten des Hauptamtlichen entschieden wurden, da Ehrenamtliche kein Gremium haben, das ihre Belange auch rechtlich wahrnehmen könnte. Die Ehrenamtlichen konnten in diesem Fall z.T. die Belastung nicht ertragen und beendeten ihre Arbeit.

Nicht ganz unproblematisch ist es für die Zusammenarbeit auch, wenn ein Patient beim Eintritt der Ehrenamtlichen sagt: „Ach, der Pastor war auch gerade da." Umgekehrt kann dies auch passieren, vielleicht gerade an einem Tag, an dem der Pastor oder die Pastorin sich die Zeit zu diesem Besuch förmlich abgezwackt hat.

Manche Ehrenamtliche hat sich aufgrund ihrer langen Tätigkeit auf Station ein Gespür und eine Kompetenz erworben, die eben nur die Erfahrung mit sich bringt sowie die Arbeit an sich selber. Die Kompetenz der Ehrenamtlichen ist jedem Hauptamtlichen hoch willkommen, wenn dadurch eine unauffällige und reibungslose Seelsorgearbeit gewährleistet ist. Ein Superintendent war tief beeindruckt, als er, eingeladen in eine Krankenhausseelsorgegruppe, die Selbständigkeit und die Kompetenz dieser Frauen kennenlernte, aber dann reagierte er höchst unwirsch, als die gleichen Frauen in der Auseinandersetzung mit der hauptamtlichen Krankenhausseelsorgerin ihre Kompetenz auch in ihrer Argumentation zeigten. Das schien nicht nur unerwartet unbequem, sondern auch ungehörig zu sein. Ein anderer Superintendent, der selber als Patient von einer Ehrenamtlichen besucht worden war, brachte in seiner nächsten Predigt zum Ausdruck, daß er durch eine ehrenamtliche Krankenhausseelsorgerin wieder neu erfahren habe, was Seelsorge für einen Menschen bedeuten könne. Das war eine Anerkennung, die die Ehrenamtliche tief gefreut hat.

Manchmal ist eine gute Zusammenarbeit auch durch die leichte Kränkungsbereitschaft beider Seiten gefährdet. Ein Gespräch darüber ist nicht immer möglich. Es stellt sich immer wieder heraus, daß eine gute Zusammenarbeit von der Bezogenheit aufeinander lebt. Eine ehrenamtliche Seelsorgerin hatte zu einer Patientin eine lange und gute Beziehung. Die Patientin wünschte sich das Abendmahl, und die Ehrenamtliche gab diesen Wunsch weiter an die Gemeindepastorin. Diese kam dem Wunsch nach, fühlte sich aber wohl so voll in ihrer Rolle angefragt, daß sie gar nicht auf die Idee kam, die Ehrenamtliche zur Abendmahlsfeier einzuladen, obwohl sie von deren monatelanger Beziehung zu dieser Patientin wußte. In solchen Fällen wird die ehrenamtliche Arbeit eben doch nur als Zuarbeit verstanden – das Eigentliche ist die Amtshandlung. Viele Ehrenamtliche schlucken dann ihre Verletzung und wagen (noch) nicht, im Sinn einer besseren Zusammenarbeit in die Auseinandersetzung zu gehen.

Die Möglichkeit, einander wahrzunehmen, Interesse füreinander zu zeigen, Informationen auszutauschen, muß auch strukturell gesichert werden. In Abständen sollten immer einmal wieder Gemeindepastor/innen in bestehende Krankenhausseelsorgegruppen eingeladen werden und umgekehrt: Es sollten die ehrenamtlichen Krankenhausseelsorger/innen eingeladen werden in Pfarrkonferenzen, zu Kirchenvorstandssitzungen und in Gremien auf Kirchenkreisebene. Dazu gehört auch, daß Informationen über die ehrenamtliche Krankenhausseelsorge zum jeweiligen zuständigen Referenten im Landeskirchenamt gelangen.

7. Schwierigkeiten und Möglichkeiten durch den Einsatz von Ehrenamtlichen und ihre Wünsche und Forderungen

Sofern die ehrenamtlichen Krankenhausseelsorgerinnen die Möglichkeit einer Ausbildung in Gesprächsführung erhalten und ihre Introspektionsfähigkeit gefördert wird, entdecken sie ihre eigenen Wünsche und Gefühle, auch ihr Ärgerpotential, nehmen sie sich selber ernster und wagen auch im Konfliktfall eine Auseinandersetzung. Das aber macht sie unbequem. Die stille Anpassung in früheren Zeiten, die natürlich auch jetzt noch zu beobachten ist, machte die Ehrenamtlichen „pflegeleichter". Aber die Wünsche und Forderungen sind nicht mehr zu überhören, z.B. nach Anrechnung der ehrenamtlichen Arbeit beim Erwerb von Rentenansprüchen, die Forderung, an Entscheidungen, die sie mitbetrifft, auch mitbeteiligt zu sein und der Wunsch, für ihre Aufgaben ausgebildet zu werden.

Nicht immer gelingt es den ehrenamtlichen Krankenhausseelsorgerinnen, ihrer Familie deutlich zu machen, wie wichtig ihnen ihre Aufgabe und wie eindeutig diese Aufgabe mit einer Verpflichtung verbunden ist. Sätze wie: „Die Familie geht vor" – oder: „Du bist ja nur ehrenamtlich tätig, da kann dich niemand verpflichten" – machen manch einer zu schaffen und halten sie nicht selten z.B. von Ausbildungs- oder Fortbildungsveranstaltungen ab – zumal, wenn diese am Wochenende liegen.

Die Möglichkeiten, die sich durch den Einsatz von einfühlsamen Männern und Frauen in der Krankenhausseelsorge auftun, sind vielfältig. Hier nenne ich nur zwei Dinge. Zum einen wird Kirche mehr von ihrer „weiblichen" Seite her erlebt, als tröstende und begleitende und nicht als fordernde, als einfühlende und nicht als verurteilende Instanz. Kirche wird erlebt als eine, die sich dem Leiden öffnet und den leidenden Menschen besucht – und als eine, die dies freiwillig tut ohne Rollenzwang, einfach aus dem menschlichen Bedürfnis zu helfen heraus.

Zum anderen sind die ehrenamtlichen Mitarbeiterinnen ein Geschenk für den Hauptamtlichen. In der Regel sind hauptamtliche Krankenhausseelsorger/innen Einzelkämpfer in einem fremden Raum (Krankenhaus). Häufig fehlen Ansprechpartner. In den ehrenamtlichen Seelsorgegruppen können Hauptamtliche – wenn sie es denn in Anspruch nehmen mögen – eine akzeptierende und wohlmeinende kritische Begleitung ihrer eigenen Seelsorgearbeit erfahren – und Freundschaft dazu.

Seelsorge
an Seelsorgern und Seelsorgerinnen

1. Seelsorger und Seelsorgerinnen brauchen Seelsorge

Keine Frage: Natürlich brauchen Seelsorger und Seelsorgerinnen auch
Seelsorge! Seelsorge hat ihren speziellen Ort in der Kirche und richtet sich
an alle Glieder der Gemeinde und darüber hinaus an alle Menschen. Seelsorger und Seelsorgerinnen sind Gemeindeglieder.

In der Seelsorge geht es um das Leben der Gemeinde. Seelsorge ist nicht
Verkündigung, aber ohne Verkündigung gäbe es keine Seelsorge. Sie ist
nicht Diakonie, aber ohne Fürsorge und Beratung wäre sie auch nicht.
Auch der Gottesdienst, der Zuspruch der Vergebung und die Amtshandlungen der Kirche berühren den Bereich der Seelsorge und werden von ihr
berührt. Seelsorge ist nicht nur die Sorge um den Einzelnen, sondern sieht
immer auch die Gesellschaft, in der der Einzelne steht.

Die Gemeinde des alten und neuen Bundes

In den Schriften der Bibel wird viel von Seelsorge an Seelsorgern erzählt.
Es macht Spaß, die hebräische Bibel einmal unter diesem Gesichtspunkt
zu lesen. Das fängt nicht erst bei Moses und den Propheten an. Immer
wieder ist nachzulesen, wie sehr Seelsorger Seelsorge brauchen und auch,
wie sie Seelsorge mißbrauchen, wenn sie den Menschen nach dem Munde
reden.

Auch die Gespräche der Rabbinen sind häufig Seelsorge an Seelsorgern.
Das Gesetz wird lebendig durch die, die es auslegen und befolgen. Es bekommt Beziehung zur Gegenwart und Realität. Und das kann nicht der
einsame Theologe, sondern nur der Seelsorger, der mit anderen spricht,
der Seelsorge gibt und empfängt.

Wahrscheinlich sind uns die Gespräche Jesu mit den Jüngern näher: Die
Gespräche über Herrschen und Dienen, über Vergebung (70 mal 7 mal!),
die Gleichnisse, die Abschiedsreden, die Szene mit Maria und Johannes
am Kreuz, die Begegnung des Auferstandenen mit Maria Magdalena und
das Gespräch mit den Zweien auf dem Wege nach Emmaus. Aber auch
die Streitgespräche Jesu mit den Schriftgelehrten und den Pharisäern ha-

ben einen ausgesprochen seelsorgerlichen Charakter. Jesus gibt sie nicht auf. Er kämpft nicht gegen sie, er ringt um sie. Wir neigen dazu, den Aspekt des Konflikts in der Seelsorge zu vernachlässigen und bleiben anderen dabei viel schuldig.

In den Briefen des Neuen Testaments bekommt Seelsorge ihre Ausrichtung auf die Gemeinde. Hier begegnet uns die „Gemeinde der Schwachen", die in KSA-Kursen oft mit der Lerngruppe verglichen wird. Hier geschieht Seelsorge an denen, die die jungen Gemeinden leiten.

Die Kirche

Seelsorge an Seelsorgern zieht sich durch die Kirchengeschichte. So ist z. B. Augustins Kampf gegen den Suizid ein Kampf gegen die damals verbreitete Sucht nach Märtyrertum. Ganz praktisch und sachlich wendet sich Thomas von Aquin an Seelsorger, die zuviel von sich verlangen, und führt sie auf den Boden der Realität zurück. Als Mittel gegen die Schwermut schlägt er vor: Schlafen, Baden, gut Essen und Trinken, Weinen und guten Freunden sein Leid klagen, nicht Sexualität als Trost mißbrauchen und schließlich das Leiden Christi bedenken. Ein langer Weg vor dem frommen Schluß![1]

In den Klöstern geschah und geschieht viel Seelsorge an Seelsorgern. Am Beispiel Luthers sehen wir, wie die Seelsorge des älteren Staupitz den jungen Mann Luther durch schwere Krisen hindurchführt. Nicht umsonst hat Luther zeit seines Lebens in der ritualisierten Form der Beichte bei Bugenhagen, aber auch in der offenen Form des Gesprächs mit seinen Freunden, – weniger öffentlich sicher auch bei Frau Käthe –, Seelsorge gesucht. Wenn er in den Schmalkaldischen Artikeln unter der Überschrift „Vom Evangelium" die Verkündigung, die Taufe, das Sakrament des Altars, die Kraft der Schlüssel (Beichte) und Seelsorge *„per mutuum colloquium et consolationem fratrum"* nebeneinander stellt (Schmalk. Art. III), so beschreibt er seine eigene Erfahrung und den Wert, den Seelsorge für ihn hat. Er betont immer wieder, daß wir uns nicht selbst Vergebung zusprechen können, sondern auf das *„äußerliche* Wort", das heißt auf Seelsorge von anderen angewiesen sind.

Mit der Entstehung der Seelsorgebewegung hat sich die Frage nach Seelsorge für Seelsorger und Seelsorgerinnen neu entfaltet. In den Kursen erlebten sie Seelsorge und begannen nach Seelsorge zu fragen.

In der röm. katholischen Kirche hat sich die Tradition des gemeinsamen Lebens und der Seelsorge an Seelsorgern weithin erhalten. Gewiß haben sich alte Ordnungen verfestigt, aber sie sind auch durch neue, offene Seelsorgebeziehungen abgelöst worden. In den letzten Jahren hat eine stärkere

---

1 Thomas von Aquin, de Acedia II, que 35f.

Betonung der Spiritualität eingesetzt. Geistliche Begleitung nimmt eine besondere Stellung ein. Sicher hat dabei auch die Seelsorgebewegung und die gesellschaftliche Entwicklung eine Rolle gespielt. Der Konflikt zwischen der besonderen Rolle der Priester und der wachsenden Zahl von „Laien"-Theologinnen und Theologen, die hauptsächlich im Seelsorgebereich tätig sind, ist eine Herausforderung für die röm. katholische Kirche. Seelsorge an Seelsorgern bekommt so ein neues Gesicht.

Seelsorge an Seelsorgern und Seelsorgerinnen gehört grundsätzlich zum Leben der Gemeinde. Aber wie sieht die Praxis aus?

Von der Abwehr der Seelsorge

Gerade die, die anderen Helfer sein wollen, können selbst oft nur sehr schwer Hilfe annehmen.[2] Sie, die ihre eigene Tätigkeit als durchaus normal ansehen, meinen oft, selbst keine Seelsorge zu brauchen. Ein merkwürdiger Widerspruch!

Einer meiner Freunde hat die Motive, die hinter einem solchen Verhalten stehen, in „edle und wahre Gründe" aufgeteilt. Es fällt uns leicht, die „edlen" Gründe zu benennen. Manche werden vielleicht sagen, daß sie einfach helfen möchten, und daß sie Gottes Barmherzigkeit denen nahe bringen wollen, die es schwer haben, sie in ihrem Alltag zu finden. Andere werden davon sprechen, daß sie selbst viel Gutes empfangen haben und nun auch anderen etwas geben möchten. Das alles trifft sicher auch zu.

Aber es gibt auch die „wahren Gründe". Mit ihnen tun wir uns schwerer. Sie sind uns unangenehm und peinlich und kränken uns. Dietrich Stollberg hat in einem Aufsatz davon gesprochen, daß Helfen und Herrschen dicht beieinander liegen[3]. Zur Machtausübung haben Seelsorger/innen häufig ein gestörtes Verhältnis. Sie wollen ihre Macht nicht wahrhaben und mißbrauchen sie gerade dadurch. Sie leben in der Illusion, daß in der Seelsorge Gebende und Empfangende gleich sein müßten und sehen nicht, daß jede helfende Beziehung ein Gefälle hat, eine asymmetrische Beziehung ist. Das heißt nicht, daß in solch einer Beziehung Solidarität zu kurz käme, eher im Gegenteil. Aber in einer Seelsorgebeziehung steht der andere im Mittelpunkt. Er hat den Raum, nicht der Seelsorger oder die Seelsorgerin. Für den Seelsorger und die Seelsorgerin geht es um Verzicht. Eigene Konflikte müssen an anderen Orten bearbeitet werden, sonst wird der Auftrag mißbraucht.

W. Schmidbauer weist auf die narzißtische Komponente in der Helferrolle hin[4]. Das Bedürfnis danach, eigenen Ohnmachtsgefühlen zu entrin-

2 Schmidbauer, 1977
3 Stollberg, 1979
4 Schmidbauer 1977

nen und der durch Größenphantasien angetriebene Wunsch, die Welt
zum Guten zu verändern, treiben zum Handeln und Behandeln. Gleichzeitig liegt hier der Grund dafür, daß Helfer selbst so schwer Hilfe annehmen können. Sie würden dann mit dem Ohnmachtsgefühl konfrontiert,
dem sie gerade zu entrinnen suchen. Wie wenig Seelsorger und Seelsorgerinnen diesen Mechanismus in ihr Bewußtsein gelangen lassen, zeigt sich
daran, daß sie den Druck, dem sie durch ihre Grandiositätsphantasien
ausgesetzt sind, nur allzu häufig auf Kolleg/innen, Vorgesetzte, Kirchen-
vorstände und Kirchenleitungen projizieren. Die narzißtische Komponente mögen wir nicht sehen. Sie besagt, daß nicht nur edle Gründe unser
Helferverhalten bestimmen, sondern daß wir mit unserer seelsorgerlichen
Hilfe in Wirklichkeit (auch) unserer menschlichen Hilfsbedürftigkeit entgehen wollen. Das ist uns peinlich und kränkt uns.

Klaus Winkler beschreibt diesen Vorgang in einem anderen Zusammenhang[5]: Als Gegentyp zu dem Menschen, der die narzißtische Grund-
angst durch Engagement in der Helferrolle zu kompensieren versucht,
sieht er den, der sich auf die eigene Spiritualität konzentriert und durch
Meditation und geistliche Übungen der eigenen Hilflosigkeit zu entrinnen
versucht. Beide Formen des narzißtischen Konflikts gehören zusammen,
jede ist die ins Unbewußte verdrängte, mit aller Kraft abgewehrte Gegenseite der anderen. Im jeweiligen Akzeptieren auch des eigenen Narzißmus
und der eigenen Gegenseite sieht Winkler einen Weg, zu einer erwachsenen Form des Umgangs mit Macht und Ohnmacht – auch in der helfenden Beziehung – zu kommen. Er bezieht sich dabei auf Kohut[6], der fest-
stellt, daß Humor und Weisheit nötig sind, um den eigenen Narzißmus zu
integrieren und damit zum Nutzen der Menschen und zum eigenen Guten umzugehen. Dabei zu helfen ist sicher eine wichtige Aufgabe der Seelsorge.

Zu den Grundsätzen der Psychohygiene gehört der Satz, daß es anderen
bei mir nicht besser gehen kann, als es mir bei mir selber gut geht. Dieser
Satz gilt auch für die Seelsorge. Das „Liebe Deinen Nächsten wie dich
selbst" (Lk 10,27) beschreibt diesen Tatbestand. Es ist deshalb auch für Seelsorger und Seelsorgerinnen ein Ruf, für sich selbst Seelsorge zu suchen.

2. Seelsorge und Supervision

In KSA-Kursen wird Supervision oft als seelsorgerliche Hilfe erlebt. Seelsorge und Supervision sind aber nicht das gleiche. In der Supervision geht
es um die Person in seiner oder ihrer *Arbeit*. Seelsorge umfaßt das ganze

5 Winkler, 1990
6 Kohut, 1990[7]

Leben. Beides hängt zusammen, aber eins kann das andere nicht ersetzen. Seelsorge berührt immer wieder Themen der Supervision und Supervision Themen der Seelsorge. Man könnte Supervision als eine Form von Seelsorge verstehen, die sich speziell einem Aspekt des Lebens zuwendet, aber wird man ihr damit gerecht?

Supervision findet einem Kontrakt gemäß in einem fest umrissenen Setting zu festgelegten Zeiten nach festgelegten Ordnungen statt. In geschützter Umgebung können dabei unter der gemeinsamen Schweigeverpflichtung bedrückende Erlebnisse bearbeitet und neue Wege in der Arbeit gefunden werden. Ein Seelsorgekontrakt unterscheidet sich von einem Supervisionskontrakt in Themen, Zielsetzung und Arbeitsweise. Seelsorge geschieht, man kann sie nicht verordnen. Eine seelsorgerliche Begegnung ist immer ein Geschenk. Das merkt man gerade dann, wenn sie sich in einer Supervisionssitzung ereignet. Es läßt sich keine starre Grenze zwischen Seelsorge und Supervision ziehen. Aber es tut beiden nicht gut, wenn sie vermischt oder gleichgesetzt werden.

Seelsorge im Krankenhaus ist mit ganz spezifischen Schwierigkeiten verbunden. Seelsorger und Seelsorgerinnen führen im Krankenhaus eine Randexistenz, sie „sitzen zwischen allen Stühlen", und sie sind dabei häufig allein. Solche Fragen gehören zunächst in die Supervision. Sie berühren aber auch das Leben und Glauben der Krankenhaus-Seelsorgerinnen und Seelsorger. Sie spielen auch in der Seelsorge eine Rolle.

Ein Beispiel: Seelsorge als Pausenfüller

Seelsorge im Krankenhaus mag noch so gut sein, Patienten und Mitarbeiter eines Krankenhauses mögen sie noch so hoch einschätzen – Seelsorger und Seelsorgerinnen führen im Krankenhaus eine Randexistenz. Niemand geht ins Krankenhaus wegen der Krankenhausseelsorge. Nur wenn der medizinische Betrieb eine Pause läßt, ist Seelsorge gefragt. Sobald eine Ärztin oder ein Pfleger ins Zimmer kommt, ist die Seelsorgerin (fast immer) abgemeldet. Sie muß „einen Augenblick das Zimmer verlassen", mag das Gespräch eben auch noch so ernst und wichtig gewesen sein. Seelsorgerinnen und Seelsorger erleben das als Mißachtung ihrer Arbeit und müssen doch zähneknirschend zustimmen: Der Patient ist ja ins Krankenhaus gekommen, um sich medizinisch behandeln zu lassen. Die ständige Kränkung macht ihnen zu schaffen und zehrt ganz beachtlich an ihrem Selbstbewußtsein.

Die Supervision wird sich auf den Umgang mit Ärzten, Pflegenden und Verwaltung, das Auftreten und die Haltung von Seelsorgerin oder Seelsorger und auf die Struktur der Arbeit richten. Änderungen werden geplant und Unveränderbares wird markiert.

Aber das Gefühl der Mißachtung und die Frustration der Seelsorger kann auch Thema der Seelsorge sein. Da kann es darum gehen, daß der Sinn der Arbeit, der persönliche Glaube und der eigene Lebenssinn Gesprächsinhalt werden. Die Verbindung zur eigenen Lebensgeschichte wird dabei vielleicht so übermächtig, daß alles auf dem Spiel steht. Hier geht es um etwas anderes als in der Supervision. Seelsorge in solchen Fällen ist schwer.

3. Themen der Seelsorge

Hier können nur einige wenige Themen benannt werden, die speziell von Seelsorgerinnen und Seelsorgern im Krankenhaus angesprochen werden. Wie fast immer in der Seelsorge werden diese Themen zunächst verdeckt angereicht. Die Bereitschaft, sich auf ein Seelsorgegespräch einzulassen, ist oft davon abhängig, daß eine Fluchtmöglichkeit gegeben ist.

Selbstüberforderung

Seelsorgerinnen und Seelsorger sind für Patienten und Mitarbeiter des Krankenhauses die Vertreter der Kirche. Sie sind es auch im Verständnis der Kollegen und vor allem in ihrem eigenen Selbstverständnis. Sie spüren, daß Patienten und Mitarbeiter des Krankenhauses ihnen mit großen Erwartungen begegnen und wollen in ihrer Person alles das verkörpern, was sich die Menschen von der Kirche erhoffen. Im Mißlingen eines Seelsorgekontaktes sehen sie die ganze Kirche disqualifiziert. Sie können sich und ihre Aufgabe oft nicht mehr in größeren Zusammenhängen sehen. So werden sie einsam und brennen aus.

Michael Klessmann[7] setzt sich mit der Forderung nach stabiler „pastoraler Identität" auseinander, die gerade von der Seelsorgebewegung erhoben wird. Er konstatiert, daß im Zuge der Pluralisierung der Gesellschaft vom einzelnen viele Rollen übernommen werden müssen. Einlinigkeit ist nicht gefragt. Gleichzeitig werden der Pfarrer oder die Pfarrerin mit ihrer Person, mit ihrem Leben zum Kriterium dafür, ob man sich mit „Kirche" einlassen kann oder nicht. Die Gestalt der Gemeinde mit ihrer Vielfalt verschwindet aus dem Blickfeld. Wie aber sollen Seelsorgerinnen und Seelsorger diesem Anspruch gerecht werden?

Es ist verständlich, daß eine solche Haltung einerseits dem natürlichen Narzißmus schmeichelt. Zugleich wird aber die maßlose Überforderung sichtbar, die hinter diesen Forderungen steht. Sie zerreißt Seelsorgerinnen und Seelsorger innerlich und ist dem Wesen des Evangeliums fremd.

---

7 Klessmann, 1994

Klessmann erinnert daran, daß jede Identität zwangsläufig unabgeschlossen und fragmentarisch ist. Er greift den seelsorgerlichen Ansatz von Henning Luther auf, das Leben als Fragment zu verstehen[8]. Die Entlastung, die von der Bejahung des Fragmentarischen unserer Identität und unseres Lebens ausgeht, ist lebenslang ein wichtiges Thema für Seelsorger.

Vereinsamung

In manchen Krankenhäusern arbeiten mehrere Seelsorgerinnen und Seelsorger. Sie bilden ein „Seelsorgeteam". Die meisten Krankenhausseelsorgerinnen und Seelsorger sind aber allein. Sie sind vielleicht in den Konvent für Krankenhausseelsorge eingebunden, vielleicht werden sie zur örtlichen Pfarrkonferenz eingeladen. Aber ihre Fragen und Probleme kommen dort kaum vor. Die Kollegen und Kolleginnen aus der Gemeinde betrachten sie häufig als etwas „Besonderes", sie haben nach der gängigen Diktion – wenn sie Pfarrerinnen oder Pfarrer sind – ein „Sonderpfarramt". Für die Gemeindeglieder sind sie auch nicht einfach Gemeindeglieder, sie bleiben Pfarrerinnen und Pfarrer.

Aber wie ist es mit ihrem Leben? Wo bleiben sie mit Enttäuschungen und Erfolgserlebnissen, mit Schuldgefühlen und Ohnmacht und Wut, mit Trauer und Glaubenszweifeln? Mit wem können sie darüber sprechen? Zu denen, die die gleiche Arbeit tun, besteht oft eine gewisse Rivalität. So werden Chancen nicht wahrgenommen, und die Einsamkeit wächst. Ein Seelsorgegespräch kommt oft gar nicht erst in den Blick. Wenn es aber gesucht wird und das Leiden an der Einsamkeit zum Thema wird, erfordert es viel Aufmerksamkeit.

Struktur gegen Chaos

Seelsorge im Krankenhaus geschieht in einer strukturierten Umgebung. Alle Arbeit des Pflegepersonals und der Ärzte ist genau eingeteilt. Nur die Seelsorge fällt aus dem Raster. Seelsorger arbeiten ohne Einbindung in Dienstzeiten und Schichten. Für sie gibt es wenig feste Termine. Sie müssen sich selbst eine Struktur schaffen, in die sie ihre Arbeit einpassen. Das ist schwierig, weil keine Bezugsgrößen vorgegeben sind. Seelsorger und Seelsorgerinnen können kommen und gehen, wann sie wollen, viele Besuche machen oder wenige, in kirchlichen oder anderen Gremien mitarbeiten oder nicht, sie können „kursorische Besuche" machen oder tiefe Einzelgespräche führen, niemand kann sie kontrollieren. Strukturlosigkeit birgt Gefahren.

8 H. Luther, 1991

Wenn auch das private Umfeld keine feste Struktur bietet, verlegen Seelsorgerinnen und Seelsorger manchmal ihren Lebensschwerpunkt so sehr ins Krankenhaus, daß sie bis spät in den Abend bleiben.

Gewiß hat das supervisorische Aspekte; denn die Strukturlosigkeit wirkt sich in der Arbeit aus. Doch der seelsorgerliche Aspekt ist nicht zu verkennen. Was bedeutet es für einen Menschen, wenn ihn niemand zu Hause erwartet? Was sagt es aus über das Leben eines Seelsorgers, wenn er in seine Arbeit flieht? Und was steckt dahinter, wenn jemand sich in Konferenzen und bei Vorträgen die notwendige Anerkennung holt? Gespräche über solche Fragen gehen schnell sehr tief. Seelsorgerinnen und Seelsorger werden dabei mit ihren Defiziten konfrontiert. Das kann sehr unangenehm, schmerzlich sein. Wo Seelsorgerinnen und Seelsorgern eine „grüne Wiese" fehlt, ein Ausgleich für die Arbeit, leidet ihr Leben und ihre Seelsorge. Nur auf dem Weg der Trauer über den Mangel im eigenen Leben können neue Möglichkeiten entdeckt werden und sich neue Lebensmöglichkeiten erschließen.

Seelsorger und Seelsorgerinnen und ihre Familien

In der Gemeinde erlebt die Familie von Seelsorgerinnen und Seelsorgern die Arbeit hautnah mit. Sie ist in diese Arbeit meist mehr einbezogen, als es ihr lieb ist. Anders bei der Arbeit im Krankenhaus. Seelsorgerinnen und Seelsorger gehen aus dem Haus und kommen wieder. Von dem, was sie tun, ist in der häuslichen Umgebung kaum etwas zu sehen. Vielleicht werden Anrufe aus dem Krankenhaus entgegengenommen und Mitarbeiter aus dem Krankenhaus einmal eingeladen, das ist schon alles.

Dennoch wird die Familie zu Hause von dem betroffen, was im Krankenhaus geschieht. Krankenhausseelsorgerinnen und -seelsorger bringen – ob sie wollen oder nicht – die Lasten der Arbeit mit nach Hause. Gerade wenn sie die Verschwiegenheitspflicht beachten, wird die Familie spüren, wie sie aufgelegt sind. Zieht sie sich gleich zurück? Kann er heute sein Abendessen wieder nicht herunterbekommen? Starrt sie immer nur die Wand an? Kann ich heute mit ihm über meinen Ärger sprechen? Die Arbeit im Krankenhaus, bei der ja die Person selbst das Instrument der Seelsorge ist, beeinflußt auch die Atmosphäre zu Hause.

Umgekehrt beeinflußt die nichtanwesende Familie auch die Arbeit im Krankenhaus. Falsche Vorstellungen von der Arbeit, mangelnder Austausch von Partnern über das, was jeweils den anderen bedrückt, Zeitmangel, Vorwürfe und Schuldgefühle wirken nicht gerade positiv auf eine Ehe. Bei Seelsorgegesprächen ist das Familienleben der Patienten und Patientinnen ein immer wiederkehrendes Thema. Seelsorgerinnen und Seelsorger können sich nicht aus solchen Gesprächen heraushalten, die sie an die eigene Ehekrise erinnern. Das führt in der Seelsorge leicht zu Fehleinschätzungen, aber auch zu schmerzlichen Belastungen in sowieso schon belasteter Situation. Da Seelsorgerinnen und Seelsorger oft erst sehr spät bereit sind, über eigene Eheprobleme zu sprechen, ist die Situation in der Seelsorge meist nicht mehr zu bearbeiten. Es ist schon ein Gewinn, wenn es gelingt, eine Paar- oder Familienberatung anzustoßen.

Die Schuldgefühle von Seelsorgerinnen und Seelsorgern sind hierbei das ärgste Hindernis. Obwohl sie gelernt haben, theologisch mit Schuld und Vergebung umzugehen, haben sie Schwierigkeiten, zwischen realer Schuld und Schuldgefühlen zu unterscheiden[9]. Sie, die doch die Vergebung der Sünden bezeugen, meinen, daß sie keine Schuldgefühle haben dürften. Durch den Versuch, Schuldgefühle im Gespräch mit sich selbst gewissermaßen wegzudiskutieren, werden sie nur noch mächtiger. Das Wissen, daß zwischen Schuld und Schuldgefühlen ein gewaltiger Unterschied besteht, wird verdrängt. Luthers Aussage, daß Vergebung nur von anderen zugesprochen werden kann und Seelsorge von außen nötig ist, wird vergessen.

Seelsorge und Beratung

Seelsorge und Beratung grenzen aneinander wie Seelsorge und Supervision. Es ist nicht immer möglich, nur auf einer Seite dieses miteinander verbundenen Paares zu bleiben. Es ist auch nicht immer wünschenswert. Entscheidend ist aber, daß Seelsorge die eigenen Grenzen nicht überschreitet und mehr geben will, als sie hat. Wer Beratung beginnt, muß sie auch qualifiziert durchführen können. Es ist auch eine wichtige und gute Form von Seelsorge an Seelsorgerinnen und Seelsorgern, sie dorthin weiter zu leiten, wo sie fachlich qualifizierte Hilfe bekommen. Darüber hinaus wiegt das Beispiel derer, die die eigenen Grenzen anerkennen, mehr als viele Worte.

4. Wo finden Seelsorgerinnen und Seelsorger selbst Seelsorge?

Herr, wohin sollen wir gehen?

Luther sah die *gegenseitige Tröstung* als den eigentlichen Ort der Seelsorge für Seelsorgerinnen und Seelsorgern. Er selbst hatte das so erlebt. Der Kreis der Menschen, den er um sich versammelte, war oft auch ein Ort der Seelsorge. Die Tischreden, sicher verkürzt durch die schriftliche Überlieferung, geben Zeugnis davon, wie in einer offenen, fröhlichen Runde ernsthafte Seelsorge geschehen kann.

9 Buber, 1958

Diese offene Atmosphäre, fern von dem Gedanken an Vollkommen-
heit, spielt auch bei Luthers Vorstellungen von *Visitation* eine Rolle. Der
Besuch sollte etwas Befreiendes haben und nicht wie eine Prüfung über
die Besuchten hereinbrechen. Gegenseitige Stärkung ist das Thema. Im
Zentrum der Visitationsordnungen steht die Gemeinde, in der Menschen
einander als gerechtfertigte Sünder begegnen. Leider hat sich dieser lutherische Gedanke nicht durchgehalten. Bei allen Versuchen, neue Visitationsordnungen zu schaffen, bleibt die Skepsis, daß Beurteilung und Zen-
suren den gegenseitigen Besuch belasten werden.

Die Bedeutung der Seelsorge wird von der Kirche durch *verordnete
Seelsorge* unterstrichen und zugleich behindert. Offiziell ist in der röm.
katholischen Kirche die Trennung zwischen Vorgesetztem und Seelsorger
stets selbstverständlich gewesen. Aber Bischöfe wollten und sollten wohl
auch Seelsorger ihrer Priester sein. So gibt es in beiden großen Kirchen
häufig eine unklare Zuordnung. Wenn etwa Bischöfe, Pröpste, Superintendenten und andere Amtsträger Seelsorger der ihnen zugeordneten
Seelsorgerinnen und Seelsorgern sein sollen und zugleich Vorgesetzte
mit Entscheidungsvollmacht sind, werden sie kaum als Seelsorger in Anspruch genommen. Es werden wohl Ausnahmen sein, in denen eine solche Konstruktion funktioniert. Die Gefahr solch einer Konstruktion besteht darin, daß Vorgesetzte darin weder zu ihrer Macht stehen (können),
sie sind ja auch Seelsorgerinnen und Seelsorger, noch wirklich Seelsorgerinnen und Seelsorger sein können, sie sind ja auch Vorgesetzte.

Seelsorge durch die Gruppe

Seelsorge geschieht schon in der Urgemeinde nicht nur im vertrauten
Zweiergespräch, sondern durch die Gemeinschaft der Jünger und Jünge-
rinnen. Hier erleben Männer und Frauen, daß sie zum Volk Gottes gehören. Sie empfangen Seelsorge nicht als eine überirdische Gabe, sondern
sehr real inmitten der Auseinandersetzungen einer werdenden Gemeinde.
Der Streit in der Gemeinde zu Korinth wird nicht verschwiegen, die Auseinandersetzungen der Apostel nicht unter den Tisch gekehrt. Doch die
„Gemeinde der Schwachen", die selbst Hilfe brauchen, ist gerade in diesen
Auseinandersetzungen stark.

Das gilt bis heute. Wer einmal in einer solchen Gruppe – mag sie auch
unter einem bestimmten Thema zusammengekommen sein – Seelsorge
erlebt hat, weiß, wie sehr Gruppen einerseits Geborgenheit bieten, andererseits aber auch konfrontieren können. Die Verschiedenheit der Grup-
penmitglieder und die Solidarität untereinander ergänzen sich zu sehr
effektiver und sinnvoller Hilfe. Allerdings soll nicht verschwiegen werden,
daß Gruppen auch immer wieder die Gefahr der Abkapselung und Einengung in sich tragen.

Seelsorger und Seelsorgerinnen neben uns

Seelsorge geschieht auch da, wo sie nicht erwartet wird. Im Krankenhaus kann es geschehen, daß im Gespräch mit Patienten und Patientinnen eine „Erzählgemeinschaft" entsteht. Da berichtet ein Mensch aus seinem Leben. Indem die Seelsorgerin oder der Seelsorger zuhört, wird dieses Leben neu bewertet. Es steht im Lichte Gottes, und es steht in der Gemeinschaft derer, die zur Gemeinde Gottes gehören. Im Erzählen gesellt sich die Seelsorgerin oder der Seelsorger zu seinem Gesprächspartner, berichtet von eigenen Erfahrungen, Fragen und Hoffnungen, und beide gehen beschenkt aus diesem Gespräch. Solch eine Situation kann man nicht „machen". Aber auch so geschieht immer wieder Seelsorge.

Es kann, aber es muß nicht immer ein installierter Seelsorger oder eine ausgewiesene Seelsorgerin sein. Zur Seelsorge ist Vertrauen wichtig, ist Gemeinschaft erforderlich, aber nicht unbedingt ein kirchlicher Anstellungsvertrag. Wie viele von uns haben die beste Seelsorge in ihrem Leben von Männern und Frauen bekommen, die „nur" Gemeindeglieder waren. Danach zu schauen, ist wichtig. Da sind zwei oder drei in Jesu Namen zusammen, und da ist er mitten unter ihnen. Konkreter kann Gemeinde nicht werden.

In der alten Kirche waren es die Presbyter, die Ältesten, die Seelsorge ausübten. Ihre Erfahrung und ihr Wissen, verbunden mit der Freiheit des Alters, dem nicht mehr Eingebundensein in kirchliche und andere Hierarchien, wurde geschätzt. Es waren Menschen, die das Leben und die Kirche kannten. Darum erwartete man Verständnis von ihnen. Heute werden die „Ruheständler" oft etwas mitleidig angesehen. Dabei ist ihre Bereitschaft, sich mit den Fragen und Sorgen „der Jungen" zu befassen, groß. Sie können Seelsorger für Seelsorgerinnen und Seelsorger sein.

Seelsorge im Alltag

Viel Seelsorge geschieht im vertrauten Miteinander der Familie. Sie geschieht im Verborgenen und gehört zum gemeinsamen Geheimnis von Familien und von (Ehe)-Partnern. Die Familie von Seelsorgerinnen und Seelsorgern darf jedoch nicht ständig zur Entlastung von dienstlichem Druck mißbraucht werden. Das gemeinsame Leben der Familie würde sonst so sehr belastet, daß sie nicht mehr ein Ort der Entspannung sein kann, sondern daran zerbricht.

Andere Angebote von Seelsorge unterschätzen wir oft. Thomas von Aquins Mittel gegen die Schwermut, die am Anfang erwähnt wurden, sind eine sehr praktische seelsorgerliche Hilfe. Welche Weisheit liegt in solch einer praktischen Seelsorge! Sie wird auch heute praktiziert, sie geschieht in Familien, unter Freunden, aber auch in professionellen Seelsorgegesprächen. Viele meinen, dann nicht genug getan zu haben, wenn sie ihren Partner oder ihre Partnerin in einem Seelsorgegespräch auf so nüchterne und realistische Weise begleiten. Der Volksmund spricht davon, daß „Essen und Trinken Leib und Seele zusammenhält". Er verweist auf die ganz praktische Entspannung, die zum Leben und zum Arbeiten dazu gehört.

Manch einer kann Seelsorger für Seelsorgerinnen und Seelsorger sein, der nicht mehr lebt. Für mich ist das z.B. Henning Luther mit seinem Aufsatz „Leben als Fragment". Wir können sicher viele Bücher nennen, aus denen wir Mut, Anregung oder Trost geschöpft haben. Es muß aber auch ein Buch genannt werden, das nur wir selber schreiben können: das persönliche Tagebuch. Es kann seelsorgerliche Hilfe sein, Distanz zwischen die eigenen Gedanken und Erlebnisse und sich selbst zu legen.

Seelsorge und geistliches Leben

Geistliches Leben – heute heißt es „Spiritualität" – ist für Seelsorgerinnen und Seelsorger etwas sehr persönliches, intimes. Es darf nicht zu „geistlicher Gymnastik" werden, sondern ist ein völlig normales Geschehen im Alltag der Christen. Geistliches Leben – das ist das alltägliche Leben mit Glauben und Zweifel, mit Fülle und Leere. Es umfaßt die je eigene Art, zu beten und in der Schrift zu lesen, die Sehnsucht nach der Nähe Gottes und den Überdruß an frommen Worten. Es wird als Folie sichtbar im Umgang mit anderen und auch in der Arbeit von Seelsorgerinnen und Seelsorgern. „Menschen belasten dich? Trag' sie nicht auf deinen Schultern, schließ sie in dein Herz"[10].

Es geht bei Spiritualität nicht um ein Mehr an geistlichen Übungen, sondern um das ganz normales Leben mit den „alten" Lebenshilfen der Gemeinde: Lied, Gebet, Bibellesung, Gottesdienst, „Wort und Sakrament" und mit neuen Formen, die dem Glauben und Leben heute angemessen sind. Gegen die „Macht der Gewohnheit" steht die Gemeinschaft mit anderen, die Verkrustungen aufbricht und Glauben lebendig werden läßt.

„Spiritualität" ist keine Garantie für Glauben. Geistliche Klimmzüge können ihn nicht herbeiführen. Aber so, wie die gemeinsamen Feste, das gemeinsame Essen und die Rituale im Alltag einer Familie den innerern Zusammenhalt bezeugen, auch wenn sie anscheinend nur Wiederholungen sind, tun es die Rituale des Glaubens in der Kirche.

10 H.Camara, zitiert nach B.Dorst, 1989

Noch einmal: Wo finden Seelsorgerinnen und Seelsorger Seelsorge?

Die Antwort auf diese Frage ist ebenso einfach wie schwierig. Seelsorge-rinnen und Seelsorger finden Seelsorge da, wo sie leben. Es sind mehr Menschen in ihrer Nähe, die ihnen Seelsorger sein können und wollen, als sie wissen. Der erste Schritt aber muß von ihnen selbst gemacht wer-den. Sie finden Seelsorge da, wo sie danach fragen und bereit sind, sie an-zunehmen.

REINHOLD GESTRICH

Aus- und Fortbildung
für Krankenhausseelsorge

1. Aus- und Fortbildung – Überblick über die Aufgabe

Parallel zur wachsenden Etablierung und Spezialisierung der Krankenhausseelsorge nahmen auch die Angebote zur Aus- und Fortbildung der Krankenhausseelsorger/innen zu. Folgende Ziele stehen im Vordergrund:

a) Training für die seelsorgerliche Praxis am Krankenbett
Förderung der
- Beziehungskompetenz (Fähigkeit, Kontakt aufzunehmen und eine Beziehung aufzubauen; Kommunikations- und Konfliktfähigkeit; Wahrnehmung und Einfühlung; Fähigkeit, Nähe zu schenken und sich zurückzuhalten; Fähigkeit, Leid mitzutragen und jemandem beizustehen);
- Kompetenz in der Gesprächsführung (Hören, Verstehen, Partnerschaft im Dialog, Nicht-Direktivität, ‚reflexion of feelings‘, Regeln der helfenden Gesprächsführung wie z.B. Enthaltung vom ‚Helfen‘ und Ratgeben usw.).

b) Qualifizierung in konzeptioneller Hinsicht
Unterstützung der
- pastoralpsychologischen Kompetenz (Kenntnis von Krankheitserleben und religiöser Leidensbewältigung; Wissen um die Ganzheitlichkeit im Erleben von Körper und Seele; Verständnis für das unbewußte Religiöse in der seelsorgerlichen Begegnung);
- pastoraltheologischen Kompetenz (Verhältnis von Verkündigung und Seelsorge, von Theologie und Psychologie, von Heilung und Heil; Kenntnis der Modelle der seelsorgerlichen Beziehung; Selbstverständnis des eigenen seelsorgerlichen Handelns).

c) Fortbildung für den Umgang mit der Institution

Stärkung der

- Kompetenz im Blick auf die Arbeit mit der Institution (Interdisziplinäre Zusammenarbeit im therapeutischen Team; Fähigkeit, eine eigene Stellung im Gegenüber zum Krankenhausbetrieb aufzubauen);
- medizinischen Kompetenz (Befähigung zur Erkenntnis gewisser psychosomatischer Zusammenhänge; Befähigung zum medizinethischen Gespräch, zur Mitarbeit in Ethikkommissionen, z.B. über Fragen des Humanum im Krankenhaus).

2. Geschichtliches

Ausbildung für Krankenhausseelsorge gibt es in Deutschland im Grunde erst seit 25 Jahren. Ein viel älterer Versuch soll aber wenigstens erwähnt werden:

a) das ‚Pastoralinstitut' am akademischen Hospital Göttingen (1781–1803)

H. Chr. Piper berichtet über ein frühes Modell der Seelsorgeausbildung direkt am Krankenbett. Parallel zu den Medizinern erhielten auch die Theologen am neuen akademischen Krankenhaus Göttingen ab 1781 eine praxisnahe Ausbildung. In den Satzungen des von H. Ph. Sextro geleiteten „Königlichen Pastoralinstituts" wird die Arbeit an den „Privatreligionsunterhaltungen", also den seelsorgerlichen Einzelgesprächen, als „Hauptgegenstand" der Ausbildung genannt. Wie bei der heutigen Klinischen Seelsorgeausbildung (KSA) kommt der Gruppe der Auszubildenden und der Supervision die tragende Rolle im Lernprozeß zu. Unter Anleitung Sextros sprechen die Seelsorgestudenten über ihre Erfahrung bei den Besuchen in einem begrenzten Aufgabenfeld: Die „gemeinschaftliche Berathschlagung" über die „subjektivische Behandlung" (= das konkrete Gespräch in der Situation des Patienten) basiert auf Protokollen, in denen etwas über „die Manier und den Fortgang der Unterhaltungen" mitgeteilt wird. Nach Sextros Beschreibung haben die Gespräche in der Gruppe den Nutzen, „daß sie das Nachdenken schärfen, die Erfahrung bereichern, die Ursachen eines etwa mißlungenen Versuchs bald entdecken helfen". Der wichtigste Satz in den Göttinger Leitlinien ist wohl der folgende: „So wäre bey diesen Übungsarbeiten die Beziehung auf die Personen, nicht wie bey manchen anderen Übungen nur Nebensache …, sondern hier die Hauptsache"[1]. – Leider bricht die Geschichte des „Pastoralinstituts" in Göttingen

---

1 Zitate nach H. Piper, Kommunizieren, 14–27.

nach 22 Jahren ab. Es sind wohl auch keine ähnlichen Versuche aus dem Deutschland des 18. oder 19. Jahrhunderts dokumentiert. Gewöhnlich kamen die Pfarrer damals nur zu ritualisierten Seelsorgeanlässen in die Häuser, und dem seelsorgerlichen Einzelgespräch wurde früher noch wenig Bedeutung beigemessen.

b) Das ‚Clinical Pastoral Training‘ ab 1925 in USA

Mit seiner Forderung, die angehenden Theologen sollten Theologie auch „am klinischen Material", nämlich an den „living human documents" studieren, wurde der Psychiatriepfarrer Anton Boisen zum Gründer des sich rasch überall in der christlichen Welt ausbreitenden „Clinical Pastoral Trainings". Dieser erstaunliche Mann, der selbst psychisch schwer zu leiden hatte, wollte die Studenten von den theologischen Büchern weglokken, damit sie Theologie durch lebendige Erfahrung lernten. Für Boisen ist das Leben der Menschen, ganz besonders der Leidenden, in mindestens vergleichbarer Weise geschichtlicher Text für die Mitteilung von Gottes Wirken wie der Text der Hl. Schrift: „We must not begin with traditions and not with systems formulated by books, but with the openminded evaluation of living human experience in order from that to build up a body of generalizations."[2] Doch sollte durch die Begegnung mit der religiösen Erfahrung der Leidenden nicht nur die *Theologie* vertieft, sondern auch *psychologisches* Lernen ermöglicht werden. Die wissenschaftliche ‚Case Study‘, das Verständnis der psychiatrischen Krankheitsbilder, lag Boisen lebenslang am Herzen. Außerdem stand von Anfang an das *Beziehungslernen* im Mittelpunkt, denn jedes „lebendige menschliche Dokument" hat eine eigene Integrität, die nach Verständnis und Interpretation ruft, nicht nach stereotypen Behandlungsmustern. Wenn sich der Studierende den Höhen und Tiefen des Lebens der Leidenden aussetzt, wird er schließlich auch *persönlich* bereichert, an sich selbst wachsen und menschlich reifer werden. Durch die Bündelung dieser Ziele, die bis heute gültig sind, wurden Boisens „Klinische Semester für Theologen", die 1925 im Worcester State Hospital in Massachusetts zum erstenmal veranstaltet wurden, eine wirklich praktische und ganzheitliche Zurüstung für den seelsorgerlichen Dienst. Im Unterschied zu den Anfängen erhielt die Selbsterfahrung und die Arbeit der Seelsorger/innen an der eigenen Person einen immer gewichtigeren Raum in der späteren Ausbildung.

---

2 A. Boisen, Explorations, 251.

c) Ein neues Ausbildungsmodell in Deutschland

Seit 1970 faßte die neue praktische Trainingsform, von USA und Holland übernommen und personell unterstützt, immer mehr Fuß in unserem Sprachgebiet und ist heute in fast allen deutschen Landeskirchen vertreten. Die Annahme des neuen Ausbildungsmodells wurde mit ermöglicht durch die vorbereitende Arbeit vieler Seelsorgelehrer in Deutschland, die sich in den Jahrzehnten vor 1970 für Psychologie und Humanwissenschaften mehr und mehr geöffnet hatten. Sie erkannten, daß Seelsorger für ihre Aufgabe *an anderen* hauptsächlich mittels therapeutischer Zuwendung *zur eigenen Person* vorbereitet werden. Namen wie A. D. Müller, O. Haendler, W. Uhsadel, R. Affemann, R. Allwohn, A. Köberle, H.-J. Thilo und D. Rössler stehen für diese Generationen der wachsenden Einbeziehung der (Tiefen-)Psychologie in die Lehre und Praxis der Seelsorge-Ausbildung. Ab 1970 setzten sich von Universitätsseite auch praktische Theologen und Pastoralpsychologen wie D. Stollberg, R. Riess, J. Scharfenberg, H. Chr. Piper und K. Winkler für die Einrichtung von landeskirchlichen Seelsorgeseminaren ein. Diese wurden zu einer wichtigen Stütze der haupt- und nebenamtlichen Seelsorge am Krankenhaus.

3. Die Kurse der ‚Klinischen Seelsorgeausbildung‘ (KSA)

a) Grund-Formen

Die Kurse der „Klinischen Seelsorgeausbildung" stellen nicht die einzigen Aus- und Fortbildungsangebote für Krankenhausseelsorge in Deutschland dar[3], sind aber die am meisten verbreiteten und bekannten. Sie stehen auch keineswegs nur den Krankenhausseelsorgern, sondern genauso den Mitarbeitern aller anderen Seelsorgebereiche offen. (Umgekehrt können sich Krankenhaus-Seelsorger/innen auf die Praxis der Einzelgespräche auch durch andere Angebote der Seelsorgeausbildung vorbereiten). Das Krankenhaus-Spezifische der KSA-Kurse besteht eigentlich nur im Praxisort während des Kurses. Nach wie vor werden sie meistens in Verbindung mit praktischen Einsätzen in Kliniken durchgeführt. Den verschiedenen Zeit-Formen der KSA-Kurse (z.B. 6-Wochen-, fraktionierter 6-Wochen- oder berufsbegleitender Ganzjahreskurs) ent-

---

3 Es gibt z.B. noch das Modell ‚Fortbildung in seelsorgerlicher Praxis‘ (FSP), welches an den Beratungsstellen (nach dem Vorbild der Ausbildung zur Ehe- und Familienberatung) angeboten wird. Die ‚Biblisch Therapeutische Seelsorge‘ (BTS) bildet Laien für die Tätigkeit in der Krankenhaus-Seelsorge aus.

spricht auch eine gewisse methodisch-inhaltliche Variationsbreite. Eine
Standard- bzw. Ausbildungs-Kommission der Sektion KSA innerhalb
der Deutschen Gesellschaft für Pastoralpsychologie (DGfP) überwacht
die Einheitlichkeit der Stufen und Standards der Ausbildung, wodurch
vor allem die gleichbleibende Qualität der Supervision gewährleistet
wird.

b) Grund-Lerninhalte

Die Seelsorgekurse unterstützen
- die Verbesserung von *Einfühlung, Wahrnehmung und Sensibilität*: Ein
  fundamentales Lernziel, das durch Arbeit an Gesprächs-Protokollen
  in der Gruppe in Angriff genommen wird, ist dies: Wird erfaßt, was
  jemand sagen bzw. ausdrücken will, kann der Seelsorger/die Seelsorgerin die Gefühle des Gegenüber angemessen aufnehmen, eine Situation erkennen und verstehen, und ist er/sie sensibel für die Nöte,
  die jemand direkt oder verschlüsselt zu Gehör bringen will? Welche
  Dynamik steckt hinter Mißverstehen und schneller Antwort, hinter
  „Kurzpredigt" oder ratschlagendem Zureden?;
- das grundlegende *Haltungs- und Enthaltungslernen*: Haltungslernen
  umfaßt die Grundeinstellungen des annehmenden Gesprächs nach
  C. Rogers: Vorbehaltlose Akzeptanz, unbedingter Respekt, positive
  Wertschätzung, persönliche Echtheit. Enthaltungen sind die schwie-
  riger zu lernenden Deprogrammierungen der ‚Helfer'-Mentalität der
  Seelsorger: Nicht raten, nicht wissen, antworten oder lehren, nichts
  verändern, bezwecken, helfen oder heilen, nichts „machen" oder in-
  tendieren. Enthaltungen sind gerade im Krankenhaus von größter
  Bedeutung, wo man es mit der Verarbeitung von Leiden, nicht mit
  Lebenshilfe durch Beratung zu tun hat;[4]
- *die Verbesserung der Gesprächsführung*: Beim Gesprächsführungs-
  Lernen handelt es sich um Anwendung der Nicht-Direktivität,
  Handhabung von Nähe und Distanz, um die ‚reflexion of feelings',
  den Umgang mit Fragen, aber auch um die Erfassung der Grunder-
  kenntnis, daß seelsorgerliche Gespräche normale Gespräche sind mit
  Zirkelstruktur, Offenheit, Symmetrie usw. Ohne die Beachtung der
  Kennzeichen des Normalen wird das seelsorgerliche Gespräch ein
  „geführtes" und das Gegenüber zum Objekt. Bei der Zuwendung zu
  den Kranken und ihrer Begleitung geht es nicht um die Weitergabe
  bestimmter Inhalte (Frage nach dem „Wem, Was und Wie" der Vermittlung), sondern um das rechte Verstehen für die Gesprächsge-

---

4 Vgl. dazu R. Gestrich, Hirten, 49f.

meinschaft (Frage nach dem „Wer und Wer" der seelsorgerlichen Begegnung und Begleitung);
- *den Umgang mit Fremdübertragung und eigener Betroffenheit:* Seelsorge im Krankenhaus bekommt es unweigerlich mit dem Phänomen der Übertragung zu tun: Patienten sehen gerade beim Erstbesuch im Seelsorger/in der Seelsorgerin oft ein „Bild des Selbst" oder „Symbol des Göttlichen", das je nach Situation und Befindlichkeit viele verschiedene Formen annehmen kann. Mit den Übertragungsbildern recht umgehen zu lernen, heißt gerade im Krankenhaus, seinen Auftrag zu begreifen (s. u.). Emotionales prägt diese Bilder, Emotionales bedingt auch die Reaktion der Seelsorger. Wie gehen sie mit ihrer Betroffenheit um? Wie gehen sie manchmal dem Berührtwerden aus dem Weg? Mit welchen Gegenübertragungen haben sie zu kämpfen?;
- *die Kenntnis der Modelle seelsorgerlicher Beziehung:* Es bringt Gewinn, verschiedene Modelle der seelsorgerlichen Beziehung zu studieren und zu vergleichen: Seelsorge als Verkündigung des Evangeliums an den einzelnen, als Weisung oder Beratung aus dem Geist des Glaubens (Leitkategorie Martyria); Seelsorge als mitmenschliche Beratung oder psychologische Therapie (Leitkategorie Diakonia); Seelsorge als offenes Gespräch in der Gemeinschaft der Glieder am Leib Christi (Leitkategorie Koinonia). Sich selbst hier einzuordnen und seine eigene Form zu finden, ist notwendig zur Ausbildung der seelsorgerlichen Identität.[5]

c) Grund-Methoden

Die Kurse arbeiten mit eingegrenzten Praxisfeldern nach dem Prinzip des ‚Learning-by-doing' und verfolgen dabei das Konzept ‚Aktion-Reflektion-Theoriebildung'. Im Zentrum des Geschehens steht die Gruppe (i. d. Regel 8 Teilnehmer und 2 Leiter) als „Haupt-Agent", „Prozeß-Träger" und „Lebens-Medium" des Lernens. Kurselemente sind z. B. Analyse von Protokollen, die ins Rollenspiel der Gruppe münden kann, Selbsterfahrung im freien Gruppengespräch, Einzelsupervision, Selbsterfahrung durch Körperübungen wie z. B. Konzentrative Bewegungstherapie, Einsatz verschiedener, auch kreativer therapeutischer Methoden. Das Feedback, der Zusammenhalt und die Dynamik der Lerngruppe ermöglicht den Fortschritt des einzelnen, der in dieser geschützten Situation sich öffnen, regredieren und progredieren kann.

5 S. dazu H. Eberhardt, Seelsorge-Theologie.

4. Besondere pastoralpsychologische Lernziele, die dem Verständnis der seelsorgerlichen Beziehung dienen

Erkennt man an, daß es bei der seelsorgerlichen Begleitung im Krankenhaus nicht um das „Wer vermittelt hier wem, was und wie?", sondern um das einfache „Wer kommt zusammen mit wem?" geht, dann wird man den Wunsch haben, sich über das Wesen der Begegnung am Krankenbett und seine Symbolik bewußter zu werden: Was können die beiden, die im Krankenzimmer aufeinandertreffen, wohl miteinander anfangen und warum, und was wird deshalb möglicherweise im Lauf des Gesprächs geschehen? Nach meiner Erfahrung spielt dabei „natürliche Religion" eine Schlüsselrolle.

a) Die unbewußte Religion im seelsorgerlichen Gespräch

Wachsende Einsicht über das Geschehen der Übertragung im Krankenhaus läßt den seelsorgerlichen Dienst an den Leidenden besser verstehen und ausführen. Weil der Seelsorger/die Seelsorgerin in einem religiösen Auftrag kommt, und der Patient ein auch religiös zu bewältigendes Schicksal tragen muß, wird auf die besuchende Person ein Bild projiziert, das diese zur religiösen Symbolfigur werden läßt, und zwar zu derjenigen, die der Erfahrung des Kranken im gegebenen Moment am nächsten ist. Je nach Befindlichkeit und innerer Erfahrung des Patienten „wird" der Seelsorger/die Seelsorgerin zu einer stellvertretenden Repräsentanz des „Selbst" bzw. des „Göttlichen" oder auch „des Schicksals". Der Seelsorger/die Seelsorgerin scheint durch sein Kommen „Selbst"-Erfahrung in Gang zu bringen: Er/sie wird – ohne daß man sich kannte – häufig als so „naher" Mensch erlebt, daß das Gegenüber „sofort" in der Lage ist, sich zuzuwenden, zu öffnen und sich selbst anzuvertrauen. In ihm/ihr tritt ein liebendes „Anders-als-ich-selbst" „in-der-Nähe-meines-Selbst" auf das Selbst des Kranken zu. Dieser fühlt sich besucht, seine „Seele" erlebt sich als wahrgenommen, und er nimmt deshalb die Gelegenheit wahr, ein „Selbst"-Gespräch zu führen. Frei spricht er über das Innerste seiner Erfahrung und kann dabei gelegentlich das Gegenüber für eine gewisse Zeit „vergessen". Seelsorge-Besucher erscheinen demnach in der Besuchsbegegnung als so etwas wie Freunde und Partner des Selbst, Personen, die zu mehr Selbstfindung und Selbstgewißheit führen können. Zur Erfahrung des In-der-Welt-Seins gehört auch die religiöse Dimension, das Suchen nach Gott. Weil „die Seele" offenbar allezeit auf *personale* Figurierung der unsichtbaren göttlichen Macht angewiesen ist, kann der Besuchende diejenige Person werden, die eine innere Beziehung zur „Macht des Lebens" „hat", d.h. diese symbolisch verkörpert. Als Übertragungsbilder, die zum religiösen Erleben von Krankheit gehören, und die den Seelsorgern schon auf der Schwelle „entgegengetragen" werden, können genannt werden: Gott als Heiland, Richter, Rufer, Herr über Leben und Tod, ungerechte Willkürmacht, Garant von Sinn oder Verberger von Sinn, Gott als Beistand, Freund, Licht, Trost, Strafender, Zürnender, Ungerechter usw. In der – unwillkürlichen – Übertragung des Bildes auf die Stellvertreter-Figuren ist der innere Kern der Selbsterfahrung enthalten, das eigentliche seelische Thema, darum auch der Auftrag, also das, was der Kranke mit dem Seelsorger/der Seelsorgerin anfangen will und kann.[6]

b) Seelsorge als ‚Selbstobjekt-Beziehungsszene'

Aus der Erfahrung der Übertragung entsteht die Frage nach dem Woher der projektiven Identifikation. Warum kommt Religion im Krankenbett so häufig vor, warum ist der Mensch überhaupt religiös, und wie macht er von religiösen Angeboten Gebrauch? Eine heute diskutierte Modellvorstellung für die Beantwortung dieser Fragen liefert die pastoralpsychologische Aufnahme der *Selbstobjektpsychologie* (D. W. Winnicott[7], H. Kohut[8]). Der Erkenntnisraum der Selbstobjektpsychologie ist der Umgang des Kleinkindes mit Objekten, die gleichzeitig Ich und Nichtich, subjektive und objektive Realitäten darstellen. Winnicott sieht nun eine Parallele zwischen der frühkindlichen Ingebrauchnahme von Objekten im „intermediären Raum" von Ich und Nichtich und der späteren symbolisch-kreativen Ingebrauchnahme von Angeboten kultureller und religiöser Art. Nicht nur für eine Übergangszeit seiner Kleinkind-Erfahrung scheint die Welt des Menschen vom selbstobjektalen Objekt-Gebrauch geprägt, sondern bleibend. Auch wenn die Trennung von Ich und Nicht-Ich durch eine „genügend gute Mutter" geglückt ist, erzeugt der Mensch in seinen kulturellen und religiösen Symbolphänomenen virtuelle haltende Welten, die ihm so etwas wie Geborgenheit schenken und Sinnerfahrung ermöglichen. Die ursprünglichen religionsbildenden Kräfte entwickeln sich also „ontogenetisch", aus der Symbolpraxis im Kleinkindalter, und die erwachsene Religiosität wäre dann eine transformierte Gestalt frühkindlicher Benutzung von „Übergangsobjekten". Diese Erkenntnis kann man verifizieren an den symbolischen Beziehungserfahrungen der religiösen Praxis, etwa am Gebrauch der Sakramente, aber auch an der Art, wie Menschen vom Angebot der religiösen Symbolfiguren in der Seelsorge Gebrauch machen. Im folgenden übertrage ich Betrachtungen von H. Wahl[9] zur religiösen Symbolerfahrung auf die Seelsorgebeziehung.

---

6 S. dazu Gestrich, Krankenbett, 9ff.
7 D. W. Winnicott, Spiel, 1973.
8 H. Kohut, Heilung, 1979.
9 H. Wahl, Symboltheorie.

Seelsorger/innen, die im Krankenhaus zu Besuch kommen, können als ein sich zuwendendes Du aus dem Symbol-Bereich der göttlichen Geborgenheits-„Matrix" empfunden werden, – die dann entweder als haltend und tragend oder als sich entziehend oder verweigernd erlebt wird. Das innere Gespräch mit dem zugleich subjektiven wie objektiven Objekt (Gott) verbindet sich in der Begegnung mit dem Ansprechen des externen Symbolzeichens (Seelsorger), wobei das Symbolische nicht „auf der Person ruht", sondern im Zwischenraum des Beziehungsgeschehens „entsteht". Das Symbolische *ist* das seelische Geschehen der selbstobjektalen Ingebrauchnahme, wodurch der Seelsorger/die Seelsorgerin für eine Zeit zum innerlich-äußerlichen Gegenüber der religiösen Selbsterfahrung wird. Seelsorgegespräche können von daher als Szenen symbolischer Beziehungserfahrung betrachtet werden, bei denen die Seelsorger so für die Stärkung und Entwicklung des Selbst in Gebrauch genommen werden, wie das Kleinkind seine frühe Umwelt kreativ und fördernd für sich nutzte. Als „intermediären Raum" bezeichnet Winnicott den „dritten Bereich" zwischen den Partnern, der jetzt symbolbildlich und symbolszenisch gefüllt wird, wenn das Selbstobjekt-Beziehungsspiel beginnt. Der symbolische Zwischenraum, in welchem sich die Szene des Umgangs mit dem Selbstobjekt in Verbindung mit dem seelsorgerlichen Gesprächspartner abspielt, läßt aus dem dyadischen Beziehungsgeschehen ein triangulierendes werden. So gesehen hat der Seelsorger/die Seelsorgerin hier hauptsächlich die Aufgabe, den schützenden, verständnisvollen, annehmenden Beziehungs*rahmen* herzustellen, in welchem der Klient seine lebensfördernde Kreativität im Umgang mit dem Selbstobjekt selbständig entfalten kann. Wie die Mutter als förderlich-haltendes Gegenüber nur „in der Nähe zu sein braucht", damit das Kind seine Entwicklungsarbeit machen kann, sollte der Seelsorger/die Seelsorgerin sich so zur Verfügung stellen, daß er/sie einfach „da ist" und als reales externes Gegenüber die Handlung des andern freundlich widerspiegelt und begleitet. Er/sie kann dabei gewisse Angebote (Denkanstöße, Worte der Bibel, Bilder der religiösen Tradition) „wie Spielsachen" so zufällig „im Raum herumliegen lassen", und wenn sie „passen", wird der andere sie von selbst aufgreifen. Aber wie das Kleinkind im Kinderzimmer, so weiß auch der Partner unserer Seelsorge (und nur er), was er braucht, welche Sinn-Angebote seinen Selbstprozeß fördern, und welche Schritte vielleicht als nächstes fällig sind. Das freilassende, raumschenkende Seelsorgegespräch fördert die Selbstentwicklung, weil und insofern es sich in der Gestalt einer symbolischen Beziehungserfahrung ereignet, bei welcher der Empfangende seine Selbstobjekt-Übertragung erleben, ausspielen und im Umgang mit der religiösen Bezugsperson suchen kann, was zu seinem Selbst (neu) paßt. Hier entstehen neue Anforderungen an die pastoralpsychologische Durchdringung des „Wer und Wer" und „Wie und Was" im Seelsorgegespräch: Wie ist die Erfahrung der Symbolik in der religiösen Beziehungssituation der Seelsorge theoretisch zu formulieren, wie ist das Erkannte praktisch und konkret umzusetzen?

5. Besondere Krankenhaus-spezifische Lernziele

Patienten-Zielgruppen: Die Spezialisierung der Krankenhäuser macht zielgruppenorientierte Fortbildung nötig.

Umgang mit Angst und Aggression: Krankenhäuser sind Orte, an denen sich Krisen, Traumata und Konflikte zusammenballen und besonders viele angst- oder auch aggressionsgeladene Situationen entstehen lassen.[10] Können Seelsorger sich dafür schulen?

Mitwirkung im Unterricht: Manche Krankenhausseelsorger sind in den Ethik-Unterricht der Krankenpflegeschulen einbezogen. Einige haben dafür sogar Lehrpläne erarbeitet. Auch hier sind Fortbildungsangebote für die Seelsorger/innen sinnvoll.

Zurüstung der Besuchsdienste: Nur indem sie selbst an Kursen der seelsorgerlichen Gesprächsführung teilnehmen, können Krankenhausseelsorger/innen Laien bei ihrer Besuchsarbeit sinnvoll anleiten.

Kooperation mit dem ärztlichen und pflegerischen Personal: Seelsorger entwickeln ganz unterschiedliche Fähigkeiten zur Team-Zusammenarbeit. Weil der Anstoß dazu fast immer von ihnen selbst ausgehen muß, ist Hilfe durch Austausch mit anderen Kollegen angezeigt.

Umgang mit Symbolen, Ritualen, mit dem Gottesdienst: Patienten sind in der Regel dankbar für Zeichenhandlungen (Segen, Salbung, Kommunion). Seelsorger können durch Übungen zusammen mit Brüdern und Schwestern in die Kraft hineinwachsen, Symbole zu gebrauchen.

Leiden, Sterben, Trauern: Am Ort, wo sich Leiden und Leid häufen, müssen Seelsorger sich auch selbst schützen. Wie entgehen sie der Bedrohung, Sterben und Tod ebenso „wegzuorganisieren", wie es das übrige Personal oft in Gefahr ist zu tun?

Ganzheitlichkeit: Es geht hier z.B. um die Erkenntnis, daß der kranke Mensch nicht an einer bestimmten Stelle leidet, sondern unteilbar Subjekt seines Krankseins ist,[11] und um Überwindung des dichotomischen Weltbilds, nach welchem Ärzte und Pflegende für das Körperliche und Irdische, Seelsorger dagegen für das Geistliche und Himmlische zuständig seien.[12]

---

10 S. Klessmann, Aggression.
11 Vgl. dazu Riess, Sehnsucht, 127.
12 Vgl. dazu Stollberg, Krankenschein, 57.

Beziehung zur Institution:[13] Seelsorger stehen in doppelter, distanzierter Loyalität. Diese erfordert „immer wieder einen Balanceakt, ein dauerndes Auspendeln der verschiedenen Ansprüche und Erwartungen: Mitarbeiter im Krankenhaus – Vertreter der Kirche; Teil des therapeutischen Teams – Anwalt der Patienten; dazugehören – sich abgrenzen; sich engagieren – für nichts zuständig sein; wichtig sein – sich überflüssig fühlen; den ganzen Menschen begleiten wollen – auf die religiöse Dimension reduziert werden." Die Spannung von Loyalität und Distanz macht die „Identität der Seelsorger/innen im Krankenhaus so schwierig und anspruchsvoll", gleichzeitig enthält sie viele „Chancen und Möglichkeiten".[14]

---

13 In einem Papier der Konferenz für Krankenhausseelsorge in der EKD von 1994 werden folgende ‚Institutionell-strukturelle Kompetenzen' zur Ausbildung empfohlen: ‚Grundkenntnisse bezüglich der Arbeitsweise der Institution Krankenhaus, des naturwissenschaftlich-technischen Denk- und Handlungsansatzes, der betriebswirtschaftlichen Gegebenheiten. – Fähigkeit, strukturelle Zusammenhänge wahrzunehmen, sich in ihnen zu bewegen und sie für die eigene Arbeit nutzen zu können. – Grundkenntnisse des Gesundheitswesens. – Bereitschaft, die eigene Arbeit transparent zu machen. – Bereitschaft, seelsorgliche Perspektiven in einen interdisziplinären Dialog einzubringen.'

14 Klessmann, Überflüssig – wichtig – ärgerlich, 432.

MICHAEL KLESSMANN

Ausblick: Krankenhausseelsorge als Dienst der Kirche in der pluralen Gesellschaft

In der Diskussion um die zukünftige Gestalt und Gestaltung von Krankenhausseelsorge als funktionalem Dienst der Kirche geht es grundlegend um die Frage, wie sich Kirche auf die gegenwärtige Gesellschaft beziehen will: Zum jetzigen Zeitpunkt wird Krankenhausseelsorge in vielen Landeskirchen verstärkt zurückgenommen und wieder – wie bis in die 60er Jahre hinein – der Gemeindeseelsorge als Aufgabe zugeschrieben.[1] In einer Zeit der inneren und äußeren Krise in der Kirche scheint ein solcher Rückzug – weg von einem fremden, naturwissenschaftlich-technisch geprägten gesellschaftlichen Teilsystem und hin zu vertrauten parochialen Positionen – der sicherste Weg zu sein. Kreativzukunftsweisend ist er wohl nicht, konzeptionell gut begründet ebensowenig. Wenn es stimmt, daß die Parochie in ihrer heutigen Gestalt die kirchlich-organisatorische Antwort auf die Entstehung der Industriegesellschaft war,[2] dann ist angesichts des Übergangs von der Industrie- zur Risikogesellschaft eine neue Antwort nötig, die m. E. vor allem durch die Vertiefung und Differenzierung der funktionalen kirchlichen Diensten gegeben werden müßte.[3] Die funktionalen Dienste sind als die kirchliche Entsprechung zur gesellschaftlichen Differenzierung zu verstehen und insofern notwendig, um eine Selbstisolierung der Kirche zu verhindern.

Was das im Blick auf die Stellung der Seelsorge als Repräsentanz von Kirche im Krankenhaus bedeuten kann, soll exemplarisch an drei Punkten gezeigt werden:

---

1 Eine konkrete Beschreibung dieser Tendenz für Berlin-Brandenburg gibt Rust-Riedel, Seelsorge, 1990.
2 So die These von Stoodt, Formen, 1991.
3 In diese Richtung zielt auch das von der EKHN herausgegebene Buch „Person und Institution", Frankfurt 1992.

1. Die Bedeutung der Krankenhausseelsorge unter den Bedingungen der gegenwärtigen gesellschaftlich-religiösen Veränderungen

Der Individualisierungsschub der Postmoderne enthält nach Schulze vier Komponenten: „Erstens abnehmende Sichtbarkeit und schwindende Bindungswirkung traditioneller Sozialzusammenhänge (Schicht und Klasse, Verwandtschaft, Nachbarschaft, religiöse Gemeinschaft); zweitens zunehmende Bestimmtheit des Lebenslaufs und der Lebenssituation durch individuelle Entscheidungen; drittens Hervortreten persönlicher Eigenarten – Pluralisierung von Stilen, Lebensformen, Ansichten, Tätigkeiten; viertens Eintrübung des Gefühlslebens: Einsamkeit, Aggressionen, Zynismus, Orientierunsglosigkeit."[4]

Allerdings führen diese Tendenzen nach Schulze nicht zu einer Verflüchtigung aller Sozialformen: An die Stelle traditioneller Sozialzusammenhänge treten neue Formen, nun allerdings selbstgewählte, zu denen man die Verbindung aktiv selbst herstellen muß. Deren Verbindlichkeit liegt in der Selbstbindung, nicht im Zwang von Traditionen und Strukturen. Die Zunahme der Optionen, der Zwang zur Wahl wird beantwortet mit einer neuen Art von „Konformitätsbereitschaft", mit der Bereitschaft zur Anlehnung an kollektiv vorgegebene Muster. Dahinter steht eine tiefgreifend veränderte Lebenauffassung: Der Erlebniswert eines Angebots verdrängt den Gebrauchswert oder den Traditionswert. „Bei allem Krisenbewußtsein gilt das Leben doch als garantiert. Jetzt kommt es darauf an, es so zu verbringen, daß man das Gefühl hat, es lohne sich. Nicht das Leben an sich, sondern der Spaß daran ist das Kernproblem, das nun das Alltagshandeln strukturiert."[5]

Unter den Bedingungen einer Krankheit, die so schwerwiegend ist, daß sie einen Krankenhausaufenthalt nötig macht, ergeben sich einschneidende Konsequenzen: Plötzlich erscheint das individuelle Leben doch nicht mehr so garantiert; bis dahin fraglose Sicherheiten und Lebenskonzepte wirken brüchig und hohl; was lohnend erschien, ist unversehens neu in Frage gestellt. Und es fehlt den einzelnen ein umfassender Deutungsrahmen, der ihnen bei der Bewältitug dieser Krankheitskrise hilfreich sein könnte. Statt dessen konkurriert eine Fülle von Sinnangeboten um die Gunst der Betroffenen, angefangen von der schulmedizinischen Deutung, daß es sich bei einer bestimmten Krankheit um die Fehlfunktion eines Organs handele, über psychologische bzw. psychologistische Deutungen bis hin zu alternativ-medizinischen und esoterischen Konzepten.

4 Schulze, Erlebnisgesellschaft 1995, 75.
5 Ebd. 60.

Der/die einzelne muß unter diesen Angeboten das auswählen, was im Moment am meisten plausibel erscheint und was Verbundenheit mit der jeweiligen Bezugsgruppe herstellt. Die christliche Kirche ist in diesem Szenario längst zu einem Teilsystem unter anderen geworden, das sich, ob es will oder nicht, in scharfer Konkurrenz zu anderen religiösen und/oder weltanschaulichen Teilsystemen behaupten muß. Die christliche Tradition hat ihre selbstverständlich tröstende und stabilisierende Plausibilität für die meisten Zeitgenossen eingebüßt[6]. In der Krise der Krankheit vermittelt sie für viele nicht mehr die Möglichkeit der Identitätsvergewisserung und der Verbundenheit mit einem größeren Ganzen.

Trotzdem berichten Krankenhausseelsorger/innen immer wieder über die erstaunlich große Akzeptanz eines seelsorgerlichen Besuchs bei den Patienten im Krankenhaus. „Ich halt' ja nichts von Kirche, aber wenn Sie Zeit für'n vernünftiges Gespräch mitbringen, dann bleiben Sie ruhig", sagt ein älterer Mann unverblümt zum Krankenhausseelsorger. Wie ist diese Diskrepanz zu erklären?

Kirchensoziologische Erhebungen haben immer wieder festgestellt, daß eine wesentliche Erwartung an Kirche sich auf „helfende Begleitung" richtet, auf „emotionalen Beistand in Krisensituationen und an Knotenpunkten des menschlichens Lebens":[7]

- Erwünscht ist das offene Gespräch, in dem der/die Betroffene Raum und Zeit hat, seine/ihre Situation zu erzählen, die Schmerzen und Hoffnungen zur Sprache zu bringen und sich auf die Suche zu machen nach dem, was jetzt hilfreich und tragend sein könnte, nach Bildern, Geschichten und Sinnzusammenhängen, in denen jemand sich aufgehoben und verstanden fühlen kann.
- Erwünscht ist ein Gespräch, in dem die Betroffenen ihre durch den Einbruch der Krankheit plötzlich veränderte Biographie neu rekonstruieren und unter diesen Bedingungen wieder sich selbst finden können – und das in einer Institution, die einer solchen Verknüpfung von Lebensgeschichte und Krankengeschichte, solchen emotionalen, Identitäts- und Sinn-bezogenen Dimensionen des Lebens fast überhaupt keine Zeit und Aufmerksamkeit widmet.
- Erwünscht ist vorrangig der aufmerksame Gesprächspartner, die sensible Begleiterin, die hilfreiche Präsenz – und der Verzicht auf jede Ausnutzung missionarischer Gelegenheiten.
- Erwünscht ist darüber hinaus eine Person, die Symbole und Gesten anbieten kann, die an elementare lebensgeschichtliche Erfahrungen

---

6 Vgl. Grözinger, Seelsorge 1995.
7 Vgl. Dahm, Beruf 121ff.

anknüpfen und – gerade unter den das Leben fragmentierenden Bedingungen der Krankheit und des Krankenhauses – die Sehnsucht
nach der Fülle, Würde und Freiheit des Lebens wachhalten und in
Aussicht stellen.

In dieser Form kann Krankenhausseelsorge den Menschen im Krankenhaus glaubwürdig vermitteln, daß Kirche sich im Namen Gottes allen
Menschen zuwendet, unabhängig von deren religiöser Einstellung und
kirchlicher Zugehörigkeit. Die Sorge Gottes um die Menschen ist nicht an
bestimmte Vorbedingungen gebunden und auf bestimmte Zielvorstellungen fixiert.

Über die Zuwendung zu den Einzelnen hinaus hat Krankenhausseelsorge
eine symbolische Bedeutung für die Institution des Krankenhauses und
damit für das Gesundheitswesen insgesamt, durchaus mit politischen Implikationen:
- Die Präsenz der Seelsorge im Krankenhaus ist Hinweis darauf, daß
  Krankheit und Gesundheit nicht im naturwissenschaftlichen Kausal-
  zusammenhang aufgehen, letztlich nicht völlig verrechenbare Phänomene sind, sondern immer auch eine unverfügbare Dimension enthalten.
- Die Präsenz der Krankenhausseelsorge ist ein Hinweis darauf, daß
  im Umgang mit Krankheit und Gesundheit, also mit dem Leben, die
  Kategorien des Aktiven – Tun, Machen, Eingreifen, Verändern –
  nicht die einzig angemessenen sind, daß es ebenso wichtig ist, die
  „Tugenden der Passivität" neu zu entdecken: „Das Geschehenlassen,
  das Aushalten, die Geduld, den Verzicht darauf, Herr über uns selbst
  und unsere Welt zu sein".[8]
- Krankenhausseelsorge erinnert daran, daß Leben und Gesundheit
  immer nur bedingt, als Fragment, als labiles und leicht störanfälliges
  Gleichgewicht, nicht aber als Besitz und mit dem Anspruch auf
  „Vollständigkeit" zu haben sind.
- Krankenhausseelsorge kann aus dem „Gedächtnis des Leidens"
  (Metz) heraus, aus der immer neuen Erinnerung an die Leidenden
  und an die Toten, an die in unserem Gesundheitssystem Benachtei-
  ligten und zu kurz Kommenden, eine „Antigeschichte" zum naturwissenschaftlichen Herrschaftswissen erzählen.[9] Sie bewahrt damit
  ein anderes, vollständigeres, wenn auch sperrigeres Bild vom Leben,
  als es die Medizin mit ihrer Reduktion auf Organfunktionen glauben
  machen will.

---

8 Steffensky, Glaube 167.
9 Vgl. dazu ausführlicher Metz, Glaube, 87ff.

– Krankenhausseelsorge ist ein Symbol dafür, daß Kirche den großen gesellschaftlichen Sektor des Gesundheitswesens nicht sich selbst überläßt, sondern hier unter seelsorgerlichem, anthropologischem und ethischem Aspekt mitreden und mitgestalten will. Allerdings reicht in dieser Hinsicht nicht bloße Präsenz; hier muß Krankenhausseelsorge eine entsprechende Sachkompetenz und Fähigkeit zur interdisziplinären Zusammenarbeit mitbringen. Die Krankenhausseelsorge kann so gesehen eine Brücke zwischen naturwissenschaftlich-technischer und kirchlicher Welt und deren beiden unterschiedlichen Sachlogiken sein.

– Die exemplarische Auseinandersetzung mit einem naturwissenschaftlich-technischen Subsystem der Gesellschaft nützt auch der Kirche insgesamt, insofern sie dazu beiträgt, die Sprach- und Dialogfähigkeit der Kirche in der säkularen Gesellschaft zu fördern.

2. Krankenhausseelsorge unter den Bedingungen der Veränderungen im Gesundheitswesen

Das moderne Krankenhaus ist die Umsetzung eines somato-pathologischen Krankheitsmodells, das wiederum auf den Erkenntnissen der Naturwissenschaften, speziell der Physik und der Chemie des 19. Jahrhunderts basiert. Die Medizin hat diese Erkenntnisse seither sehr erfolgreich angewandt, „aber versäumt, der Tatsache Rechnung zu tragen, daß die Naturwissenschaften im 20. Jahrhundert ihre Voraussetzungen radikal geändert haben. In dieser Hinsicht ist die heutige Medizin eine Naturwissenschaft des 19. Jahrhunderts geblieben."[10] Dies zeigt sich am deutlichsten in der Tatsache, daß die Differenzierung in medizinische Teilsysteme, ihre Spezialisierung und Technisierung, zum anderen ihre Orientierung an ökonomischen Effektivitätskriterien, in rasantem Tempo weiter zunimmt.[11]

Dem steht ein sogenannter „Panoramawandel der Krankheiten" gegenüber, den Schipperges folgendermaßen beschreibt: Wir werden es in Zukunft „nahezu ausschließlich mit Chronisch-Kranken zu tun haben: mit Langzeit-Patienten, die 30, 40 Jahre am gleichen Leiden laborieren, mit Mehrfach-Geschädigten, die mehrere Gebrechen zugleich zu verkraften haben, mit Überlebens-Patienten, gerade durch die Erfolge erfolgreicher

---

10 Uexküll/Wesiak, Theorie, 1991, 602; vgl. auch Schipperges, Homo 1985, 275ff.
11 Vgl. Arnold/Paffrath (Hg.), Krankenhaus-Report '94: „Sonderentgelte und diagnosebezogene Fallpauschalen (sc.: wie sie das Gesundheitsstrukturgesetz fordert), fördern eine Spezialisierung der Krankenhäuser ..." (110).

operativer Techniken, mit Vielfach-Leidenden, deren längeres Altern po-
tenziertes Leiden weiterschleppt."[12] Ansätze zu einer ganzheitlichen, einer systemisch denkenden, einer
bio-psycho-sozialen Medizin sind als Reaktion auf diesen Panoramawan-
del zu verstehen,[13] weil die Schulmedizin den multifaktoriellen Krankheiten immer weniger angemessen gerecht werden kann. Die „Einführung
des Subjekts" und seiner psycho-sozialen Lebensumstände ist eine alte
Forderung der psychsomatischen Medizin; sie gewinnt in der Gegenwart
neue Plausibilität[14] – und gerät angesichts der technischen Möglichkeiten
doch immer wieder leicht in den Hintergrund. Trotzdem zeichnet sich
eine Neubestimmung der Begriffe von Krankheit und Gesundheit ab, was
langfristig sicher auch Auswirkungen auf die Therapie und die dafür zur
Verfügung stehenden Institutionen haben wird.

Für die Krankenhausseelsorge entstehen aus dieser Sachlage einige Konsequenzen bzw. Fragen zu ihrer weiteren Entwicklung:
1. Angesichts der immer weiter differenzierten technischen Möglichkeiten der Medizin (z. B. bei Diagnose- und Operationsverfahren) einerseits und des finanziellen Drucks andererseits verkürzt sich die durchschnittliche Verweildauer im Krankenhaus immer mehr. Vor-, teil- und
nachstationäre sowie ambulante Behandlungen nehmen deutlich zu.[15] Das
bedeutet, daß die Krankenhausseelsorge mit ihren wenigen Hauptamtlichen zunehmend mehr Menschen nicht mehr erreichen wird.
Eine bereits vielfach praktizierte Möglichkeit in diesem Dilemma besteht darin, daß die Seelsorge die flächendeckende Aufteilung der Stationen und Kliniken auf einzelne Seelsorger/innen auflockert, statt dessen
vor allem an den Brennpunkten des Krankenhauses – Intensivstationen,
Unfallstation, Notaufnahme – regelmäßig und verläßlich anwesend ist
und dann den Patienten, denen sie dort begegnet, auf die „Normalstatio-
nen" folgt. Allerdings bedeutet diese Praxis, daß sich Seelsorge konzentriert auf die schweren, die krisenhaften „Fälle".

---

12 Schipperges, ebd., 292. Vgl. auch, wie Schipperges den Begriff der Multimorbidität um-
   schreibt, 291ff: „Unter Multimorbidität wären zu verstehen: all die Risikofaktoren und
   unterschwellig ablaufenden Prozesse, vermeintlich abgeschlossene Zustände nach früheren Krankheiten, all die schädlichen Umweltfaktoren, etwa bei beruflicher Belastung, der
   ständige Mißbrauch von Nikotin, Alkohol, Drogen, aber auch der ärztlich verordnete
   chronische Arzneimittelgebrauch, der oft genug zum Mißbrauch wird, alle jene ‚Ketten-
   krankheiten', die vielfach ‚iatrogen' bedingt sind ..." (ebd. 303).
13 Vgl. zur Einführung Willi/Heim, Medizin 1986.
14 Auf einem Kongreß in Düsseldorf zum Thema „Medizin der Zukunft" im November
   1995 formuliert ein amerikanischer Arzt: „Die Wissenschaft ist das beste, was wir haben.
   Aber sie ist nicht alles" (Frankfurter Rundschau vom 18.11.1995).
15 Vgl. Arnold/Paffrath, Krankenhaus-Report '94, 108ff.

Ein anderer Ausweg aus dem Dilemma könnte in der Intensivierung der Arbeit von ehrenamtlichen Mitarbeiter/innen in der Krankenhausseelsorge liegen: Über möglichst viele Personen ist auf andere Weise eine weitgestreute und flexible Präsenz der Seelsorge im Krankenhaus zu gewährleisten.

2. Auf der anderen Seite nimmt die Zahl der chronisch Kranken mit langen und wiederholten Krankenhausaufenthalten erheblich zu. Hier entsteht die Notwendigkeit langfristiger seelsorgerlicher Begleitungen, die zum Ziel haben könnten, daß die Betroffenen lernen, *mit* ihrer Krankheit zu leben. Das schließt ein, daß sie zu einem Lebensentwurf finden, in dem nicht die volle Leistungsfähigkeit das entscheidende Identitätsmerkmal ist, sondern eher die Fähigkeit und Möglichkeit zu einer sozialen, kommunikativen Vernetzung, in der die Krankheit, die Behinderung „aufgehoben" ist.

3. Damit wächst der Seelsorge die Aufgabe zu, ihren Beitrag zu einem veränderten Krankheits- und Gesundheitsbegriff im Krankenhaus mit Hilfe ihres theologischen Begründungszusammenhangs zu leisten.[16] F. Hartmann hat einen systemisch orientierten Gesundheitsbegriff formuliert, der in vieler Hinsicht auch den christlich-anthropologischen Grundannahmen entspricht: „Gesund ist ein Mensch, der mit oder ohne nachweisbare oder für ihn wahrnehmbare Mängel seiner Leiblichkeit allein oder mit Hilfe anderer Gleichgewichte findet, entwickelt und aufrechterhält, die ihm ein sinnvolles, auf die Entfaltung seiner persönlichen Anlagen und Lebensentwürfe eingerichtetes Dasein und die Erreichung von Lebenszielen in Grenzen ermöglichen, so daß er sagen kann: mein Leben, meine Krankheit, mein Sterben."[17] Daß Leben und Gesundheit ein Geschenk und nicht einen Anspruch darstellen, daß sie immer nur begrenzt und bedingt, nie vollkommen zu haben sind, daß Leiden Bestandteil und nicht nur Feind des Lebens ist, daß Leben nicht isoliert, sondern in Kommunikation, im Angesprochenwerden (Buber) gelingt – das sind zweifellos zentrale christlich-anthropologische Überzeugungen, die als Perspektive, nicht als Anspruch, für die Seelsorge leitend sein können, gerade in der Begleitung chronisch kranker Menschen.

4. Durch die weitere Zunahme der technischen Möglichkeiten in der Behandlung von Krankheiten gerät auch das ärztlich-pflegerische Personal in neue Konflikte: Ein großer Teil ihrer Zeit und Energie konzentriert sich auf die Ausführung und Auswertung medizinisch-technischer Abläufe; ihre Motivation zur helfenden Zuwendung zu kranken Menschen, ihr berufliches Selbstverständnis ist dadurch Belastungen und Veränderungen

---

16   Vgl. den Beitrag von U. Eibach in diesem Band.
17   Hartmann, Krank 1986, 172.

ausgesetzt, die für sie so kaum vorhersehbar waren. Seelsorge im Krankenhaus sollte auch für diesen Aspekt sensibel sein.

5. Die Zahl der ethischen Konflikte im Krankenhaus dürfte in Zukunft weiter zunehmen[18]: Die knapper werdenden Ressourcen stellen immer häufiger vor die Frage, wer in den Genuß bestimmter Leistungen kommt und ob das, was medizinisch-technisch möglich ist, auch getan werden sollte oder nicht. Es ist dringend zu wünschen, daß Seelsorge sich auf diesem Sektor kompetent macht, um sich in die Diskussion solcher Fragen einmischen zu können und sie nicht allein den Spezialisten zu überlassen.

3. Krankenhausseelsorge als besondere Gestalt von Kirche

Immer mehr Menschen kehren den verfaßten Kirchen den Rücken oder sind nur noch punktuell bereit, sich zu engagieren. Gleichwohl stimmt die Säkularisierungsthese, wonach die moderne Gesellschaft sich immer weiter von der Religion emanzipiert, offensichtlich nicht. Religiöse Praxis in traditionellen Formen und religiöse Inhalte in kirchenbestimmter Gestalt nehmen ab; religiöse Orientierung insgesamt nimmt eher zu, allerdings in enorm pluralisierter und differenzierter Gestalt. Im Blick auf die Kirche heißt das: „Die Lage ist mehrheitlich von Sprachlosigkeit, aber nicht von Erwartungslosigkeit oder gar Gegnerschaft geprägt."[19] Gerade in der Krise einer Krankheit sind die Erwartungen an religiöse Sinnsuche und -deutung nach wie vor erstaunlich groß.

Welche Gestalt von Kirche repräsentiert Krankenhausseelsorge in dieser Situation? Welche Akzente setzt sie, die sie von Kirche in ihrer parochialen Gestalt unterscheiden und die als deren Ergänzung und Bereicherung verstanden werden können?

1. Eine Krankheit und die Institution „Krankenhaus" werfen Menschen auf sich selbst zurück, vereinzeln sie in extremer Weise. „Ich denke nur noch an mich und mein Leben", sagt eine an Krebs erkrankte Frau.

Krankenhausseelsorge ist als Versuch zu verstehen, in dieser Situation wenigstens für eine kurze Zeit und hoffentlich exemplarisch Verbundenheit und Gemeinschaftlichkeit erfahrbar werden zu lassen. „Werde allein fertig!' Das ist die Moral der Trostlosigkeit … Der Glaube lehrt zuallererst: Alles Leben ist verbunden."[20] Einem fremden Menschen gegenüber Vertrauen zu riskieren, so daß Schmerz und Hoffnungslosigkeit, aber

---

18 Vgl. den Beitrag von Schlaudraff in diesem Band.
19 Lindner, Kirche, 32.
20 Steffensky, Glaube, 36.

auch die Sehnsucht nach Leben zum Ausdruck kommen kann; sich so weit zu öffnen, daß ein Lebensthema angesprochen werden kann; sich von einem Symbol oder einer Geste so anrühren zu lassen, daß es tröstet und stärkt: Das sind Erfahrungen von *Verbundenheit in der Vereinzelung*, die man, so meine ich, durchaus als Erfahrung der „Gemeinschaft der Heiligen", als Erfahrung von Kirche bezeichnen darf – auch wenn sie von den Betroffenen mit der institutionalisierten Kirche nicht in Verbindung gebracht werden.

2. Diese Art von Gemeinschaft, wie sie in der Krankenhausseelsorge entsteht, ist *kurzfristig*, außerdem relativ *anonym* und *unverbindlich* – gerade deswegen kommt das Angebot vielen Menschen entgegen: Einen Begleiter/eine Begleiterin auf der Suche nach möglichen Sinnzusammenhängen in der Krise der Krankheit zu haben, ist durchaus gewünscht, darüber hinausgehende Verbindlichkeiten jedoch nicht. Die Tatsache, daß sich vermutlich Patient/in und Seelsorger/in nie wiedersehen, ist oftmals eine entscheidende Voraussetzung für gelingende Seelsorge.

Auch die Gemeinde, die sich im Krankenhaus aus Mitarbeiter/innen und über eine längere Zeit wiederkehrenden Patienten/innen um den Gottesdienst oder ein besonderes Gesprächsangebot herum bildet, hat – im Vergleich zur parochialen Gemeinde – viel stärker diesen eher flüchtigen Charakter. Kirche/Gemeinde erscheint hier als „*begrenzte Heimat*" – zeitlich begrenzt und begrenzt auf den Lebensabschnitt Krankheit bzw. den Ort der Arbeit (für die Mitarbeitenden). Dieser geringere Grad an Dauerhaftigkeit und Verbindlichkeit ist die besondere Chance – und Schwierigkeit – der Krankenhausseelsorge.

3. In den Begegnungen im Krankenhaus konkretisiert sich Kirche als „*Option für die anderen*".[21] Krankenhausseelsorge wendet sich nicht nur den Kirchenmitgliedern zu, noch ist es vorrangig ihre Absicht, neue Mitglieder zu gewinnen. Diese Art von „Mitgliedschafts-Pastoral" (Steinkamp) ist ihr fremd. Krankenhausseelsorge repräsentiert Kirche als eine Gemeinschaft, die sich in relativ selbstlosem Interesse „auf das Erbarmen verpflichtet", und zwar nicht nur auf das individuell und spontan motivierte, sondern vor allem auch auf das institutionalisierte, das „routinisierte Erbarmen", wie es M. Welker genannt hat.[22] Die Zuwendung zu den Schwächeren im Krankenhaus, im Gesundheitswesen, konkretisiert sich da, wo Krankenhausseelsorge für die Würde der Menschen eintritt, vor allem für die Würde der Sterbenden, der psychiatrischen Patienten, der alten Menschen, um nur einige zu nennen; wo sie immer wieder anmahnt, daß die Sorge um die Würde der Patienten wie der Angestellten

---

21 Vgl. Steinkamp, Solidarität, 94ff.
22 Welker, Kirche 80ff.

Bestandteil des erkenntnisleitenden Interesses der ganzen Institution sein müßte. Von ihrer Position im Zwischen-Raum her ist sie dazu besonders herausgefordert und in der Lage.

4. Die Erfahrung von Krankheit und Schmerzen stürzt die Betroffenen häufig in tiefe Zweifel an der Sinnhaftigkeit ihres Lebens, an dem, was sie bisher für ihren Glauben und ihre Sinnannahmen gehalten haben. Die Erfahrung der Grenze, der Brüchigkeit des eigenen Lebens setzt eine neue Art von Suche nach dem, was jetzt trägt und verbindet, in Gang, radikaler, ehrlicher, ungeschönter als in ungebrochenen Zeiten: „Die Sinnoasen suche ich mir sorgfältiger aus als früher."[23]

Krankenhausseelsorge kann auf dieser Suche begleiten, wenn sie darauf verzichtet, in der Rolle des wissenden Helfers zu sein; wenn sie darauf verzichtet, Fragen gleich beantworten zu wollen und „fertigen" Trost haben und weitergeben zu können. Die Fragen überhaupt erst einmal auszuhalten, sie genauer und weitergehend zu erkunden, ihr Gewicht zu ermessen, ihre Tiefe und Widerständigkeit zu respektieren, ist vielleicht die wichtigste – und schwierigste – Aufgabe der Seelsorge.

Da wird Kirche erfahrbar als *Gemeinschaft der Suchenden*, der Fragenden, oftmals der Ratlosen und Trostlosen, die vielleicht in dieser Solidarität – und nicht in einer Antwort – Halt und Hoffnung finden können.

„Der Grundtyp der kirchlichen Rede ist [sc.: leider, M. K.] Antwort und nicht Frage"[24] – mit dieser Aussage ist ein Teil der gegenwärtigen Krise der Kirche beschrieben. Nicht zuletzt von der Krankenhausseelsorge könnte Kirche wieder lernen, was es für Menschen bedeutet, die unter den Bedingungen von Krankheit ihr Selbstverständnis, ihre Lebensperspektive, ihren Glauben neu entwerfen wollen und müssen, zum Fragen und Suchen ermutigt zu werden, dafür Raum und Begleitung angeboten zu bekommen.

---

23 Noll, Diktate, 75.
24 Bastian, Theologie, 318.

Verzeichnis der Autorinnen und Autoren

BOLAY, WINFRIED, geb. 1946. Klinikseelsorger am Geriatrischen Zentrum Bethanien in Heidelberg. Mitarbeit am Institut für Klinische Seelsorgeausbildung der Erzdiözese Freiburg in Heidelberg. *Veröffentlichungen*: Miteinander Wege suchen, Behinderte und Nichtbehinderte, Hannover 1982; In Würde alt werden, Stuttgart 1991; Sterbebegleitung, Wiesbaden 1994

CHRIST-FRIEDRICH, Anna, geb. 1954. Dr. theol., Pfarrerin, Referentin für Fort- und Weiterbildung, Supervisorin (DGfP/KSA). Veröffentlichungen: Der verzweifelte Versuch zu verändern. Suizidales Handeln als Problem der Seelsorge. Göttingen 1998; verschiedene Artuikel zum Thema Suizid.

DUESBERG, HANS, geb. 1938. Dr. phil., Krankenhausseelsorger in Neuwied. Supervisor (DGfP/KSA) *Veröffentlichungen*: Person und Gemeinschaft. Bonn 1970

EIBACH, ULRICH, geb. 1942. apl. Professor für Systematische Theologie an der Universität Bonn, Klinikseelsorger an den Uni-Kliniken Bonn, Besuftragter der EkiR für Fortbildung und Ethik in Biologie und Medizin. *Veröffentlichungen*: Medizin und Menschenwürde Wuppertal (1976) 1997⁵; Experimentierfeld: Werdendes Leben, Göttingen 1983; Gentechnik – Der Griff nach dem Leben. Wuppertal 1988²; Theologie in Seelsorge, Beratung und Diakonie, Bd. 1–3, Neukirchen-Vluyn 1991 – 92; Sterbehilfe-Tötung aus Mitleid? Euthanasie und ‚lebenswertes' Leben, Wuppertal 1998; Menschenwürde an den Grenzen des Lebens – Einführung in Fragen der Bioethik aus christlicher Sicht, Neukirchen-Vluyn 2000

FELD, THOMAS, geb. 1958. Pfarrer an der westfälischen Klinik für Psychiatrie in Gütersloh. *Veröffentlichungen*: Aufsätze zur Psychiatrie-Seelsorge

FRÖR, PETER, geb. 1942. Seit 1972 Krankenhauspfarrer in Bethel und Bayreuth, seit 1985 am Universitätsklinikum München-Großhadern. Supervisor (DGfP/KSA).

GESTRICH, REINHOLD, geb. 1943. Krankenhauspfarrer am Zentrum für Psychiatrie Bad Schussenried; Supervisor(DGfP/KSA). *Veröffentlichungen*: Am Krankenbett. Seelsorge in der Klinik. Stuttgart 1990²; Gespräche mit Schwerkranken. Stuttgart 1998, Die Seelsorge und das Unbewußte, Stuttgart 1998

HABBEN, ILSE, geb. 1936, Pfarrerin, Supervisorin (DGfP/KSA), Beauftragte für den Ev. Seelsorgedienst im Krankenhaus in der Hannoverschen Landeskirche.

HEZSER, GABOR, geb. 1946. Dr. theol., Krankenhauspastor in den von Bodelschwinghschen Anstalten Bethel. Supervisor am Seelsorginstitut an der Kirchlichen Hochschule Bethel, Familientherapeut (IFW), Lehraufträge an ungarischen theologischen Fakutäten in Debrecen und Budapest. *Veröffentlichungen*: Beistand als Grundfunktion der Seelsorge. Bethel 1983. Ungarische Veröffentlichungen zur Pastoralpsychologie.

JOHANNS, ULRIKE, geb. 1954. Pfarrerin in der Flughafen-Seelsorge am Flughafen Frankfurt Main. Bis 1997 Krankenhauspfarrerin. Supervisorin (DGfP/KSA), Mitarbeiterin am Seminar für Seelsorge, Frankfurt am Main.

KITTELBERGER, BARBARA, geb. 1954. Lehrsupervisorin (DGfP/KSA), Paar- und Familientherapeutin, seit 1991 Krankenhauspfarrerin in München mit dem Schwerpunkt: Seelsorge für Menschen und deren Angehörige, die von HIV und AIDS betroffen sind. Lehrsupervisorin (DGfP) und Paar- und Familientherapeutin (GaG). *Veröffentlichungen*: (Hg), Was auf dem Spiel steht. Diskussionsbeiträge zu Homosexualität und Kirche. München 1993

KLESSMANN, MICHAEL, geb. 1943. Dr. theol., Professor für Praktische Theologie an der Kirchlichen Hochschule Wuppertal. Bis 1998 als Lehrsupervisor (DGfP/KSA) und Krankenhausseelsorger in den von Bodelschwinghschen Anstalten Bethel tätig. *Veröffentlichungen*: Identität und Glaube. München/Mainz 1980; Ärger und Aggression in der Kirche, Göttingen 1992. Zahlreiche Aufsätze zu Seelsorge, Krankenhausseelsorge und Pastoralpsychologie.

MIETHNER, REINHARD, geb. 1929. Pfarrer i.R., Supervisor (DGfP/KSA und EKfuL), bis 1994 Studienleiter am Seminar für Seelsorge der EKHN in Frankfurt. *Veröffentlichungen*: (zus. mit H.Andriessen) Praxis der Supervision. Heidelberg 1994[3], Übersetzungen und Aufsätze zu Pastoralpsychologie und Seelsorge.

PIPER, HANS CHRISTOPH, geb. 1930. Bis 1992 Krankenhausseelsorger und Leiter des Pastoralklinikums Hannover. Apl. Professor für Pastoralpsychologie an der Universität Göttingen. *Veröffentlichungen*: Gesprächsanalysen. Göttingen 1994[6]; Kranksein, Erleben und Lernen, ebd. 1992[5]; Gespräche mit Sterbenden, ebd. 1990[4]; Kommunizieren lernen in Seelsorge und Predigt, ebd. 1981. Zahlreiche Aufsätze.

PIPER, IDA, bis 1993 Krankenhausseelsorgerin in Hannover. *Veröffentlichungen*: Schwestern reden mit Patienten.(zus. mit H.Chr. Piper), Göttingen 1993[6]; Begleitende Seelsorge – Raum für Gottesbegegnungen, 1991.

PULHEIM, PETER, geb. 1948. Diplomtheologe und Diplompsychologe. Supervisor (DGfP/KSA). Krankenhausseelsorger am Geriatrischen Zentrum Bethanien Heidelberg. Leiter des Instituts für Klinische Seelsorgeausbildung der Erzdiözese Freiburg in Heidelberg. *Veröffentlichungen*: Zahlreiche Aufsätze zur Krankenhausseelsorge.

SCHÄFER-BREITSCHUH, UTA, geb. 1945. Krankenhauspfarrerin am Klinikum Hannover/ Oststadtkrankenhaus; Supervisorin (DGfP/KSA)

SCHLAUDRAFF, UDO, geb. 1935, Pastor i.R. 1979–1994 Klinikseelsorger am Universitätsklinikum Göttingen, bis 1999 stellv. Direktor am Zentrum für Gesundheitsethik in Hannover. *Veröffentlichungen u.a.*: Ethik in der Medizin (Hg), Berlin/ Heidelberg 1987; Aspekte der Therapieverweigerung bei Kindern aus theologisch-anthropologischer Sicht. In: C.Dierks/T.Graf-Baumann/H.G.Lenard(Hg), Therapieverweigerung bei Kindern und Jugendlichen. Berlin/Heidelberg 1995

SIEGRIST, JOHANNES, geb. 1943. Dr. med., Professor für Medizinische Soziologie und Beauftragter für den Zusatzstudiengang „Gesundheitswissenschaften und Sozialmedizin" der Medizinischen Fakultät der Heinrich Heine Universität Düsseldorf. *Veröffentlichungen* u.a.: Arbeit und Interaktion im Krankenhaus, Stuttgart 1978; Medizinische Soziologie, München/Wien/Baltimore 1995[5]; Soziale Krisen und Gesundheit, Göttingen 1996.

STÄDTLER-MACH, BARBARA, geb. 1956, Dr. theol., Pfarrerin, Klinikseelsorgerin an der Cnopf'schen Kinderklinik in Nürnberg. Seit 1995 Professorin an der Ev. Fachhochschule Nürnberg. *Veröffentlichungen:* Das evangelische Krankenhaus. Entwicklungen – Erwartungen – Entwürfe. Ammersbek bei Hamburg 1993. Seelsorge mit Kindern, Erfahrungen im Krankenhaus, Göttingen 1998. Aufsätze zur Kinderkrankenhausseelsorge und Fragen der Ethik in Pflege und Pflegemanagment.

STILLER, HARRY, geb. 1959. Seit 1993 Klinikpfarrer am Geriatrischen Zentrum Bethanien Heidelberg; stellvertretender Leiter des Instituts für Klinische Seelsorgeausbildung der Erzdiözese Freiburg in Heidelberg.

STOLLBERG, DIETRICH, geb. 1937. Dr. theol., Professor für Praktische Theologie an der Philipps-Universität Marburg. *Veröffentlichungen* u.a.: Seelsorge durch die Gruppe, Göttingen 1971; Wahrnehmen und Annehmen – Seelsorge in Theorie und Praxis. Gütersloh 1978; Predigt praktisch, Göttingen 1979; Liturgische Praxis, ebd. 1993. Zahlreiche Aufsätze.

STROHAL, WALTER, geb. 1948. Pfarrer der Ev. Landeskirche in Würtemberg in verschiedenen Funktionen in Gemeinde, Krankenhaus, Diakonie und Kirchenleitung. Seit 2000 Personalreferent.

Literaturverzeichnis

Agende für evang.-luth. Kirchen und Gemeinden, Reihe Gottesdienst 17, Bd. 3 (Dienst am Kranken), Hannover/Hamburg 1990

Amelung, E. (Hg), Ethisches Denken in der Medizin. Ein Lehrbuch. Berlin/Heidelberg 1992

Angermeyer, M.G./Finzen, A. (Hg), Die Angehörigengruppe. Stuttgart 1984

Arieti, S., Schizophrenie. Ursachen, Verlauf, Therapie, Hilfen für Betroffene. München 1990[4]

Ders./Bemporad, J., Depression. Krankheitsbild, Entstehung, Dynamik und psychotherapeutische Behandlung. Stuttgart 1983

Arnold, M./Paffrath, D. (Hg), Krankenhaus-Report 1994. Stuttgart/Jena 1994

Asmussen, H., Die Seelsorge. München 1934[2]

Bach, U., Getrenntes wird versöhnt, Neukirchen 1991

Bachmann, I., Die Wahrheit ist dem Menschen zumutbar. In: Dies., Die Wahrheit ist dem Menschen zumutbar. München 1981, 75–77

Bade, J., Depression und Segen. Zur seelsorgerlichen Begegnung mit depressiven Menschen. Münster 2000.

Bäuml, J., Psychosen aus dem schizophrenen Formenkreis. Berlin/Heidelberg 1994

Baeyer, W. von, Der Begriff der Begegnung in der Psychiatrie. In: Der Nervenarzt 26 (1955), 369–375

Barth, K., Kirchliche Dogmatik III/4, Zollikon 1951

Bastian, H.D., Theologie der Frage. München 1969

Bateson, G., Die Kybernetik des ‚Selbst': Eine Theorie des Alkoholismus. In: Ders., Ökologie des Geistes. Frankfurt 1990[3]

Becher, W. (Hg), Seelsorgeausbildung. Göttingen 1976

Beck, U., Risikogesellschaft, Frankfurt 1986

Beck-Gernsheim, E., Gesundheit und Verantwortung im Zeitalter der Gentechnologie. In: U. Beck/Dies. (Hg), Riskante Freiheiten. Frankfurt 1994, 316–335

Benedetti, G., Todeslandschaften der Seele. Göttingen 1994[4]

Benzer, H./Burchardi, H./Larsen, R./Suter, P.M. (Hg), Intensivmedizin. Berlin, Heidelberg, New York 1993[6]

Bettelheim, B., Zeiten mit Kindern. Freiburg 1994

Bittner, W., Heilung – Zeichen der Herrschaft Gottes. Neukirchen 1984

Bliesener, T./Hausendorf, H./Scheytt, C., Klinische Seelsorgegespräche mit todkranken Patienten. Berlin/Heidelberg 1988

Bleuler, M., Schizophrenie als besondere Entwicklung. In: Dörner, K. (Hg), Neue Praxis braucht neue Theorie. Gütersloher Fortbildungswoche 1986. Gütersloh 1987

Bloch, A./Bersier, A.L., Die Psychologie des Koronarpatienten. Folia Psychopractica, Hoffmann-La Roche, Basel, Nr. 8, 1979

Blome, A., Frau und Alter. „Alter" – eine Kategorie feministischer Befreiungstheologie. Gütersloh 1994

Bobzin, D., Seelsorge im Kinderkrankenhaus – Versuch eines Konzepts. WzM 39 (1987), 403–411

Bock, Th. et al., Hand-werks-buch Psychiatrie. Bonn 1991

Ders., Wissen um Psychosen – 20 Thesen. In: Ders u.a. (Hg), Stimmenreich. Bonn 1992

Böhm, E., Ist heute Montag oder Dezember? Erfahrungen mit der Übergangspflege. Bonn 1992

Ders., Verwirrt nicht die Verwirrten. Neue Ansätze geriatrischer Krankenpflege. Bonn 1990[4]

Ders., Alte verstehen. Grundlagen und Praxis der Pflegediagnose. Bonn 1992[2]

Ders., Pflegediagnose nach Böhm. Ein Konzept zur Befindensverbesserung von Patienten und Pflegepersonal. Basel 1990[2]

Boff, L., Kleine Sakramentenlehre. Düsseldorf 1980[4]

Boisen, A., The Exploration of the Inner World. Chicago 1936

Bolay, W., Sterbebegleitung. Wiesbaden 1994

Bonhoeffer, D., Gemeinsames Leben. München 1953[7]

Ders., Ethik. München 1966[7]

Bonhoeffer, Th., Ursprung und Wesen der christlichen Seelsorge. München 1985

Bohren, R., Daß Gott schön werde … Praktische Theologie als Ästhetik. München 1975

Borch, P. et al., Suizidprophylaxe als Aufgabe kirchlicher Diakonie. Suizidprophylaxe 3. Sonderheft, Stuttgart 1982

Boss, M., Beispiele für den Einfluß einer Psychotherapie auf die religiöse Einstellung von Analysanden. In: Theologia Practica 1 (1966), 222–234

Bowers, M.K., Wie können wir Sterbenden beistehen? München 1971

Boysen, D. und J., Beiträge zur Verbesserung des Kirchen- und Schulwesens in protestantischen Ländern I/2, 1797

Braun, H.O. (Hg), Seelsorge am kranken Kind. Stuttgart 1983

Bronisch, Th., Der Suizid. Ursachen – Warnsignale – Prävention. München 1999.

Buber, M., Die Erzählungen der Chassidim. Zürich 1949

Ders., Schuld und Schuldgefühle. Heidelberg 1958

Ders., Das dialogische Prinzip. Heidelberg 1962

Capra, F./Steindl-Rast, D., Wendezeit im Christentum. Perspektiven für eine aufgeklärte Theologie. München 1991

Christ-Friedrich, A., Der verzweifelte Versuch zu verändern. Suizidales Handeln als Problem der Seelsorge. Göttingen 1998.

Christian-Widmaier, Petra, Das Krankenhaus als eine Welt voll potentieller Kommunikation. Pastoraltheol. 83 (1994), 261–272

Clinebell, H.J., Modelle beratender Seelsorge. München/Mainz 1971

Commercon, M., Mut zum Träumen – Kraft zum Kämpfen. Bergisch Gladbach 1995

Condrau, G./Gassmann, M., Das verletzte Herz. Frankfurt 1995

Coward, R., Nur Natur? Die Mythen der Alternativmedizin. München 1995

Daiber, K.F., Religion unter den Bedingungen der Moderne. Die Situation in der Bundesrepublik Deutschland. Marburg 1995

Dahm, K.W., Beruf: Pfarrer. München 1971

Degen, J., Distanzierte Integration. Materialien zur Seelsorge in den Strukturen des Krankenhauses. WzM 32 (1980), 2–14

Dethlefsen, Th., Schicksal als Chance. München 1987

Ders./Dahlke, R., Krankheit als Weg. Gütersloh 1983

Diepgen, P., Über den Einfluß der autoritativen Theologie auf die Medizin des Mittelalters. (AAWLM.G Nr. 1) Wiesbaden 1958

Dieterich, M. (Hg), Seelsorge mit Kindern. Stuttgart 1993

Doebert, H., Neuordnung der Seelsorge. Göttingen 1967

Dörner, K., Thesen zu ,Aggression im Krankenhaus'. WzM 38 (1986), 422–429

Dörner, K., Ausgewählte Schriften, hg. Von M. Bührig u.a., Gütersloh 1996

Ders./Plog, U., Irren ist menschlich. Bonn 1990

Doress, P.B./Siegal, D.L., The Midlife and Older Women Book Project in Zusammenarbeit mit The Boston Women's Health Book Collective, Unser Körper – Unser Leben. Über das Älterwerden. Ein Handbuch für Frauen. Reinbek 1991

Dorst, B., „Menschen belasten dich? Trag' sie nicht auf deinen Schultern, schließ sie in dein Herz" (H. Camara). WzM 41 (1989) 221 ff.

Duden, B., Geschichte unter der Haut. Ein Eisenacher Arzt und seine Patientinnen um 1730. Stuttgart 1987

Eberhardt, H., Praktische Seel-Sorge-Theologie. Bielefeld 1993[2]

Eibach, U., Heilung für den ganzen Menschen? Neukirchen 1991

Ders., Der leidende Mensch vor Gott. Neukirchen 1991

Ders., Seelische Krankheit und christlicher Glaube. Neukirchen 1992

Ders., Medizin und Menschenwürde. Wuppertal 1993[4]

Ders., Menschenwürde an den Grenzen des Lebens – Einführung in Fragen der Bioethik aus christlicher Sicht. Neukirchen-Vluyn 2000

Eisele, Günther, Zur Aufwertung der Krankenhaus-Seelsorge. Die Innere Mission 63 (1973), 320–328

Entralgo, P.L., Heilkunde in geschichtlicher Entscheidung. Salzburg 1950

Ders., Arzt und Patient. Zwischenmenschliche Beziehungen in der Geschichte der Medizin. München 1969

Ermann, M./Seifert, Th. (Hg), Die Familie in der Psychotherapie. Berlin 1985

Faber, H., Der Pfarrer im modernen Krankenhaus. Gütersloh 1970

Ders./van der Schoot, E., Praktikum des seelsorgerlichen Gesprächs. Göttingen 1968

Federschmidt, K. u.a. (Hgr.), Handbuch der interkulturellen Seelsorge. Neukirchen-Vluyn, 2001

Feil, N., Validation. Ein neuer Weg zum Verständnis alter Menschen. Wien 1992[3]

Feld, Th., Wahn, Religion und Seelsorge in der Psychiatrie. WzM 46 (1994), 369–376

Fichtner, H., Handbuch der evangelischen Krankenseelsorge, 2 Bde. Schwerin 1929

Ders., Kompendium der Krankenhausseelsorge. Berlin 1957

Finzen, A., Schizophrenie. Bonn 1993

Fowler, J.W., Stufen des Glaubens. Die Psychologie der menschlichen Entwicklung und die Suche nach Sinn. Gütersloh 1991

Frankl, V.E., Der Mensch auf der Suche nach Sinn. Freiburg 1972

Friedmann, M./Rosenman, R., Der A-Typ und der B-Typ. Hamburg 1975

Friedrich, H., Die Klinikseelsorgerin und der Klinikseelsorger im Dickicht von Zweckrationalität und Krankenhaussubkultur, WzM 48 (1996), 164–175

Friedrich, H./Spoerri, O./Stemann-Acheampong, S., Mißbildung und Familiendynamik. Kinder mit Spina bifida und Hydrocephalus in ihren Familien. Göttingen 1992

Frisch, M., Tagebuch 1966–1971. Frankfurt 1979

Frör, P., Seelsorge und Institution. Zu einem vernachlässigten Aspekt der Krankenhausseelsorge. WzM 32 (1980), 14–21

Gärtner, H.W., Zwischen Management und Nächstenliebe. Zur Identität des kirchlichen Krankenhauses. Mainz 1994

Geest, H. van der, Unter vier Augen. Zürich 1986

Gestrich, R., Am Krankenbett. Seelsorge in der Klinik. Stuttgart 1990²

Ders., Hirten füreinander sein – Seelsorge in der Gemeinde. Stuttgart 1990

Ders., Die Seelsorge und das Unbewußte. Stuttgart/Berlin 1998.

Glaser, B./Strauß, A., Interaktion mit Sterbenden. Göttingen 1974

Goffman, E., Asyle. Frankfurt 1973

Grewel, H., Recht auf Leben. Drängende Fragen christlicher Ethik. Göttingen 1990

Grethlein, Chr., Andere Handlungen in der Kasualpraxis. III Krankensegnung/Krankensalbung. In: Bieritz, K.H./Schmidt-Lauber, Chr. (Hg), Handbuch der Liturgik, Göttingen 1995, 965–970

Grözinger, A., Seelsorge als Rekonstruktion von Lebensgeschichte. WzM 38 (1986), 178–188

Ders., Praktische Theologie und Ästhetik. München 1991²

Ders., Differenz-Erfahrung. Seelsorge in der multikulturellen Gesellschaft. Waltrop 1994

Grossarth-Maticek, R., Krankheit als Biographie. Ein medizinsoziologisches Modell der Krebsentstehung und -therapie. Köln 1979

Gümmer, M./Döring, J., Im Labyrinth des Vergessens. Hilfen für Altersverwirrte und Alzheimerkranke. Bonn 1994

Habermas, J., Philosophisch-politische Profile. 1991²

Handbuch der Seelsorge, hg. von Blühm, R./Funk, H. u.a. Berlin 1983

Haenel, Th., Suizidhandlungen. Neue Aspekte der Suizidologie. Berlin/Heidelberg/New York 1989

Halhuber, M.J., Der Herzinfarkt-Patient als psychosomatisch Kranker in der Rehabilitation. In: Der Herzinfarktpatient als psychosomatische Erkrankung in der Rehabilitation. forum cardiologicum 16, Mannheim 1980, 9–24

Härtling, P., Herzwand. Mein Roman. Frankfurt 1990

Hardeland, A., Geschichte der speciellen Seelsorge in der vorreformatorischen Kirche und der Kirche der Reformation. Berlin 1898

Harnack, A., Medicinisches aus der ältesten Kirchengeschichte. Leipzig 1892

Harsch, H., Alkoholismus. Schritte zur Hilfe für Abhängige, deren Angehörige und Freunde. Gütersloh 1993⁵

Hartmann, F., Krank oder bedingt gesund? MMG 11 (1986), 170–179

Hartmann, G., Lebensdeutung. Theologie für die Seelsorge. Göttingen 1993

Haustein, M., Gottesdienst und Seelsorge. In: Bieritz, K.H./Schmidt-Lauber, H.Chr. (Hg), Handbuch der Liturgik, Leipzig/Göttingen 1995, 637–645

Heim, E./Willi, J., Psychosoziale Medizin, Bd. 1 und 2. Heidelberg 1986
Heller, A., Kultur des Sterbens. Freiburg 1994
Heller, A./Heimert, K./Husebö, St., Wenn nichts mehr zu machen ist, ist noch viel zu tun. Wie alte Menschen sterben können. Freiburg 2000[2]
Henseler, H., Zur Psychodynamik des Selbstmords. Opladen 1984[2]
Herschbach, P., Psychische Belastung von Ärzten und Krankenpflegekräften. Weinheim 1991
Hertzsch, Seelsorge am Seelsorger. In: Handbuch der Seelsorge, hg. von R. Blühm u.a. Berlin 1983
Herzlich, C./Pierret, J., Kranke gestern, Kranke heute. Die Gesellschaft und das Leiden. München 1991
Hezser, G., Wenn die Verbundenheit entzweit ... Betrachtungen über eine interkulturelle Familienseelsorge in der Psychiatrie. WzM 47 (1995), 417–421
Hieber, A./Lukatis, I., Zwischen Engagement und Enttäuschung: Frauenerfahrungen in der Kirche. Hannover 1994
Höffe, O., Moral als Preis der Moderne. Ein Versuch über Wissenschaft, Technik und Umwelt. Frankfurt 1993
Holst, L.E./Marty, M.E. (Hg), Hospital Ministry. The Role of the Chaplain Today. New York 1991
Honecker, M., Christus medicus. In: Wunderli 1986, 27–43
Ders., Grundriß der Sozialethik. Berlin/New York 1995
Honneth, A. (Hg), Kommunitarismus. Eine Debatte über die moralischen Grundlagen moderner Gesellschaften. Frankfurt/New York 1993
Jäger, A., Modernes Management in der Diakonie – Chancen und Gefahren. WzM 44 (1992), 204–213
Jens, W./Küng, H., Menschenwürdig sterben. München 1995
Jetter, D., Hospitalgeschichte. In: Artelt, W./Ruegg, W. (Hg), Der Arzt und der Kranke in der Gesellschaft des 19. Jahrhunderts. Stuttgart 1967
Jörns, K.P., Nicht leben und nicht sterben können. Suizidgefährdung – Suche nach dem Leben. Göttingen 1986[2]
Josuttis, M., Der Pfarrer ist anders. Aspekte einer zeitgenössischen Pastoraltheologie. München 1982
Jüngel, H., Die rechtlichen Grundlagen der Seelsorge im Krankenhaus. Ev. Krankenpflege 1970, H. 2
Kahlke, W./Reiter-Theil, S. (Hg), Ethik in der Medizin. Stuttgart 1995
Kantor, D./Lehr, W., Inside the Family. San Francisco 1977
Kantor, H./Wolfersdorf, M., Zum Problem der Hinterbliebenen. Suizidprophylaxe 20 (1993), 81–98
Kappauf, H./Gallmeier, W.M., Nach der Diagnose Krebs – Leben ist eine Alternative. Freiburg 1995
Karle, I., Seelsorge in der Moderne. Eine Kritik der psychoanalytisch orientierten Seelsorgelehre. Neukirchen-Vluyn 1996
Keller, Th. (Hg), Sozialpsychiatrie und systemisches Denken. Bonn 1988
Klessmann, M., Identität und Glaube. München/Mainz 1980
Ders., In der Krise begleiten. Probleme und Aufgaben des Pfarrers am Krankenbett. EK 16 (1983), 543–547
Ders., Aggression in der Seelsorge. WM 38 (1986), 410ff.

Ders., Seelsorge zwischen individuellem Trost und politischem Anspruch. WzM 40 (1988), 394–404

Ders., Seelsorge im Krankenaus: Überflüssig – wichtig – ärgerlich! WzM 42 (1990), 421 ff.

Ders., Ärger und Aggression in der Kirche. Göttingen 1992

Ders., Aggression im Krankenhaus. Eine helfende Institution und ihre Widersprüche. In: Pflege-Zeitschrift 47 (1994), 495–499

Ders., Stabile Identität – brüchiges Leben? WzM 46 (1994), 289 ff.

Ders., Die Suche nach Sinn in der Krankheit. Praktische Theologie 30 (1995), 158–169

Ders., Seelsorge in der Psychatrie – eine andere Sicht vom Menschen?, WzM 48 (1996), 25–36

Ders./I. Liebau (Hg), Leiblichkeit ist das Ende der Werke Gottes. Körper – Leib – Praktische Theologie. FS für D. Stollberg. Göttingen 1997

Ders., Was ist der Mensch – in Krankheit und Gesundheit? Anthropologische Ansätze verschiedener Krankheits- und Gesundheitsverständnisse. WzM 51 (1999), 396–410

Koch, U./Schmeling, Chr., Betreuung von Schwer- und Todkranken. München 1982

Köhle, K./Joraschky, P., Die Institutionalisierung der psychosomatischen Medizin im klinischen Bereich. In: Th. von Uexküll (Hg), Psychosomatische Medizin. München 1986

Ders./Simons, C./Kubanek, B., Zum Umgang mit unheilbar Kranken. In: Th. von Uexküll, Psychosomatische Medizin. München 1986

Kohlmann, Th., Patient und Organisation. WzM 38 (1986), 391–400

Ders./Freigang-Bauer, I./Nolte, B., Krankheitsverständnis und Arbeitsorganisation im Krankenhaus. Vervielfältigtes Manuskript Universität Marburg 1986

Körtner, U., Der sogenannte Ganztod. Anthropologische und medizinethische Aspekte der Hirntodkontroverse. Lutherische Monatshefte 3/1995, 12–15

Körtner, U. Unverfügbarkeit des Lebens? Grundfragen der Bioethik und der medizinischen Ethik, Neukirchen-Vluyn, 2001

Kohut, H., Narzißmus. Franfurt 1990[7]

Konzeption und Standards in der Krankenhausseelsorge, hg. von der Konferenz für Krankenhausseelsorge in der EKD, 1994. WzM 46 (1994), 430–32

Kooij, C. van der, Verstehende Betreuung in der psychogeriatrischen Praxis. In: RBS-Bulletin. Das Luxemburger Fachblatt für Altersfragen. Nr. 13, 1994, 3–9

Krämer, W., Die Krankheit des Gesundheitswesens. Die Fortschrittsfalle der modernen Medizin. Frankfurt 1989

Ders., Wir kurieren uns zu Tode. Die Zukunft der modernen Medizin. Frankfurt/New York 1993

Krankenhausseelsorge heute. Themenheft der Zeitschrift WzM 29 (1977), H. 1

Krankenhausseelsorge. Themenheft der Zeitschrift WzM 423 (1990). H. 7

Krankenhausseelsorge. Eine volkskirchliche Herausforderung. Positionspapier zur Krankenhausseelsorge in Bayern. Maschinenschriftlich 1992

Kröger, Gisela, Sterben und Tod in einer neurologischen Klinik – Erfahrungen einer Pastorin in eineinhalb Jahren. Fortschr. Neurol. Psychiat. 51 (1983), 399–408

Krüger, D., Soziales Ehrenamt und veränderte Familienformen. In: Zum Weitergeben. Arbeitshilfen der Ev. Frauenhilfe in Deutschland. Ausgabe 1, Januar 1991

Dies., Struktureller Wandel des sozialen Ehrenamtes. In: Zeitschrift für Frauenforschung, H.9, 1993

Kruse, W./Nikolaus, Th. u.a., Geriatrie. Berlin u.a. 1992

Kübler-Ross, E., Über den Tod und das Leben danach. Stuttgart 1987[7]

Kürten, C./Dörner, K., Erfolgreich behandeln – amselig sterben. Macht und Ohnmacht im Krankenhaus und Heim. Gütersloh 1993

Kuitert, H.M., Das falsche Urteil über den Suizid. Gibt es eine Pflicht zu leben? Stuttgart 1986

Lange, D., Ethik in evangelischer Perspektive. Göttingen 1992

Lenzen, V., Selbsttötung. Ein philosophisch-theologischer Diskurs mit einer Fallstudie über Cesare Pavese. Düsseldorf 1987

Lewis, M., Scham. Annäherung an ein Tabu. Hamburg 1993

Lexikon Medizin-Ethik-Recht, hg. von A. Eser u.a., Freiburg 1992

Lindner, H., Kirche am Ort. Stuttgart/Berlin/Köln 1994

Loewy, E.H., Ethische Fragen in der Medizin. Wien/New York 1995

Lorde, A., Krebstagebuch. Berlin 1994

Lothrop, H., Gute Hoffnung – jähes Ende. Ein Begleitbuch für Eltern, die ihr Baby verlieren, und alle, die sie unterstützen wollen. München 1991

Lübbe, H., Im Zuge der Zeit. Verkürzter Aufenthalt in der Gegenwart. Berlin/Heidelberg 1992

Lückel, K., Begegnung mit Sterbenden. München 1981

Luther, H., Leben als Fragment. WzM 43 (1991), 262ff.

Ders., Religion und Alltag. Bausteine zu einer praktischen Theologie des Subjekts. Stuttgart 1992

Luther, M., Werke. Kritische Gesamtausgabe. Weimar 1888ff.

Mahler, E., Zum Stellenwert der psychosomatischen Medizin in der gegenwärtigen Gesundheitspolitik am Beispiel der Rehabilitation von Herzinfarktpatienten. In: Der Herzinfarktpatient als psychosomatische Erkrankung in der Rehabilitation. forum cardiologicum 16, Mannheim 1980, 25–34

Marperger, B.W., Getreue Anleitung zur wahren Seelencur bey Krancken und Sterbenden. Nürnberg 1717

Marty, M.E./Vaux, K.L., Health/Medicine and the Faith Traditions. Philadelphia 1982

Matouschek, E. (Hg), Arzt und Tod. Verantwortung, Freiheiten und Zwänge. Stuttgart 1989

Mayer-Scheu, J., Seelsorge im Krankenhaus. Mainz 1977

Ders./Reiner, A., Heilszeichen für Kranke. Krankensalbung heute. Kevelaer 1975

Ders./Kautzky, R. (Hg), Vom Behandeln zum Heilen. Die vergessene Dimension im Krankenhaus. Wien/Göttingen 1980

Melchers, E. und H., Das große Buch der Heiligen. Geschichte und Legende im Jahreslauf. München 1985[8]

Mentzos, S., Depression und Manie. Psychodynamik und Therapie affektiver Störungen. Göttingen 1995

Metz, J.B., Glaube in Geschichte und Gesellschaft. Mainz 1977

Mindell, A., Schlüssel zum Erwachen. Sterbeerlebnisse und Beistand im Koma. Olten/Freiburg 1989

Mindell, A., Koma – Ein Weg der Liebe. Ratgeber für Familie, Freunde und Helfer. Petersberg, 2000

Ders., Der Leib und die Träume. Prozeßorientierte Psychologie in der Praxis. Paderborn 1990

Mitscherlich, A., Krankheit als Konflikt. 2 Bde. Frankfurt 1979[4]

Morgenthaler, Chr., Trauer und Familie. WzM 1994, 310–329

Nagel, E./Fuchs, C., Rationalisierung und Rationierung im deutschen Gesundheitswesen, Stuttgart 1998

Naurath, E., Seelsorge als Leibsorge. Perspektiven einer leiborientierten Krankenhausseelsorge. Stuttgart/Berlin 2000

Niederle, N./Aulbert, E. (Hg), Der Krebskranke und sein Umfeld. Stuttgart 1987

Noll, P., Diktate über Sterben und Tod. Zürich 1984

Noteboom, C., Die wiedergefundene Zeit. Frankfurter Rundschau vom 12.9. 1995, 8

Nüchtern, M., Die Lebenskrise Krankheit im Spiegel biblischer Erfahrungen. Konstanz 1989

Ders., Medizin – Magie – Moral. Mainz/Stuttgart 1995

Ohlmeier, D., Gruppenpsychotherapie mit Herzinfrakt-Patienten. In: Der Herzinfarktpatient als psychosomatische Erkrankung in der Rehabilitation. forum cardilogicum 16, Mannheim 1980, 169–179

Ornish, D., Revolution der Herztherapie. Stuttgart 1992

Ostermann, Horst, Krankenhausseelsorge – Kooperationsmodell Waldbröl. Das Krankenhaus 11 (1990), 479–484

Pannenberg, W., Religion und menschliche Natur. In: Ders. (Hg), Sind wir von Natur aus religiös? Schriften der katholischen Akademie in Bayern Bd. 120, Düsseldorf 1986

Pastorale Macht. Foucaults Auseinandersetzung mit dem Christentum. Themenheft WzM 47 (1995), H. 2

Person und Institution. Volkskirche auf dem Weg in die Zukunft. Hg von der EKHN. Frankfurt 1992[3]

Picht, G., Zum philosophischen Begriff der Ethik. ZEE 1978

Piechowiak, W., Religion und Gesundheit. In: Ders., Eingriffe ins menschliche Leben. Frankfurt 1987, 119–132

Piper, H.Chr., Klinische Seelsorge-Ausbildung. Berliner Hefte für evangelische Krankenhausseelsorge, Nr. 30. Berlin 1972

Ders., Kommunizieren lernen in Seelsorge und Predigt. Göttingen 1981

Ders., Das Menschenbild in der Seelsorge. WzM 40 (1988), 386–393

Ders., Gespräche mit Sterbenden. Göttingen 1990[4]

Ders., Krankenhausseelsorge heute. Berliner Hefte für ev. Krankenseelsorge 51, Berlin 1994[3]

Piper, I., Begleitende Seelsorge – Raum für Gottesbegegnungen. Berliner Hefte für ev. Krankenseelsorge 57, Berlin 1991

Pohl-Patalong, U., Seelsorge zwischen Individuum und Gesellschaft. Stuttgart/Berlin 1996

Pompey, H., Die Bedeutung der Medizin für die kirchliche Seelsorge im Selbstverständnis der sog. Pastoralmedizin. 1968 (UTS 23)

Probst, Chr., Das Hospitalwesen im hohen und späten Mittelalter und die geistliche und gesellschaftliche Stellung des Kranken. In: Medizin im mittelalterlichen Abendland, hg. von G. Baader/G. Keil, Darmstadt 1982 (WdF 363), 260–274

Pulheim, P., Ich will nicht als Spezialist für Sterbebegleitung im Krankenhaus funktionieren. In: T.R. Peters, Theologisch-politische Protokolle. München/Mainz 1981, 28–42

Ders., Wahrnehmen und Beten – Das Leben von Kranken im Krankenhaus zur Sprache bringen. In: H.F. Angel/U. Hemel (Hg), Basiskurse im Christsein. FS W. Nastainczyk. Frankfurt/Bern u.a. 1992, 351–358

Ders., Wahrnehmung und Wahrhaftigkeit in der Begegnung mit Kranken. In: Lebendige Seelsorge 44 (1993), 78–81

Ders., Aspekte der Krankenhausseelsorge als Beitrag zur Subjektwerdung und Solidarität. In: A. Kurme/H.J. Klose/H.J. Beer (Hg), Psychosoziale Aspekte bei Hämophilie und HIV. Stuttgart/New York 1994, 126–129

Ders., Das Krankenhaus: Ort des Sterbens, Ort des Gebets, Ort der Toten. In: Lebendige Seelsorge 46 (1995)

Raspe, H.H., Aufklärung und Information im Krankenhaus. Göttingen 1983

Rausch, K., Suizidsignale in der sozialen Interaktion – und Auswege in der Therapie. Regensburg 1991

Rauschenbach, Th., Vom öffentlichen Nutzen des sozialen Ehrenamtes. In: Müller, Rauschenbach, Th. (Hg), Das soziale Ehrenamt. Weinheim/München 1988

Reicke, S., Das deutsche Spital und sein Recht im Mittelalter, 2. Teil. Stuttgart 1932 (KRA 111/112)

Reiner, A./Kulessa, Chr., Ich sehe keinen Ausweg mehr. Suizid und Suizidverhütung. Konsequenzen für die Seelsorge. München/Mainz 1981[3]

Reiter, L. et al. (Hg), Von der Familientherapie zur systemischen Perspektive. Berlin 1988

Rest, F., Sterbebeistand; Sterbebegleitung; Sterbegeleit. Stuttgart 1994[4]

Richter, H.E., Lernziel Solidarität. Hamburg 1979

Riess, R., Seelsorge. Göttingen 1973

Ders., Pfarrer werden? Göttingen 1986

Ders., Seelsorge am kranken Menschen. In: Ders., Sehnsucht nach Leben, Göttingen 1987, 127ff.

Ders./Fiedler, K. (Hg), Die verletzlichen Jahre. Handbuch zur Beratung und Seelsorge an Kindern und Jugendlichen. Gütersloh 1993

Ringel, W., Der Selbstmord. Frankfurt 1981[2]

Rinn-Maurer, A., Seelsorge an Herzpatienten. Stuttgart 1995

Ritschl, D., Zur Logik der Theologie. München 1984

Rössler, D., Der ‚ganze' Mensch. Das Menschenbild der neuen Seelsorgelehre und des modernen medizinischen Denkens im Zusammenhang der allgemeinen Anthropologie. Göttingen 1962

Rohde, J.J., Soziologie des Krankenhauses. Stuttgart 1974[2]

Rohlfs, S., Frauen und Krebs. Frankfurt 1994

Rolinger, U., Zurück in die Zukunft. In: RBS-Bulletin. Das Luxemburger Fachblatt für Altersfragen, Nr. 14, 1995, 10–12

Rothschuh, K.E. (Hg), Was ist Krankheit? Darmstadt 1975

Ders., Konzepte der Medizin in Vergangenheit und Gegenwart. Stuttgart 1978

Roud, P.C., Diagnose: Unheilbar, Therapie: Weiterleben. Stuttgart 1992

Rust-Riedel, M., Seelsorge im Krankenhaus und in der Institution Kirche. WzM 42 (1990), 396–402

Schäfer, S., Ich habe euch sehr geliebt. Das Vermächtnis meiner Tochter, die sich das Leben nahm. Stuttgart 2000.

Scharfenberg, J., Seelsorge als Gespräch. Göttingen 1972

Scharffenorth, G./Müller, A.M. (Hg), Patienten-Orientierung als Aufgabe. Kritische Analyse der Krankenhaussituation und notwendige Neuorientierungen. FEST Heidelberg 1991[2]

Scharfetter, Chr., Schizophrene Menschen. München 1990[3]

Schau, P., Die Konferenz für Krankenhausseelsorge in der Evangelischen Kirche in Deutschland (EKD). WzM 42 (1990), 390–395

Schaumberger, C., Den Hunger nach Brot und Rosen teilen und nähren. Auf dem Weg zu einer kritisch-feministischen Theologie der Frauenarbeit. Concilium 23 (1987), 511–517

Dies., Das Recht, anders zu sein, ohne dafür bestraft zu werden. Rassismus als Problem weißer feministischer Theologie. In: Dies. (Hg), Weil wir nicht vergessen wollen. Zu einer feministischen Theologie im deutschen Kontext. Münster 1987, 101–122

Dies., Das Verschleiern, Vertrösten, Vergessen unterbrechen. Zur Relevanz politischer Theologie für feministische Theologie. In: M.T. Wacker (Hg), Der Gott der Männer und die Frauen. Düsseldorf 1987, 126–161

Dies., Zeit ist Geld. In: „Geld regiert die Welt". Reader der Projektgruppe zur Feministisch-befreiungstheologischen Sommeruniversität 1990, Kassel 1991, 57–108

Dies./Schottroff, L., Schuld und Macht. Studien zu einer feministischen Befreiungstheologie. München 1988

Schernus, R., Ver-rückt – subjektives Erleben und Bewältigung schizophrener Psychosen. In: Sozialpsychiatrische Informationen 22 (1992), H. 3

Scheytt, Christoph, Das institutionelle Selbstbild eines Klinikseelsorgers im Bezugsrahmen theologischen Verständnisses. Pastoraltheologie 83 (1994), 273–284

Schipperges, H., Die Entwicklung der ‚Cura' im Verständnis der therapeutischen Dienste. In: Mayer-Scheu/Kautzky 1980, 40–55

Ders., Homo Patiens. Zur Geschichte des kranken Menschen. München 1985

Ders., Die Kranken im Mittelalter. München 1990[2]

Schleiermacher, F.D.E., Der christliche Glaube, Bd. 1, hg. von M. Redeker. Berlin 1960[7]

Schlemmer, K./Stollberg, D./Hänggi, A., Gottesdienst – Weg zur Einheit? Nürnberg 1995

Schmidbauer, W., Die hilflosen Helfer. Reinbek 1977

Schmidtke, A./Weinacker, B., Suizidalität in der Bundesrepublik und den einzelnen Bundesländern: Situation und Trends. Suizidprophylaxe 21 (1994)

Schneider, K. (Hg), Familientherapie in der Sicht therapeutischer Schulen. Paderborn 1983

Schneider, R., Die Suchtfibel. München 1993[8]

Schüssler-Fiorenza, E., Zu ihrem Gedächtnis. Eine feministisch-theologische Rekonstruktion der christlichen Ursprünge. München/Mainz 1988

Schützenberger, A.A., Den Lebenswillen stärken – den Krebs besiegen. Ein neuer Weg ganzheitlicher Krebsbehandlung. München 1989

Schulze, G., Die Erlebnisgesellschaft. Frankfurt/New York 1995[5]

Schwarz, D., Zur Alltagswirklichkeit von Klinikseelsorgern. Bern/Paris/Frankfurt 1988

Schwarz, R., Die Krebspersönichkeit. Mythos und klinische Realität. Stuttgart 1994

Seelsorge in den Strukturen des Krankenhauses. Themenheft WzM 32 (1980), H.1

Seiler, R., Mittelalterliche Medizin und Probleme der Jenseitsvorsorge. In: Himmel, Hölle, Fegefeuer. Das Jenseits im Mittelalter. Eine Ausstellung des Schweizerischen Landesmuseums. Katalog von P. Jetzler. Zürich 1994, 117–124

Seybold, K./Müller, U., Krankheit und Heilung. Stuttgart 1978

Siegrist, J., Lebensverändernde Ereignisse, psychosoziale Disposition und erster Herzinfarkt – vorläufige Ergebnisse einer retrospektiven Untersuchung. In. Der Herzinfarktpatient als psychosomatische Erkrankung. forum cardiologicum 16, Mannheim 1980, 35–54

Ders., Medizinische Soziologie. München 1995[5]

Ders., Soziale Krisen und Gesundheit. Göttingen 1996

Siepmann, F., Gesprächspsychotherapie mit Herzinfarktpatienten in der Rehabilitationsklinik. In: Der Herzinfarktpatient als psychosomatische Erkrankung in der Rehabilitation. forum cardiologicum 16, Mannheim 1980, 145–156

Siirala, M., Die Schizophrenie des Einzelnen und der Allgemeinheit. Göttingen 1961

Simon, L., Einstellungen und Erwartungen der Patienten im Krankenhaus gegenüber dem Seelsorger. Frankfurt/Bern/New York 1985

Simon, F./Stierlin, H. Die Sprache der Familientherapie. Stuttgart 1984

Singer, Krankheit., Kränkung und Kranksein. München 1988

Singer, P., Praktische Ethik, Stuttgart 1984

Sonneck, G. (Hg), Krisenintervention und Suizidverhütung. Wien 2000

Sontag, S., Krankheit als Metapher. Frankfurt 1977

Späte, H.F., Über kommunikativ Elemente suizidaler Handlungen. Psychiat. Neurol. med. Psychol. 25 (1973), 647–655

Ders., Kommunikation und suizidale Handlung. In: Reimer, C./Felber, W. (Hg), Klinische Suizidologie, Praxis und Forschung. Berlin/Heidelberg 1991, 7–11

Spaink, K., Krankheit als Schuld? Die Fallen der Psychosomatik. Reinbek 1994

Spiegel, D. et al., Effect of Psycho-Social Treatment on Survival of Patients with Metastatic Breast Cancer. Lancet II 1989, 888

Spiegel-Rösing, I./Petzold, H., Die Begleitung Sterbender. Paderborn 1984

Spiritualität in der Seelsorge im Krankenhaus. Themenheft WzM 46 (1994), H. 7

Sporken, P., Umgang mit Sterbenden. Düsseldorf 1973

Ders., Mein Weg zurück. Freiburg 1992

Städtler-Mach, B., Spiritualität in der Kinderkrankenseelsorge. WzM 46 (1994), 410–418

Städtler-Mach, B., Seelsorge mit Kindern, Erfahrungen im Krankenhaus, Göttingen 1998

Stange, O., Zu den Kindern gehen. Seelsorge im Kinderkrankenhaus. München 1992

Steffensky, F., Wo der Glaube wohnen kann. Stuttgart 1989

Steinkamp, H., Solidarität und Parteilichkeit. Mainz 1994

Ders., Das ,Andere' der Institution. WzM 44 (1992), 179–187

Stenger, H. (Hg), Eignung für die Berufe der Kirche. Freiburg 1989²

Stieler, M., Behandlung nach dem Suizidversuch. Praxis der Psychotherapie Bd. 17, München 1972, 74–81

Stoddard, S., Die Hospiz-Bewegung. Freiburg 1987

Stollberg, D., Therapeutische Seelsorge. München 1969

Ders., Mein Auftrag – Deine Freiheit. München 1972

Ders., Die dritte Gruppe. Zur Situation des Seelsorgers im psychiatrischen Team. In: WPKG 62 (1973), 526–535

Ders., Wahrnehmen und Annehmen. Gütersloh 1978

Ders., Zwischen Paragraphen und Krankenschein – Über den Stellenwert der Seelsorge in der Klinik. In: Ders., Wenn Gott menschliche wäre …, Stuttgart 1978, 56 ff.

Ders., Helfen heißt Herrschen. In: Wort und Dienst. Jahrbuch der Kirchlichen Hochschule Bethel Nr. 15 (1979), 167–173

Ders., Psychologische Aspekte der Liturgiewissenschaft. In: Schlemmer, K. (Hg), Gemeinsame Liturgie in getrennten Kirchen? Freiburg 1991, 119–133

Ders., Seelsorge nach Henning Luther. Pth 81 (1992), 366–373

Ders., Liturgische Praxis. Göttingen 1993

Ders., Art. Seelsorge. In: EKL, Bd III, Göttingen 1995, 173–188

Ders., Evangelischer Gottesdienst als symbolische Interaktion. In: Pirchheimer-Haus, C. (Hg), Gottesdienst – Weg zur Einheit? Nürnberg 1995, 25–34

Stollberg, D., Befund, Befinden und Glaube. In: Meier, Ch. (Hrg.), Befund und Befinden, München 2000, 36–40

Stoodt, H. Chr., Formen kirchlicher Arbeit an der Schwelle von der Industrie- zur Risikogesellschaft. PTh 80 (1991), 116 ff.

Sudnow, D., Organisiertes Sterben. Frankfurt 1973

Svoboda, R., Krankenseelsorge. Donauwörth 1962

Swientek, C., Wenn Frauen nicht mehr leben wollen. Reinbek bei Hamburg 1990

Tacke, H., Glaubenshilfe als Lebenshilfe. Neukirchen 1975

Tanner, K., Der lange Schatten des Naturrechts. Stuttgart/Berlin/Köln 1993

Tausch-Flammer, D., Sterbenden nahe sein. Freiburg 1994

Thilo, H.J., Beratende Seelsorge. Göttingen 1971

Thilo, H.-J., Die therapeutische Funktion des Gottesdienstes. Kassel 1985

Thürmer-Rohr, C., Vagabundinnen. Feministische Essays. Berlin 1987

Thurneysen, E., Die Lehre von der Seelsorge. München 1948

Tillich, P., Gesammelte Werke, Stuttgart 1967 ff.

Ders., Die theologische Bedeutung von Psychoanalyse und Existentialismus. Ges. Werke Bd. VIII, Stuttgart 1970, 304–315

Trillhaas, W., Der Dienst der Kirche am Menschen. München 1958

Uexküll, Th. v., Einleitung zu D. Sudnow, Organisiertes Sterben. Frankfurt 1973

Ders. (Hg), Psychosomatische Medizin. München 1986³
Ders./Wesiak, W., Theorie der Humanmedizin. München/Wien 1991
Uhlhorn, G., Die christliche Liebestätigkeit. Bd. I, Alte Kirche. Stuttgart 1882²; Bd. II, Mittelalter, Stuttgart 1884; Bd. III, Seit der Reformation, Stuttgart 1890
Ullrich, A., Krebsstation: Belastungen der Helfer. Frankfurt 1987
Verweigerung und Anpassung – der politische Kontext in der Seelsorge. Themenheft WzM 40 (1988), H. 7
Wahl, H., Glaube und symbolische Erfahrung – Eine praktisch-theologische Symboltheorie. Freiburg 1994
Wander, M., Leben wär' eine prima Alternative. Frankfurt 1980
Watzlawick, P./Beavin, J.H./Jackson, D.D., Menschliche Kommunikation. Bern/Stuttgart/Wien 1972³
Weakland, J.H./Herr, J.J., Beratung älterer Menschen und ihrer Familien. Bern 1984
Weber-Kellermann, I., Frauenleben im 19. Jahrhundert. München 1988
Wedler, H. (Hg), Umgang mit Suizidpatienten. Regensburg 1985
Ders., Der suizidgefährdete Patient. Grundlagen, Diagnostik, Krisenintervention, Nachsorge. Stuttgart 1987
Ders.,/Reimer, C./Wolfersdorf, M., Suizidalität. In: Faust, V. (Hg), Psychiatrie. Ein Lehrbuch für Klinik, Praxis und Beratung. Stuttgart/New York 1995, 397–416
Wehner, G., „Für ihn selbst eine Qual". Greta Wehner über die Leiden ihres nach schwerer Alzheimer-Krankheit verstorbenen Mannes. In: Der Spiegel, Nr. 42, 16.10.1995, 275f
Weiher, E., Mehr als Begleiten. Ein neues Profil für die Seelsorge im Raum von Medizin und Pflege. Mainz 1999.
Weinreich, M., Ökumene am Ende? Neukirchen-Vluyn 1995
Weizsäcker, V.v., Euthanasie und Menschenversuche. Heidelberg 1947
Ders., Der kranke Mensch. Stuttgart 1951
Welker, M., Kirche im Pluralismus. Gütersloh 1995
Werbick, J., Kirche. Freiburg 1994
Wiedemann, W., Krankenhausseelsorge und verrückte Reaktionen. Das Heilsame an psychotischer Konfliktbewältigung. Göttingen 1996
Willi, J./Heim, E., Psychosoziale Medizin, Bd. 1 und 2. Berlin/Heidelberg 1986
Winauf, R./Rosemaier, H.P., Tod und Sterben. Berlin/New York 1984
Winkler, K., Die Zumutung im Konfliktfall. Luther als Seelsorger in heutiger Sicht. Hannover 1984
Ders., Über die Hilflosigkeit unter Christen. WzM 42 (1990), 274ff.
Ders., Werden wie die Kinder? Christlicher Glaube und Regression. Mainz 1992
Ders., Seelsorge. Berlin/New York 1997.
Wodraschke, G. u.a., Curriculum: Theoretische Ausbildung in der Krankenpflege. Freiburg 1988
Wojnar, J./Bruder, J., Psychosomatische Störungen bei Demenzkranken. In: G. Heuft/A. Kruse u.a. (Hg), Interdisziplinäre Gerontopsychosomatik. München u.a. 1994, 205–213
Wolfersdorf, M., Depression. Verstehen und Bewältigen. Berlin/Heidelberg 1994
Wolff, H.W., Anthropologie des Alten Testaments. München 1977³

Wunderli, P. (Hg), Der kranke Mensch in Mittelalter und Renaissance. Düsseldorf 1986

Ziemer, J., Normenpluralismus als individueller Konflikt. Pastoralpsychologische Aspekte der Pluralismusdiskussion. In: Mehlhausen, J. (Hg), Pluralismus und Identität. Gütersloh 1995, 107–114

Ziemer, J., Ethische Orientierung als seelsorgerliche Aufgabe. WzM 45 (1993)

Ders., Seelsorgelehre. Göttingen 2000.

Zimmermann-Wolf, Ch., Einander beistehen. D. Bonhoeffers lebensbezogene Theologie für gegenwärtige Klinikseelsorge. Würzburg 1991

Zorn, F., Mars. München 1977

Zottl, A., Erfahrung und Gegenwärtigkeit. Dialogische Folien über der Anthropologie von Carl Rogers. Göttingen 1980

Zuckmayer, C./Barth, K., Späte Freundschaft in Briefen. Zürich 1991[9]

Zum Weiterlesen empfohlen

Barbara Städtler-Mach
Seelsorge mit Kindern
Erfahrungen im Krankenhaus

1998. 142 Seiten, kartoniert
ISBN 3-525-60401-7

Was Krankheit, Erfahrungen des Krankseins und vielleicht auch Sterben im Krankenhaus besonders für Kinder bedeutet, wird in diesem Buch einfühlsam beschrieben.

Die Autorin, eine erfahrene Seelsorgerin in einer Kinderklinik, schildert verschiedene Krankheitssituationen und gibt Anregungen und praktische Hilfen der Begleitung. Abgerundet werden die Darstellungen durch theologische Überlegungen und eine Predigt.

Christoph F.W. Schneider-Harpprecht
Interkulturelle Seelsorge
Arbeiten zur Pastoraltheologie 40.
2001. 386 Seiten, kartoniert.
ISBN 3-525-62367-4

Cora Creutzfeldt-Glees
Leben nach Brustkrebs
Aufklärung, Aussichten, Hilfen

2001. 231 Seiten mit 1 Abbildung und 2 Tabellen, Paperback
ISBN 3-525-01463-5

Dieses Buch beschäftigt sich mit den seelischen und körperlichen Problemen betroffener Frauen beim Wiederauftreten des Krebses nach scheinbar erfolgreicher Erstbehandlung.

Umfassendes Wissen über die Krankheit wird durch Erfahrungsberichte betroffener Frauen, erläuternde Sachinformation und Interviews mit onkologischen Ärzten vermittelt.

Hans Christoph Piper
Einladung zum Gespräch
Themen der Seelsorge

1998. 197 Seiten mit 4 Abbildungen, kartoniert
ISBN 3-525-60400-9

Aus der Fülle langjähriger praktischer Erfahrung in der seelsorglichen und supervisorischen Arbeit diskutiert der Autor ausgesuchte Fragen zur Seelsorge. Der theologischen Reflexion kommt dabei eine besondere Bedeutung zu.

Vandenhoeck & Ruprecht

Nach dem Sinn des Lebens fragen

Hanna Kreisel-Liebermann
Dem Leben so nah
Schwerstkranke und Sterbende begleiten

Transparent 63.
2001. 125 Seiten, kartoniert
ISBN 3-525-01829-0

Die Nachricht, an einer unheilbaren Krankheit zu leiden, ist für Betroffene und Angehörige ein Schock, ein unwiderruflicher Einschnitt in das Leben.

Wie erleben die Betroffenen die Auseinandersetzung mit dem Abschied vom Leben? Wie können sie begleitet werden?

Dieses Buch zeigt, wieviel Leben auch in einer deutlich begrenzten Situation ist, und macht Mut zur aktiven Gestaltung des letzten Lebensabschnitts.

Hans Christoph Piper
Kranksein – Erleben und Lernen

Transparent 53.
6., überarbeitete und ergänzte Auflage.
1999. 115 Seiten, kartoniert
ISBN 3-525-01825-8

Das Buch reflektiert verschiedene Krankheitserfahrungen und stellt somit eine hilfreiche Lektüre dar für Patientinnen und Patienten, die ihr eigenes Erleben aufarbeiten wollen.

Ein Büchlein für Kranke und deren Besucher.

Rudolf Köster
Das gute Gespräch
Gesunden und Wohlbefinden im Dialog

Transparent 29.
1996. 124 Seiten, kartoniert
ISBN 3-525-01721-9

Nichtverstehen entzweit nicht nur Menschen, es trifft auch jeden Einzelnen im Innersten.

Köster zeigt, wie der Teufelskreis aus Stummheit und Selbstbeschädigung durchbrochen werden kann.

Detlev Block
Lichtwechsel
Gesammelte Gedichte

1999. 470 Seiten, gebunden
ISBN 3-525-63363-7

Detlev Block gehört zu einer kleinen Gruppe profilierter christlicher Lyriker der Gegenwart.

Dieser Band sammelt bisher unveröffentlichte Lebens- und Glaubenstexte, die zum Gespräch einladen und das Besondere im Alltäglichen sichtbar machen.

Es richtet sich an alle, die nach dem Sinn des Lebens fragen und ein Stück geerdeten Himmel suchen.

V&R
Vandenhoeck
& Ruprecht